JÉSUS
après
JÉSUS

GÉRARD MORDILLAT
JÉRÔME PRIEUR

JÉSUS après JÉSUS

L'origine du christianisme

ÉDITIONS DU SEUIL

Toutes les citations de la Bible et du Nouveau Testament sont extraites de la dernière édition de la Bible de Jérusalem aux Éditions du Cerf (1998).

ISBN 2-02-051249-1

www.seuil.com

« La tortue poussa un long soupir et dit :
– C'est très curieux.
– C'est aussi curieux que possible, dit le Griffon. »

Lewis Carroll,
Alice au pays des merveilles

La source miraculeuse

Le christianisme domine le monde occidental depuis près de vingt siècles. Est-il possible aujourd'hui d'en retrouver l'origine, d'en désigner le point de départ, ou s'agit-il d'une entreprise aussi vaine que de rechercher le fleuve qui prendrait sa source dans la mer ?

Le mot « source » n'est pas indifférent. C'est celui qu'utilisent les historiens et les exégètes du Nouveau Testament pour désigner les documents sur lesquels ils travaillent. Car, contrairement à ce que certains croient ou voudraient croire, le christianisme n'a laissé d'autres traces dans l'Antiquité que des livres. Pas de vestiges, pas de reliques, pas d'images : que du texte.

Et c'est souvent vertigineux.

La première difficulté, et peut-être la plus grande, est que le poids de la tradition chrétienne, le poids des siècles d'interprétation et d'illustration lestent terriblement notre lecture. La deuxième difficulté est d'accepter ces écrits sans préjugés, sans œillères, pour ce qu'ils sont : de la littérature. Trop souvent les chercheurs lisent les textes du Nouveau Testament comme s'ils avaient été écrits par des rédacteurs qui leur ressemblent, des savants, des universitaires disposant de documents et de témoignages recueillis et compilés au fil des ans. Leur réflexion intègre rarement la création littéraire et lorsqu'ils sont amenés à la reconnaître, il y a toujours dans cette découverte comme l'expression d'une défaite. Le sentiment d'être dans une impasse, de devoir avouer un fait honteux et douloureux, comme si la littérature ne pouvait croître que sur le mensonge.

Nous voulons approcher les textes du Nouveau Testament en dehors du présupposé qu'ils seraient nécessairement sortis de la fameuse source miraculeuse d'où jaillit l'histoire. À tout instant nous voulons nous demander si ces textes n'ont pas été écrits dans un autre but que de la dire, de la dire vraie, de la dire, à la postérité.

Notre volonté n'est pas pour autant de couper le lien ombilical entre l'histoire et la littérature. Notre témérité, pour le coup, serait bien grande. Nous savons, bien sûr, que l'histoire n'est pas composée que de « faits bruts ». Mais nous savons aussi que, si dans le récit évangélique par exemple il se trouvait d'autres faits bruts aussi incontestables que la crucifixion de Jésus, la tâche des historiens serait grandement facilitée…

Face aux silences de la tradition, face à leur ignorance (qui le nierait sérieusement ?), mais aussi face à leur responsabilité (produire un récit cohérent, dramatiquement, symboliquement, théologiquement), les rédacteurs ont nécessairement obéi à un « projet d'écriture ». Qu'ils écrivent bien ou mal, qu'ils soient d'une naïveté parfaite ou d'une redoutable malice, ce sont – sans craindre la tautologie – des écrivains ! La prise en compte de cette dimension littéraire est essentielle à notre compréhension de l'émergence du christianisme. La littérature ne doit pas céder le pas devant l'histoire. Au contraire. « La plus grande réussite du christianisme, écrit Pierre Geoltrain, c'est sa littérature. Le christianisme s'est construit en construisant sa littérature. C'est le grand œuvre de ces générations-là. Elles ont inventé le genre “évangile”, fabriqué leur histoire en l'écrivant, copié, imité, et élevé un véritable mémorial littéraire, légué aux générations suivantes qui, par la lecture, remplissent leur devoir de mémoire, mais que l'historien doit visiter pour faire valoir le droit de l'histoire[1]. »

1. *Aux origines du christianisme* (Gallimard, 2000), préface.

Nous voulons reconstituer la formation du christianisme en à peine plus d'un siècle en lisant les épîtres de Paul qui sont, avant les évangiles, les écrits les plus anciens du Nouveau Testament, en lisant les Actes des Apôtres, le seul récit à prétendre rapporter ce qui s'est passé dans les années qui ont suivi la mort de Jésus, en lisant comment tous les textes dialoguent entre eux, se disputent, se répondent ou s'ignorent, en lisant les conclusions qu'en ont tirées les premiers intellectuels chrétiens, les Pères de l'Église comme leurs adversaires, les « hérétiques ».

Voici les sources qui doivent être interrogées, scrutées, questionnées jusque dans leurs incohérences et leurs contradictions, pour voir comment elles ont fabriqué de l'intolérance, comment chaque mot a pesé dans l'histoire, comment chaque phrase repense, réécrit, réinvente la généalogie du mouvement des différentes sortes de partisans du Christ Jésus, cette croyance qui aurait pu demeurer ce qu'elle a d'abord été : une façon particulière d'être juif.

Tout commence vers l'an 30 – à l'intérieur du judaïsme et sans autre horizon qu'Israël –, et l'essentiel est en place vers 150, quand les chrétiens, accaparant les Écritures juives, confisquant l'histoire biblique, se revendiquent comme *Verus Israël*, le véritable Israël, et dénient aux juifs le droit de s'en prévaloir. La rencontre du christianisme et de l'Empire romain, dont il devient la religion officielle, lui permettra, deux siècles plus tard, de se propager à travers tout l'Occident. Désormais, Dieu et l'État ne feront plus qu'un, et les juifs incarneront la figure du Mal.

Quels meilleurs témoins de la rupture entre le christianisme et le judaïsme avons-nous que les vingt-sept livres du Nouveau Testament ?

1

Jésus après Jésus

Selon la célèbre formule d'Alfred Loisy dans *L'Évangile et l'Église*, « Jésus annonçait le royaume et c'est l'Église qui est venue »[1]. Vers l'an 30 de notre ère, Jésus meurt crucifié par les Romains, sous l'accusation de « roi des juifs ». Trois siècles plus tard, précisément en l'an 312, l'empereur Constantin se convertit au christianisme, qui deviendra bientôt (en 380) religion officielle de l'Empire romain. Aujourd'hui, au Vatican, siège l'Église catholique, apostolique et romaine…

Rome a supplanté Jérusalem.

Extraordinaire retournement de l'histoire.

L'homme-Dieu

Le prophète galiléen, le guérisseur, le juif obscur « né de la lie du peuple », comme disait Voltaire, est devenu en quelques dizaines d'années, sous la pression conjuguée de la foi primitive et des circonstances de l'histoire, un être extraordinaire, un homme échappant au sort commun de l'humanité. Jésus le nazôréen, engendré de manière miraculeuse puis, après une fin brutale, revenu d'entre les morts de façon tout aussi surnaturelle, parviendra assez rapidement à être proclamé Fils de Dieu.

1. Alfred Loisy, *L'Évangile et l'Église* (1904 ; Noésis, 2001).

Dans la tradition d'Israël la plupart des juifs sont fils de Dieu, à tout le moins les plus sages et les plus vénérables d'entre eux. Mais Jésus va l'être à titre posthume dans un sens de plus en plus littéral et par conséquent de plus en plus extérieur au judaïsme. De fils de Dieu, Jésus va se muer en Fils unique du Père – « l'Unique engendré », dira l'évangile selon Jean. Ainsi l'expression « fils de Dieu » recevra-t-elle une acception simultanément métaphysique et biologique.

Sidérante révolution à l'intérieur du monothéisme juif puisque, dès lors, d'un point de vue théologique, Jésus pourra devenir l'image de Dieu, l'incarnation de Dieu, Dieu incarné, Dieu fait homme.

Même s'il faudra attendre quelques siècles avant que ne soit tranchée la nature de sa divinité, Jésus sera homme et dieu à la fois, l'homme-Dieu.

Deux points capitaux sont en jeu.

Primo, certes il s'agit toujours pour le christianisme de reconnaître le Dieu unique, mais le Dieu unique se dédouble voire se démultiplie (le Père, le Fils, le Saint Esprit) ; ce qui est une façon de rendre compatibles le monothéisme juif et le polythéisme païen.

Secundo, le Dieu juif, qui ne peut être ni représenté ni même nommé sous peine de n'être plus qu'une idole, devient identifiable. Jésus lui apporte une identité, lui prête un visage. Un visage que personne ne peut connaître mais que l'extraordinaire projection de la peinture chrétienne donnera l'illusion d'avoir vu.

C'est en 325 au concile de Nicée, convoqué sur l'ordre de l'empereur Constantin, qu'est enfin fixée la doctrine de la divinité du Christ. Il s'agit de l'affirmer avec force, d'en souligner la primauté pour combattre l'influence grandissante d'Arius, un prêtre d'Alexandrie, qui enseignait qu'elle était seconde par rapport à celle du Père. Mais ce concile se révélera insuffisant pour établir une orthodoxie en bonne et due forme. Un demi-siècle plus tard, en 381, à Constantinople, un autre concile sera chargé de compléter le travail entrepris, de mettre au point le *credo*, affirmant enfin l'unité des trois personnes constitutives de la Trinité : « En un seul Seigneur Jésus-Christ, le Fils de Dieu, l'Unique engendré, qui a été engendré du Père avant tous les siècles, Lumière de Lumière, vrai Dieu de vrai Dieu, engendré et non pas créé, consubstantiel au Père, par qui tout a été fait, qui à cause de nous les hommes et de notre salut est descendu des cieux, s'est incarné de l'Esprit-Saint et de la Vierge Marie et s'est fait homme. »

Crucifixion

Trois cent cinquante ans avant que n'aboutisse cette confession de foi si sophistiquée, Yeshua (Jésus) mourait sur la croix d'une mort atroce, au terme d'un supplice infamant et abject. C'était, semble-t-il, une veille de sabbat, au moment de la pâque juive, près de Jérusalem. Si l'on peut situer l'événement vers l'an 30, sous le préfectorat de Ponce Pilate, on en ignore le jour et l'année exacts. D'autant que les évangiles ne donnent pas d'informations directes, et que les trois évangiles synoptiques (Marc, Matthieu, Luc) ne concordent pas avec celui de Jean. On peut dire néanmoins que, du strict point de vue de la reconstitution, on peut tirer des données évangéliques trois dates, qui sont en concurrence : le 7 avril 30, le 27 avril 31, le 3 avril 33.

C'est beaucoup, et cela devrait inciter à la prudence

Trente, quarante, cinquante ans après la mort de Jésus, l'évangile de Marc puis les autres évangiles devenus ultérieurement canoniques s'appliqueront, par touches successives et souvent contradictoires, à remplir les blancs du récit. Histoire vraie ou reconstitution fictive, le récit de la Passion qu'ils agencent se noue autour de leurs divergences. Divergences plus ou moins graves selon que l'on tient à minimiser les discordances ou à y subodorer, au contraire, des raisons implicites, des arrière-pensées – quand bien même on ne pourrait pas préciser exactement lesquelles. Mais c'est peut-être toujours le souci de l'historien de ne jamais balayer comme de la poussière ce qui passe apparemment pour quantité négligeable.

Jésus connaît le « pire des supplices » selon les Romains. *Mors turpissima crucis*, « la mort en croix, suprême infamie »... Rien de ce qu'il a annoncé ne s'est accompli. Le Royaume de Dieu n'est pas advenu, le royaume d'Israël n'a pas été restauré, les Romains impies n'ont pas été chassés de la Terre sacrée et ils ne le seront pas avant longtemps, Jésus lui-même doute et désespère : « Mon Dieu, mon Dieu pourquoi m'as-tu abandonné ? » (Mc 15,34) racontent les évangiles, qui décrivent son agonie. Mais surtout cette mort, présentée comme le moment décisif d'un plan divin, semble absurde.

À suivre la logique du texte, la mort de Jésus, événement redoutable mais attendu, n'apparaît jamais comme la dernière marche dans l'accomplissement de ce qui est supposé être le projet divin, comme le signal avant-coureur du tournant de l'histoire. Le fait est que le récit de la Passion n'est jamais peint – par les évangélistes du moins, contrairement à ce qu'en tireront les artistes de la Renaissance – comme une montée en gloire, comme une traversée des ténèbres avant la lumière, avant la Révélation. C'est une déroute. Tout y est sous le signe de l'échec, du désastre, de la catastrophe. Autrement dit, la fin n'est pas mêlée d'exaltation. Elle est noire, sans espoir, irrémédiable.

Jésus meurt abandonné de tous. Judas, qui a trahi son maître, se pend. Pierre ne vaut guère mieux. Tous les autres sont en fuite – au point que les évangélistes oublient leurs noms dans la débandade.

La fuite des disciples

Leur fuite efface les disciples du récit.

Jamais ils ne se trouvent mêlés à la foule qui suit l'audience de Pilate, jamais ils ne se glissent, incognito et apeurés, parmi les spectateurs de l'exécution capitale. Leur place est vacante, et ce sont des comparses qui se substituent à eux durant les quatre récits de la Passion. C'est Simon de Cyrène qui aide Jésus à porter sa croix dans les trois évangiles synoptiques ; c'est Joseph d'Arimathie ou Nicodème qui veillent à son ensevelissement, mais ce sont aussi les deux larrons qui, dans l'évangile de Luc, meurent en même temps que Jésus (l'un croyant au ciel, l'autre pas) ou l'extraordinaire Barabbas, que la foule refuse d'échanger avec Jésus, alors même que son casier judiciaire est de plus en plus chargé au fur et à mesure que les évangiles se succèdent. Arrêté « avec les émeutiers » chez Marc, il devient chez Matthieu un « prisonnier fameux », chez Luc un « meurtrier », et chez Jean un « brigand ». Barabbas et ses confrères apparaissent surtout comme des disciples suppléants, comme si les rédacteurs des évangiles avaient éprouvé le besoin de remédier à l'absence des vrais disciples après l'avoir eux-mêmes organisée.

Des quatre évangiles canoniques, celui de Luc et celui de Jean percevront la difficulté que représente l'escamotage de Pierre, de Jacques, de Jean, d'André et des autres... Après l'exécution, Luc note l'accablement de « toutes les foules qui s'étaient rassemblées pour ce spectacle » (Lc 23,48) puis ajoute, rendant ces autres spectateurs à la fois présents et absents : « Tous ses amis se tenaient à distance » (Lc 23,49). Jean portera un remède supérieur à cet éloignement des disciples en plaçant au pied du gibet l'un des compagnons du supplicié : « Or près de la croix de Jésus se tenai[en]t sa mère [...] et le disciple qu'il aimait » (Jn 19,25-26). Cette présence associée à celle de Marie vaudra à l'évangile selon Jean un succès iconographique sans égal. Les peintres auront vite fait d'y reconnaître l'évangéliste Jean lui-même, un témoin de première main qui participe au récit et apparaît sur le devant de la scène, prenant la pose. Grâce à eux les lecteurs du Nouveau Testament pourront voir ce que les textes ne disent pas.

Pourtant ce disciple auquel Jésus s'adresse du haut de la croix, lui confiant en quelque sorte ses dernières volontés, est un disciple anonyme. Il n'a pas d'identité connue. C'est une figure qui prête son masque à l'auteur fictif du quatrième évangile. C'est le disciple « que Jésus aimait », « le disciple bien-aimé », le « DBA » soigneusement mis à part. En dehors de toute réalité et de toute chronologie, cette figure éminemment symbolique représente la vraie communauté des disciples de Jésus ; ou, plus sûrement et plus exactement, l'une des communautés « chrétiennes » qui, à la fin du Ier siècle, reconnaît l'évangile de Jean comme son texte de référence. De même qu'à Qumrân la communauté retirée loin de Jérusalem, près de la mer Morte, s'était reconnue dans le Rouleau de la Règle ou dans ses commentaires d'Habacuc, de même la communauté de Jean s'est considérée sans doute comme l'unique groupe des véritables héritiers de Jésus. Il serait donc vraiment hasardeux de déceler à travers la figure du disciple bien-aimé le personnage historique de l'un des compagnons de Jésus.

Femmes, femmes

Selon les textes, les seules personnes à avoir suivi Jésus au moment fatal sont des femmes. Elles regardent « de loin », « à distance » (Mc 15,40), précise l'évangile de Marc, suivi par Matthieu et par Luc – ce dernier précise que ces femmes accompagnaient Jésus « depuis la Galilée » (Lc 23,49). Luc évoque aussi l'assistance émue de celles de Jérusalem le long de la montée au Golgotha, femmes en pleurs pareilles à des pleureuses de funérailles, « qui se frappaient la poitrine et se lamentaient » (Lc 23,27), comme si Jésus allant au gibet était déjà mort.

Étonnamment, les autres évangiles apportent des précisions dont on ne sait trop que faire… Ils déclinent l'identité des femmes présentes : Marie de Magdala ou Marie-Madeleine, commune aux trois textes, et d'autres Marie : Marie, la mère de Jacques le petit et de Joset, précise l'évangile de Marc ; Marie, la mère de Jacques et de Joseph, selon l'évangile de Matthieu. S'y ajoute une certaine Salomé chez Marc, que les exégètes, dans un souci de concordance, aiment identifier à la mère anonyme des fils de Zébédée (que cite l'évangile de Matthieu) et à la sœur de Marie, femme de Clopas (que cite Jean).

Mais les textes chrétiens ont-ils vocation à être déchiffrés comme s'il s'agissait de rébus ?

Les évangiles furent écrits séparément. Ils se corrigent l'un l'autre, se contredisent, se confrontent, loin de l'idée d'être réunis un jour dans le Nouveau Testament. Peuvent-ils être lus ensemble comme s'ils devaient se juxtaposer et se compléter nécessairement ? comme si l'addition de leurs traits particuliers dessinait des formes, des traces, des indices, permettant de retrouver l'histoire irrésistiblement enfouie sous les mots ?

De deux choses l'une : ou cette mention des femmes au moment de la crucifixion est effectivement l'écho d'une tradition de nature historique (sans que personne ne sache exactement qui était là et qui ne l'était pas), ou cette mention n'a aucune espèce de réalité. Sa fonction est purement littéraire. Elle servirait en fait à préparer l'épisode suivant : la découverte du tombeau vide. Il est évidemment essentiel pour l'évangéliste que les femmes, qui découvriront le lendemain l'absence du cadavre, soient les derniers témoins de Jésus en croix puisqu'il n'y en avait pas d'autres.

En tout état de cause, la scène aurait, intentionnellement ou non, une visée polémique.

Cette présence des femmes, même muette et lointaine, souligne d'un trait appuyé l'absence des compagnons de Jésus, et ce d'autant plus que ces Marie, ces Marie-Myriam, ces Marie-Madeleine, ces Salomé apparaissent comme directement liées à certains d'entre eux : les fils de Zébédée, Jacques et Joset ou Joseph. Des disciples de Jésus qui n'ont rien tenté pour sauver leur maître. Rien d'autre que le geste apparemment dérisoire de l'un d'entre eux, tranchant l'oreille d'un des serviteurs du grand prêtre venus arrêter Jésus. Personnage anonyme qui attendra le quatrième évangile, celui de Jean, pour être associé à Simon-Pierre. L'évangile de Matthieu sera le seul à placer dans la bouche de Jésus sa célèbre formule (directement empruntée au livre de la Genèse) : « Tous ceux qui prennent le glaive périront par le glaive. » Et Jésus d'ajouter : « Penses-tu donc que je ne puisse faire appel à mon Père, qui me fournirait sur-le-champ plus de douze légions d'anges ? Comment alors s'accompliraient les Écritures d'après lesquelles il doit en être ainsi ? » (Mt 26,52-54).

Les légions d'anges n'ont pas combattu. Les disciples n'ont pas pris les armes, mais la fuite. Moyennant quoi, aux dires des récits, ils n'ont pas été poursuivis ni même persécutés. Probablement se sont-ils cachés. Au contraire, les larrons, qui ne sont jamais désignés comme des disciples du crucifié, ont été exécutés. Et ce sont encore les femmes qui vont être les premières messagères, les premières croyantes en la résurrection. Une histoire à laquelle, malgré maints avertissements de Jésus, les disciples ne croient pas, à laquelle ils ne veulent pas croire : « À leur retour du tombeau, elles rapportèrent tout cela aux Onze et à tous les autres, [...] mais ces propos leur semblèrent du radotage et ils ne les crurent pas » (Lc 24,9-10).

Radotage

La principale question à se poser n'est pas tant celle de l'incrédulité des disciples (quelques éléments de réponse pourront y être apportés) que celle du scénario dans lequel ces personnages se trouvent pris.

Une trentaine d'années sépare les « événements » (la crucifixion de Jésus et la confession de foi selon laquelle il est ressuscité) de l'évangile de Marc, le premier des quatre Évangiles. Or ce récit inaugural refuse systématiquement de considérer le groupe primitif des croyants comme des personnages héroïques, lucides, déterminés. Jamais les disciples n'apparaissent comme des figures emblématiques, très éloignés des saints qu'ils évoqueront dans le premier chapitre des Actes des Apôtres.

Les autres évangiles auraient pu contrecarrer cette entreprise de déstabilisation fomentée par l'évangile de Marc, ils n'en font rien. Au contraire, ils vont lui emboîter le pas.

Les rédacteurs des évangiles étaient sincèrement convaincus de la réalité de la résurrection, mais ils savaient bien qu'elle ne pouvait être prouvée, qu'elle n'avait eu aucun témoin objectif, que rien n'en attestait la réalité. Si elle s'inscrivait dans l'histoire du Salut, la résurrection ne pouvait être inscrite dans celle des hommes. Aussi racontent-ils tous, de mieux en mieux pourrait-on dire, de plus en plus finement, qu'y croire relève de l'acte de foi. C'est cet acte de foi qu'ils dramatisent et qu'ils romancent, jouant autant sur l'ambivalence que sur l'incertitude, refusant de se situer sur le terrain des faits. C'est dire que le projet des évangiles n'est pas d'ordre historique – sinon ils auraient été écrits autrement, ils auraient procédé par affirmation.

Quels risques, en effet, auraient-ils couru d'être démentis ?

L'ombre d'un doute

Dans les quatre évangiles, c'est une communauté toujours défaite qui se réveille au lendemain de la résurrection.

Chez Matthieu, les disciples se rendent en Galilée sur la montagne où Jésus ressuscité les a convoqués. C'est le Seigneur glorieux, relevé d'entre les morts, qui se montre aux rares qui l'ont suivi de son vivant : « Quand ils le virent, ils se prosternèrent. » Pourtant, le texte précise : « Mais d'aucuns cependant doutèrent » (Mt 28,17).

Le doute est là, à l'origine.

Contrairement à l'évangile de Matthieu, chez Luc c'est un inconnu qui se manifeste aux côtés des pèlerins d'Emmaüs. Le doute devient un procédé dramatique récurrent. Il est mis en scène comme dans les comédies du théâtre antique qui jouaient pareillement du déphasage entre ce que savent les protagonistes et ce que savent les spectateurs.

Ce changement de point de vue est capital : chez Matthieu, les disciples qui connaissent Jésus et peuvent l'identifier doutent de sa résurrection ; chez Luc, des pèlerins qui ne le connaissent pas (donc incapables de l'identifier) sont amenés à croire à travers les paroles et un geste du Ressuscité. « Et il advint, comme il était à table avec eux, qu'il prit le pain, dit la bénédiction, puis le rompit et le leur donna. Leurs yeux s'ouvrirent et ils le reconnurent… » (Lc 24,30-31). Dans le premier cas (Matthieu), nous lisons un récit d'apparition de Jésus dans lequel les lecteurs de l'évangile n'ont pas de place (ils n'ont pas connu Jésus vivant, ils ne peuvent pas le reconnaître ressuscité), il sont tenus à distance ; dans le second cas (Luc), les lecteurs – ceux qui parcourent les textes comme les pèlerins parcourent la campagne vers Emmaüs – apprennent la leçon essentielle qu'on veut leur transmettre : Jésus n'apparaît qu'à ceux qui croient, c'est la foi qui lui donne un visage, pas l'histoire empirique.

Le Jésus ressuscité cher à l'évangile de Luc est un corps subtil, un corps évanescent, qui cristallise le souvenir, la célébration, le rite (ici l'instauration de l'eucharistie). Ce corps visible et invisible qu'agite l'évangéliste aux yeux du lecteur court un danger, celui de faire passer le Ressuscité pour un revenant. De donner crédit à ceux qui voient dans la croyance en la résurrection une superstition de bonnes femmes, la manifestation d'hallucinations hystériques. Luc invite alors le personnage ressuscité à jurer qu'il n'est pas un esprit, une créature de songes, un succube. Le Ressuscité doit donner des gages : « Voyez mes mains et mes pieds ; c'est bien moi ! Palpez-moi et rendez-vous compte qu'un esprit n'a ni chair ni os, comme vous voyez que j'en ai » (Lc 24,39). Et comme cela peut ne pas suffire, il prouve qu'il se nourrit comme les autres humains, que son corps n'est pas un corps immatériel : « Ils lui présentèrent un morceau de poisson grillé. Il le prit et le mangea devant eux » (Lc 24,42-43).

L'évangile de Jean persévère dans cette voie, mais autrement, employant systématiquement le procédé du quiproquo comme méthode de démonstration. Marie-Madeleine confond Jésus ressuscité avec le jardinier du cimetière, les disciples qui pêchent sur le lac de Tibériade reconnaissent Jésus sur la rive, sans le reconnaître vraiment : « Jésus se tint sur le rivage ; pourtant les disciples ne savaient pas que c'était Jésus » (Jn 21,4). Le doute, loin d'être apaisé, est porté à son comble. Chez Jean, le Ressuscité a tout l'air d'être un homme comme les autres, au point que personne, d'abord, ne le remarque. Or ce n'est qu'une illusion. Son corps visible est un corps immatériel : on le voit franchir les portes fermées, se muer en passe-muraille. Surtout il ne se laisse pas toucher. C'est le célèbre *noli me tangere* qui se joue dans la scène avec Marie-Madeleine : « Ne me touche pas, lui dit Jésus, car je ne suis pas encore monté vers le Père » (Jn 20,17).

Un peu plus loin le duo avec Thomas est de la même espèce : « Puis il dit à Thomas : "Porte ton doigt ici : voici mes mains ; avance ta main et mets-la dans mon côté, et ne sois plus incrédule mais croyant." » (Jn 20,27). Thomas se convertit, mais contrairement à ce que suggère le texte jamais il n'est dit que Thomas glisse son doigt dans la plaie du Ressuscité comme tant de peintres se plairont à le représenter. La foi se dispense de preuve : mieux, elle les récuse. Les évangélistes mesurent le danger : s'il faut un signe matériel pour croire, la foi est en péril. La parole seule doit suffire au croyant et Thomas proclame : « Mon Seigneur et mon Dieu ! » (Jn 20,28), à l'instar de Marie-Madeleine, sans toucher le ressuscité.

Le risque du doute est devenu, de l'évangile de Matthieu à celui de Jean, le bénéfice du doute.

La Bonne Nouvelle

De même que le *Catéchisme officiel de l'Église catholique* s'avoue bien démuni pour donner une définition chrétienne de la résurrection et plus encore une description d'un corps ressuscité, de même serait-on bien en peine d'espérer sur ce sujet un secours des différents textes du Nouveau Testament, tant il serait vain d'y chercher une sorte de photographie de ce à quoi ressemblaient les apparitions pour ceux qui en furent gratifiés.

Jésus « a été vu », se borne à proclamer Paul dans la première épître aux Corinthiens, datée vers l'an 55, donc bien antérieurement aux évangiles. La confession de foi que cite l'apôtre Paul remonterait même aux premiers temps, à la communauté primitive, peut-être aux années 30-35, c'est-à-dire peu après la mort de Jésus : « Je vous ai donc transmis en premier lieu ce que j'avais moi-même reçu, à savoir que le Christ est mort pour nos péchés selon les Écritures, qu'il a été mis au tombeau, qu'il est ressuscité le troisième jour selon les Écritures, qu'il est apparu à Céphas, puis aux Douze… » (1 Co 15,3-5).

Enchâssée dans la lettre de Paul, cette profession de foi contient ce que les chrétiens d'alors nomment la Bonne Nouvelle (l'apôtre précise qu'il l'a reçue et qu'à son tour, comme d'autres, il la transmet). Tout y est pensable à l'intérieur du judaïsme, sans le moindre écart par rapport à la foi d'Israël. Les chrétiens – le mot est encore anachronique : il apparaîtra un peu plus tard, hors de Judée, et prendra peu à peu une dimension qu'il n'avait pas à l'origine – sont des juifs, exclusivement des juifs. À côté des différentes « sectes », c'est-à-dire des différentes écoles de pensée, des différents partis inventoriés par Flavius Josèphe dans ses *Antiquités judaïques* (publiées à la fin du Ier siècle) – les pharisiens, les sadducéens, les esséniens, les baptistes –, le courant « chrétien » (que pourtant ne mentionne pas l'historien juif installé à Rome, parce qu'il l'ignore ou parce qu'il ne le juge pas suffisamment représentatif) est un courant parmi d'autres. Un courant marginal, un courant qui professe des idées excentriques que sont loin de partager les autres juifs de Judée, de Samarie ou de Galilée. Mais, dans les premières années, rien ne permet de considérer ceux qui les professent comme des hérétiques. Le concept d'orthodoxie attendra le derniers tiers du premier siècle de notre ère pour s'imposer dans le judaïsme, qui reste jusqu'à la chute du Temple de Jérusalem, en 70, un judaïsme pluriel.

Qui suis-je ?

La profession de foi de la première épître aux Corinthiens permet d'atteindre immédiatement le noyau dur du christianisme primitif.

Que peut-on y déchiffrer ?

En premier lieu, il faut constater que Jésus en a disparu. Il n'est plus question de lui mais du Christ. Jésus est devenu le Christ. Le Christ, *christos* en grec, est l'équivalent du Messie, en hébreu *mashiah*. C'est un personnage qui a reçu l'onction d'huile sacrée, une figure de roi et de libérateur. Figure réelle ou figure céleste, le débat est ouvert dans le judaïsme de cette époque. Mais, fait incontestable, on attend que ce personnage joue un rôle terrestre : il doit rendre à Dieu son royaume, rétablir Israël dans ses droits.

Jésus était-il celui-là ?

Lui-même s'interroge à voix haute dans l'évangile selon Marc : « Jésus s'en alla avec ses disciples vers les villages de Césarée de Philippe, et en chemin il posait à ses disciples cette question : “Qui suis-je, au dire des gens ?” Ils lui dirent : “Jean le Baptiste ; pour d'autres Élie ; pour d'autres un des prophètes.” – “Mais pour vous, leur demandait-il, qui suis-je ?” »

(Mc 8,27-29). Par la voie de la fiction, l'auteur de l'évangile délègue l'identification de Jésus à ses disciples. Comme au jeu du portrait chinois, ils procèdent par éliminations. Il y a d'abord ce qu'il n'est pas, mais ce qu'il a peut-être l'air d'être pour les sympathisants de la communauté. Il n'est pas un prophète parmi d'autres, comme il y en a tant à l'époque, il n'est pas Jean le Baptiste, le précurseur qui annonce la venue de l'envoyé de Dieu. Il n'est pas Élie, dont le retour était censé précéder celui du Messie. Il n'est pas ceci ou cela. La bonne réponse est donnée, une fois n'est pas coutume, par Pierre : « Tu es le Christ » (Mc 8,29). Ce que le Jésus du texte accepte implicitement mais – coup de théâtre ! – interdit qu'on divulgue : « Alors il leur enjoignit de ne parler de lui à personne » (Mc 8,30).

Aussitôt avoué, le secret doit être gardé.

Pourquoi résister à divulguer ce titre de gloire ?

Première hypothèse : cette consigne de silence, ce que l'on appelle classiquement « le secret messianique », se justifierait par le fait que, de son vivant, Jésus n'a jamais revendiqué ce titre, lui préférant celui de « Fils de l'homme ». Au-delà de cette explication qui n'est pas invraisemblable sur le plan historique, cela signifierait-il que le titre de « Christ », de « Messie », n'aurait été donné à Jésus qu'après sa mort, et que le passage de l'évangile de Marc témoignerait de l'embarras des premiers disciples attribuant à leur maître, *a posteriori*, une dignité éminente, mais une dignité posthume et, surtout en l'occurrence, une dignité cachée, par crainte de la réaction des autres juifs ?

Deuxième hypothèse : Jésus de son vivant a bien porté ce titre (qu'il se le soit attribué ou qu'on le lui ait attribué) et, dans ce cas, c'était des Romains qu'il fallait se prémunir en le taisant.

Mais quelle que soit l'hypothèse, le titre de « Christ », de « Messie », apparaît comme une charge potentiellement dangereuse à endosser. Car, si le messie est un prophète ou un prêtre, c'est aussi un roi. Dans la Bible hébraïque, Yahvé révèle à Samuel : « Je t'enverrai un homme du pays de Benjamin, tu lui donneras l'onction comme chef de mon peuple Israël, et il délivrera mon peuple de la main des Philistins, car j'ai vu la misère de mon peuple et son cri est venu jusqu'à moi » (1 S 9,16). Et c'est bien cette interprétation du titre et ce qu'il implique (envoyé divin, chef du peuple, oint, sauveur) qui amèneront les Romains à exécuter Jésus comme « roi des juifs ».

Messie et messianistes

Vers les années 80, l'auteur du livre des Actes fait parler une figure de premier plan du mouvement pharisien, le rabbin Gamaliel, censé s'exprimer devant le Sanhédrin, tribunal suprême et assemblée d'Israël. Autorité morale et spirituelle, Gamaliel tient un discours solennel pour répondre à la question de savoir quoi faire avec les partisans du Christ Jésus, avec ceux que l'on pourrait précisément appeler avant l'heure des « chrétiens ». C'est-à-dire avec ces messianistes qui se réclament du Seigneur Jésus, leur roi crucifié, leur Messie : « Hommes d'Israël, dit-il, prenez bien garde à ce que vous allez faire à l'égard de ces gens-là. Il y a quelque temps déjà se leva Theudas, qui se disait quelqu'un et qui rallia environ quatre cents hommes. Il fut tué et tous ceux qui l'avaient suivi se débandèrent, et il n'en resta rien. Après lui, à l'époque du recensement, se leva Judas le Galiléen qui entraîna du monde à sa suite ; il périt lui aussi, et ceux qui l'avaient suivi furent dispersés. À présent donc, je vous le dis, ne vous occupez pas de ces gens-là, laissez-les. Car si leur propre œuvre vient des hommes, elle se détruira d'elle-même ; mais si vraiment elle vient de Dieu, vous n'arriverez pas à les détruire. Ne risquez pas de vous trouver en guerre contre Dieu » (Ac 5,34-39).

Dans ce discours évidemment fictif (l'interversion chronologique de Theudas et de Judas le Galiléen est un anachronisme cent fois remarqué), Gamaliel invite les adversaires du mouvement chrétien à la modération et propose une solution d'attente, un compromis. Il montre en tout cas qu'un demi-siècle après la mort de Jésus, la situation de ses partisans est porteuse de menaces et de craintes à la fois pour eux-mêmes et pour les autres juifs. En plaidant pour eux l'attentisme, le supposé rabbin Gamaliel réclame que du temps soit accordé aux chrétiens pour vérifier dans les faits si Jésus était véritablement le Messie ou s'il n'était qu'un usurpateur, un faux messie.

Quand, dans les trois évangiles synoptiques, Jésus est censé passer en jugement devant le même Sanhédrin – ce qui est une parfaite invraisemblance –, le grand prêtre affirme sur un mode interrogatif : « Tu es le Christ, le Fils du Béni ? » Et quand Jésus le confirme (« Oui, je le suis »), le grand prêtre déchire sa tunique : « Vous avez entendu le blasphème ! » (Mc 14,48). Du point de vue juif, cette accusation n'a aucun sens. C'est une accusation strictement antidatée, une accusation posthume. Il faut entendre la virulence du reproche comme une adresse aux disciples de Jésus, aux disciples de ses disciples qui, après la chute du Temple, en 70, continuent de le proclamer « Christ » et « Messie » alors que rien de ce qu'il avait annoncé ne s'était produit et, pis, que « l'abomination de la désolation » (Mc 13,14) s'était abattue sur Israël. Pour ses adversaires, au moment où le rédacteur de l'évangile de Marc rédige son texte, preuve est faite que Jésus n'était pas celui qu'il prétendait être ou que l'on proclamait, mais – comme Theudas, comme Judas le Galiléen – un faux messie cherchant à égarer Israël.

L'invention du christianisme

L'attribution du titre de Christ, de Messie à Jésus n'allait pas de soi. D'où l'insistance des premiers écrits chrétiens à se référer à la Torah, aux Psaumes, aux livres des Prophètes pour tenter de le justifier à travers la parole de Dieu. Les pèlerins de Luc sont les lecteurs de la Bible, ceux à qui il peut sans crainte adresser cette admonestation par la voix du Ressuscité : « Alors il leur dit : “Ô cœurs sans intelligence, lents à croire à tout ce qu'ont annoncé les Prophètes ! Ne fallait-il pas que le Christ endurât ces souffrances pour entrer dans sa gloire ?” Et commençant par Moïse et parcourant tous les prophètes, il leur interpréta dans toutes les Écritures ce qui le concernait » (Lc 24,25-27). Mais si l'on peut parvenir à lire dans la Bible hébraïque que le messie doit souffrir à l'imitation du Serviteur souffrant d'*Isaïe,* nulle part il n'est écrit qu'il doive mourir.

Or Jésus est mort… Première difficulté.

Quand les disciples reprennent leur place dans le récit, Jésus leur précise à nouveau (mais aussi au lecteur) : « “Telles sont bien les paroles que je vous ai dites quand j'étais encore avec vous : il faut que s'accomplisse tout ce qui est écrit de moi dans la Loi de Moïse, les Prophètes et les Psaumes.” Alors il leur ouvrit l'esprit à l'intelligence des Écritures, et il leur dit : “Ainsi est-il écrit que le Christ souffrirait et ressusciterait d'entre les morts au troisième jour, et qu'en son Nom le repentir en vue de la rémission des péchés serait proclamé à toutes les nations, à commencer par Jérusalem. De cela vous êtes témoins” » (Lc 24,44-48).

Deuxième difficulté : selon ses disciples, il est vivant, il est ressuscité.

Même si elle est loin d'être dominante, la croyance en la résurrection existe dans les cercles pharisiens depuis le IIe siècle avant notre ère. Ce n'est donc pas une nouveauté, une innovation chrétienne. À ceci près que, dans la tradition juive, le scénario de la résurrection ignore l'hypothèse d'une résurrection individuelle (comme ce sera le cas plus tard dans le christianisme). Elle ne connaît que la résurrection générale des morts au moment du Jugement dernier.

Or Jésus, s'il est ressuscité, est ressuscité seul… Troisième difficulté.

Cette série de difficultés aurait pu réduire à néant les ambitions de ces juifs particuliers que sont les premiers chrétiens. Il n'en sera rien, tout au contraire. La croyance en une résurrection individuelle va être interprétée non seulement comme la victoire d'un humain sur la mort, mais comme un signe du ciel. Les disciples interpréteront sa singularité comme *le* signe qu'ils attendaient ! Par sa mort et sa résurrection, Jésus est définitivement accrédité comme envoyé de Dieu, le Christ. Son sacrifice, son martyre s'éclairent enfin. Sa résurrection est le signe même du début de la Fin des temps, celle qui précède la résurrection générale des morts au jour du Jugement, au retour en gloire de Jésus ressuscité, ce que l'on nomme sa *parousie,* un terme issu du grec utilisé pour acclamer l'entrée triomphale des empereurs dans une ville ou un pays conquis.

C'est là l'*invention* du christianisme.

Cette invention n'a pas consisté à créer de toutes pièces ce qui n'existait pas, mais à trouver ou à retrouver (dans les textes, c'est-à-dire dans la Bible hébraïque) ce qui existait déjà. Ce qui attendait d'être « découvert ».

Kurios Iesus

En « découvrant » que la résurrection de Jésus l'élève à la dignité de Messie, de Christ, les chrétiens – les juifs de la mouvance chrétienne – vont voir en lui le Fils de l'homme, le nouveau Moïse, le Fils de David, mais surtout leur Seigneur, leur *kurios.* « Dieu qui a ressuscité le Seigneur », rappelle Paul dans la première épître aux Corinthiens (1 Co 6,14). Dans les Actes des Apôtres, on peut lire cette phrase placée dans la bouche de Pierre : « Dieu l'a fait Seigneur et Christ, ce Jésus que vous avez crucifié » (Ac 2,36).

Le terme est ambigu. *Kurios*, le Seigneur, c'est le maître, le patron, le propriétaire avec, en outre, un poids politique et religieux irrésistible. Dans la culture gréco-romaine, c'est un terme royal qui s'applique à l'empereur. En hébreu ou en araméen, il a ces mêmes significations. Mais c'est surtout *Adonaï*, le synonyme, le substitut du nom divin imprononçable. Dans la

Septante, la version grecque de la Bible hébraïque, *kurios* est également une manière de traduire le nom de Dieu.

L'apôtre Paul est le premier à faire du mot « Seigneur » un usage extensif pour désigner le Christ ressuscité. On a dénombré jusqu'à cent quatre-vingt-dix occurrences du terme dans l'ensemble de ses épîtres. La première épître aux Corinthiens s'achève par cette phrase empruntée à l'araméen : « *Maran atha !* », c'est-à-dire « Seigneur, viens ! ». Un cri où s'expriment l'espoir placé dans le Christ Jésus ressuscité et la reconnaissance de sa souveraineté.

Il est tout de même difficile de penser que dès les années 50 de notre ère, très rapidement donc après la crucifixion, le processus de divinisation de Jésus était effectué. Tous ceux qui se réclamaient de la foi au ressuscité et qui se seraient exprimés en ces termes auraient aussitôt été pourchassés comme les pires blasphémateurs. Nous devrions alors avoir trace d'un grand nombre de lapidations à l'encontre des sectateurs d'une telle doctrine transgressant l'affirmation du Dieu unique au profit d'un deuxième dieu, une idole appelée Seigneur…

Or rien de tel ne semble avoir existé.

Paul n'opère pas la confusion. Il distingue clairement Jésus (« Seigneur ») de Dieu : « Si tes lèvres confessent que Jésus est Seigneur et si ton cœur croit que Dieu l'a ressuscité des morts, tu seras sauvé » (Rm 10,9). À l'évidence Jésus/Seigneur et Dieu sont, pour lui, deux entités bien distinctes.

Quasi deo

Même si Paul n'a jamais proclamé Christ comme Dieu, l'association dans ses épîtres du terme « Seigneur » au nom de Jésus, sa répétition, l'équivoque qu'il entretient sur l'usage de ce mot – volontairement ou non – vont mettre en marche le processus de divinisation. Processus qui aboutira en une cinquantaine d'années. On peut se rendre compte du chemin parcouru quand, vers 110, Pline le Jeune, alors gouverneur de Bithynie, s'adresse à l'empereur Trajan pour lui signaler les mœurs étranges de certains de ses sujets. Il rapporte alors que les chrétiens chantent un hymne au Christ, *quasi deo*, précise-t-il, « comme à un dieu ».

Le tournant a été pris dès les années 90 par l'évangile de Jean à la faveur d'une scène écrite pour montrer que les enne mis de la communauté johannique, « les juifs », veulent lapider leur maître : « Les juifs apportèrent de nouveau des pierres pour le lapider. Jésus leur dit alors : "Je vous ai montré quantité de bonnes œuvres, venant du Père ; pour laquelle de ces œuvres me lapidez-vous ?" Les juifs lui répondirent : "Ce n'est pas pour une bonne œuvre que nous te lapidons, mais pour un blasphème et parce que toi, n'étant qu'un homme, tu te fais Dieu" » (Jn 10,31-33). Bien entendu Jésus n'est plus en l'occurrence qu'un prête-nom, la prosopopée de la doctrine du mouvement, mais l'on ne saurait être plus clair sur la faille immense qui s'est ouverte entre la communauté de Jean et le judaïsme dont elle est sortie.

Rien d'étonnant dès lors à ce que le groupe qui se fédère à travers cet évangile, ces petites communautés d'Asie Mineure qui en ont fait pour ainsi dire leur « bible », soient excommuniées et reçoivent l'anathème. Du prologue – « Et le verbe s'est fait chair, et il a campé parmi nous, et nous avons contemplé sa gloire, gloire qu'il tient du Père comme Unique-Engendré plein de grâce et de vérité » (Jn 1,14) – à la conclusion de l'évangile, en passant par le chapitre 8 – « Avant qu'Abraham fût, Je suis » (Jn 8,58) –, le Jésus selon Jean n'apparaît plus seulement comme le messie attendu par Israël, mais comme celui qui est descendu des cieux, comme le Fils du Père, l'incarnation de Dieu.

Si l'évangile a été écrit « pour que [l'on croie] que Jésus est le Christ, le Fils de Dieu » (Jn 20,31), si « aucun des disciples n'osait demander "qui es-tu ?" sachant que c'était le Seigneur » (Jn 21,12), c'est bien la preuve qu'alors la profession de foi chrétienne, quoique certainement dans un milieu encore marginal, est parvenue à son apogée.

Alors Jésus est bien le Christ. Mais *christos*, « Christ », ne sera plus comme avant la traduction grecque du *mashiah*, du messie hébraïque. Le mot abjure son ambition nationaliste, à la fois religieuse et politique. Le Jésus johannique lancera la formule à succès : « Mon royaume n'est pas de ce monde » (Jn 18,36). Jean s'en porte garant : la secte chrétienne ne représente aucun danger pour l'Empire romain. Christ, Fils de Dieu, Seigneur : ces titres de gloire ne seront plus des dénominations séparées mais des synonymes, en même temps que des formulations de la nature désormais divine de Jésus. Le temps, ensuite, va propager cette conception bien au-delà du cercle restreint de la communauté johannique et l'étendre peu à peu à toutes les composantes du mouvement chrétien. À la moitié du IIe siècle, dans la première épître de Jean, dont il ne faut pas confondre l'auteur avec celui de l'évangile ni avec celui de l'Apocalypse, il est affirmé : « Nous sommes dans le Véritable, dans son Fils Jésus-Christ. Celui-ci est le Dieu véritable et la Vie éternelle » (1 Jn 5,20).

Il s'est fait voir

Un siècle plus tôt, la confession de foi contenue dans la première épître aux Corinthiens, après la proclamation de la mort et de la résurrection du Christ conformément aux Écritures, rappelait les apparitions de Jésus ressuscité. Détail frappant, la Bible de Jérusalem traduit en français « il est apparu », mais le verbe employé par le texte grec, *ophté*, signifie littéralement « il s'est fait voir ». Or ce verbe est également utilisé pour désigner les manifestations de Yahvé dans la Genèse... Faut-il en déduire que dans le credo le plus primitif résidait le germe de ce qui allait constituer le dogme chrétien, et la raison fondamentale du schisme avec le judaïsme ?

Paul écrit aux Corinthiens : « Il est apparu à Céphas puis aux Douze. Ensuite il est apparu à plus de cinq cents frères à la fois – la plupart d'entre eux demeurent jusqu'à présent et quelques-unes se sont endormis – ensuite il est apparu à Jacques puis à tous les apôtres. Et en tout dernier lieu il m'est apparu à moi aussi comme à l'avorton » (1 Co 15,5-7). Personne ne sait ce qu'ont vu ces premiers témoins, mais le fait est que l'événement originel du christianisme se fonde sur ces visions. Hallucinations ou extases mystiques, ces apparitions, ces « christophanies », ainsi qu'on les nomme, ne sont pas davantage commentées. Elles auront permis à ceux qui s'en disaient les destinataires de voir Jésus vivant même s'ils ne l'avaient pas vu mort. Ainsi pouvaient-ils surmonter l'horreur de sa fin atroce, l'effrayante culpabilité de l'avoir abandonné, le désespoir.

Cette liste semble donc recenser les pères fondateurs de la foi chrétienne – ne parlons pas encore de christianisme. Il est alors extrêmement surprenant de constater qu'elle va rester pour ainsi dire lettre morte. Vingt ou trente ans après Paul, l'évangile de Marc l'ignore, même si le récit de la Transfiguration est une manière pour Marc d'introduire, bien avant la Passion de Jésus, une scène de résurrection prémonitoire au cours de laquelle Jésus, en vêtements de lumière, apparaît en compagnie d'Élie et de Moïse devant ses trois disciples, Pierre, Jacques et Jean, fils de Zébédée. Mais les récits d'apparitions du Ressuscité proprement dits n'entreront à la fin de l'évangile de Marc qu'au IIe siècle, dans une addition tardive que l'on appelle « la finale de Marc ».

Il faut donc attendre les évangiles de Matthieu, de Luc et de Jean pour que les christophanies soient mises en scène et qu'elles soient unanimement placées chronologiquement avant celles relatées – pourtant bien plus tôt – par la première épître aux Corinthiens. Quoique très peu cohérents entre eux, les récits évangéliques sont au moins d'accord pour faire état d'apparitions de Jésus à Pierre et aux douze disciples. Pour le reste, Matthieu, Luc et Jean font le tri : les cinq cents frères dont personne n'a jamais entendu parler, les apôtres (s'ils sont distincts des Douze), Jacques (« le frère du Seigneur ») sont sortis du rang. Mais si les évangélistes retranchent sans remords certains noms, de façon plus surprenante ils n'hésitent pas à en ajouter. Et, en premier lieu, des femmes de l'entourage de Jésus qui auraient été les premières à le voir ressuscité.

Les évangiles montrent d'ailleurs que les femmes croient immédiatement à la résurrection et propagent la Bonne Nouvelle alors que les disciples restent encore incrédules devant cette annonce. Parmi elles, on retrouve Marie-Madeleine (nommée Marie de Magdala ou la Magdaléenne), personnage récurrent. Dans l'évangile de Matthieu, c'est même Marie-Madeleine (accompagnée de « l'autre Marie ») qui est la première personne à avoir une apparition de Jésus ressuscité. La finale de l'évangile de Marc commence par cette mention : « Ressuscité le matin, le premier jour de la semaine, il apparut d'abord à Magdala dont il avait chassé sept démons » (Mc 16,9) – trait emprunté à l'évangile de Luc qui n'élude pas l'origine psychologique du caractère exalté de la compagne favorite de Jésus. Quant à l'évangile de Jean, cette première apparition à Marie-Madeleine « tout en pleurs » (Jn 20,11) est composée comme un véritable tableau vivant, artistement et tendrement composé. L'évangéliste se régale à faire durer le plaisir, il raconte cette christophanie comme un pas de deux, comme s'il chorégraphiait un duo amoureux. L'évangile de Luc, pourtant réputé le plus « féministe » des quatre évangiles canoniques, est celui qui s'attarde le moins sur cette prééminence des compagnes de Jésus à l'instant décisif.

Les évangélistes soignent-ils, si l'on peut dire, le mal par le mal ? Accusés de propager des radotages et des contes de bonnes femmes, de ne persuader que des « femmelettes » comme le dira le philosophe païen Celse au IIe siècle, ont-ils pris délibérément le parti de faire des femmes les premières bénéficiaires des christophanies ? S'adressent-ils, à travers ces personnages, à leur auditoire le plus réceptif, auquel ils renvoient ce miroir flatteur ? Ou le mouvement est-il réellement né d'elles, de leur enthousiasme, de leur refus d'accepter la disparition de Jésus ?

Il n'en reste pas moins que le groupe des disciples est favorisé à son tour par les apparitions de Jésus ressuscité. L'évangile de Matthieu ne distingue aucun nom en particulier parmi eux, de même que la finale de Marc qui se contente d'évoquer « les Onze » (les douze disciples sans Judas). Chez Luc, bien que les disciples n'y croient pas, Pierre part en courant au tombeau : « Mais, se penchant, il ne voit que les linges. Et il s'en alla tout surpris de ce qui était arrivé » (Lc 24,12). Il faut patienter jusqu'à la fin de l'épisode des compagnons d'Emmaüs pour avoir la confirmation paradoxale de ce que nous n'avons pas appris jusque-là. « C'est bien vrai ! s'exclament les disciples. Le Seigneur est ressuscité et il est apparu à Simon [c'est-à-dire Pierre] » (Lc 24,34). Or l'évocation précise de cette christophanie à Pierre manque. C'est un vide, un oubli du récit. La remarque attribuée aux disciples sonne comme un repentir, comme un repêchage pour, malgré tout, sauver les apparences et défendre la primauté de Pierre. Une primauté que le récit de Luc lui-même s'ingénie par ailleurs à minimiser en faisant des deux pèlerins d'Emmaüs les tout premiers destinataires de la révélation du Ressuscité.

Cet effet de compétition est encore renforcé dans l'évangile de Jean, mais au prix d'une âpre concurrence qui oppose Simon-Pierre non seulement à Marie-Madeleine, mais aussi au disciple bien-aimé. Ce dernier le devance dans la découverte du tombeau – il court plus vite – mais, au dernier moment, le laisse entrer le premier, le valorisant de fait plus que dans les trois évangiles synoptiques. Plus tard, sur les bords du lac de Tibériade, le même jeu ambigu se reproduit entre le disciple que Jésus aimait et Simon-Pierre, l'un semblant détenir le privilège du cœur, l'autre celui de la raison.

« Tu es Pierre, et sur cette pierre... »

L'évangéliste Jean semble s'y résoudre à contrecœur. Dès le début de son évangile, Pierre est le premier des disciples, mais il est appelé par le Maître en deuxième position, après André. Décidément cette primauté lui déplaît.

Au contraire c'est sans l'ombre d'une hésitation que Paul place Pierre en tête de sa liste dans la première épître aux Corinthiens. Ce qui signifie qu'entre la fin des années 30 (période supposée de mise au point de la tradition primitive sur les apparitions) et l'année 55 (date supposée de la rédaction de l'épître de Paul), Pierre (Céphas) est devenu celui qui a reçu la première vision. Dans son *Discours vrai* (vers 178), Celse ironisera sur sa vocation, « soit qu'il portât dans sa constitution personnelle une disposition à de telles chimères et que, sous l'influence de sa propre imagination, il se fût formé un phantasme conforme à son désir, soit plutôt qu'il eût voulu par ce prétendu miracle jeter les gens dans la stupeur, et grâce à ce mensonge, frayer la voie à d'autres impostures. »

Premier témoin d'une christophanie qui n'a eu d'autre spectateur que lui-même, Pierre peut donc s'arroger la première place parmi la jeune communauté. C'est, dirait-on, son bâton de maréchal... Dans l'épître aux Galates de Paul, écrite vers 55-60, comme dans le récit plus tardif des Actes des Apôtres, écrit, dit-on généralement, dans les années 80-90, Pierre apparaît comme la personnalité la plus respectée du mouvement. Dans les douze premiers chapitres des Actes, il occupe même la place principale. Même s'il n'apparaît pas nécessairement comme le chef de la communauté, il est incontestablement son porte-parole, une référence pour tout ce qui touche aux questions essentielles. Et, au fond, cela paraît normal et légitime.

Dans l'évangile de Matthieu, Jésus, pour le récompenser de l'avoir identifié au Christ, au Fils du Dieu vivant, prononce sa célèbre sentence : « Eh bien moi je te dis : Tu es Pierre, et sur cette pierre je bâtirai mon Église » (Mt 16,18). L'authenticité de cette parole fondant l'Église sur Pierre est absolument improbable. Si jamais une pareille phrase avait été prononcée par Jésus, il serait invraisemblable qu'elle figure exclusivement dans l'évangile de Matthieu. D'autant qu'en grec le jeu de mots est un peu approximatif (si Pierre se dit Petros, la pierre se dit *petra*). Avec la meilleure volonté du monde, l'exégète le plus conciliant a tout de même du mal à imaginer Jésus faisant de mauvais calembours en grec pour un pêcheur du lac de Tibériade qui ne devait comprendre que l'araméen. Mais l'auteur de l'évangile selon Matthieu devait être si content de sa trouvaille qu'un tel détail ne l'a pas arrêté.

En araméen le surnom donné à Pierre – « Céphas » (« le rocher », « le roc », par extension « le chauve ») – se comprend mieux. L'évangile de Jean offre cette explication : « Jésus le regarda et dit : « Tu es Simon, le fils de Jean ; tu t'appelleras Céphas – ce qui veut dire Pierre » (Jn 1,42). Aussi, dans cet évangile, est-il toujours nommé Simon-Pierre. Dans les autres évangiles, ce double nom ne se trouve pas. Simon est surnommé Pierre de façon autoritaire, sans explication, sans passer par l'araméen. C'est pourtant Jésus qui est toujours présenté comme l'auteur de ce sobriquet, c'est lui qui attribue sa nouvelle identité à Pierre. Il y a quelques années, des exégètes américains ont toutefois fait remarquer que le nom Céphas/Pierre n'était pas très courant en hébreu, en araméen ou même en grec. Le surnom de « Rocky », notaient-ils, en serait un bon équivalent, signifiant ainsi que celui qui en est affublé doit passer pour un rustre ou un dur[1].

Jésus accorde donc à Pierre, ce roc, ce pur et dur, les clefs du royaume des cieux : « Quoi que tu lies sur la terre, sera tenu dans les cieux pour lié et quoi que tu délies sur la terre sera tenu pour délié » (Mt 16,19), et il fait de lui la pierre fondatrice de

1. Voir R. E. Brown, K. P. Donfried et J. Reumann (sous la dir. de), *Saint Pierre dans le Nouveau Testament* (Éd. du Cerf, 1974).

l'Église. Mais l'Église dont il est question chez Matthieu n'a évidemment pas le sens que ce mot a pris dans l'histoire du christianisme. Église, c'est, dans le Nouveau Testament, l'une des dénominations du mouvement qui se réclame de Jésus, de la secte juive, du parti professant qu'il est le messie. C'est une dénomination parmi d'autres : « les disciples », « les partisans de la Voie », « les Galiléens », « les Nazaréens » ou « nazôréens ». Église, en grec *ekklesia*, c'est, étymologiquement et historiquement, l'assemblée des hommes libres en Grèce. Dans le judaïsme, c'est un groupe qui se sent élu et appelé à accomplir une certaine mission religieuse, l'équivalent d'une synagogue. En aucun cas ce ne peut être l'embryon d'une forme institutionnelle rivale du judaïsme, le prototype d'un autre type d'organisation.

Les prétendants

Matthieu, seul contre tous, a intronisé Pierre pour la postérité. Rome, capitale de l'empire, l'a choisi comme figure tutélaire, et toute la tradition catholique appuie sa cause. Aujourd'hui encore le pape est assis au Vatican « sur le trône de Pierre ».

Mais Pierre a-t-il jamais eu un trône ?

Dans l'évangile de Matthieu, au chapitre qui suit son investiture, le pouvoir exceptionnel accordé à Pierre lui est purement et simplement ôté, comme si jamais aucune promesse ne lui avait été faite… Au début du chapitre 18, « les disciples s'approchèrent de Jésus et dirent : "Qui donc est le plus grand dans le Royaume des cieux ?" Il appela à lui un petit enfant, le plaça au milieu d'eux et dit notamment : "Qui donc se fera petit comme ce petit enfant-là, celui-là est le plus grand dans le Royaume des cieux" » (Mt 18,1-4).

Plus loin, toujours chez Matthieu, la mère de Jacques et de Jean, les fils de Zébédée, supplie Jésus d'accorder à ses fils le privilège de siéger à sa droite et à sa gauche dans le Royaume.

Ce qui exclut Pierre. Et Jésus cette fois de répondre : « Quant à siéger à ma droite et à ma gauche, il ne m'appartient pas d'accorder cela, mais c'est pour ceux à qui mon Père l'a destiné » (Mt 20,23). Aussitôt, à en croire Matthieu, les dix autres disciples s'insurgent – Pierre étant parmi eux bien qu'il ne soit pas spécifiquement nommé. La réaction de jalousie des disciples oblige Jésus à inventer une parade, retirant d'une main ce qu'il a accordé de l'autre : « Vous savez, dit-il, que les chefs des nations dominent sur elles en maîtres et que les grands leur font sentir leur pouvoir. Il n'en doit pas être ainsi parmi vous : au contraire, celui qui voudra devenir grand parmi vous, sera votre serviteur, et celui qui voudra être le premier d'entre vous, sera votre esclave » (Mt 20,25-28).

Si l'évangile de Matthieu paraît animé d'un véritable principe de non-contradiction qui fait dire à Jésus tout et son contraire, c'est qu'aucune doctrine ne s'est imposée à l'intérieur même de cet évangile qui est apparemment le plus favorable à Pierre – ou aux disciples qui se réclament de son courant de pensée. Ce que l'on y perçoit, c'est précisément l'écho des conflits de pouvoir entre les héritiers présomptifs.

La situation prééminente de Pierre est loin d'être valorisée chez Marc ou chez Luc. D'accord avec la tradition de Matthieu, Pierre y est traité sans égards particuliers, et même plus d'une fois franchement malmené. Dès qu'il est cité comme l'acteur ou l'interlocuteur de l'un des épisodes évangéliques, Pierre est flanqué de la troupe des disciples ou d'au moins deux d'entre eux. Dans les trois évangiles synoptiques par exemple, lors de la scène de la Transfiguration, qui est aussi une scène d'initiation, on lui adjoint les deux fils de Zébédée, Jacques et Jean. Pierre doit être impérativement chaperonné. Il ne peut pas être laissé seul. Il n'est pas un personnage sûr.

Quand Jésus marche sur les eaux, tous les disciples s'effrayent et croient voir un fantôme. C'est alors que l'évangile de Matthieu, pour mettre en avant Pierre, tente de lui donner le beau rôle : « Seigneur, si c'est bien toi, s'écrie-t-il, donne-moi l'ordre de venir à toi sur les eaux » (Mt 14,28). Jésus accède à sa demande. Pierre descend de la barque et se met à son tour à marcher sur les eaux en se dirigeant vers Jésus. « Mais, voyant le vent, il prit peur et, commençant à couler, il s'écria : "Seigneur, sauve-moi !" Aussitôt Jésus tendit la main et le saisit, en lui disant : "Homme de peu de foi, pourquoi as-tu douté ?" » (Mt 14,30-31).

Dans l'évangile de Marc, Jésus annonce pour la première fois ce qui va lui arriver, autrement dit la Passion. Et l'évangéliste, pervers, de préciser : « Et c'est ouvertement qu'il disait ces choses. Pierre, ajoute-t-il, le tirant à lui, se mit à le morigéner. Mais lui, se retournant et voyant ses disciples, admonesta Pierre et dit : "Passe derrière moi, Satan ! Car tes pensées ne sont pas celles de Dieu, mais celles des hommes !" » (Mc 8,32-33). La parole de Jésus a la virulence d'une insulte, c'est un coup de fouet. Près du maître, à ses côtés, parmi ses plus fidèles se trouve un diable : Satan est le nouveau surnom imposé à Simon-Pierre, l'une de ses identités, la plus profonde, la plus sombre.

À la phrase suivante, indiquant quelles sont les conditions draconiennes pour le suivre, Jésus recrute même ouvertement au-delà du cercle de ses disciples : « Si quelqu'un veut venir à ma suite, qu'il se renie lui-même, qu'il se charge de sa croix et qu'il me suive » (Mc 8,34). N'est-ce pas affûter une pointe supplémentaire contre le groupe des disciples dont Pierre est le guide ?

Marc, disciple de Pierre

Dès lors, il est extrêmement curieux que l'évangile selon Marc passe traditionnellement pour avoir été écrit par un compagnon de Pierre. Cette attribution repose sur une brève allusion à « Marc, mon fils » (1 P 5,13) contenue à la fin de la première épître de Pierre, texte de catéchèse remontant au moins à la fin du Iᵉʳ siècle et placé sous le patronage de l'apôtre par son rédacteur, un certain Silvain, « frère fidèle » (1 P 5,12).

C'est aussi l'affirmation que transmet un des tout premiers Pères de l'Église, Papias, évêque de Hiérapolis, qui, vers la même époque, dote chaque évangile d'un auteur.

La légende d'un Marc compagnon de Pierre aura la vie dure, bien qu'elle ait contre elle toutes les apparences. Il suffit simplement de lire le texte de l'évangile de Marc pour voir comment l'image de Pierre y est souvent malmenée – ce qui serait, pour un de ses admirateurs, une singulière façon d'exprimer ses sentiments. L'évangile de Matthieu, qui ne l'épargne pas beaucoup plus, quoique par intermittence, paraît néanmoins davantage hagiographique.

Si ce que racontent les évangélistes est de l'histoire vraie, ce que présupposent volontiers nombre d'exégètes, si par ailleurs le narrateur de l'évangile était tenu par le respect des faits, il faudrait au moins s'étonner que Marc, le prétendu herméneute de Pierre, son traducteur, son interprète, ne manifeste aucune indulgence pour son modèle, n'atténue jamais les aspects négatifs de son personnage. Dans son récit de la première annonce de la Passion, Luc, par exemple, effectue ce qu'on aurait attendu de Marc. Il supprime à la fois la phrase malheureuse de Pierre avouant son incompréhension et la réaction cinglante de Jésus, le traitant de « Satan ». Rien de tout cela n'apparaît en effet chez Luc. Comparé à Marc (et en l'espèce à Matthieu), Luc ne ment pas, il se tait. Il préfère pêcher par omission.

Pierre insulté

Hormis Jésus, le personnage de Pierre est le plus important de tous les évangiles ; mais, pour qui veut développer son portrait, le comble reste à venir. De Marc à Jean, il est en effet affirmé avec force détails que Pierre a renié Jésus. C'est même, au-delà des variantes propres à chaque récit, une caractéristique commune aux quatre évangiles. L'action dont Pierre est le héros est cet acte de lâcheté.

De façon voilée et par une citation du livre de Zacharie, Jésus annonce à ses disciples sa propre fin et leur dispersion. C'est alors que Pierre se rebelle, s'exclamant : « Même si tous sont scandalisés, du moins pas moi ! » (Mc 14,29), ce qu'il répète un peu plus loin, assurant qu'il est prêt à mourir pour son maître, sous une formulation quasiment identique dans les quatre récits. Pierre, qui parle pour se détacher du groupe et justifier sa place de premier disciple, ne rencontre que les sarcasmes de Jésus, et une prévision terrible qui pèse sur sa tête : « En vérité, je te le dis, toi aujourd'hui, cette nuit même, avant que le coq chante deux fois, tu m'auras renié trois fois » (Mc 14,30). Puis Jésus emmène ses disciples à Gethsemani pour une veillée d'armes ou une veille d'agonie. Mais les disciples tombent de sommeil et s'endorment. Pierre le premier, ainsi que le soulignent l'évangile de Marc et celui de Matthieu. Enfin, après l'arrestation de Jésus, Pierre, selon les quatre évangiles, se risque tout de même à suivre son maître, qui a été emmené chez le grand prêtre pour être interrogé. Une servante du grand prêtre le remarque et l'apostrophe : « Toi aussi tu étais avec le Nazaréen Jésus. » Mais lui nie en disant : « Je ne sais pas, je ne comprends pas ce que tu dis » (Mc 14,67-68). Puis les gardes s'en prennent à lui : « Vraiment tu en es ; et d'ailleurs tu es Galiléen. » Mais il se met à jurer avec force imprécations : « Je ne connais pas cet homme dont vous parlez » (Mc 14,70-71). Le chant du coq, comme Jésus l'avait annoncé, retentit trois fois, et Pierre s'enfuit en pleurs.

Le reniement de Pierre, par l'annonce dont il fait l'objet et par les circonstances dans lesquelles il s'accomplit, à la veille de la mise à mort de Jésus, devient ainsi un épisode parfaitement symétrique de la Passion du Christ. Mais une passion dérisoire, une version de parodie.

Dans l'évangile de Jean, l'incrimination de Pierre monte d'un cran puisque, à diverses reprises, lorsque Jésus annonce à ses disciples que l'un d'entre eux va le trahir, le lecteur peut penser que c'est Pierre qui est visé. Jésus ajoute même : « L'un d'entre vous est un diable » (Jn 6,70), faisant résonner brutalement le « arrière Satan ! » de chez Matthieu. L'épilogue du chapitre 21 offre une surenchère qui vient comme un exorcisme. « Simon, fils de Jean, m'aimes-tu plus que ceux-ci ? » (Jn 21,15) : c'est à trois reprises que Jésus répète la question au premier de ses disciples, comme s'il n'entendait pas la réponse de Simon-Pierre, comme s'il était sourd à ses protestations de bonne foi.

Le vrai Pierre

Vouloir retrouver le vrai Pierre serait une gageure – mais nombre d'historiens du christianisme n'ont pas pu résister à cet exercice, au risque de bâtir sur le sable.

Fort et faible, téméraire et velléitaire, lâche et courageux : tous ces traits psychologiques que l'on peut déduire des évangiles sont-ils la marque d'une vraie personne ? sont-ils des procédés purement narratifs pour permettre l'identification des lecteurs ? ou seraient-ce des ruses employées pour contester l'autorité de Pierre, pour saper une influence qui ne pouvait être purement et simplement rayée d'un trait de plume ? Curieusement, ces signes particuliers n'ont strictement pas le moindre répondant dans les autres sources.

Si le Pierre auquel Paul doit en référer dans la première épître aux Galates ou l'épître aux Corinthiens est à peine portraituré, celui qui intervient dans les Actes est d'une tout autre envergure que celui qui se manifestera dans les évangiles.

On pourrait soutenir que c'est là la marque d'un « avant » et d'un « après ». Pierre, dans les évangiles, serait un compagnon de la vie de Jésus, tandis que dans les Actes il serait un témoin de la résurrection, un homme nouveau en quelque sorte. Cette façon de voir soulève aussitôt une objection : dans les évangiles, Pierre est aussi présenté comme l'un des privilégiés qui peuvent témoigner de la résurrection de Jésus. Il n'en est pas complètement changé pour autant.

Pierre après Pierre

La préhistoire du mouvement chrétien est peuplée d'ombres. La plupart des acteurs de la geste évangélique ne sont que des silhouettes – même si tout l'art des peintres entretiendra l'illusion que nous avons affaire à de vrais personnages. En réalité seuls quelques noms ou quelques prénoms nous sont parvenus : les fils de Zébédée, André, Thomas… Mais très rares sont ceux qui offrent un peu de consistance.

Pierre est de ceux-là.

Autant les évangiles canoniques ne l'encensent jamais – et c'est bien l'indice le plus fort qu'ils ont été écrits après la mort de Pierre, survenue probablement vers le début des années 60 –, autant d'autres textes chrétiens, entre la fin du Ier siècle et le milieu du IIe, se placent sous son invocation. L'Évangile de Pierre, l'Apocalypse de Pierre, les Actes de Pierre, pour ne citer que quelques-uns des textes considérés avec le recul comme apocryphes, veulent alors bénéficier de son prestige, sans compter les deux épîtres qui lui sont attribuées dans le Nouveau Testament. Cette littérature fait *a posteriori* de Pierre tantôt un innovateur, tantôt un traditionaliste rigoureux, tantôt un visionnaire. Ici Pierre promeut les thèses gnostiques, là il est leur inquisiteur le plus résolu. Dans les *Homélies clémentines*, il se montre l'adversaire farouche de l'« Ennemi », qui n'est en fait que Paul, tandis que dans la deuxième épître placée sous son nom, il fait cause commune avec son « cher frère Paul » (2 P, 15)…

Pierre passe d'un camp à l'autre, sans cesse enrôlé dans les combats contradictoires entre chrétiens qui s'affrontent. C'est un étendard qu'on se dispute. « Figure majeure de la tradition relative à Jésus, écrit Christian Grappe, figure malléable et par conséquent plus apte, d'une part, à servir d'appui ou de prétexte à des revendications diverses au point de devenir en quelque sorte la référence obligée dans les polémiques du second siècle et, d'autre part, à faire office de trait d'union et de ciment entre les grands apôtres de la première génération chrétienne, Pierre disposait encore d'un atout, nous semble-t-il, pour s'imposer au sein du mouvement chrétien en devenir. Cet atout résidait dans sa condition et dans son itinéraire qui, ensemble, lui conféraient tous les éléments pour devenir une figure éminemment populaire[1]. »

Dans l'évangile de Jean, Pierre est présenté comme un transfuge du courant baptiste, avec l'arrière-pensée de rallier les partisans de Jean le Baptiste à la cause de Jésus. Dans les Actes, il se fait thaumaturge et missionnaire. À son tour il a le pouvoir d'accomplir des miracles : il guérit un impotent de naissance à la porte du Temple, puis un paralytique à Lydda, et enfin il ressuscite une femme à Joppé. Par ces gestes, par cette toute-puissance, il est un nouveau Jésus. C'est lui qui convertit le centurion Corneille, qui fait sortir la foi chrétienne des limites du judaïsme et l'ouvre au monde païen.

Or dans le livre des Actes, Pierre n'est plus du tout un homme qui tergiverse, c'est un chef, c'est un orateur, c'est un organisateur. Ce n'est plus un rôle dramatique, c'est une figure héroïque qu'aucune hésitation ne fait vaciller, qu'aucun doute ne lézarde.

C'est lui qui parle, lui qui juge, lui qui tranche. Par ses discours, il est non seulement l'auteur du « kérygme » – la confession de foi selon laquelle Jésus-Christ est mort et ressuscité –, mais aussi le procureur plaidant contre les juifs de Jérusalem qui n'ont pas reconnu le messie et qui l'ont tué. À trois reprises, c'est même son personnage qui est chargé de réécrire l'histoire du meurtre fondateur. C'est Pierre qui légitime une reconstruction complète des faits et qui radicalise, comme jamais auparavant, le thème antijudaïque sous-jacent au Nouveau Testament.

Dans les Actes des Apôtres, contrairement au tableau mitigé qu'en donnent les évangiles, Pierre, après sa mort, devient la grande référence du mouvement chrétien.

1. Christian Grappe, *Images de Pierre aux deux premiers siècles* (PUF, 1995).

2

Jacques, frère de Jésus

Dès le début du premier chapitre des Actes des Apôtres, l'auteur signale qu'après l'Ascension les disciples se sont regroupés à Jérusalem « dans la chambre haute où ils se tenaient habituellement » et que « tous, d'un même cœur, étaient assidus à la prière » (Ac 1,13-14). Comme il est impossible d'estimer réellement le temps qui sépare la débandade des disciples après la crucifixion de cette réunion, rien n'interdit de penser que, passé une phase de panique qui a pu en amener quelques-uns à s'égailler dans la nature voire à remonter en Galilée, un regroupement a fini par avoir lieu une semaine, un mois, un an plus tard.

Tous, donc, étaient assidus à prier « avec quelques femmes dont Marie mère de Jésus, et avec ses frères » (Ac 1,14). Cette présence de la famille parmi les disciples a de quoi étonner, à plus d'un titre.

La règle du jeu

Au regard de la littérature chrétienne primitive, la Sainte Famille n'est qu'une peau de chagrin. Mais avant de nous interroger sur le rôle joué par la mère et les frères de Jésus après sa mort, avant de tenter de recoudre les lambeaux du roman familial, il est indispensable de se rappeler que l'ordre de présentation des vingt-sept livres qui composent le Nouveau Testament ne correspond pas à la chronologie de leur rédaction. Il faut avoir constamment à l'esprit cette chronologie rédactionnelle pour voir comment, couche après couche, par étapes successives, l'histoire chrétienne s'est peu à peu racontée.

Les chercheurs considèrent unanimement que les sept épîtres de Paul acceptées comme authentiques sont les plus anciens textes chrétiens. Selon l'hypothèse majoritaire, elles ont été écrites dans les années 50-60. Sont venus ensuite les évangiles. Contrairement au Nouveau Testament, qui place en tête l'évangile de Matthieu, l'évangile selon Marc aurait été le premier récit écrit. L'ordre chronologique serait approximativement le suivant :

– épîtres de Paul (50-60)
– évangile selon Marc (+ ou – 70)
– évangiles selon Matthieu et selon Luc (+ ou – 80-85)
– évangile selon Jean (+ ou – 90-100)
– Actes des Apôtres (80-90).

Aucun de ces textes n'a été écrit par un seul auteur et d'une seule traite. Les récits des évangiles ou ceux des Actes, par exemple, sont composés en fait d'une sédimentation de strates, d'ajouts, de corrections, de mises au goût du jour par différents rédacteurs anonymes qui se sont succédé et qui ont retravaillé le texte, sans pour autant le normaliser et l'équarrir. La forme des écrits que l'on peut lire aujourd'hui dans le Nouveau Testament est le résultat de ces compilations.

Tous ces niveaux et ces anomalies ont l'immense mérite de permettre d'atteindre, plus que l'histoire apparente de Jésus et de ses premiers disciples, l'histoire indirecte des premières communautés, qui s'exprime à travers les textes qu'elles se sont donnés pour exposer leurs débats d'idées ou leurs luttes d'influence. Lire, selon l'heureuse expression utilisée naguère par Yedi Frends, c'est ainsi « apprendre à peler l'oignon »[1].

1. Yedi Frends, *L'Apprentissage de la Bible*, traduit de l'allemand par P. Lanniot (Éditions de l'Archipel, 1933).

En ce qui concerne plus précisément les évangiles, on doit bien comprendre que, contrairement à l'idée reçue, il ne s'agit pas de quatre « témoignages » indépendants les uns des autres, mais d'un récit initial sans doute oral dans un premier temps, qui a été développé par des « évangélistes » successifs. Si Marc a écrit en premier, Matthieu et Luc lisent et corrigent Marc, et Jean lit et corrige les trois autres. Ni Marc, ni Matthieu, ni Luc, ni Jean (quel que soit le nombre de rédacteurs qui s'abritent sous ces noms) ne se connaissent ni, surtout, n'ont été des témoins oculaires des faits qu'ils relatent. Aucun d'entre eux n'a rencontré Jésus. Ces auteurs écrivent une, deux voire trois générations après sa mort.

Marie

Dans le monde catholique, Marie, la mère de Jésus, fait l'objet d'une dévotion extraordinaire, d'un culte à l'égal de celui de son fils : elle est la Mère de Dieu, la Vierge éternelle, la Reine des Cieux, une image même de l'Église. Marie est, au sens strict, hors du commun.

Pourtant le Nouveau Testament n'offre pas d'elle un portrait très fourni ni très flatteur : malgré l'Annonciation, Marie semble ignorer la nature divine de son fils, elle ne comprend jamais ce que dit Jésus ou se montre très réservée quant à sa prédication. En retour, Jésus n'est pas très aimable avec elle. Il la tance, il la rabroue, il la récuse. Le plus souvent il s'adresse à elle comme à une domestique ou à une étrangère, sur un ton où le reproche le dispute à l'insolence. Jamais Jésus ne s'adresse à Marie comme un fils à sa mère. Dans la scène des noces de Cana, Jésus lance à Marie le cinglant « Que me veux-tu, femme ? » (Jn 2,3). Pour comprendre la violence de l'apostrophe, il faut entendre en parallèle les mots de Pierre à une servante dans l'évangile de Luc : « Femme, je ne te connais pas » (Lc 22,57). Cloué sur la croix, c'est encore en ces mêmes termes que Jésus interpelle sa mère : « Femme, voici ton fils » (Jn 19,26). Et si, comme dans l'évangile de Luc, une femme fait devant lui l'éloge de Marie : « Heureux les entrailles qui t'ont porté et les seins que tu as sucés ! », elle se fait immédiatement moucher : « Heureux plutôt ceux qui écoutent la parole de Dieu et l'observent » (Lc 11,27-28). Charmant enfant ! Jésus aurait-il ignoré le commandement biblique « Honore ton père et ta mère » (Ex 20,12) ?

Dans les évangiles, Marie est à peine un petit rôle. Si l'on mettait bout à bout tous les passages qui la mentionnent, on obtiendrait au mieux une demi-page, plus vraisemblablement quelques lignes. C'est une silhouette. Elle mettra d'ailleurs longtemps à se dessiner dans la nébuleuse où évoluent les membres de l'entourage de Jésus.

À la première étape de la chronologie rédactionnelle des textes néotestamentaires, la mère de l'enfant nommé Jésus est une femme sans nom. Dans les années 50-60, Paul ignore son identité. Il ne la cite qu'indirectement. Dans son épître aux membres de la communauté de Galatie, il relève simplement que Jésus est « né d'une femme » (Ga 4,4). Rien d'autre, sinon que Jésus est « issu de la lignée de David selon la chair » (Rm 1,3) – ce qui est une façon d'attester son titre de messie car il apparaît ainsi comme un descendant du roi David. Dans la génération apostolique, du temps de Paul, de Pierre, des douze apôtres, leurs contemporains, de tous ceux qui ont connu Jésus « selon la chair », Marie n'occupe pas une place très éminente.

Une vingtaine d'années plus tard, dans les années 70, alors que vraisemblablement Marie et tous les témoins directs de la vie de Jésus sont morts, l'évangile selon Marc ne dit guère autre chose. Chez lui, Marie apparaît de façon anonyme dans un épisode douloureux où, avec ses autres enfants, elle croit Jésus possédé d'un démon et tente de ramener son fils à la raison : « Il a perdu les sens » (Mc 3,21), dit-elle de Jésus. Plus loin surtout, Marie est nommée pour la première fois dans le Nouveau

Testament par référence à son fils. « Celui-là, n'est-il pas le charpentier, le fils de Marie ? » (Mc 6,3), dit-on de Jésus.

Mais la désignation de Jésus comme « fils de Marie » est assez embarrassante.

Fils de Marie

Dans tout l'Orient, de tout temps, les juifs établissent leur filiation par rapport à leur père. Le fils est « ben Joseph », « ben Simon » ou « ben Jacob », fils de Joseph, de Simon ou de Jacob, et le demeure même après le décès du père. Si un enfant est dénommé par rapport à sa mère, « fils de Marie » en l'espèce, cela suggère fortement que l'enfant est né d'un père inconnu.

Le fait est que les premiers textes chrétiens, les épîtres de Paul comme l'évangile de Marc, ignorent qui est le père de Jésus. Ils ignorent Joseph aussi bien comme père naturel que comme père nourricier ou père légal. Pour l'apôtre Paul mais également pour l'évangéliste Marc, Jésus a tout l'air d'être né de père inconnu. C'est un enfant sans père, comme Moïse dans la tradition juive, comme Mahomet (qui est orphelin) chez les musulmans. Les trois figures fondatrices des trois grandes religions monothéistes sont donc trois hommes qui n'ont pas connu leur père, et l'on pourrait remarquer que l'interlocuteur privilégié de Jésus dans les évangiles est un père céleste, un père absent et invisible qu'il appelle familièrement *abba*, « papa » en araméen, comme pour sublimer, diraient les psychanalystes, le manque d'un père réel, de chair et de sang.

Ce père inconnu nourrira par ailleurs la polémique juive. Sur le mode pamphlétaire, les Toledoth Yeshuh, ces contre-évangiles rédigés en hébreu au Xᵉ siècle, en réplique aux massacres de juifs, mais fondés sur des traditions beaucoup plus anciennes, instruiront à charge la vie de Jésus et feront de Marie soit une prostituée, soit une jeune femme abusée par un certain Panthéra, ou Pandéra, qui est tantôt un voisin, tantôt un légionnaire romain. Jésus, dont la naissance était pour le moins obscure, est stigmatisé comme bâtard. Plusieurs passages retirés du Talmud rivalisaient d'allusions à peine voilées.

Ces accusations n'ont pas attendu longtemps avant d'être portées au grand jour. Dès la fin du IIe siècle, le philosophe païen Celse ou le théologien chrétien Tertullien s'en font l'écho. Historiquement, elles remontent même sans doute beaucoup plus haut, puisque dans l'évangile de Jean, quand Jésus accuse les juifs d'avoir le diable pour père, ses adversaires lui rétorquent : « Nous ne sommes pas nés de la prostitution » (Jn 8,41), comme si ce type d'accusation circulait déjà vers la fin du Ier siècle, et peut-être même plus tôt, du vivant de Jésus.

L'homme aux songes

Si les épîtres de Paul et l'évangile de Marc ignorent Joseph, de notre côté nous ignorons comment et pourquoi ce nom apparaît dans l'évangile de Matthieu, donc seulement aux alentours des années 80. Pas avant.

L'évangéliste Matthieu s'approche d'ailleurs timidement du personnage. Il ne veut le considérer qu'en référence à sa femme. Pour lui, Joseph est « l'époux de Marie » (Mt 1,16), sans que Marie ne soit jamais dite « femme de Joseph ». Quant à Jésus, il n'est jamais Jésus ben Joseph, « le fils de Joseph », il est seulement « le fils du charpentier » (Mt 13,55). Chez Matthieu, Jésus n'est d'ailleurs jamais en contact avec ce père virtuel, sinon dans les récits de la petite enfance, et encore de façon implicite. Du temps de Matthieu, dans les années 80, il n'est qu'un nom, il n'est qu'une ombre. Il n'exerce aucune autorité, il n'a aucune initiative personnelle. C'est un homme qui dort, un homme qui rêve, et dont chacun des actes est guidé par un ange. Joseph est un somnambule. Dans la Bible hébraïque, Joseph, le fils de Jacob, est justement connu comme « l'homme aux songes ».

Les exégètes ont depuis longtemps trouvé une parade à l'effacement problématique de Joseph : il était déjà mort, disent-ils, quand Jésus s'est mis en marche, et donc il n'y a aucune raison de s'intéresser à lui – d'autant que cela aurait minimisé la toute-puissance de la paternité divine. On pourrait aussi considérer une autre réponse plus provocatrice : Joseph est un nom d'emprunt, le pseudonyme du véritable père de Jésus, dont nul n'a jamais rien su.

À travers la conception miraculeuse de l'enfant Jésus, c'est la riposte de Matthieu contre l'air de la calomnie qu'il faut entendre. À l'insulte, il réplique par le merveilleux. Au chapitre 1 de l'évangile selon Matthieu, après un long développement généalogique plaçant Jésus dans la descendance de David et d'Abraham, il est dit que Marie, « fiancée à Joseph [...] avant qu'ils eussent mené une vie commune, se trouva enceinte » (Mt 1,18). Contre toute attente, lorsque Joseph découvre l'état de sa promise – et bien qu'il semble immédiatement convaincu que l'enfant n'est pas de lui –, il ne la répudie pas, même secrètement, parce qu'un ange vient l'avertir que « ce qui a été engendré en elle vient de l'Esprit-Saint » (Mt 1,20).

Jésus ne peut pas être né comme tous les autres humains, il est né d'une vierge. L'évangéliste transforme la grossesse de Marie en signe d'élection, en phénomène surnaturel, en miracle. C'est l'accomplissement, dit-il, d'une prophétie d'Isaïe, qui confortait l'anxieux roi Achaz en lui annonçant un signe divin : « Voici que la vierge concevra et enfantera un fils et on l'appellera du nom d'Emmanuel » (Mt 1,23) – « Emmanuel » qui, en hébreu, signifie : « Dieu est avec nous ! ». Comme l'enfant n'avait pas reçu ce nom, il reviendra à la tradition d'expliquer qu'entre Emmanuel et Jésus, qui signifie en hébreu « Dieu sauve, a sauvé, sauvera », il n'y avait qu'une nuance.

Vierge

C'est à ce moment du récit que le mot « vierge » entre dans le Nouveau Testament, associé à Marie. Pas directement accolé à son nom, mais à proximité.

Le miracle de la conception virginale repose tout entier sur une lecture orientée de la Bible hébraïque. Le rédacteur de l'évangile de Matthieu ne donne pas la citation d'Isaïe en hébreu mais dans la traduction grecque de la Bible, la Septante. Le passage d'une langue à l'autre produit un glissement de sens important : l'hébreu *alma* (« la jeune femme ») a été rendu par le grec *parthenos* (« la vierge », au sens physique du terme). Or, en hébreu, si le rédacteur du livre d'Isaïe avait voulu désigner une vierge, il aurait utilisé le terme *betoula*, littéralement « la pucelle ». En citant la Septante, l'évangile de Matthieu fait donc violence à l'original hébraïque, volontairement ou non.

Pour l'auteur du livre d'Isaïe comme d'ailleurs pour celui de l'évangile de Matthieu, la question de la virginité n'a pas l'importance extraordinaire qu'elle prendra dans l'histoire du catholicisme. Elle n'a même, d'un point de vue réaliste, aucune importance. Dans l'imaginaire des rédacteurs évangéliques, qu'un enfant naisse d'une vierge par l'opération du Saint-Esprit n'était pas plus surprenant que de voir la mer Rouge s'ouvrir pour laisser passer les Hébreux ou Lazare sortir du tombeau quatre jours après avoir été enseveli. Pour ces auteurs, cela signifie simplement qu'une très jeune femme mettra au monde l'enfant annoncé par les Prophètes, car, sur le plan théologique, Dieu ne peut intervenir qu'en un lieu où nul n'est intervenu avant lui.

Dans les années 80-90, l'évangile selon Luc, reprenant celui de Marc et connaissant peut-être celui de Matthieu, va offrir un corps aux figures jusque-là transparentes de Marie et Joseph. C'est lui qui va provoquer une avancée capitale, en développant les récits de l'enfance amorcés par l'évangile de Matthieu. Le rédacteur de l'évangile de Luc va mettre en scène l'Annonciation. Il va dialoguer l'épisode, donner la parole à Marie et nommer l'ange du Seigneur, Gabriel. *Gavri-el*, qui signifie en hébreu « mon mari est Dieu ». Le messager porte bien son nom, et le message est on ne peut plus clair !

Paradoxalement, c'est dans cet évangile que, pour la première fois, un lien charnel et familial est clairement établi entre Joseph, Marie et l'enfant Jésus. Jésus, âgé de douze ans, échappe à la surveillance de ses parents pour débattre avec les docteurs de la Loi. Marie et Joseph se lancent à sa recherche et quand enfin ils le retrouvent, Marie dit à Jésus : « Mon enfant, pourquoi nous as-tu fait cela ? Vois, ton père et moi nous te cherchons, angoissés » (Lc 2,48). Même s'il paraît incongru que ce soit la mère et non le père qui, dans l'enceinte du Temple, au milieu des sages d'Israël, s'adresse à son fils pour le réprimander, c'est néanmoins lors de cet épisode unique que Joseph est clairement identifié comme le père de Jésus. Marie ne dit-elle pas « ton père et moi » ? Paternité que, d'ailleurs, Jésus récuse aussitôt vertement : « Pourquoi donc me cherchiez-vous ? Ne savez-vous pas que je dois être dans la maison de mon Père ? » (Lc 2,49).

Non seulement Marie et Joseph paraissent avoir tout oublié des conditions extraordinaires de la naissance de Jésus, la visite de l'ange Gabriel, l'œuvre du Saint-Esprit, mais ils semblent ne rien entendre aux propos de leur fils : « Mais eux ne comprirent pas la parole qu'il venait de leur dire » (Lc 2,50). L'exégèse catholique a beaucoup œuvré pour parvenir à mettre cette parole en accord avec le dogme.

Les évangiles de l'enfance

Les évangiles de Luc et de Matthieu comportent en réalité deux départs. Depuis longtemps la critique a bien relevé que les « évangiles de l'enfance » étaient des pièces rapportées. Passé les deux premiers chapitres, les récits de Matthieu et de Luc ne font en effet pas la moindre allusion aux miracles et merveilles de la conception de Jésus. Certains chercheurs, comme Marie-Émile Boismard, supposent qu'un évangile baptiste ou « johannite » (consacré à Jean le Baptiste) aurait été accaparé par l'évangile de Luc et recyclé de manière à construire l'enfance de Jésus sur le modèle de celle de Jean le Baptiste.

Comme dans l'évangile de Marc – le plus ancien –, pour l'évangile de Jean – le plus récent –, Jésus est distingué par Dieu au moment du rite baptismal, à l'âge adulte. Pas d'ange annonciateur, pas d'étoile, pas de mages, pas d'accessoires ni de décorum qui feront la féerie de l'imagerie populaire. La gloire de l'élection divine suffit amplement à l'évangéliste Jean. L'auteur du quatrième évangile fait d'ailleurs si peu de cas de la virginité de Marie qu'il n'en souffle mot. Théologiquement, ce n'est pas un thème qui compte. Pour lui, Marie est « la mère de Jésus », comme elle l'était pour l'évangile de Marc. En revanche, Jésus y est désigné sans réserve comme le « fils de Joseph » (Jn 1,45 et 6,42), mais peut-être est-ce pour contourner la difficulté ?

En réglant les quatre évangiles sur le même diapason, on peut conclure que leur connaissance du personnage remonte en fait au moment où Jésus rejoint le mouvement du Baptiste et entame à sa suite sa propre prédication.

Sur tout ce qui précède, personne ne sait rien. Il n'y a qu'un assourdissant silence que les récits légendaires vont s'efforcer de peupler de gestes et de paroles. Les généalogies, les évangiles de l'enfance et les données « historiques » à la mode grecque ou romaine chez Luc sont des apports plus tardifs effectués par des rédacteurs ultérieurs. Ce n'est d'ailleurs pas la moindre des caractéristiques de l'histoire de Marie dans l'ensemble de la tradition chrétienne : plus on s'éloigne de la source, plus les renseignements abondent ! Comme l'écrivait Charles Guignebert, « l'imagination hagiographique a eu beau jeu, en face de la tradition authentique, pour s'abandonner aux inventions les plus touchantes ou les plus niaises, au gré du talent des inventeurs »[1].

Autre paradoxe, et non des moindres, Marie est devenue pour les catholiques le symbole même de la maternité et de la fécondité alors que les textes du Nouveau Testament – mis à part la venue au monde de Jésus et celle de Jean le Baptiste, et encore exclusivement dans l'évangile de Luc – ne comptent aucune naissance, que, de tous les miracles effectués par Jésus, le seul qu'il n'accomplit pas est de rendre fertile une femme stérile, qu'on ne croise dans les textes que vierges, veuves, eunuques, que tout ce qui a trait à la sexualité et à la reproduction est rejeté, que les femmes enceintes y sont maudites.

Les sept voiles

Alors que Marie n'était pour Marc qu'une simple femme, Matthieu en a fait une vierge, Luc lui donne Dieu pour mari *via* l'ange Gabriel, et Jean en extrait l'archétype de la mère pleurant son fils. Hors de toute réalité historique, c'est sur ces trois fondements que se bâtira la légende de Marie. C'est sur ces bases textuelles extrêmement minces que l'Église catholique et la ferveur populaire transformeront la « mariologie » – voire la « mariolâtrie » – en vérité révélée, justifiant le culte de la Vierge Marie, Mère de Dieu, éternellement vierge, qui, tel le buisson ardent, brûle sans cesse, sans jamais se consumer… Schalom Ben-Chorin a recours à une métaphore particulièrement fine : le visage de Marie, à la manière orientale, est couvert de sept voiles, dit-il, tissés par « la tradition, le dogme, la liturgie, la légende, l'art, la poésie, la musique »[2].

1. Charles Guignebert, *Le Christ* (1943 ; rééd., Albin Michel, 1969).
2. Schalom Ben-Chorin, *Marie. Un regard juif sur la mère de Jésus* (1971 ; éd. fr., Desclée de Brouwer, 2001).

Le prêtre Timothée, qui vécut entre la fin du IVe siècle et le début du Ve siècle, est le premier à concevoir l'immortalité de Marie, mais ce n'est qu'à partir de la fin du VIe siècle que l'on fêtera l'Assomption, sa montée aux cieux, le 15 août . À la fin du IVe siècle, le premier concile de Constantinople décrète sa maternité virginale dogme de l'Église. En 390, le pape Sirice affirme sa virginité intégrale, avant, pendant et après l'accouchement. En 431, à la suite d'une longue controverse, le concile d'Éphèse la proclame « Mère de Dieu », *theotokos*. Au XIXe siècle seulement, en 1854, est édicté le dogme de l'Immaculée Conception – qui signifie que Marie a été préservée, dès sa conception, de la souillure du péché originel. En 1950, Pie XII fait de l'Assomption un dogme.

Aucun de ces concepts n'existe dans les vingt-sept livres du Nouveau Testament.

Qui était Marie réellement ? Nous n'en saurons jamais rien. D'autant plus que, de façon surprenante, les Actes des Apôtres, qui pourraient nous éclairer sur son attitude et sur sa foi, sont muets sur ces points. L'auteur la situe dans la première communauté parmi les disciples, sans qu'elle ait un statut ou une position particuliers. Puis il l'oublie aussitôt. De façon aussi abrupte qu'elle était apparue dans l'évangile selon Marc, Marie disparaît des textes du Nouveau Testament au premier chapitre du livre des Actes.

Les frères

Après la mort de Jésus, tous les disciples sont donc réunis à Jérusalem avec quelques proches, le récit précisant seulement : « dont Marie, mère de Jésus, et avec ses frères » (Ac 1,14). Jésus avait-il donc des frères ?

C'est dans l'évangile de Luc que se trouve une phrase qui, s'agissant de Marie, a donné beaucoup de fil à retordre aux exégètes catholiques : « Elle enfanta son fils premier-né » (Lc 2,7).

Pour tout lecteur de bonne foi, le texte se comprend aisément : si Jésus est le premier-né de Marie, cela signifie qu'elle a eu d'autres enfants. L'hypothèse de l'évangile de Luc peut même être confortée par un passage de l'évangile de Matthieu tout aussi gênant : « Et il ne la connut pas jusqu'au jour où elle enfanta un fils » (Mt 1,25). Ce qui induit que Joseph la « connut » par la suite, et qu'elle put enfanter de nouveau.

Si Jésus avait été l'enfant unique de Marie, pourquoi l'évangéliste Luc aurait-il spécifié son « premier-né » et non pas son « fils unique » ? Pourquoi l'évangéliste Matthieu aurait-il parlé d'« un fils » au lieu de « son fils » ? Il est clair que ni Matthieu ni Luc, qui pourtant sont les hérauts de la naissance virginale, ne supposent que Jésus fut le seul enfant de Marie : pour eux, il est l'aîné d'une fratrie.

Ce droit d'aînesse, rien ne le prouve par ailleurs. Mais c'est le signe que, au moment où les textes de Matthieu et de Luc ont été mis en forme (vers 80-85), la légende de la naissance virginale n'était pas encore solidement ancrée, et donc que rien n'interdisait de reconnaître à Marie une autre progéniture que Jésus.

Le « problème » des frères de Jésus surgit bien plus tard, quand la doctrine de la virginité perpétuelle de Marie a pris son véritable essor. Dès lors, les commentateurs vont devoir faire face à un problème redoutable.

Les théories familiales

On compte trois théories principales à propos des « frères de Jésus » :

– celle du protévangile de Jacques, appelé aussi *La Nativité de Marie*, un récit apocryphe du IIe siècle repris ensuite par Épiphane de Salamine : Joseph était un homme mûr qui avait déjà eu des enfants d'un précédent lit. Les « frères » de Jésus, plus âgés que lui, étaient dès lors des demi-frères : même père, mère différente ;

– celle d'Helvidius, à la fin du IVe siècle, qui, revenant à la lettre des textes du Nouveau Testament, considère que les frères et les sœurs de Jésus sont réellement ses frères et ses sœurs : même père, même mère ;

– celle de saint Jérôme, qui, contre Helvidius, fait des « frères » de Jésus des cousins germains pour préserver non seulement la virginité de Marie, mais également celle de Joseph, père et mère vierges d'un enfant unique : Jésus.

Le tour de passe-passe de Jérôme repose sur une rétroversion du texte grec des évangiles en hébreu ou en araméen, langues dans lesquelles il n'y a pas de mot précis pour distinguer les frères des cousins germains : on utilise *hà* dans les deux cas. Mais, jusqu'à aujourd'hui, aucun manuscrit des textes du Nouveau Testament n'a jamais été découvert dans une langue sémitique. Saint Jérôme était le dernier à ignorer qu'ils avaient été écrits en grec, langue dans laquelle est faite la distinction entre « frère », *adelphos*, et « cousin », *anepsios*.

La tradition la plus primitive en porte un témoignage dépourvu de la moindre ambiguïté. Dans sa première épître aux Corinthiens, vers 55, Paul s'indigne : « N'avons-nous pas le droit d'emmener avec nous une épouse croyante, comme les autres apôtres, et les frères du Seigneur ? » (1 Co 9,5). Paul utilise en grec le mot *adelphos*, « frère », qui désigne des frères biologiques. Et quand il parle des « frères » du Seigneur, ce n'est jamais un synonyme pour désigner les apôtres, les disciples, les compagnons, comme ce sera le cas plus tard dans la tradition chrétienne. De même, dans son épître aux Galates, il raconte qu'il n'a vu personne à Jérusalem « mais seulement Jacques, le frère du Seigneur » (Ga 1,19). Paul ne pouvait en aucun cas se méprendre sur le lien de parenté entre Jésus et Jacques, et l'on ne voit pas pourquoi il aurait inventé ce « frère du Seigneur » s'il s'agissait d'un cousin. Cette phrase aurait donc dû, à elle seule, et n'en déplaise à saint Jérôme, régler définitivement le problème des « frères de Jésus », ce serpent de mer de l'exégèse et des publications à sensation.

L'Église catholique et l'imagerie profane opteront finalement pour la version du protévangile de Jacques, jusqu'à la *Légende dorée* de Jacques de Voragine, au XIIIe siècle. Désormais, Joseph sera peint comme un vieillard (incapable d'avoir des relations sexuelles) et Marie comme une jeune fille éternellement vierge ; quant aux « frères », les peintres n'auront visiblement pas assez de place ni de couleurs pour les mettre sur la toile.

Au nom du dogme de la virginité perpétuelle de Marie, le catholicisme a inventé le problème des « frères de Jésus », mais pour Paul et pour les évangélistes, ce dogme et ces problèmes n'existent pas.

Frères et faux frères

La dure réalité des textes, en tout état de cause, fait que Jésus a eu au moins deux sœurs, dont le nom n'a pas été conservé, et quatre frères, qui se prénommaient Jacques, José (ou Joset ou Joseph), Jude (ou Judas) et Simon. Ce ne sont pas des sources plus ou moins douteuses qui le prétendent, ce sont l'évangile de Marc et celui de Matthieu, qui donnent pareillement cette liste (Mc 6,3 et Mt 13,55).

Au surplus, les noms des frères de Jésus sont tous porteurs d'une très forte charge symbolique au regard de l'histoire d'Israël : Jacques, c'est-à-dire Jacob, fils cadet d'Isaac, dont les douze enfants donnèrent leurs noms aux douze tribus d'Israël ; José (Joseph), fils de Jacob, père des tribus de Manassé et d'Éphraïm ; Jude (Judas) et Simon, noms des chefs de la révolte victorieuse des Maccabées, l'âge d'or du judaïsme. Quatre noms qui témoignent d'un profond enracinement familial dans la piété juive, dans son nationalisme aussi. Si l'on ajoute à cette liste le nom de Jésus, qui, en hébreu, est le même que celui de Josué (le successeur de Moïse qui conduisit le peuple en Terre promise), il s'agit à coup sûr d'une famille très patriote.

La famille de Jésus était une famille juive comme tant d'autres au Ier siècle, avec six ou sept enfants. Comme toutes les filles de son temps, Marie a dû être mariée très tôt, et l'on peut supposer qu'elle n'avait guère plus d'une douzaine d'années quand elle s'est retrouvée enceinte de Jésus.

La lecture de l'évangile de Matthieu autorise même, malgré lui, à penser que Marie a pu être victime d'un viol (voire d'un inceste) et que Joseph l'a recueillie dans son foyer, comme le tolère le Deutéronome, sans la lapider, sans la soumettre à l'épreuve des herbes amères (elle permettait de démasquer les femmes adultères), sans réclamer qu'elle soit châtiée pour impudicité.

Rien n'empêche évidemment qu'ils aient eu ensuite des enfants ensemble. Dans ce cas, les « frères » de Jésus seraient des « demi-frères », nés de la même mère (Marie), mais d'un père différent : d'un père inconnu pour Jésus, de Joseph pour les autres. L'hypothèse de la bâtardise ne serait pas sans fondement.

Plusieurs arguments peuvent être avancés pour soutenir cette vision hétérodoxe de l'histoire. Bien qu'il semble être l'aîné, Jésus ne possède aucun bien : « Le Fils de l'homme, lui, n'a pas où reposer sa tête » (Mt 8,20). *A fortiori*, si Joseph était mort, il aurait dû légitimement recevoir l'héritage de son père, si maigre fût-il.

Ses frères sont mariés, comme en témoigne la phrase de Paul évoquant les épouses des frères du Seigneur. Il ne semble pas que Jésus l'ait été, aussi étrange que cela paraisse à l'époque, sauf si, justement, il était considéré comme un bâtard. Selon le Deutéronome, un enfant de père inconnu ne pouvait se marier avec une véritable Israélite : « Le bâtard est écarté de l'assemblée de Yahvé » (Dt 23,2).

L'origine des relations si tendues entre Jésus et sa mère se trouverait liée à cette tare fondamentale que ses adversaires lui opposent constamment. Ainsi s'expliquerait que ses frères – toujours solidaires de leur mère – lui témoignent une certaine hostilité, du moins une défiance certaine, comme envers quelqu'un qui est « à part ». De nombreuses phrases attribuées à Jésus prennent, dans cette perspective, une couleur inattendue :

– « Le frère livrera son frère à la mort » (Mt 10,21 ; Mc 13,12 ; Lc 21,16). Jésus n'a-t-il pas comme frère un certain « Jude » ou « Judas », comme celui qui le trahit ?

– « Combien de fois mon frère pourra-t-il pécher contre moi ? » (Mt 18,21 ; Lc 17,3) : Jésus n'a-t-il pas comme frère un nommé « Simon », comme celui qui le renie trois fois ?

– « Maître, dis à mon frère de partager notre héritage » (Lc 12,13) : Jésus n'a-t-il pas comme frère un « Jacques » qui semble être son frère aîné ?

Et tant d'autres où le mot « frère » peut être entendu au sens le plus immédiat du terme, comme si le texte portait les cent éclats d'une longue querelle de famille. Famille contre laquelle Jésus s'insurge à maintes reprises : « Qui aime son père ou sa mère plus que moi, n'est pas digne de moi » (Mt 10,37) ; « Si quelqu'un vient à moi sans haïr son père, sa mère, sa femme, ses enfants, ses frères, ses sœurs et jusqu'à sa propre vie, il ne peut être mon disciple » (Lc 14,26) ; « Je suis venu opposer l'homme à son père, la fille à sa mère, la bru à sa belle-mère ; on aura pour ennemis les gens de sa famille (Mt 10,35-6)...

Frères ou disciple ?

La question est de savoir si Jacques et ses autres frères ont été, dès le début, des disciples de Jésus ou si leur adhésion à sa prédication s'est faite plus tard, après sa mort, par une sorte de réaction d'opportunisme. Selon les évangiles, l'affaire est jugée : non seulement les frères de Jésus ne se comptaient pas parmi ses disciples, mais en outre ils appartenaient au camp de ses adversaires. Pourtant, lorsque l'on regarde de près la liste des douze disciples cités par Marc (Mc 3,16-19) et par Matthieu (Mt 10,2-4), on retrouve curieusement le nom de trois des frères de Jésus présentés dans un ordre identique, bien qu'ils ne soient pas identifiés comme tels. Chez Marc comme chez Matthieu, on lit : « Jacques, le fils d'Alphée, Thaddée, Simon le Zélé, Judas Iscariote. » Quant à Luc, il indique : « Jacques fils d'Alphée, Simon le Zélote, Judas fils de Jacques et Judas Iscariote » (Lc 6,15-16).

Jacques, Simon, Jude... Peut-être ne s'agit-il que d'une pure coïncidence, d'une homonymie, les noms en usage étant limités... Ou est-ce une mention que les évangélistes livrent à regret ? Ne pouvant effacer complètement la réalité, ils marqueraient ainsi leur désapprobation à l'égard de la famille de Jésus.

D'autres listes sont aussi curieuses à examiner, comme celle des femmes présentes au Golgotha, avec leur filiation. Selon l'évangile de Marc, au pied de la croix se tenaient « Marie de Magdala, Marie, mère de Jacques le petit et de Joset » (Mc 15,40). Selon Matthieu, il s'agissait de « Marie de Magdala, Marie, mère de Jacques et de Joseph, et la mère des fils de Zébédée » (Mt 27,56). Quant à Luc, c'est au moment de la visite au tombeau qu'il cite « Marie, mère de Jacques » (Lc 24,10).

Cette fois-ci nous trouvons donc Jacques et Joset (ou Joseph). La liste des disciples comme celle des témoins de la crucifixion n'offre que des présomptions. Cependant il est difficile de ne pas entendre à travers ces séries parallèles un écho lointain de l'histoire.

À titre d'expérience, si l'on soustrayait du Nouveau Testament les évangiles pour ne considérer que les épîtres de Paul et les Actes des Apôtres, notre vision serait radicalement autre. La famille de Jésus apparaîtrait comme étroitement associée à son œuvre et au mouvement des disciples à l'intérieur de la synagogue judéo-chrétienne que l'on nommera plus tard « l'Église de Jérusalem ». On peut donc penser que la tradition évangélique exprime le point de vue de communautés particulières à un moment où, justement, la famille de Jésus joue – ou ambitionne de jouer – un rôle de premier plan, si ce n'est un rôle de direction. Ce rôle, ses adversaires le contestent en faisant circuler des récits qui déprécient l'importance de Marie, et dénigrent l'attitude des frères de Jésus.

Dans les évangiles synoptiques en effet, s'il est question des frères de Jésus, c'est, selon Marc, Matthieu et implicitement Luc, pour permettre à Jésus de poser une question qui en dit long : « Qui est ma mère, et qui sont mes frères ? » (Mt 12,48 ; Mc 3,33). « Ils ne croyaient pas en lui » (Jn 7,5), dit aussi l'évangile de Jean, qui condamne les frères mais associe Marie à l'activité de Jésus, comme dans l'épisode des noces de Cana où c'est elle qui réclame à son fils d'accomplir un miracle.

Selon les enjeux de l'heure, tantôt la famille est traitée avec respect, tantôt elle est vilipendée. La mère de Jésus et ses frères sont utilisés tour à tour comme emblème d'unité (chez Paul, dans les Actes) ou, au contraire, comme pôle antagoniste (dans les évangiles, notamment chez Marc). En clair, cela signifie qu'à travers les textes dont nous disposons, il est impossible d'en conclure ce qu'a été l'attitude de la famille de Jésus du temps de son activité. A-t-elle été toujours la même ? A-t-elle évolué ? A-t-elle connu des revirements spectaculaires ? Nous pouvons simplement constater à travers les sources littéraires que la famille est tantôt célébrée comme figure d'autorité, tantôt rejetée dans les poubelles de l'histoire. Rien d'autre.

L'apparition faite à Jacques

Dans sa première épître aux Corinthiens, Paul dresse la liste de ceux à qui Jésus ressuscité est apparu. Après Pierre et les Douze, il cite Jacques. Cette apparition, citée nulle part ailleurs dans le Nouveau Testament, n'est mentionnée que par Paul.

Dans les évangiles et dans les Actes, Jésus apparaît à de nombreuses personnes : à Pierre, à Marie-Madeleine, à Thomas, aux disciples ou aux apôtres… mais jamais à Jacques. Or, il y a un point commun à toutes les christophanies : Jésus n'apparaît qu'à ceux qui croient en lui. Ses adversaires ne se sont pas privés de s'en moquer : pourquoi Jésus ressuscité n'apparaît-il jamais à Pilate ? aux grands prêtres ? à tous ceux qui ne voient en lui qu'un faux prophète ? pourquoi n'apparaît-il jamais à ses ennemis pour les confondre ?

Partant de là, l'apparition à Jacques pose problème.

Si Jésus est bien apparu à son frère, contrairement à ce que ne dit pas la tradition évangélique, serait-ce que Jacques croyait en lui ? et qu'il y croyait depuis longtemps ? Dans l'évangile des Hébreux qui n'a pas été reconnu parmi les évangiles canoniques (il n'en demeure que sept fragments cités par les Pères de l'Église), il est dit : « Quand le Seigneur eut donné son suaire au serviteur du prêtre, il se rendit auprès de Jacques et lui apparut. » Preuve que dans certaines parties du mouvement chrétien primitif, Jacques était reconnu pour avoir été l'un des bénéficiaires des christophanies.

Si s'était produit, *a posteriori*, une sorte de retournement de Jacques (d'incroyant il serait devenu croyant), ne devrions-nous pas en lire le récit ébloui, comme on peut lire dans les Actes des Apôtres celui de la « conversion » de Paul ? D'où l'on peut penser que, contrairement aux apparences, non seulement Jacques a toujours été un partisan de son frère (ce qui n'empêche ni les disputes ni les débats), mais qu'à la mort de celui-ci, c'est tout logiquement qu'il a pris la tête de la communauté, au double titre de disciple et de frère du Seigneur.

Querelle de pouvoir

Une fois encore, revenons à l'épître aux Galates. Après avoir relaté son séjour à Jérusalem, où il a d'abord rendu visite à Pierre (Céphas), Paul précise qu'il n'a pas vu d'autre apôtre, « mais seulement Jacques, le frère du Seigneur », et il ajoute : « Quand je dis cela j'atteste devant Dieu que je ne mens point » (Ga 1,19). Outre le témoignage implicite sur le rôle éminent joué par Jacques, cette précaution oratoire est bien étrange.

Pourquoi Paul a-t-il besoin d'affirmer si solennellement qu'il ne ment pas ? Quel serait le mensonge dont il doit se défendre ? d'avoir vu Pierre ou d'avoir vu Jacques ? La primauté de Pierre est si catholiquement inscrite dans les consciences qu'il paraît naturel que Paul ait vu d'abord Pierre, puis Jacques. Ne peut-on penser que cet ordre cache en réalité un rapport hiérarchique inverse de celui que l'on suppose ? qu'il fallait d'abord voir Pierre pour avoir le droit d'approcher Jacques ? qu'il y avait une sorte d'entretien préalable, de discussion probatoire (dans le cas de Paul, elle durera quinze jours !) ? Dès lors, on comprendrait mieux le serment de Paul : oui, il a vu Jacques – ce qui n'était visiblement pas donné à tout un chacun –, oui, il a réussi son examen de passage – ce qui n'était ni facile ni évident. Cela signifierait que, dès la première visite de Paul à Jérusalem, Jacques était déjà à la tête de la communauté et que Pierre lui était subordonné.

Il n'est pas indifférent que Paul, dans l'épître aux Galates, place Jacques en tête du trio qui constitue les « colonnes » de l'Église : « Jacques, Céphas [Pierre] et Jean, ces notables, ces colonnes » (Ga 2,9). Comme il n'est pas indifférent que dans le livre des Actes, sitôt libéré de prison, Pierre s'empresse de prévenir Jacques en premier : « Annoncez-le à Jacques et aux frères » (Ac 12,17). Bien que la mention de son nom – sans autre précision – soit rarissime dans ce récit, la primauté de Jacques à partir du chapitre 15, pour être implicite, n'en est pas moins certaine : il est le chef de l'Église et son autorité s'exerce largement hors de Jérusalem, notamment à propos de la question cruciale de l'admission des non-juifs dans la communauté. Pourquoi Jacques n'aurait-il pas été ce dirigeant, ce législateur, dès le lendemain de la mort de Jésus ? Comment et pourquoi le serait-il devenu ?

La question de la succession

Pourquoi Pierre aurait-il en quelque sorte assuré l'« intérim » ? Et pourquoi aurait-il finalement cédé sa place à Jacques, le frère de Jésus ?

Plusieurs hypothèses peuvent être avancées. Pierre était mort. Pierre était parti en mission loin de Jérusalem, à Antioche, voire peut-être à Rome. Pierre n'a jamais occupé la première place dans la communauté initiale ni même exercé de véritable pouvoir. Chacune de ces hypothèses a ses arguments. Comment choisir ? Pourquoi choisir ? Tant d'obscurité entoure l'histoire des commencements. Nous ne pouvons que spéculer sur ce qui s'est passé entre la crucifixion, vers l'an 30, et les années 50, lorsque Jacques occupe à coup sûr la première place.

Dans cette forêt d'incertitudes, un indice plaide en faveur de la succession immédiate : Jésus annonçait le Royaume et c'est son frère qui, de droit, lui succède, comme un familier remplace le fondateur d'un groupe charismatique, comme à un souverain défunt succède son plus proche parent. La succession « dynastique » ne souffre d'aucun délai. Quand le roi meurt, celui qui coiffe la couronne après lui le fait à l'heure même du décès : « Le roi est mort, vive le roi ! »

Tout laisse à penser que c'est ce qui s'est passé dans le cas de Jésus. Après la crucifixion, la communauté s'est reformée derrière Jacques, même si Pierre, à la tête des Douze, a pu conserver un certain prestige, une certaine autorité morale, comme porte-parole des disciples.

Jacques Ier, premier pape

Les évangiles canoniques, les épîtres de Paul et les Actes des Apôtres sont en réalité d'un assez faible secours pour reconstituer le rôle de Jacques dans la communauté primitive. L'histoire est celle des vainqueurs, et le catholicisme, au nom de Pierre, fera tout pour exiler Jacques, trop rival, trop frère, trop juif.

Les évangiles apocryphes les plus anciens ne parlent pas de la même voix que les évangiles canoniques, reconnus par l'Église. Ils défendent d'autres conceptions théologiques, d'autres personnages de référence. Dans l'un des fragments de l'évangile des Hébreux, nous lisons ainsi que « Jacques avait juré de ne plus prendre de pain depuis cette heure où il avait bu la coupe du Seigneur, jusqu'à ce qu'il l'ait vu relevé d'entre les morts ». Cela signifie bien, pour l'auteur de cet évangile, que Jacques était présent lors de la dernière Cène, et c'est vers lui, prioritairement, que le Ressuscité s'est tourné. Jacques est en tout cas pour la communauté des Hébreux la figure majeure. Au *logion* 12 de l'évangile de Thomas, un autre texte apocryphe, Jacques est intronisé par Jésus lui-même : « Les disciples dirent à Jésus : Nous savons que tu nous quitteras ; qui est-ce qui deviendra grand sur nous ? Jésus leur dit : Où que vous alliez, vous irez vers Jacques le Juste, pour qui le ciel et la terre ont été faits. » Ce qui est une manière de contester vivement la phrase, prêtée à Jésus dans l'évangile de Matthieu, instituant Pierre chef de l'Église – à moins que ce ne soit l'inverse. Pour le courant ésotérique qui s'exprime derrière l'évangile de Thomas, c'est aussi une manière de transformer la figure du chef de la communauté mère en maître du mystère, en détenteur des traditions secrètes.

Eusèbe de Césarée écrit dès les premières années du IVe siècle une *Histoire ecclésiastique*, vaste histoire de l'Église en dix livres. Il cite largement des auteurs plus anciens et, parmi ses sources, Hégésippe, un chrétien du IIe siècle, et Clément d'Alexandrie. « Le frère du Seigneur, Jacques, reçut l'administration de l'Église avec les apôtres », écrivait Hégésippe. Clément d'Alexandrie, vers la fin du IIe siècle, nous apprend aussi que les colonnes de l'Église, « Pierre, Jacques et Jean, après l'ascension du Sauveur [...], ne se disputèrent pas pour cet honneur, mais choisirent Jacques le Juste comme évêque de Jérusalem ». Et Eusèbe d'en conclure : « Ils se tournèrent vers Jacques, frère du Seigneur, à qui a été remis par les apôtres le siège épiscopal de Jérusalem ».

Pour ces Pères de l'Église, Jacques, frère de Jésus, successeur désigné du Maître, a dès l'origine exercé son autorité sur la communauté, dont il assumait la plus haute charge. Comme le souligne Pierre-Antoine Bernheim, « qualifier Jacques de premier pape est peut-être exagéré et sûrement anachronique. Cependant, si un personnage de l'Église primitive mérite cette désignation, c'est bien lui »[1]. C'est dire l'importance de son rôle, toujours resté très largement méconnu.

Portrait de Jacques

Faute de lire son portrait dans le Nouveau Testament, c'est encore l'*Histoire ecclésiastique* d'Eusèbe qui peut nous aider à cerner la personnalité de Jacques, à comprendre quel sorte de juif il était : « Il fut sanctifié dès le sein de sa mère : il ne buvait ni vin ni boisson enivrante, ne mangeait rien qui ait eu vie ; le rasoir n'avait jamais passé sur sa tête ; il ne se faisait jamais oindre et s'abstenait de bains. À lui seul il était permis d'entrer dans le sanctuaire car ses habits n'étaient pas de laine mais de lin. Il entrait seul dans le Temple et on l'y trouvait à genoux demandant pardon pour le peuple. » Et, plus loin : « Son éminente justice du reste le faisait appeler le Juste et Oblias, c'est-à-dire en grec « Rempart du peuple » et « Justice », selon que les prophètes le montrent à son sujet. »

Sa piété la plus stricte, son ascèse extrême, son insertion dans le judaïsme le plus rigoureux (il semble qu'il ait fait le vœu de nazirat) font de lui un exemple, un modèle de vertu parmi les juifs de Jérusalem. D'où l'étonnement provoqué par sa mort (il fut lapidé par ses coreligionnaires en l'an 62 à

1. Pierre-Antoine Bernheim, *Jacques, frère de Jésus* (1996 ; Albin Michel, 2003).

Jérusalem), tant cette exécution semble en contradiction avec le portrait de celui qui était surnommé « le Juste » en raison de son intégrité religieuse.

Mort de Jacques

Du martyre de Jacques rien ne transpire dans les Actes des Apôtres, mais rien n'est dit non plus de la mort de Pierre et de Paul, ou de celle de Marie. Peut-être l'auteur des Actes ne voulait-il pas faire de son livre un cimetière ?

Un récit de la mort de Jacques a pourtant été conservé par la tradition chrétienne. C'est Hégésippe, toujours cité par Eusèbe, qui raconte l'épisode avec force détails : « Il y eut un tumulte parmi les Juifs, les scribes et les pharisiens qui disaient : "Tout le peuple risque d'attendre en Jésus le Christ." Ils allèrent ensemble près de Jacques et lui dirent : "Nous t'en prions, retiens le peuple, car il se trompe sur Jésus comme s'il était le véritable Christ." Finalement les pharisiens et les scribes réclament à Jacques une déclaration solennelle. Ils le placent sur le pinacle du Temple et lui crient : "Juste, en qui nous devons avoir toute confiance, puisque le peuple se trompe à la suite de Jésus le crucifié, annonce-nous quelle est la porte de Jésus." Et il répondit à haute voix : "Pourquoi m'interrogez-vous sur le Fils de l'homme ? Il est assis à la droite de la Grande Puissance et viendra sur les nuées du ciel." La réponse, évidemment, provoque la colère des scribes et des pharisiens qui s'enflamment aux cris de : "Même le Juste a été égaré." Et ils accomplirent la parole d'Isaïe dans l'Écriture : "Enlevons le Juste parce qu'il nous est insupportable ; alors ils mangeront le produit de leurs œuvres." Ils montèrent donc et jetèrent bas le Juste. Et ils disaient les uns aux autres : "Lapidons Jacques le Juste." Jacques expire en disant : "Je t'en prie, Seigneur Dieu Père, pardonne-leur car ils ne savent pas ce qu'ils font." Un foulon l'achève à coups de bâton. »

Le récit d'Hégésippe se présente comme un témoignage oculaire, mais il s'agit manifestement d'une œuvre de réécriture dont le caractère polémique et légendaire est très marqué.

Près d'un siècle auparavant, l'historien juif Flavius Josèphe donnait, dans les *Antiquités judaïques*, un récit de la mort de Jacques moins extravagant. Le grand prêtre en exercice du temps de Jacques se nomme Anan le jeune. C'est le fils de Anan (ou Ann), le grand prêtre qui avait entendu Jésus avant de le livrer à Caïphe puis à Pilate. Or Anan le jeune, profitant de la vacance du pouvoir entre les deux préfets romains de Judée, est, selon Flavius Josèphe, à l'origine de la mort de Jacques : « Anan, croyant bénéficier d'une occasion favorable entre la mort de Festus et l'arrivée d'Albinus, réunit un Sanhédrin et y traduisit Jacques frère de Jésus appelé le Christ et certains autres, en les accusant d'avoir transgressé la Loi et les fit lapider. » Jacques meurt au terme d'un procès aussi expéditif que celui qui avait envoyé son frère à la croix. Son exécution provoqua un scandale tel qu'une délégation de pharisiens de Jérusalem partit à la rencontre du nouveau gouverneur, Albinus, pour dénoncer les agissements d'Anan. Celui-ci fut démis de son pontificat de grand prêtre par le roi hérodien Agrippa II.

Selon Flavius Josèphe, Jacques est accusé d'avoir transgressé la Loi. Il dépeint d'ailleurs Anan, son accusateur, comme appartenant aux sadducéens « qui sont plus que les autres juifs impitoyables dans leur condamnation des transgresseurs ». Mais selon Hégésippe, Jacques est mis à mort à l'initiative non pas des sadducéens mais des scribes et des pharisiens, pour avoir refusé de dénoncer son frère comme faux prophète.

Ces deux versions de l'accusation non seulement ne concordent pas, mais en outre elles paraissent toutes deux très faibles pour justifier une exécution capitale. L'une et l'autre ont l'air d'être de simples prétextes, des justificatifs « après coup » pour maquiller un conflit de personnes. Si l'on observe la situation historique au moment des faits, il n'est pas impensable de considérer que la communauté regroupée autour de Jacques s'était fortement développée, même si aucun crédit ne peut être prêté aux chiffres indiqués généreusement par les Actes des Apôtres.

À l'instar de son chef, cette communauté était profondément inscrite dans la foi juive : ses membres allaient au Temple quotidiennement, priaient scrupuleusement, respectaient la Torah, le sabbat, les interdits alimentaires. Les Actes des Apôtres témoignent que la communauté primitive a vécu d'abord dans l'ascèse et le recueillement comme les juifs réunis à Qumrân autour du Maître de Justice qui, eux aussi, contestaient l'autorité du Temple, en paroles et en pratique. L'existence de telles communautés apparaissait immanquablement comme une critique implicite des grands prêtres, eux qui, tous les jours, touchaient les dividendes de leur accord avec l'autorité romaine : leurs revenus étaient considérables, l'opulence leur pain quotidien. Il va de soi que pour le peuple, en tout cas la partie du peuple qui souffrait d'une très grande précarité, la justice, la vertu, la charité n'étaient pas du côté du Temple.

Jacques n'avait pas les moyens de faire un « coup d'État », de déposer Anan, mais qui sait si, avec le soutien du peuple de Jérusalem, rallié massivement à sa cause, il n'aurait pas pu accéder à la grande prêtrise par « acclamation » ? La cause la plus plausible de la condamnation de Jacques est que le grand prêtre a dû vouloir se débarrasser d'un rival potentiel. Anan a préféré prendre les devants et éliminer celui dont l'ombre devenait menaçante.

Dans son *Histoire ecclésiastique*, Eusèbe commente un passage de Flavius Josèphe, qui aurait présenté la destruction du Temple de Jérusalem comme la conséquence directe de l'exécution de Jacques, huit ans plus tôt : « Ces malheurs arrivèrent à l'occasion du crime qu'ils commirent contre Jacques le Juste. » Cette phrase manque dans tous les manuscrits qui nous sont parvenus. Mais Origène la cite par trois fois, et il n'est pas certain qu'il s'agit d'une interpolation, d'une addition chrétienne ultérieure. Pourquoi Flavius Josèphe, qui n'était pas chrétien, aurait-il relié un événement aussi considérable que la chute du Temple en 70 à la mort de Jacques ? D'un autre point de vue, pourquoi un chrétien aurait-il associé la chute du Temple à cette mort, alors que la tradition chrétienne l'interprète comme la conséquence de la mort de Jésus et non de Jacques ?

Cela signifie que la mort de Jacques eut probablement un retentissement beaucoup plus considérable que ce que les textes laissent supposer.

La place du Temple

La mort de Jacques le Juste amène à établir un parallèle avec la mort de Jésus, mais aussi avec celle d'Étienne, le premier martyr chrétien selon les Actes des Apôtres.

Ces hommes sont exécutés à la suite d'un simulacre de procès. Dans les trois cas, le Temple et ses grands prêtres sont en cause. Dans les trois cas, les suppliciés expirent en réclamant à Dieu le pardon pour leurs bourreaux – Jésus : « Père, pardonne-leur ; ils ne savent pas ce qu'ils font » (Lc 23,34) ; Étienne : « Seigneur, ne leur impute pas ce péché » (Ac 7,60) ; Jacques : « Ô Seigneur Dieu et Père, pardonne-leur car ils ne savent pas ce qu'ils font » (Hégésippe). Le fait que la tradition chrétienne attribue trois variantes de la même réplique aux trois condamnés témoigne, au minimum, de leur association, ne serait-ce que dans les esprits. Peut-on faire une autre lien entre ces trois figures ?

Selon les évangiles, l'action d'éclat de la carrière de Jésus est, à coup sûr, son entrée à Jérusalem et son intervention au Temple pour en chasser les marchands. Il y aurait beaucoup à dire sur cet épisode, sur sa réalité, sur son scénario, sur sa mise en récit : les marchands sont-ils les commerçants installés là, ou métaphoriquement ceux qui « vendent » le Temple ? Jésus ravage-t-il tout physiquement autour de lui ou bouleverse-t-il le monde par son invocation ? « Vous en avez fait un repaire de brigands ! » (Mt 21,13). Qu'a-t-il dit réellement ? Qu'a-t-il fait ? A-t-il provoqué une émeute, ou s'est-il contenté de prophétiser ?

Au fond peu importe. En s'en prenant au Temple, en gestes ou en paroles, Jésus a défié le pouvoir des grands prêtres. C'est dans ce défi, plus que dans tout autre mobile, qu'il faut trouver la cause de son arrestation et de sa mise à mort. De même, lorsque Étienne est traduit devant le Sanhédrin, les faux témoins déclarent : « Cet individu ne cesse de tenir des propos contre ce Saint Lieu et contre la Loi » (Ac 6,13). Les témoins sont bien sûr « faux » du point de vue du rédacteur des Actes, mais il est tout à fait plausible, et même tout à fait probable, qu'Étienne, comme Jésus, s'est dressé contre le Temple. Une rébellion qui le conduira au châtiment des pierres comme elle avait conduit Jésus au bois d'infamie. Quant à Jacques, la rivalité réelle ou potentielle avec Anan suffit à expliquer sa lapidation.

Les trois hommes ont donc eu les grands prêtres comme adversaires.

Pour les Romains le pouvoir est incarné par l'empereur ou par le roi : c'est de ce point de vue que Jésus est condamné comme « roi des juifs », titre doublement humiliant. À l'inverse, pour les juifs, le pouvoir n'est incarné ni par un empereur ni par un roi, mais par un grand prêtre, à la fois guide du peuple et intercesseur auprès de Dieu. Donc, si les contemporains ont pu voir en Jésus, en Jacques ou en Étienne des figures de pouvoir, ils y ont vu celle d'un grand prêtre qui pouvait se substituer au grand prêtre officiel, désigné, *a fortiori* à l'époque, par les autorités impériales. Cela ne signifie pas que Jésus, Étienne ou Jacques ont revendiqué ce titre ou qu'ils ont postulé pour l'obtenir, cela signifie qu'ils ont pu être perçus comme des personnages capables de renouveler un sacerdoce aussi inefficace que corrompu.

Les grands prêtres étant stigmatisés dans la tradition chrétienne comme les adversaires par excellence de Jésus, comme les plus juifs d'entre « les juifs », il n'était évidemment pas question de les associer à la figure du Christ. L'épître aux Hébreux est le seul texte du Nouveau Testament à réaliser cette association, et elle est d'autant plus remarquable. Jésus y est évoqué comme le grand prêtre idéal que le peuple espère ; celui qui va offrir des sacrifices rituels et s'offre lui-même en sacrifice expiatoire : « Oui, tel est précisément le grand prêtre qu'il nous fallait, saint, innocent, immaculé, séparé désormais des pécheurs, élevé plus haut que les cieux, qui ne soit pas journellement dans la nécessité, comme les grands prêtres, d'offrir des victimes d'abord pour ses propres péchés, ensuite pour ceux du peuple, car cela il l'a fait une fois pour toutes en s'offrant lui-même » (He 7,26-27). Le Christ Jésus, grand prêtre eschatologique dans l'épître, est le double du Jacques grand prêtre chez Hégésippe (pour ce dernier, « Jacques avait souffert le martyre pour les mêmes raisons que le Seigneur »). Des raisons qui sont indissolublement religieuses et politiques, selon nos catégories modernes.

Qu'il s'agisse de Jésus, d'Étienne ou de Jacques, leur opposition aux grands prêtres et au Temple a pour objet de réformer – voire de révolutionner – le culte et ses pratiques, il n'a pas pour objet de l'annuler ou de le détruire. C'est un conflit juif entre juifs. L'enjeu est la conduite du peuple, et le but ultime la purification d'Israël, le retour de la grâce de Dieu – c'est-à-dire la disparition des Romains impies qui foulent la Terre sacrée.

À trois époques différentes, leurs actes, leurs paroles, leur conduite sont un désaveu vivant du grand prêtre, lequel, malgré sa puissance, son influence et ses sacrifices, n'arrive à rien. À quoi sert le Temple si la situation ne change pas, si le peuple est toujours sous la domination étrangère, si Israël demeure impur, si le Royaume n'est pas restauré ?

La figure oubliée

« Jacques, le partisan du maintien de la Loi mosaïque et de la séparation entre judéo-chrétiens et pagano-chrétiens, ne pouvait guère plaire à une Église d'origine surtout païenne et détachée de la Loi. Jacques n'allait décidément pas dans le sens de l'histoire. Il fut donc relégué dans un rôle de figurant[1]. »

Jacques a été rejeté par la tradition chrétienne. Cette figure majeure cumulait le double handicap d'être le frère de Jésus à une époque où l'Église ne voulait plus entendre parler de frères ni de sœurs, et d'être un grand prêtre présomptif alors que le Temple avait été détruit et que la rupture avec le judaïsme était consommée. Jacques a tout simplement été escamoté. Du frère on a fait un cousin, du cousin un apôtre, assimilé tantôt à Jacques d'Alphée, tantôt à Jacques le mineur, c'est-à-dire à personne. L'Église de Jérusalem, qui fut à l'origine la communauté dominante du mouvement juif-chrétien, a disparu dans la tourmente des guerres contre les Romains en 70, puis en 135… Et quand Rome s'est faite chrétienne à partir du IVe siècle, l'histoire – comme toujours – a été réécrite du point de vue de ceux qui l'ont emporté. Un point de vue dans lequel un juif pieux comme Jacques, vivant son adhésion à Jésus dans l'enclos de la loi de Moïse pour la gloire d'Israël, n'avait plus aucune place. Jacques incarne une branche morte du christianisme, un des vestiges d'une voie qui s'est perdue. Celle d'un christianisme qui était un judaïsme, rien qu'un judaïsme et peut-être même un judaïsme intégriste.

1. Pierre-Antoine Bernheim, *Jacques, frère de Jésus*, *op. cit.*

3

Un royaume qui ne vient pas

Deux ans après la mort de Jacques « le frère du Seigneur », lapidé à Jérusalem à l'instigation de ses adversaires du milieu sacerdotal, profitant d'une vacance du préfet romain, éclate à Rome un incendie gigantesque qui ravage la capitale de l'empire. Néron désigne aussitôt les chrétiens comme les incendiaires et déchaîne contre eux une répression féroce. Ce ne sont pas quelques meneurs qui sont exécutés, c'est l'ensemble de la communauté et de ses sympathisants qui sont persécutés. Revêtus de peaux de bêtes, les uns sont livrés aux chiens pour être dévorés tandis que d'autres sont crucifiés puis aspergés de matières inflammables avant d'être brûlés vif. La cruauté impériale est sans limite.

Selon Tertullien, qui écrit à la charnière des IIe et IIIe siècles, c'est lors de cette persécution que Pierre puis Paul, les deux « ténors » du mouvement chrétien, auraient été exécutés, l'un crucifié (comme Jésus), l'autre décapité (comme Jean le Baptiste). Mais leur mort a-t-elle réellement eu lieu dans ces circonstances ?

Mort des apôtres

À la fin de l'évangile de Jean, la mort de Pierre est évoquée de façon énigmatique à travers des paroles d'adieu que prononce Jésus ressuscité : « "Quand tu étais jeune, tu mettais toi-même ta ceinture et tu allais où tu voulais ; quand tu auras vieilli tu étendras les mains et un autre te ceindra et te mènera où tu ne voudrais pas." Il signifiait, en parlant ainsi, le genre de mort par lequel Pierre devait glorifier Dieu » (Jn 21,18-19). Phrases qui seront à l'origine de la tradition faisant mourir Pierre en croix, ce dont aucun texte ne témoigne sinon des récits légendaires appuyés par l'iconographie chrétienne.

La précision est unique dans le Nouveau Testament.

Les Actes des Apôtres font entendre un tout autre écho quand il est dit qu'Hérode, après avoir fait « périr par le glaive Jacques, frère de Jean » (Ac 12,2) – c'est-à-dire le fils de Zébédée –, fit arrêter Pierre et le jeta en prison. Tout le vocabulaire de ce passage évoque la fin du personnage, son décès : Pierre s'est « endormi » (c'est-à-dire qu'il est mort), il est « dans les chaînes » (c'est-à-dire qu'il est au shéol), un ange le réveille (c'est-à-dire le ressuscite) et miraculeusement le délivre. Ensemble, ils traversent postes de garde, murs et enceintes, pour rejoindre les disciples enfermés dans une maison. Là, Pierre – tel Jésus – se fait reconnaître à la voix par une servante qui passe pour folle (comme Marie-Madeleine reconnaît le Ressuscité dans l'évangile selon Jean et rencontre la même incrédulité) ; il se montre aux siens, qui le prennent pour un ange, puis il s'en va « dans un autre endroit » (Ac 12,17) ou « passe dans un autre lieu » selon les traductions.

Pierre passe, il est passé...

Pour tout lecteur de bonne foi, ce récit ne peut être que celui de la mort de Pierre, prolongé d'un récit de résurrection, d'autant que le personnage disparaît alors complètement des Actes, à l'exception d'un discours qu'il prononce au chapitre 15. Dans cette configuration du récit, nous nous trouvons en fait devant une forme de micro-évangile. Comme l'écrit Pierre Gibert, « lire l'histoire de Pierre dans les Actes, c'est relire l'histoire de Jésus, ou plus exactement c'est voir comment l'auteur a consciemment manifesté la similitude d'itinéraire entre Pierre et Jésus, élaborant non seulement un modèle littéraire qu'on reconnaît dans ce qu'on appelle l'hagiographie, mais une doctrine de la mission chrétienne et de la sainteté : l'apôtre est celui qui imite son Maître dans sa vie et son enseignement pour le rejoindre dans sa Passion et sa Résurrection »[1].

Le silence des Actes sur la mort de Pierre ne laisse pas d'étonner puisque ce livre est écrit au moins une vingtaine ou une trentaine d'années après la persécution qui a frappé l'apôtre. Le martyre collectif déclenché par Néron offrait pourtant un admirable support pour montrer en exemple la vertu des victimes et dénoncer le vice des bourreaux, d'autant que ce supplice avait tout pour frapper les esprits.

Plus tard, dans les années 95-97, l'épître de Clément de Rome aux Corinthiens fait allusion à la mort de Pierre, qui souffrit « de nombreuses épreuves » avant de finir par « se rendre au séjour de gloire qui lui était promis ». Elle mentionne également la mort de Paul, « chargé sept fois de chaînes, banni, lapidé », qui « rendit témoignage devant les autorités et quitta le monde pour la demeure de sainteté ». Rien chez Clément de Rome ne laisse pourtant supposer que Pierre et Paul soient morts de mort violente à la suite d'une persécution romaine.

Il n'existe donc aucune preuve formelle que Pierre et Paul aient été parmi les victimes de Néron. Le massacre des chrétiens à la suite de l'incendie de Rome n'est jamais mis en exergue par la tradition chrétienne. Tout aussi bien, on peut penser qu'en prétendant que les deux apôtres étaient morts dans

1. Pierre Gibert, *Simon Pierre. Apôtre et compagnon* (Bayard, 2001).

la capitale de l'empire, les chrétiens visaient à ancrer la fondation (tragique) de l'Église de Rome sur un martyre renvoyant symboliquement à la mort de Jésus en croix.

Pogrom

L'incendie de juillet 64 a ravagé plusieurs quartiers de Rome, il faudra une semaine pour l'éteindre. On a toujours prétendu que Néron lui-même, dans sa folie, fut la cause de la catastrophe et qu'il en accusa les chrétiens pour se disculper, ajoutant à son crime le plaisir sadique de faire exécuter des innocents. « Pour étouffer la rumeur, écrit Tacite dans ses *Annales*, Néron produisit comme inculpés et livra aux tourments les plus raffinés des gens détestés pour leurs turpitudes, que la foule appelait chrétiens. Ce nom leur vient du *christus* que, sous le principat de Tibère, le procurateur Ponce Pilate avait livré au supplice ; réprimée sur le moment, cette exécrable superstition faisait de nouveau irruption non seulement en Judée, berceau du mal, mais encore à Rome, où tout ce qu'il y a d'affreux ou de honteux dans le monde converge et se répand. On commença donc par poursuivre ceux qui avouaient, puis, sur leur dénonciation, une multitude immense, et ils furent reconnus coupables, moins du crime d'incendie qu'en raison de leur haine pour le genre humain. »

Tacite décrit ici un pogrom.

Les victimes y sont toujours présentées comme des coupables. Lorsqu'il écrit, en 115, cinquante ans donc après la répression, les chrétiens, accusés à tort ou à raison par Néron, sont loin d'être pour Tacite en odeur de sainteté. L'historien romain n'a pas de mots assez durs pour qualifier ceux que la foule appelle « chrétiens », faisant clairement le lien entre cette dénomination et le mot « christ » (*christus* en latin), surnom d'un hors-la-loi exécuté par les autorités de l'empire. Pour lui, la province de Judée est ni plus ni moins « le berceau du mal », et il peut le dire d'autant plus qu'il sait bien que l'insurrection juive contre Rome éclatera en 66 à partir de la Judée.

On souligne régulièrement que, à la faveur de ce récit de l'incendie de Rome, Tacite aurait le premier distingué les chrétiens des juifs. Implicitement il aurait montré que ceux que la foule « appelait chrétiens » n'étaient déjà plus considérés comme des juifs. Mais est-on sûr que c'est le Tacite plongé dans l'évocation des événements de 64 qui parle ainsi, au style indirect ? Ne serait-ce pas plutôt le Tacite des années 110-120, le contemporain de Pline le Jeune, de celui qui, en tant que gouverneur de Bithynie, s'adressait à l'empereur Trajan pour savoir justement comment distinguer les chrétiens du reste de la population et des juifs en particulier ? C'est qu'à cette phase de l'histoire – le début du IIe siècle –, les chrétiens ne peuvent plus prétendre être une catégorie particulière de juifs (comme il y a des pharisiens, des zélotes, des baptistes), ni du point de vue de la Loi juive, ni du point de vue du droit romain. Leur croyance est dénigrée comme une « détestable superstition ».

Superstition, car elle s'oppose à la *religio*, au culte des dieux romains, mais aussi à cette religion autorisée qu'est le judaïsme dans l'empire, même si elle n'a pas, à proprement parler, le statut de *religio licita*. « On a fait remarquer, non sans raison, qu'il n'y a probablement jamais eu d'édit impérial à valeur universelle fixant une fois pour toutes le statut de droit public des juifs dans l'Empire, et que la vingtaine de textes de César ou d'Auguste cités par Flavius Josèphe concernent des cas particuliers. Il n'empêche qu'une sorte de généralisation s'est faite : les communautés juives donnent bien l'impression de bénéficier toutes de privilèges reconnus par les pouvoirs romains, qui leur permettent d'exister et de se réunir pour gérer leurs propres affaires. Ces privilèges sont pour elles à la fois une protection et une clôture[1]. »

---

1. Jean-Pierre Lémonon et François Richard, « La diaspora dans l'Empire romain et ses relations avec Jérusalem », *in* Hugues Cousin (sous la dir. de), *Le monde où vivait Jésus* (Éd. du Cerf, 1998).

Les exaltés

Pour Tacite, les chrétiens ne sont pas protégés par le privilège de la *religio licita*. Ils sont apparentés aux barbares que les légions combattent aux confins de l'empire, ils sont devenus des adeptes d'une *superstitio*.

Qui plus est, superstition ou non, leur croyance est « exécrable ».

Pourquoi ? Tacite ne s'en explique pas, mais il invoque la « haine du genre humain » propre aux chrétiens – et qui servit aussi d'accusation capitale contre les juifs puisque leurs pratiques religieuses, leurs règles, leurs coutumes les séparaient aussi du reste de la population. Cette haine est-elle détestable parce qu'elle compromet la paix civile ou davantage ? Tacite ne précise-t-il pas que ce mouvement gagne du terrain et prolifère, atteignant la capitale de l'empire, qu'il fait partie de ce qu'il y a « de plus affreux » et « de plus honteux », ajoutant d'emblée que ses partisans sont des gens « détestés pour leurs turpitudes » ?

Tacite, qui passe pour vouloir innocenter les chrétiens, a pourtant la main lourde. Si Néron lui fait horreur, c'est en raison de sa monstruosité, qu'il abhorre ; mais celle-ci, en même temps, l'inspire. L'écrivain condamne sa cruauté et le nombre excessif de condamnés, au point que son texte peine à dissimuler un paradoxe. C'est qu'aux yeux de Tacite, fondamentalement, Néron avait raison de s'en prendre aux chrétiens, ou du moins à certains d'entre eux. Quelles sont leurs « turpitudes », dénoncées par Tacite ? Leur vénération d'un cadavre, leur croyance en un mort vivant, l'anthropophagie qui marque leurs cultes, l'immoralité de leur vie en communauté ? On retrouvera tous ces motifs dans les polémiques antichrétiennes de l'Antiquité tardive. Mais Tacite n'en dit rien. En dehors de l'accusation de leur mode de vie (qui paraît d'autant plus inquiétant qu'il est caractéristique d'une secte), c'est une accusation proprement politique qui pèse sur la tête des chrétiens. Le crime d'incendie ne paraît pas le principal grief d'accusation. Il est associé aussitôt sous la plume de Tacite à « la haine du genre humain ». Ne serait-ce pas le symptôme :

– que les chrétiens exterminés par Néron étaient, tout autant que leurs assassins, poussés par la folie du sang, des fondamentalistes prêts à exterminer les impies, ceux que l'historien appelle non sans emphase « le genre humain » ? Qu'ils espéraient, en incendiant Rome, appeler le feu du ciel, provoquer la Fin des temps et le Jugement dernier ? « Je suis venu jeter un feu sur la terre, et comme je voudrais que déjà il fût allumé » (Lc 12,49), s'exclame Jésus dans l'évangile de Luc ;

– que ces chrétiens n'étaient pas des vieillards pacifiques, des vierges tremblantes, des saints auréolés comme on en voit aux murs des églises, mais des rebelles ? les partisans d'un nommé *christus*, exécuté trente ans plus tôt comme l'esclave qui se dresse contre son maître et subit le pire des supplices ? Un *christus* qui était encore le messie juif et pas encore le Christ universel de la religion chrétienne.

Pour Tacite, les chrétiens de Rome étaient des messianistes, c'est-à-dire des exaltés, potentiellement très dangereux. Comment expliquer cela ?

Au point de départ

Une trentaine d'années plus tôt, en Galilée, en Judée, en Samarie, de quoi pouvaient rêver les compagnons de Jésus ? Qu'attendaient-ils, qu'espéraient-ils de son vivant et dans la période qui a suivi sa mort ? Ou, en d'autres termes, quel était le « but de Jésus et de ses disciples » pour reprendre le titre de H. S. Reimarus qui fut le premier, à la fin du XVIIIe siècle, à risquer une lecture « politique » des évangiles, dans un essai qui ne fut publié qu'après sa mort ?

La question est difficile parce que la littérature chrétienne est réticente à y répondre trop crûment.

Les archives externes sont des plus rares voire inexistantes. Restent essentiellement les archives internes, les textes chrétiens eux-mêmes, canoniques ou non. Or si ces écrits se frottent à l'histoire, ce n'est pas pour l'enregistrer et nous la restituer, mais avant tout pour résoudre les problèmes qu'elle posait à leurs rédacteurs. Aussi la littérature chrétienne a eu à voir non seulement avec les âmes et les consciences, mais avec le temps qui passe, la police qui veille et avec Dieu, dont les intentions et les calculs infinis déjouaient toujours les scénarios les mieux élaborés. Quand Jésus meurt, il apparaît à deux pèlerins qui font route « vers un village du nom d'Emmaüs » (Lc 24,13). Cette bourgade, apparemment pittoresque, est une destination terriblement chargée de sens. Emmaüs fut, à l'heure de gloire de la résistance maccabéenne contre les Asmonéens, le théâtre de la première victoire des troupes de Judas Maccabée, le signal de la reconquête d'Israël au IIe siècle avant notre ère. L'emblématique point de départ de l'indépendance.

L'indication est voilée (du moins pour les lecteurs modernes), mais la conversation des pèlerins avec l'inconnu qu'ils rencontrent l'est nettement moins : « Et ils s'arrêtèrent, le visage sombre, écrit l'évangéliste. Prenant la parole, l'un d'eux, nommé Cléophas, lui dit : “Tu es bien le seul habitant de Jérusalem à ignorer ce qui est arrivé ces jours-ci !” – “Quoi donc ?” leur dit-il. Ils lui dirent : “Ce qui concerne Jésus le Nazarénien, qui s'est montré un prophète puissant en œuvres et en paroles devant Dieu et devant tout le peuple, comment nos grands prêtres et nos chefs l'ont livré pour être condamné à mort et l'ont crucifié. Nous espérions, nous, que c'était lui qui allait délivrer Israël” » (Lc 24,18-21).

Délivrer Israël, libérer la Terre sacrée où Dieu a élu domicile, c'est poser la question du royaume. Et c'est la question qui ouvre le livre des Actes des Apôtres. Au terme des quarante jours que Jésus ressuscité a passés avec les apôtres avant l'Ascension, ceux-ci lui demandent : « Seigneur, est-ce maintenant, le temps où tu vas restaurer la royauté en Israël ? »

(Ac 1,6). Ce sera leur seule et unique question, plus jamais ils n'interrogeront le Ressuscité.

La délivrance d'Israël, la restauration de la royauté d'Israël est donc bien une question cruciale qui rebondit de l'évangile de Luc aux Actes des Apôtres.

Luc, qui passe ordinairement pour être l'auteur des deux ouvrages, n'évite pas la question – ce qu'il ferait, on l'imagine, si elle n'intéressait plus personne, ou *a fortiori* si elle ne s'était jamais posée. Non seulement Luc la formule ouvertement, mais il la réitère. Au nom de tous (des personnages du récit aux lecteurs), il pousse l'audace jusqu'à réclamer un calendrier, une date, une heure : « Quand vas-tu restaurer la royauté en Israël ? » Toute l'impatience des disciples et des lecteurs des Actes se devine dans ce « quand ? » anxieux et impératif. La réponse de Jésus est, curieusement, une fin de non-recevoir : « Il ne vous appartient pas de connaître les temps et moments que le Père a fixés de sa seule autorité » (Ac 1,7).

Les disciples doivent patienter, se préparer à la venue du Royaume ; ils doivent mettre à profit cette attente pour accomplir la mission que leur assigne le Ressuscité : « Vous serez mes témoins à Jérusalem, dans toute la Judée et la Samarie, jusqu'aux extrémités de la terre » (Ac 1,8). Sitôt ses ordres donnés, Jésus s'élève sous leurs regards et une nuée le dérobe aux yeux de ses disciples. Du mont des Oliviers, où ils ont assisté à l'Ascension, ils n'ont plus qu'à retourner à Jérusalem. « Rentrés en ville, ils montèrent à la chambre haute où ils se tenaient habituellement. C'étaient Pierre, Jean, Jacques, André, Philippe et Thomas, Barthélemy et Matthieu, Jacques fils d'Alphée et Simon le Zélote, et Jude fils de Jacques » (Ac 1,13).

Ils ne sont plus que onze.

Les Douze

Le début des Actes des Apôtres établit en réalité un programme. L'auteur va parallèlement s'en servir comme schéma conducteur de son récit et indiquer ce qu'il faut accomplir pour que le Royaume se réalise. Selon lui, la première urgence est de reconstituer le groupe des Douze, amputé d'un membre depuis la trahison et la mort de Judas. C'est même le seul point que Pierre met à l'ordre du jour de la première assemblée du groupe des disciples. « Alors on tira au sort et le sort tomba sur Matthias, qui fut mis au nombre des douze apôtres » (Ac 1,26). Matthias n'aura pas plus de chance que Barthélemy ou Jacques d'Alphée, ni que tous les autres membres du premier cercle, dont les noms, sitôt épelés, vont disparaître du récit et de la mémoire officielle des premiers temps.

Pourquoi l'auteur du livre des Actes éprouve-t-il le besoin de nommer ces personnages sans rôle et sans avenir ? Et pourquoi faut-il absolument que soit remplacé celui qui a failli, celui qui a rompu le pacte et qui, de fait, a été maudit ?

Le chiffre est essentiel.

Du vivant de Jésus les disciples étaient douze, ils doivent être encore douze après sa mort. Ils doivent être les Douze. Ce n'est pas leur identité qui importe. Les listes qui figurent dans les évangiles de Marc, de Matthieu et de Luc, voire celle que l'on peut déduire des indications de l'évangile de Jean, ne coïncident jamais parfaitement. Ainsi, quand Jésus recrute à la douane un publicain, ce dernier s'appelle Matthieu chez Matthieu et Lévi chez Luc.

Les évangélistes n'étaient pas mal informés. Si la composition réelle du groupe avait été, comme on s'y attendrait, de toute première importance, il serait surprenant que les noms des douze compagnons historiques de Jésus n'aient pas pu être précieusement répertoriés. Or, le flottement de la tradition évangélique démontre que ce ne fut pas le cas. La disparité entre les listes est flagrante, et les noms des disciples secondaires ne sont pas permutables entre eux, comme s'exercent souvent à le prouver les exégètes. Ces différences ne sont pas la trace de surnoms donnés tantôt aux uns et tantôt aux autres. Elles disent plus certainement que le groupe a dû être fluctuant. En dehors de quatre ou cinq personnages inamovibles, leur nombre était variable. Les Douze étaient parfois moins, parfois plus, parfois douze aussi... Dans le petit credo ancien qu'il dit transmettre à l'occasion de la première épître aux Corinthiens, Paul ne cite d'ailleurs que Pierre (Céphas) et « les Douze », sans plus de détails, sans citer personne – et, curieusement, en distinguant Pierre du groupe qu'il conduisait, comme s'ils étaient treize.

L'essentiel est ailleurs. C'est la fonction symbolique incarnée par le groupe des Douze qui compte pour les rédacteurs. C'est le chiffre lui-même qui renvoie à l'évidence aux douze tribus de l'âge d'or du pays de Yahvé. Les Douze recomposent symboliquement l'unité perdue d'Israël. En reliant ainsi le passé glorieux au présent, les évangélistes préfigurent le Royaume qui vient.

Quichotte

La question reste alors de savoir si l'institution du groupe des Douze a été conçue par Jésus lui-même, ou si elle lui est postérieure et remonte à la première communauté.

On serait tenté de préférer la deuxième hypothèse tant la première rappellerait plutôt la folie des grandeurs qui saisira le Quichotte : honnêtement, la disproportion semble immense entre les va-nu-pieds dont Jésus s'est entouré et le destin extraordinaire qui aurait pesé sur leurs têtes. À l'inverse, si l'institution des Douze était postérieure à la mort de Jésus, cela permettrait de comprendre que le groupe ait revêtu alors un aspect solennel qu'il ne pouvait avoir jusque-là. Ce serait une sorte de collège de sages ayant légitimité et autorité – un petit sanhédrin chrétien.

Pourtant séduisante, l'hypothèse d'une création ultérieure a contre elle la réalité même du récit des Actes des Apôtres. En effet, autant la réunion des Douze semble un objectif prioritaire au début du livre, autant ce groupe en tant que tel, dès qu'il est en formation complète, n'a plus la moindre vitalité, pas la moindre nécessité. Tout se passe par la suite comme s'il n'existait quasiment pas, comme s'il n'intervenait pas dans les affaires de la communauté, les litiges particuliers avec les membres indélicats ou les grands débats tels que la définition des conditions d'entrée des non-juifs. À lire le livre des Actes, on dirait qu'il s'agit d'une structure morte qui s'est effacée en pratique derrière le prestige, le pouvoir ou l'activisme de quelques individualités et qu'elle n'est mentionnée qu'à titre de rappel.

Autre indice particulièrement révélateur : en dehors de la première épître aux Corinthiens, jamais dans aucune autre de ses lettres Paul ne fait mention des Douze. Comment, lui, si soucieux de respecter le protocole et les préséances – ne serait-ce que pour mieux les utiliser à son profit –, pourrait-il éviter de faire référence à une telle institution si elle existait encore dans les années 50-60 ?

Cela tend bien à prouver qu'on a affaire à un héritage, et que la première communauté est, avec les Douze, devant un vestige. Un archaïsme qui, d'ailleurs, est ramené à la portion congrue puisque ni le groupe en tant que tel ni les personnes qui le composaient n'ont laissé de véritable empreinte ou du moins d'empreinte très positive dans les textes chrétiens.

Judas, le douzième

Hormis Pierre, le seul des disciples qui accède au statut de *dramatis persona*, le seul dont la mort est racontée (par deux fois, et différemment), le seul – avec Jésus – auquel il faut trouver un successeur, reste donc Judas. À son sujet les évangiles répètent à l'envi deux traits particuliers : qu'il a trahi Jésus (effaçant le suspense, forçant la lecture), et qu'il était « l'un des Douze », comme si, sourdement, cette deuxième qualité était contaminée par la première.

Les récits de la trahison sont laborieux, la narration ambiguë ou contrainte, et sa nécessité tellement sujette à caution sur le plan logique que Jésus, dans les trois évangiles synoptiques, répète à peu près ce qu'on peut lire chez Marc : « Suis-je un brigand, que vous vous soyez mis en campagne pour me saisir ! Chaque jour j'étais auprès de vous dans le Temple, à enseigner, et vous ne m'avez pas arrêté » (Mc 14,48-49). À quoi bon dénoncer un homme qui ne se cache pas ?

Cette anomalie fondamentale a toujours beaucoup intrigué les esprits curieux, qui ont dû prêter à Judas d'autres mobiles que l'appât du lucre et le goût de trahir. « Tout ce qui se rapporte de près ou de loin aux idées communes que nous avons sur cet homme, ses buts véritables et sa condamnation dans les Écritures semble erroné », écrivait ainsi Thomas de Quincey dans son petit essai sur Judas pour replacer l'acte incompréhensible du disciple félon dans un décor bien moins mesquin : « Les Temps étaient mûrs ; tout l'annonçait : les attentes et les désirs insatisfaits de nombre de saints hébreux, c'est-à-dire les signes annonciateurs, les mises en garde prophétiques propagées par des précurseurs tels que le Baptiste, les échanges mystérieux de signaux avant-coureurs surgissant soudain de l'ombre, tels des messages secrets que des partis éloignés auraient échangés – une question secrète ou une réponse secrète ; la fermentation de doctrines révolutionnaires dans toute la Judée, l'impétueuse impatience vis-à-vis du joug romain, les révoltes continuelles contre le grand centre de Rome ; le tempérament insurrectionnel de la société juive – tempérament dont l'incessante apparition de chefs de brigands est la preuve – qui faisaient que les multitudes se retiraient dans les déserts avoisinants ; et partout l'esprit inquiet de la nation juive, sa profonde agitation, l'anarchie de ses attentes. Les matériaux explosifs étaient accumulés depuis longtemps, il ne manquait plus que l'étincelle décisive[1]. »

Judas aurait espéré que Jésus soit cette « étincelle décisive », celui qui allait précipiter l'embrasement et restaurer le royaume d'Israël. Mais Jésus, en quelque sorte, ne l'aurait pas entendu de cette oreille et se serait dérobé aux attentes de son disciple, comme au début des Actes lorsqu'il juge que ce n'est pas encore « le temps et le moment ». Se sentant trahi, Judas aurait alors trahi Jésus à son tour pour forcer le destin d'Israël.

À la décharge de Judas, on doit rappeler que beaucoup de juifs, au Ier siècle, espéraient reconquérir l'indépendance perdue. Judas le Galiléen ou Theudas l'Égyptien, ceux qu'invoque le personnage de Gamaliel dans les Actes des Apôtres, mais aussi tous les prétendants messianiques que cite Flavius Josèphe dans ses *Antiquités judaïques* : la liste est longue de ceux qui n'acceptaient pas la domination romaine, l'occupation païenne de la terre de Yahvé, les uns prenant les armes, les autres invoquant le ciel. Mais cette effervescence qui s'est manifestée au début du Ier siècle dans toute la province de Judée ne semble avoir repris que vers les années 60, avant que n'éclate la révolte juive contre Rome en 66.

Textes et contexte

Or Jésus se manifeste dans une période marquée par une relative accalmie politique. Il intervient dans un creux de l'histoire. Pour autant, il faut avoir à l'esprit un paramètre essentiel : quelles que soient les approximations auxquelles nous sommes réduits quant à leur datation et leur origine géographique, tous

1. Thomas de Quincey, *Judas Iscariote*, traduit de l'anglais par Éric Dayre (Ombres, 1990).

les récits contenus dans le Nouveau Testament, les quatre évangiles et les Actes des Apôtres, sont des textes écrits essentiellement pendant la période qui va du tournant des années 60 et des années 70 à la fin du Iᵉʳ siècle, voire au début du IIᵉ siècle. C'est dire qu'ils sont écrits entre la première révolte juive, qui va se terminer par la prise de Jérusalem et la destruction du Temple en 70, et les révoltes juives en Égypte, en Asie Mineure, en Mésopotamie (115-117) avant que la nation juive elle-même ne soit écrasée en même temps que le soulèvement de Bar Kochba en 132-135.

Les textes du Nouveau Testament sont des témoins du judaïsme hellénistique, du judaïsme de la diaspora, en même temps qu'ils renvoient l'écho d'une situation historique typiquement galiléenne et judéenne. Autrement dit, la vie de Jésus telle que les évangiles en composent le récit a été écrite dans une perspective théologique, à la lumière de la confession de foi suivant laquelle Jésus était le messie et qu'il était ressuscité, dans une perspective de prosélytisme, pour donner aux prédicateurs des outils de discussion et des argumentaires par rapport à d'autres courants juifs, mais aussi dans une perspective politique au sens large du mot.

Langues

Il faut sans cesse le rappeler, ces récits, à l'instar de tous les textes du Nouveau Testament, n'ont pas été écrits en hébreu ou en araméen, mais en grec. C'est exclusivement dans cette langue que les plus anciens manuscrits chrétiens ont été retrouvés, et tous sous forme de codex et non de rouleaux comme les manuscrits de la littérature hébraïque. Ce n'est pas un détail. Si des éléments archaïques de la tradition, et notamment de la tradition sémitique, ont évidemment dû y être intégrés, les textes du Nouveau Testament sont toujours à la croisée de deux cultures, celle qui s'écrit sur des rouleaux et celle qui s'écrit sur des codex. Deux supports différents qui induisent par leur forme même deux lectures du monde.

L'une sémitique, l'autre grecque.

La langue grecque, plus ou moins bien maîtrisée par les différents auteurs du Nouveau Testament, n'était pas qu'un véhicule de transmission, ni même seulement, si l'on peut dire, le moyen d'entrer dans une autre culture, l'arrière-plan mental et les catégories anthropologiques y étant tout autres. C'était surtout la langue de l'Empire romain. Quand Flavius Josèphe écrit à Rome son histoire des juifs, il l'écrit (ou la fait traduire) en grec. Quand les évangiles sont écrits en grec, ce n'est pas un élément anodin. Cela signifie déjà que l'audience du mouvement chrétien se situe essentiellement hors de Palestine, à Antioche, en Syrie, en Asie Mineure, dans des milieux mélangés, et forcément exposés aux formes les plus subtiles d'interférence et de surveillance.

Sinon on comprendrait mal pourquoi les protagonistes romains sont tellement respectables. De l'évangile de Marc à celui de Jean, le personnage de Pilate ne fait que croître et embellir, devenant *in fine* le meilleur avocat de Jésus. Quant aux centurions, au lieu d'avoir l'air de soudards en pays conquis, ce sont vraiment ce qu'on appelle de beaux joueurs. Véritables gentilshommes, ils reconnaissent sans discuter leurs erreurs, quand ils ne voient pas clair avant tout le monde. Au pied de la croix où vient d'agoniser le condamné, ils reconnaissent : « Sûrement, cet homme était un juste ! » (Lc 23,47), « Vraiment cet homme était fils de Dieu ! » (Mc 15,39 et Mt 27,54). C'est la seule parole prononcée par des Romains, hormis Pilate, dans le récit de la Passion. Et quand tout à coup d'autres centurions apparaissent ça et là, ils sont quasiment convertis à la foi chrétienne. « Pas même en Israël je n'ai trouvé une telle foi ! » (Lc 7,9 et Mt 8,10), s'exclame Jésus avant de guérir tantôt le fils, tantôt le serviteur de l'un d'eux. Pierre, dans les Actes des Apôtres, sera présenté comme celui qui convertira un centurion, Cornelius ou Corneille, déclarant : « Je constate en vérité que Dieu ne fait pas acception des personnes, mais qu'en toute nation celui qui le craint et pratique la justice lui est agréable » (Ac 10,34-35). Quant à Paul, il est placé sous la protection de la troupe à la fin des Actes des Apôtres. Les fonctionnaires romains postés tout au long de son périple sont des médiateurs, des protecteurs, une escorte sur la voie royale qui le mène à Rome.

Ces « détails », qu'on aurait tort de prendre à la lettre, posent en creux la question récurrente du Royaume. Quel est ce royaume où l'occupant se montre si généreux et si sagace ? Est-ce l'empire adoptant la foi au Christ Jésus ? Est-ce un autre royaume ou est-ce un autre Israël ? Le Royaume de Dieu recouvre-t-il le Royaume des cieux, ou lui est-il subordonné ?

Basileia tou theou

C'est indubitable : Jésus a annoncé le Royaume.

Les évangiles, particulièrement les évangiles synoptiques, portent l'empreinte massive de ce que Jésus nommait « le règne de Dieu » ou « le royaume de Dieu » (*basileia tou theou*). Treize mentions figurent chez Marc, douze chez Luc, vingt-sept chez Matthieu (sans compter les neuf occurrences dans les propos de Jésus communs à Luc et à Matthieu) ; quant à Jean, il l'utilise seulement deux fois.

L'expression « le royaume des cieux » qui figure dans l'évangile de Matthieu est un synonyme légèrement plus tardif, c'est une périphrase pour évoquer le nom divin sans le prononcer. Cette expression, peu usitée dans le judaïsme de la période, aurait-elle eu les faveurs de Jésus ? On toucherait alors, à travers les évangiles synoptiques, à l'un des noyaux durs de sa prédication quand, dans les années 30, il n'était encore qu'un prophète itinérant parmi d'autres. Le thème perd ensuite de sa vigueur au fur et à mesure que ce qu'on appelle la christologie – c'est-à-dire la signification théologique de la croyance en la mort et la résurrection de Jésus – prend une place prépondérante et que la tradition s'éloigne de plus en plus des faits et dits du Jésus historique, de la réalité de son message.

À titre d'hypothèse, on peut proposer le modèle suivant pour inventorier les différentes conceptions du Royaume qui circulent et s'entrecroisent dans les textes du Nouveau Testament :

– du temps de Jésus, le Royaume est pensé comme un royaume terrestre, c'est le royaume d'Israël sur lequel le Messie (à la fois prêtre et roi) exerce son autorité, où ses disciples occupent les premières places, où tous les juifs appelés à la repentance vivent sous « le règne de Dieu ». Ce « royaume de Dieu » (de Yahvé) est une entité sociale, religieuse et politique symbolisée par les douze apôtres reconstituant l'unité perdue des douze tribus d'Israël ;

– du temps de Jacques, après la mort de Jésus, cette conception perdure. Jacques, héritier dynastique, est le vice-roi, celui qui assure la régence en attendant le retour du Seigneur, imposant à chacun une observance rigoureuse de la Loi pour hâter sa venue. Le Royaume, aux alentours des années 50-60, est encore de ce monde, et c'est encore le royaume d'Israël dans sa réalité nationale et spirituelle ;

– parallèlement coexistent la conception (héritée de Jésus et de Jacques) selon laquelle la restauration de la pureté perdue d'Israël demeure l'objectif ultime et la conception des juifs de la diaspora, l'une et l'autre s'éloignant de l'idée d'un royaume lié à la terre d'Israël. Le « royaume de Dieu » va devenir le « royaume des cieux ». C'est-à-dire une figure qui dépasse le cadre étroit de la Palestine, englobe la diaspora et finalement le monde entier ;

– la bascule définitive aura lieu, approximativement, après la chute du Temple en 70, lorsque les communautés chrétiennes établies hors de Palestine compteront plus de païens venus à la foi au Christ que de juifs. Le « royaume des cieux » ne sera plus alors compris comme une périphrase évitant de citer le nom imprononçable de Dieu, mais comme une réalité spirituelle en soi, en dehors du monde, au ciel. À la fin du Ier siècle, Jean peut faire dire à Jésus : « Mon royaume n'est pas de ce monde » (Jn 18,36). Il ne fait que constater un fait : pour les chrétiens venus du paganisme, le Royaume ne se confond plus avec Israël. Jean a le mot de la fin : la dimension nationale du Royaume, sa dimension terrestre, inscrite dans le judaïsme, sera oubliée pour ne laisser place qu'à une abstraction céleste comparable au Paradis. L'immense différence entre la conception judéo-chrétienne et la conception pagano-chrétienne est que, de son temps, le Royaume annoncé par Jésus est destiné aux vivants de sa génération, alors que pour ses successeurs le Royaume ne se gagne qu'au prix d'une nouvelle naissance, c'est-à-dire au prix de la mort sur cette terre.

La royauté, dont l'aspiration chez Jésus et chez ses disciples n'est contestable par personne, se situe sur la ligne de crête du Nouveau Testament. Celle qui sépare la conception terrestre du Royaume et sa spiritualisation ultérieure, c'est-à-dire celle qui sépare le judaïsme du christianisme.

Les ambiguïtés du Royaume

La proclamation du Royaume – que les textes chrétiens s'emploieront à minorer ou à réinterpréter – s'est révélée d'autant plus problématique que les paroles qui sont prêtées à Jésus dans la tradition synoptique font apparaître plusieurs ambiguïtés quant à sa réalité et son accomplissement. Ces ambiguïtés sont fondamentales pour mesurer les enjeux que recouvre cette proclamation.

Première ambiguïté : Jésus annonçait-il un royaume à venir ou ce royaume était-il, de son point de vue, déjà en train de se réaliser ?

Les arguments en faveur de la deuxième réponse ne manquent pas. L'activité thaumaturgique de Jésus montre que les exorcismes qu'il pratiquait, selon toute vraisemblance, n'étaient pas conçus comme des guérisons individuelles, mais comme les éléments d'une purification collective dans le cadre d'une entreprise de libération des griffes de Satan. « Si c'est par le doigt de Dieu que j'expulse les démons, c'est donc que le royaume de Dieu est arrivé jusqu'à vous » (Lc 11,20), dit Jésus dans l'évangile de Luc et, de manière très voisine, dans celui de Matthieu.

Mais alors, comment comprendre le préambule de l'évangile de Marc ? Il y est dit que, prenant le relais de son maître Jean le Baptiste, « Jésus vint en Galilée, proclamant l'évangile de Dieu et disant : le temps est accompli et le royaume de Dieu est tout proche : repentez-vous et croyez à l'Évangile » (Mc 1,14-15).

L'évangile de Luc, conscient de la difficulté que devaient rencontrer les prédicateurs chrétiens à combiner les deux positions, compose une scène (elle n'a aucun parallèle chez les autres évangélistes) dans laquelle le problème et sa solution sont explicites. « Les pharisiens lui ayant demandé quand viendrait le royaume de Dieu, il leur répondit : "La venue du royaume de Dieu ne se laisse pas observer, et l'on ne dira pas : 'Voici il est ici, ou bien, il est là !' Car voici que le royaume de Dieu est au milieu de vous" » (Lc 17,20-21).

Pour Luc, le royaume qu'annonçait Jésus aurait donc été à la fois présent et à venir, en train de se réaliser et toujours à espérer.

C'est que sous cette première ambiguïté s'en cache une seconde.

Deuxième ambiguïté : si le Royaume est déjà là, alors que les apparences du monde n'ont pas changé, qu'Israël est toujours un pays envahi, qu'est-ce qui nous permet de le reconnaître ?

L'évangile de Luc découvre que le Royaume ne peut pas se voir. C'est un royaume intérieur, personnel, que seule la foi au Christ révèle. C'est un royaume intime où chacun se détermine face au bien et au mal, face aux ténèbres et à la lumière.

Dans l'évangile de Jean, à Nicodème, un pharisien de bonne volonté qui l'interroge, Jésus apporte cette réponse : « En vérité, en vérité je te le dis, à moins de naître de nouveau, nul ne peut voir le royaume de Dieu » (Jn 3,3). Mais ce Jésus qui parle d'un royaume invisible n'est plus le prophète galiléen des années 30, il a changé d'époque : il date de la fin du Ier siècle. La nouvelle naissance qu'il exige de chacun pour y avoir accès n'est, à vrai dire, pas complètement en rupture avec certaines des paraboles ou des sentences que l'on peut trouver dans les évangiles synoptiques. Personne ne voit germer la graine, mais elle finit par produire des fruits. Grâce au levain, la farine devient du pain. Le grain de sénevé est minuscule, mais il donnera des branches si grandes que des oiseaux viendront s'y abriter.

À ces métaphores viennent s'ajouter de nombreuses allusions à la difficulté d'entrer dans le Royaume ou d'appartenir au nombre très limité d'élus. Limitations qui peuvent être interprétées aussi d'un point de vue éthique, puisque l'on sait qu'« il est plus facile à un chameau de passer par le trou de l'aiguille qu'à un riche d'entrer dans le royaume de Dieu » (Mc 10,25 ; Mt 19,24 ; Lc 18,25).

Mais si le Royaume n'est pas encore là, c'est qu'il doit venir, c'est alors qu'il est de nature eschatologique : il concerne l'état du monde futur, le monde à la Fin des temps.

Troisième ambiguïté : le royaume eschatologique est-il un royaume terrestre ou un royaume céleste, un royaume physique ou un royaume spirituel ? un royaume qui s'établira sur la terre d'Israël ou un royaume qui sera transporté dans l'au-delà ?

Rappelons-nous la supplique du bon larron dans l'évangile de Luc : « Jésus, souviens-toi de moi lorsque tu viendras avec ton Royaume. Et il lui dit : "En vérité je te le dis, aujourd'hui tu seras avec moi dans le Paradis" » (Lc 23,42-43). Le Royaume ne vient plus s'établir sur terre, c'est le paradis qui est promis aux morts, une récompense posthume.

Le couronnement parodique dont Jésus est l'objet dans les récits de la Passion, la scène des outrages, les insultes lancées au roi d'Israël qui ne peut même pas se sauver et descendre de la croix, tout cela vise aussi implicitement à rendre parodique la notion de royauté au sens historique, à en désamorcer toute composante nationaliste. Mais, terrestre et céleste, les deux conceptions du Royaume se retrouvent pourtant dans les textes, d'autant plus que l'eschatologie dans le judaïsme ancien n'a jamais signifié que le monde divin devait être dépourvu de réalité.

Il est tout à fait frappant d'observer à travers les évangiles la dimension très familière et très peu idéalisée du Royaume attendu. C'est un banquet auquel on ne peut se dérober, ou alors les invités seront remplacés par les premiers venus, « les bons comme les mauvais » (Mt 22,10). Pour signifier l'entrée dans le Royaume, ce ne sont que vignerons, intendants, ouvriers qui louent leur travail, paysans qui moissonnent. Ce n'est pas un autre monde, idéal, éthéré, qui semble attendre ceux qui écoutent la parole de Jésus, c'est une autre vie dans le monde présent, une vie meilleure, une vie nouvelle où le fils prodigue pourra être accueilli, où le débiteur pourra être relevé de ses dettes, où tout passif sera effacé.

À ce propos, certains supposent parfois que Jésus s'est ainsi exprimé ainsi de manière très concrète parce qu'il n'avait pas le choix et que, s'il voulait être entendu, il devait tenir un langage accessible à ses contemporains. « On n'attrape pas les mouches avec du vinaigre », comme l'enseigne la sagesse des nations. Cela signifierait-il que Jésus aurait été un manipulateur, son double langage sur le Royaume, terrestre et céleste, public et intime, n'étant au fond qu'opportunisme, pur cynisme ?

La promesse oubliée

Dans certaines paroles des évangiles, on peut entendre ce qu'a été le plus vraisemblablement la promesse essentielle de Jésus à ses disciples. Dans l'évangile de Matthieu (et d'une façon plus atténuée dans ceux de Luc et de Marc), Pierre proteste comme s'il réclamait son dû – et un dû qui, probablement à ses yeux, était à la hauteur du peu qu'il avait été obligé de laisser derrière lui, mais qui lui semblait beaucoup : « Voici que nous, nous avons tout laissé et nous t'avons suivi, quelle sera donc notre part ? » (Mt 19,27).

Rien d'invraisemblable dans cette récrimination qui sonne juste et vrai. La réponse de Jésus mérite d'être observée : « En vérité je vous le dis, à vous qui m'avez suivi : dans la régénération, quand le Fils de l'homme siégera sur son trône de gloire, vous siégerez vous aussi sur douze trônes pour juger les douze tribus d'Israël. Et quiconque aura laissé maisons, frères, sœurs, père, mère, enfants ou champs, à cause de mon nom, recevra bien davantage et aura en héritage la vie éternelle » (Mt 19,28-29).

La forme originelle aurait été : « Vous qui m'avez suivi, vous siégerez sur des trônes pour juger les douze tribus d'Israël. » Ce serait même sur cette promesse que se serait conclue la source des paroles de Jésus (ce qu'on appelle « la source Q » (abréviation de l'allemand *Quelle*, « la source »), qui, sans être la liste des paroles authentiques de Jésus, serait la compilation archaïque d'une tradition orale ; absente de l'évangile de Marc, cette tradition orale se retrouverait dans les parties communes aux évangiles de Matthieu et de Luc.

La phrase de Jésus prend d'autant plus de portée quand on sait qu'à ce « droit de juger » auquel il est fait référence correspond dans les langues sémitiques le « pouvoir de régner ». À ses disciples, Jésus aurait donc promis qu'ils régneraient sur les douze tribus d'Israël – les deux références au Fils de l'homme et à la vie éternelle n'étant que des strates plus récentes du texte quand il a fallu l'actualiser, du moins lui ouvrir un avenir moins difficile à tenir que siéger sur les douze trônes d'Israël. Dans sa version ramassée – qui reste une hypothèse de reconstitution –, la phrase attribuée à Jésus fait partie de ces expressions embarrassantes pour la tradition chrétienne ultérieure. Si malgré tout elle a été conservée, c'est donc bien qu'elle aurait contenu une promesse qui ne pouvait être oubliée.

D'où s'expliquent aussi les querelles de préséance entre les disciples eux-mêmes, se disputant pour savoir qui serait le plus grand ou qui serait à la droite et à la gauche de Jésus. Toute discussion aurait été littéralement absurde si l'attente du Royaume n'avait pas eu pour eux une valeur immédiate. Ce sont des places dont ils rêvent – même si avec leur maître ils ne peuvent être sûrs de rien –, c'est une revanche qu'ils espèrent. C'est animés par ce feu qu'ils ont abandonné leur famille, leur métier, leur maison, leur village.

Les élus

L'attention que Jésus a témoignée aux pauvres, aux déshérités, aux infirmes, aux fous, plus généralement aux pécheurs et aux impurs, à ceux qui étaient rejetés ou du moins marginalisés par les grands courants religieux du judaïsme, particulièrement les pharisiens, a nimbé le personnage d'une aura d'extrême bienveillance. Mais cette attention aux plus petits témoigne surtout de l'audience qui restait disponible dans la société juive de son temps. En s'adressant aux laissés-pour-compte, Jésus mobilise ceux qui peuvent s'intéresser à son message, ceux qui ne sont pas pris en charge par les réseaux existants.

Un indice intéressant résulte sûrement de l'une des différences majeures entre Jésus et son frère Jacques. Quand Jacques meurt lapidé, une délégation de pharisiens forme une protestation solennelle auprès des autorités romaines ; en outre cette protestation, aux dires de Flavius Josèphe, n'a pas été purement formelle : elle exprimait l'émotion de juifs respectables qui ne passaient pas pour des sympathisants des idées de Jacques. Quand Jésus est condamné puis exécuté, personne parmi les juifs, à en croire les évangiles, ne vient prendre sa défense. Tout au contraire, Jésus apparaît seul contre tous, malgré la foule de Jérusalem, malgré tous les juifs, comme le soutiendra plus tard l'évangile de Jean – mais c'est probablement une autre histoire qui se joue alors.

En s'adressant aux exclus, et finalement en les privilégiant dans son action, Jésus se met en porte-à-faux vis-à-vis des autres partis juifs et n'est pas payé en retour. La disparition systématique des miraculés en tant que personnages du récit marque bien les difficultés qu'il éprouve à constituer un mouvement, tant sa base sociale est fragile, pour ne pas dire volatile. Où sont les paralytiques qui marchent grâce à lui, les aveugles qui ont recouvré la vue, les lépreux guéris de leur mal, les exorcisés, les désenvoûtés, les morts qui reviennent à la vie ? Où sont Lazare et la fille de Jaïre ? Où sont le centurion et son fils ? Mis à part Marie-Madeleine, dont il a expulsé « sept démons », aucun ne semble s'agréger à sa troupe et chanter sa gloire face au monde entier. Ses disciples eux-mêmes, de Pierre à Judas, sont représentés comme des personnages en dessous de leur mission historique. Ils sont incapables d'assumer leur rôle. Comment Jésus peut-il alors assurer la pérennité de son message, l'efficacité de son organisation, sinon en se radicalisant ?

Et c'est le revers de sa légendaire bienveillance.

D'un côté il s'adresse à tous, il s'intéresse à tous les pauvres hères dont personne ne veut : « Bienheureux les pauvres », répète-t-il dans les béatitudes de l'évangile de Matthieu. De l'autre il ne cesse d'être menaçant, de promettre le pire destin à ceux qui le suivent en traînant les pieds. C'est que le Royaume, ne cesse-t-il de répéter sur tous les tons, à travers toutes sortes de fables et d'images, demande des hommes résolus, des partisans aguerris, une troupe de choc en quelque sorte, une avant-garde. Il ne suffit pas pour avoir accès au Royaume d'être juste, d'être bon, d'être pieux. Il ne suffit pas d'être appelé. Il ne suffit pas d'appartenir au mouvement de Jésus comme au mouvement de repentance de Jean le Baptiste, en attendant que se déclenche le feu du ciel.

Il faut être admis parmi les élus.

Évidemment le mouvement de Jésus vise au plus grand nombre. Ce n'est pas une communauté fermée sur elle-même, une secte qui se retire au désert, hors du monde (comme à Qumrân), ou sur les bords du Jourdain (comme celle, probablement, des disciples de Jean le Baptiste). Ce n'est pas un groupe ésotérique composé exclusivement d'initiés – ce sera ultérieurement l'une des tendances du mouvement chrétien, en particulier avec la crise gnostique. C'est un groupe ouvert, itinérant. Une troupe dont il faut constamment forger l'unité, maintenir la cohérence, par la contrainte et, si besoin, par la peur.

Menaces et malédictions

Loin du doux Jésus cher à François Mauriac et aux missels, loin du Jésus pacifique et non violent plus récent mais tout aussi anachronique, le Jésus qui s'exprime à travers les évangiles, le Jésus historique qui se serait adressé à ses ouailles ou le Jésus que la première communauté aurait continué à faire parler après sa mort, composent un personnage dont la mémoire n'est pas tendre.

Le Jésus d'amour n'a, plus exactement, jamais eu raison du Jésus de colère. Juge suprême, il séparera les justes des autres, comme le berger les brebis et les boucs, ceux de droite et ceux de gauche, le bon grain de l'ivraie : « Allez loin de moi, maudits, dans le feu éternel qui a été préparé pour le diable et ses anges » (Mt 25,41). Bethsaïde et Chorazeïn, villes au bord du lac de Tibériade qui ne l'ont pas accueilli, reçoivent ses malédictions : « Pour le pays de Sodome, il y aura moins de rigueur au jour du Jugement » (Mt 11,24). Ses adversaires sont tous ceux qui ne l'ont pas reconnu, tous ceux qui refusent de le reconnaître.

Mais Jésus ne pense pas qu'à ces derniers. Il fait planer sur la tête de ses amis, proches ou à venir (les premiers « chrétiens » que visent les évangiles), une sorte d'équilibre de la terreur. Son agressivité verbale est constante, et il faut beaucoup de bonne volonté pour en adoucir le tranchant. « N'allez pas croire que je sois venu apporter la paix sur la terre. Je ne suis pas venu apporter la paix, mais le glaive » (Mt 10,34) dit-il chez Matthieu, sans ambiguïté.

Les pires ennemis sont les ennemis de l'intérieur, les ennemis intimes. « Car je suis venu opposer l'homme à son père, la fille à sa mère et la bru à sa belle-mère ; on aura pour ennemis les gens de sa famille » (Mt 10,35-36). Pour justifier la violence de la phrase, on remarque qu'il s'agit d'une citation du livre de Michée. Néanmoins le prophète se lamente sur le malheur qui frappe Israël : « Ne vous fiez pas au prochain, n'ayez point confiance en l'ami ; devant celle qui partage ta couche, garde-toi d'ouvrir la bouche, car le fils insulte le père, la fille se dresse contre sa mère, la belle-fille contre sa belle-mère, chacun a pour ennemis les gens de sa maison. » Mais alors que Jésus se présente comme celui qui sème la discorde, Michée conclut tout différemment : « Mais moi, je regarde vers Yahvé, j'espère dans le Dieu qui me sauvera ; mon Dieu m'entendra » (Mi 7,5-7).

Et dans l'évangile de Luc on peut entendre ces mots catégoriques : « Pensez-vous que je sois apparu pour établir la paix sur la terre ? Non, je vous le dis, mais bien la division. Désormais en effet dans une maison de cinq personnes, on sera divisé, trois contre deux et deux contre trois » (Lc 12,51-52).

Il s'en faut de peu pour être très vite un mauvais serviteur. « Le serviteur qui, connaissant la volonté de son maître, n'aura rien préparé ou fait selon sa volonté, recevra un grand nombre de coups » (Lc 12,47). Dans la parabole des mines, un homme part en voyage et dépose sa fortune entre les mains de ses serviteurs. Les deux premiers font fructifier le capital confié par le maître. Le dernier, qui avait reçu la somme d'une mine ou d'un talent, la rend à son seigneur, intacte, mais sans avoir produit aucun intérêt. D'où la colère du maître : « Car à tout homme qui a, l'on donnera et il aura du surplus ; mais à celui qui n'a pas, on enlèvera ce qu'il a. Et ce propre à rien de serviteur, jetez-le dehors dans les ténèbres : là seront les pleurs et les grincements de dents » (Mt 25,29-30). Voilà le sort qui attend les disciples qui n'arrivent pas à recruter de nouveaux croyants. Chez Luc, ce n'est pas seulement la géhenne qui attend le serviteur honnête mais mal avisé, c'est l'exécution immédiate : « Quant à mes ennemis, ceux qui n'ont pas voulu que je règne sur eux, amenez-les ici et égorgez-les en ma présence » (Lc 19,27).

Jésus prévient les siens : lorsque la porte du Royaume sera fermée, il n'y aura plus de moyen d'y entrer. Ce n'est pas simplement en jurant obéissance et fidélité qu'on y sera admis. Être un bon disciple, prophétisant en son nom et chassant les démons, n'est pas un laissez-passer suffisant. « Alors je leur dirai en face : "Jamais je ne vous ai connus ; écartez-vous de moi, vous qui commettez l'iniquité" » (Mt 7,23), conclut-il avec une animosité lourde de sous-entendus. Ce sont encore les diatribes contre les puissants qui veulent s'emparer de force du Royaume – alors qu'il ne s'agit que de l'espoir d'un royaume à venir –, c'est Jésus qui prononce le diktat « qui n'est pas avec moi est contre moi, et qui n'amasse pas dissipe » (Mt 12,30), ou « Qui me rejette rejette Celui qui m'a envoyé » (Lc 10,16).

Si la violence verbale sait être très forte d'abord à l'égard de ses propres partisans, qu'en est-il alors des armes utilisées par Jésus pour combattre ses ennemis ?

Jésus zélote

Il y a une trentaine d'années, S. G. F. Brandon a soutenu, à partir de la relecture de l'évangile de Marc, premier récit chrétien constitué, que Jésus était un « zélote »[1]. Ces « fous de Dieu » considéraient qu'il fallait avoir recours à tous les moyens, y compris sanglants, pour rétablir la pureté perdue d'Israël. Les zélotes s'en prenaient autant aux Romains qu'à leurs coreligionnaires juifs accusés d'immoralité ou d'infidélité

1. S. G. F. Brandon, *Jésus et les Zélotes*, traduit de l'anglais par Georges et Béatrice Formentelli (Flammarion, 1976).

à la Loi. Ce sont les zélotes qui vont être, une trentaine d'années après la mort de Jésus, à l'origine de la première guerre juive.

Le noyau dur de la prédication et de l'action de Jésus était, selon Brandon, de nature zélote, mais les textes chrétiens, dès l'évangile de Marc, se seraient employés à dépolitiser cette action, à faire du royaume espéré un royaume spirituel, à rendre « l'Évangile de Jésus, Christ, fils de Dieu » (Mc 1,1) présentable dans le milieu romain où vivait la communauté de Marc.

Cette thèse publiée en 1967 a suscité aussitôt une intense levée de boucliers qui, depuis, n'a jamais cessé. À l'instar de toutes les théories critiques qui ont voulu proposer une clef unique d'interprétation des textes du Nouveau Testament, l'historien britannique était trop occupé à accumuler les arguments. Par la force des choses, cela l'a amené à supposer que ce qui contrariait son hypothèse provenait de la réécriture des textes eux-mêmes, d'un pur et simple maquillage des évangiles à des fins apologétiques. Minimiser voire négliger les éléments qui n'allaient pas dans le sens de la démonstration, c'était dès lors prêter le flanc à la critique.

À la suite de Martin Hengel ou d'Oscar Cullmann [1], immanquablement et unanimement les exégètes n'ont pas manqué de se féliciter, peut-on dire, des points faibles de la théorie zélote. Depuis ils continuent à le faire, agitant feu Brandon comme un épouvantail, ramassant tout ce qui dans les différentes sources chrétiennes (et les indices textuels sont évidemment nombreux !) établit la dimension originale du projet de Jésus, fondamentalement non politique, non violente, non matérielle.

La tradition chrétienne jusqu'à aujourd'hui a toujours voulu minimiser et même occulter la dimension nationaliste de la prédication de Jésus et ce qu'elle signifie dans les faits. Mais cette dimension nationaliste, ce judaïsme de combat qui s'exprime

1. Martin Hengel, *Jésus et la violence révolutionnaire* (Éd. du Cerf, 1973). Oscar Cullmann, *Jésus et les révolutionnaires de son temps* (Delachaux et Nieslé, 1973).

dans les textes est essentielle à la compréhension du mouvement et de son développement. Il ne s'agit pas pour autant d'imaginer une « lutte de libération » au sens moderne du terme (Jésus n'est pas Che Guevara !). Il s'agit d'analyser les voies et les moyens qu'il a déployés pour restaurer la pureté perdue d'Israël et retrouver la grâce de Yahvé, sans en omettre les parties les plus dérangeantes.

Jésus, comme les zélotes le feront après lui, a manifestement dressé le constat que la terre d'Israël était sous l'empire de Satan. S'agissait-il d'une manière déguisée de symboliser les Romains ? Sans soupçonner *a priori* les évangélistes d'avoir systématiquement camouflé la réalité, le fait est qu'aucun comportement ouvertement séditieux contre l'autorité romaine n'est prêté à Jésus par les textes. C'est un point certain. La seule allusion transparente à l'occupant serait fournie par le possédé de Gerasa que Jésus exorcise et qui portait le nom de « Légion » – car les démons qui s'étaient emparés de son esprit étaient nombreux, se justifie le texte. Pour les zélotes comme pour Jésus, Satan se manifestait à travers les juifs infidèles à la Loi. Dans l'évangile de Jean, Jésus ne dit-il pas aux juifs : « Vous êtes du diable, votre père, et ce sont les désirs de votre père que vous voulez accomplir » (Jn 8,44) ?

Quels que soient les manques et les faiblesses de la théorie de Brandon, elle a au moins eu l'immense mérite de replacer Jésus dans la réalité politique et religieuse de son temps, de ne pas l'arracher au monde comme le font les évangélistes et, derrière eux, tous les commentateurs chrétiens cherchant à étouffer sous leur nombre cette voix violente qui les provoque. L'Église fait constamment le tri entre les « bonnes paroles » et celles qui ne sont jamais dites à la messe, entre les « bonnes paraboles » et celles qu'on feint de ne pas comprendre – celle des mines par exemple –, entre le Jésus saint-sulpicien, aussi plat et doux que les images qui le représentent, et le révolté nazôréen emporté de colère et de haine, dont on préférerait que les évangiles n'aient pas gardé trace.

Roi des juifs

Condamné par les Romains, en tout cas, Jésus a été crucifié comme « roi des juifs ». L'accusation semble avoir été suffisamment gênante pour que Paul, par exemple, l'occulte au profit d'une mystique de la croix : « Nous proclamons, nous, un Christ crucifié, scandale pour les juifs et folie pour les païens » (1 Co 1,23).

À la génération suivante, en revanche, les rédacteurs des quatre évangiles, sans exception, vont prendre le problème à bras-le-corps. Marc, Matthieu, Luc et Jean ne peuvent pas éliminer le fait, passer sous silence cette tache originelle. Alors, dans des termes très voisins, chacun reconstitue le jugement, moins dans un souci d'exactitude historique que pour dédramatiser la condamnation prononcée contre Jésus quelques dizaines d'années plus tôt. Le procès se transforme en faux procès, le tribunal en tribune. De l'évangile de Marc à celui de Jean, la tendance à exonérer Jésus de toute responsabilité directe ne fera que grandir. Il faut l'exempter de toute entreprise de sédition, le blanchir, en faire un faux coupable parfait, la victime d'un malentendu tragique. Les textes sont clairs, pour les évangélistes c'est un innocent – un agneau – qui a été mis à mort.

Oui, consentent à regret les évangiles, Jésus a bien été crucifié comme roi des juifs. Mais, s'insurgent-ils aussitôt, c'est parce que ni les grands prêtres, ni les juifs de Jérusalem, ni les Romains n'ont voulu comprendre que le royaume annoncé par Jésus n'était pas de ceux qui se conquièrent par la force. « Suis-je un brigand, que vous vous soyez mis en campagne avec des glaives et des bâtons pour me saisir ? » (Mc 14,48 ; Mt 26,55 ; Lc 22,52), proteste le Jésus synoptique. Seul Pilate, c'est-à-dire son double homonyme imaginé de toutes pièces par l'évangile de Jean, comprendra le message et répondra sans rire à des juifs plus respectueux de César et plus légalistes que lui : « Prenez-le et crucifiez-le ; car moi je ne trouve pas en lui de motif de condamnation » (Jn 19,6).

Le signal

En tout état de cause, ce qui transparaît derrière les textes des évangiles, c'est que Jésus a pu penser qu'il était chargé d'accomplir un geste symbolique pour hâter ou déclencher l'intervention de Dieu. Son entrée à Jérusalem, mise en scène par les évangélistes comme la venue du messie dans la Ville sainte, ou l'épisode des marchands chassés du Temple, présenté comme une scène de purification du Saint Lieu, ont pu être, pour lui, ce geste symbolique. Reste que ces deux événements, à supposer qu'ils aient un soubassement historique et ne soient pas simplement l'expression de prophéties bibliques, n'ont sûrement pas eu l'ampleur que les textes évangéliques leur accordent. Dans un cas comme dans l'autre, il n'est nul besoin de parier que la garde du Temple de Jérusalem ou la cohorte romaine stationnée à proximité, dans la forteresse Antonia, n'aurait pas tardé à intervenir avec force. Voire la clique des marchands eux-mêmes, ligués contre le perturbateur.

En ramenant les choses à de plus justes proportions, il s'agit en tout cas d'actions typiques de prophètes juifs (pour les Romains, d'agitateurs politiques) cherchant par la parole et le geste à solliciter l'intervention de Yahvé. Les *Antiquités judaïques*, de Flavius Josèphe, attestent bien un certain nombre de comportements semblables. Les uns annonçaient qu'à leur commandement les eaux du Jourdain allaient s'ouvrir, comme la mer Rouge devant Moïse, d'autres poussaient des hurlements pour que s'effondrent les murailles de Jérusalem… En dépit du caractère assez dérisoire de la menace que ces exaltés faisaient courir à l'empire, la répression des autorités romaines a toujours été aussi impitoyable que brutale. Ce qui nous ramène à l'incendie de Rome sous Néron, et à la persécution des chrétiens qui, en paroles ou en actes, appelaient le feu du ciel.

Aux dires des évangiles, ni l'entrée à Jérusalem ni l'action au Temple n'ont eu l'effet escompté : Dieu ne s'est pas manifesté, le ciel ne s'est pas ouvert, une légion d'anges n'est pas venue prêter main forte à Jésus. Albert Schweitzer, au début du XXe siècle, défendait l'idée que Jésus, constatant l'inefficacité de son action prophétique, avait alors compris que seule sa propre mort, offerte en sacrifice, trouverait grâce devant Dieu. Cette thèse du martyre n'a rien d'invraisemblable, comme le confirment beaucoup d'épisodes de l'actualité contemporaine au Moyen-Orient.

Elle a contre elle les évangiles.

Dans les évangiles, nous lisons l'arrestation de Jésus, son exécution et la désertion de ses disciples. Rien ne permet d'affirmer que Jésus soupçonnait ce qui allait lui arriver et que le choix du martyre ait été un acte volontaire de sa part. Si c'était le cas, la narration serait tout autre. Ses disciples ne seraient pas présentés comme ne comprenant jamais rien à ce qu'il leur annonçait. Au lieu de fuir à la première alerte, ils se réjouiraient et accompagneraient leur maître vers la mort, c'est-à-dire vers la gloire. Partant du niveau zéro des faits, les évangiles choisissent une voie totalement différente. Ils procèdent à l'habillage systématique de ce qui arrive, offrant au lecteur, à chaque marche du récit, une grille de lecture. Et si le lecteur ne comprend pas, ce n'est pas grave : les disciples ne comprenaient pas non plus ; et si Jésus est arrêté comme un malfaiteur, ce n'est pas grave, cela fait partie du plan divin ; et si Jésus meurt en croix, ce n'est pas grave, c'est qu'il fallait qu'il en soit ainsi pour que le Royaume arrive…

Albert Schweitzer était un lecteur de bonne foi. Mais sa foi lui fait lire bien au-delà de ce que les textes disent. Petite ironie de l'histoire qui se retourne contre celui qui dénonça si brillamment les auteurs de la *Vie de Jésus* comme des auteurs à bon compte de leur propre autobiographie. S'identifiant à

Jésus, consciemment ou non, Albert Schweitzer le voit comme un martyr dont le sacrifice n'aurait de sens qu'au regard de Dieu. Mais même ce martyr n'a pas suffi à changer le cours de l'histoire. Et, lorsque Jésus expire sur la croix, l'évangéliste exprime avec l'amer sentiment d'un échec absolu : « *Éli, Éli, lema sabachtani ?* », c'est-à-dire : « Mon Dieu ! Mon Dieu ! Pourquoi m'as-tu abandonné ? » (Mt 27,46).

Apocalypse

Si l'arrivée des derniers temps et la restauration du Royaume étaient bien à l'horizon de Jésus et de ses disciples, la disparition du maître est un terrible accident qui remet tout en cause. Comment le Royaume peut-il prendre corps sans la personne de Jésus ? Les disciples sont-ils voués à n'être qu'une génération perdue ?

Au prix d'un formidable retournement chronologique, la croyance en la résurrection de Jésus devient le point d'appui qui va permettre aux disciples de ne pas désespérer : « Si le Christ n'est pas ressuscité, écrit Paul, vide est notre message, vide aussi notre foi » (1 Co 15,14). Dans un passage de sa première épître aux Thessaloniciens, considérée comme le plus ancien texte du Nouveau Testament, Paul en 50-51 propose un scénario très précis. L'apôtre commente l'une des très rares paroles de Jésus qu'il évoque dans l'ensemble de ses épîtres : « Voici ce que nous avons à vous dire sur la parole du Seigneur : [...]. Car, lui-même, le Seigneur, au signal donné par la voix de l'archange et la trompette de Dieu, descendra du ciel, et les morts qui sont dans le Christ ressusciteront en premier lieu ; après quoi nous les vivants, nous qui serons encore là, nous serons réunis à eux et emportés sur des nuées pour rencontrer le Seigneur dans les airs. Ainsi nous serons avec le Seigneur toujours » (1 Th 4,15-17).

Les trois évangiles synoptiques évoquent de façon très similaire un même bouleversement cosmique : « Mais en ces jours-là, après cette tribulation, le soleil s'obscurcira, la lune ne donnera plus sa lumière, les étoiles se mettront à tomber du ciel et les puissances qui sont dans les cieux seront ébranlées. Et alors on verra le Fils de l'homme venant dans des nuées avec grande puissance et gloire. Et alors il enverra les anges pour rassembler ses élus, des quatre vents, de l'extrémité de la terre à l'extrémité du ciel » (Mc 13,24-27 ; Mt 24,29-31 ; Lc 21,25-27).

L'irruption du Royaume, l'apocalypse que promettait Jésus et que reprennent à leur compte ses successeurs, est, littéralement, une révélation, un changement de la face du monde, pas seulement un changement spirituel mais aussi un changement des êtres et des choses. Ce grand bouleversement de l'histoire n'est pas pour autant un secret réservé à certains, une parole confisquée. Tous ceux qui croient en Jésus peuvent y avoir accès : « Car il n'y a rien de caché qui ne doive être manifesté et rien n'est demeuré secret que pour venir au grand jour. Si quelqu'un a des oreilles pour entendre, qu'il entende ! » (Mc 4,22-23). Dans son évangile, fidèle en cela à la vision juive traditionnelle de l'apocalypse, Marc insiste même sur la dimension de cataclysme naturel qui marquera la Fin des temps : « Alors que ceux qui seront en Judée s'enfuient dans les montagnes, que celui qui sera sur la terrasse ne descende pas pour rentrer dans sa maison et prendre ses affaires ; et que celui qui sera aux champs ne retourne pas en arrière pour prendre son manteau ! Malheur à celles qui seront enceintes et qui allaiteront en ces jours-là ! Priez pour que cela ne tombe pas en hiver. Et en ces jours-là il y aura une tribulation telle qu'il n'y en a pas eu de pareille depuis le commencement de la création qu'a créée Dieu jusqu'à ce jour, et qu'il n'y en aura jamais plus » (Mc 13,14-19).

L'Évangile est la promesse de l'Apocalypse. C'est une nouvelle naissance, violente et brutale : « Ce sera le commencement des douleurs de l'enfantement » (Mc 13,8). « La femme sur le point d'accoucher s'attriste, parce que son heure est venue ; mais lorsqu'elle a donné le jour à l'enfant, elle ne se souvient plus des douleurs » (Jn 16,21).

Attendre, veiller, patienter

À quelle échéance la Fin des temps doit-elle se produire ?

Pour Jésus, il est certain qu'elle doit avoir lieu à très court terme. Cet espoir de l'avènement imminent du Royaume n'est pas une spéculation : « Cette génération ne passera pas que tout cela ne soit arrivé » dit-il, repris à l'unisson par les évangélistes (Mc 13,30 ; Mt 24,34 ; Lc 21,32). Déjà au chapitre 9 de son évangile, Marc, vers 70, lui faisait dire : « En vérité, je vous le dis, il en est d'ici présents qui ne goûteront pas la mort avant d'avoir vu le royaume de Dieu venu avec puissance » (Mc 9,1). Une dizaine d'années plus tard, le Jésus selon Luc persiste et signe, il insiste même : « Je vous le dis vraiment, il en est de présents ici même qui ne goûteront pas la mort avant d'avoir vu le royaume de Dieu » (Lc 9,27). Et l'évangile de Matthieu (Mt 16,28) ne dit pas autrement les choses – même si ceux susceptibles d'avoir entendu ces paroles de la bouche de Jésus sont déjà morts ou proches de trépasser au moment où ce texte est mis en circulation.

Nous touchons là un des aspects les plus extraordinaires des textes évangéliques. Alors même qu'entre quarante et soixante ans séparent l'annonce de Jésus de sa rédaction, c'est-à-dire séparent la promesse de son démenti, cette promesse demeure inscrite dans les évangiles, inexpugnable. La contradiction interne des textes dans leur rapport à la vérité historique est telle qu'ils font ici ce qu'on attend d'eux, c'est-à-dire transformer l'histoire en histoire pieuse, l'adapter à d'autres circonstances, la mettre en phase avec d'autres perspectives, et en même temps ils témoignent du contraire : ils archivent des événements survenus dans le temps et l'histoire sans dissimuler leurs échecs, ni leurs zones d'ombre. « Une question très sérieuse surgit alors, soulignait le théologien allemand Joachim Jeremias [1] : ne faut-il

1. Joachim Jeremias, *Théologie du Nouveau Testament. La prédication de Jésus* (1973 ; Éd. du Cerf, 1996).

pas admettre que l'attente de la fin proche a été une expectative de Jésus qui est restée vaine ? » « Vaine », c'est le moins que l'on puisse dire ! Pour Jésus, c'est incontestable, mais c'est tout aussi incontestable pour Paul, Marc, Matthieu, Luc, Jean et tous les écrivains du Nouveau Testament qui, livre après livre, continuent de faire comme si de rien n'était, ou plus exactement persistent à assumer le fait qu'objectivement aucune des prédictions de leur maître ne s'est réalisée. Dès lors, proclamer que Jésus est ressuscité, qu'il est vivant, c'est proclamer que les espoirs placés sur lui sont toujours vivants, que le temps ne compte pas. La mort de Jésus ne brise pas la dynamique de l'attente du Royaume, et sa résurrection la relance. Malgré tout, disent les auteurs chrétiens, s'affermissant les uns les autres, il faut continuer à attendre la Fin, le Royaume, le Jugement, il faut attendre, attendre encore, attendre toujours.

Quand ?

Mais, à nouveau, la question restée sans réponse dans l'évangile de Luc et dans les Actes ressurgit, lancinante : quand cela doit-il avoir lieu ? quel sera le signe qui nous avertira ?

« Dis-nous quand cela aura lieu et quel sera le signe que tout cela va finir ? » (Mc 13,4 ; Mt 24,3 ; Lc 21,7), demandent les disciples dans les trois évangiles synoptiques. Malheureusement les signes annonciateurs sont rares, et quand ils apparaissent ce ne sont jamais les bons. Ce n'est pas la destruction du Temple, comme semblait le croire l'évangile de Marc : « Lorsque vous verrez l'abomination de la désolation installée là où elle ne doit pas être (que le lecteur comprenne !) » (Mc 13,14-16). Ce ne sont pas non plus les guerres, famines, tremblements de terre, persécutions ou arrivées de faux prophètes. Tous ces signes que prévoient tour à tour les évangiles synoptiques ou celui de Jean ne conduisent jamais à la Fin, et les croyants scrutent le ciel et désespèrent.

Dans la littérature chrétienne, le moment décisif fait toujours l'objet d'une réponse dilatoire.

Vingt ans à peine après la mort de Jésus, Paul essaye déjà de rassurer les Thessaloniciens : « Nous, les vivants, nous qui serons encore là pour l'avènement du Seigneur, nous ne devancerons pas ceux qui seront endormis » (1 Th 4,15). Plus tard, l'épître de Jacques renouvelle le message pour ceux de sa communauté : « Soyez patients, vous aussi ; affermissez vos cœurs, car l'avènement du Seigneur est proche » (Jc 5,8). Le livre de l'Apocalypse, au IIe siècle, continue de témoigner que l'impatience n'est pas de mise : « Le garant de ces révélations l'affirme : "Oui mon retour est proche !" Amen, viens Seigneur Jésus ! » (Ap 22,20). La seconde épître de Pierre ne parle pas autrement : « Il viendra, le Jour du Seigneur, comme un voleur ; en ce jour les cieux se dissiperont avec fracas, les éléments embrasés se dissoudront, la terre avec les éléments qu'elle renferme sera consumée » (2 P 3,10). Tout ce que savent déjà les auteurs et tous les obstacles futurs qu'ils ajoutent ne suffisent pas à épuiser le temps qui reste à parcourir : « Car devant le Seigneur, un jour est comme mille ans et mille ans comme un jour » (2 P 3,8).

Vis-à-vis de la Fin des temps, le Nouveau Testament adopte curieusement deux stratégies ambivalentes pour ne pas dire contradictoires. D'un côté, il faut se tenir sur le qui-vive puisqu'elle est pour demain : « Encore un peu et vous ne me verrez plus et puis un peu encore et vous me verrez » (Jn 16,16). De l'autre, il faut déchiffrer patiemment les signes avant-coureurs et attendre, car l'éternité est à l'horizon. Aussi, à la suite des auteurs du Nouveau Testament, les Pères de l'Église, Justin, Irénée, Tertullien, ne vont pas cesser de le répéter, et même saint Augustin au IVe siècle : Dieu ne calcule pas comme les humains, et le Royaume est toujours pour demain.

4

Querelle de famille

Jésus, ses disciples, sa famille, tous sont originaires de la Galilée, région au nord de la Palestine, dont la rivalité avec la Judée est maintes fois attestée dans la littérature juive. Depuis les invasions assyrienne et chaldéenne qui ont amené un grand et profond brassage de populations, la Galilée est appelée « Galilée des nations », ce qui n'est pas forcément laudateur. Les Galiléens sont globalement mal vus des Judéens. Le terme « galiléen » lui-même s'entend parfois avec la connotation péjorative de « bandit ».

Les Galiléens

Dans le Nouveau Testament, plusieurs passages évoquent la Galilée en mauvaise part. Selon Jean, les pharisiens s'indignent : « Est-ce de Galilée que le Christ doit venir ? » (Jn 7,41) ; quant à Nicodème, un sympathisant du cercle de Jésus, il se fait interpeller vertement : « Es-tu de Galilée toi aussi ? Étudie ! Tu verras que ce n'est pas de Galilée que le Prophète doit surgir » (Jn 7,52). Selon Luc, quand Jésus est accusé devant Pilate de soulever le peuple, le préfet romain s'inquiète aussitôt : l'homme est-il galiléen ? (Lc 23,6). C'est-à-dire, est-il dangereux ?

La Galilée est donc perçue avec un mélange de mépris et de crainte. Les Galiléens sont des réfractaires, des révoltés, des zélotes, à l'instar du plus fameux d'entre eux, Judas le Galiléen, chef de l'insurrection contre les Romains lors du recensement de Quirinus vers l'an 6 ou 7 de notre ère. Ils sont considérés par les habitants de Jérusalem comme des campagnards, stupides, incultes, illettrés. L'accent rural dont ils sont affligés est l'occasion de moqueries. L'auteur de l'évangile de Matthieu met ainsi en scène la trahison de Pierre : « Une servante s'approcha de lui en disant : “Toi aussi tu étais avec Jésus le Galiléen.” [...] Peu après, ceux qui se tenaient là s'approchèrent de Pierre : “Sûrement, toi aussi tu en es : et d'ailleurs ton langage te trahit” » (Mt 26,69-73). En somme, il ne fait pas bon être galiléen à Jérusalem. Pourtant, selon les Actes des Apôtres, c'est dans cette ville que les disciples, Galiléens pour la plupart, non seulement se regroupent après la crucifixion, mais également s'établissent.

La gueule du loup

La tradition semble pourtant avoir hésité sur le choix de cette destination. Dans les évangiles les plus anciens, ceux de Marc et de Matthieu, ce n'est pas là que Jésus ressuscité convoque ses disciples, mais en Galilée : « Quant aux onze disciples, ils se rendirent en Galilée, à la montagne où Jésus leur avait donné rendez-vous » (Mt 28,16). Cette idée ne sera adoptée ni par l'évangile de Luc ni par celui de Jean. Ils préféreront investir Jérusalem, et la Galilée s'estompera progressivement de l'histoire puisque, décidément, rien ne peut sortir de bon d'une telle contrée.

Si l'on s'en tient aux événements rapportés par les évangiles, l'élection de Jérusalem ne semble pourtant pas aller de soi : Jérusalem, c'est la ville des grands prêtres, fondamentalement hostiles à Jésus et à son mouvement ; Jérusalem, c'est la ville où Jésus a été crucifié par les Romains pour crime de lèse-majesté ; c'est une ville que les disciples ont fuie ; une ville où ils ne connaissent personne, où ils n'ont ni maison ni emploi...

Il est donc difficile de croire que l'installation d'une communauté à Jérusalem a été aussi rapide que veut le supposer l'auteur du livre des Actes. Le retour dans la Ville sainte n'a pu se faire qu'après un délai suffisant pour que les disciples ne puissent plus être inquiétés en tant que partisans d'un homme condamné à mort ; un délai qui leur permette de se faire oublier de leurs ennemis à la fois juifs et romains.

Reste qu'on peut se demander pourquoi des Galiléens qui, du temps de Jésus, étaient des itinérants, ne se fixant jamais deux jours de suite au même endroit, se sédentarisent soudain. Et mieux encore, pourquoi viennent-ils irrésistiblement, pour ainsi dire, se jeter dans la gueule du loup ?

Un premier élément de réponse tient certainement au fait que les disciples étaient convaincus que la Fin des temps était très proche. Le risque encouru était donc un risque à court voire à très court terme. Un risque qui en valait la chandelle puisque, la Fin des temps advenue, le Royaume serait aussitôt restauré et les meilleures places leur seraient accordées. Il était impensable que ce grand événement ait lieu dans la campagne galiléenne, il ne pouvait se produire que dans la ville du Temple, le centre religieux et politique d'Israël, au cœur même de la Terre sainte. Quoi qu'il en coûtât, il fallait donc impérativement être là. Être le plus près possible du Seigneur pour l'accueillir quand il reviendrait sur les nuées juger les vivants et les morts. C'est à Jérusalem qu'il fallait l'attendre.

La règle de la communauté

Au chapitre 4 des Actes des Apôtres est évoquée l'économie de la première communauté : « Tous ceux qui possédaient des terres ou des maisons les vendaient, apportaient le prix de la vente et le déposaient aux pieds des apôtres. On distribuait alors à chacun selon ses besoins » (Ac 4,34-35). Ce proto-communisme – pas de riches, pas de nécessiteux –, cette vie d'égalité parfaite et de fraternité – partage des repas, du logement –, tout cela anticipe vraisemblablement l'organisation du Royaume à la Fin des temps, telle que les disciples pouvaient se la figurer. Le Jésus selon Matthieu ne dit-il pas : « Ne vous inquiétez pas pour votre vie de ce que vous mangerez, ni pour votre corps de quoi vous vous vêtirez ; la vie n'est-elle pas plus que la nourriture et le corps plus que l'habit ? Regardez vers les oiseaux du ciel : ils ne sèment ni ne moissonnent ni ne recueillent en des greniers, et votre Père céleste les nourrit » (Mt 6,25-26). Le célèbre Sermon sur la montagne peut être entendu comme un message d'encouragement aux pauvres, aux affligés, aux affamés, car ils sont destinés à être « le sel de la terre » et « la lumière du monde » (Mt 5,13 et 14).

Ce paradis sur la terre n'est pas cependant d'un accès aussi ouvert que le laisse imaginer cette préfiguration idyllique de la communauté des premiers temps. Les conditions d'adhésion sont drastiques. Il n'y a pas, comme dans la communauté de Qumrân, de période « probatoire ». L'engagement doit être absolu et définitif, selon les paroles prêtées à Jésus lui-même dans l'évangile selon Luc : « Si quelqu'un vient à moi sans haïr son père, sa mère, sa femme, ses enfants, ses frères, ses sœurs et jusqu'à sa propre vie, il ne peut être mon disciple » (Lc 14,26 et ses parallèles dans Mc 8,34 et Mt 10,37). Pour être admis, il faut tout abandonner et faire don de ce que l'on possède, en tout cas déclarer tous ses biens aux apôtres. C'est la loi du tout ou rien.

Ananie et Saphire

L'épisode d'Ananie et de Saphire, dans les Actes, a la double fonction d'exposer le règlement dans sa sévérité et de donner l'exemple du châtiment impitoyable réservé à ceux qui y dérogent. L'histoire est édifiante et redoutable.

Ananie et Saphire, sa femme, désirent rejoindre la communauté. Suivant la procédure d'admission, les époux vendent leurs biens. Cependant par prudence, ils se réservent, en secret, l'argent résultant de la vente d'un champ. Pierre démasque aussitôt le mari : « Ananie, pourquoi Satan a-t-il rempli ton cœur, que tu mentes à l'Esprit-Saint et détournes une partie du prix du champ ? » (Ac 5,3). Ananie meurt, foudroyé par cette parole accusatrice. Quelque temps après, Saphire s'inquiète du sort de son époux et vient aux nouvelles. Pierre l'interroge à son tour sur le prix du champ, et elle ment comme son mari a menti. Confondue par les paroles de Pierre, prise la main dans le sac, elle meurt elle aussi sur l'instant. Deux fois la peine capitale est prononcée et exécutée sans autre forme de procès. Le jugement de Dieu est sans appel pour les fraudeurs. Ananie et Saphire meurent, dit le texte, non pour avoir menti aux hommes, mais « pour avoir menti à Dieu » (Ac 5,4). On comprend que l'auteur des Actes constate douloureusement qu'une « grande crainte s'empara alors de l'Église et de tous ceux qui apprirent ces choses » (Ac 5,11).

Dans cet épisode la figure de Pierre domine, terrible, inflexible. En réalité, Ananie n'a pas le choix. Entrer dans la communauté signifie se soumettre à l'autorité des apôtres (incarnée ici par Pierre), renoncer à toute possession, à toute intimité, à tout secret. Ceux qui n'acceptent pas l'ensemble de ces règles peuvent jouir à leur guise de leurs biens, mais ils ne peuvent prétendre adhérer au mouvement : « Quand tu avais ton bien, n'étais-tu pas libre de le garder, et quand tu l'as vendu, ne pouvais-tu disposer de son prix à ton gré ? » (Ac 5,3). L'abandon des biens fonctionne à la fois comme le paiement d'un tribut, un test d'engagement, un sacrifice rituel. Sur un plan moral comme sur un plan matériel, l'entrée dans la communauté de Jérusalem impose une mise à nu, un dépouillement.

Si nous transposions cette scène à l'époque contemporaine, on ne pourrait décrire qu'une organisation où chaque membre doit répondre sur sa vie du moindre manquement aux commandements de son chef, de son gourou, de son parrain. À de telles conditions, il n'est pas étonnant que, selon les Actes, beaucoup aient hésité à rejoindre les disciples de Jésus. Cette prudence et cette crainte sont clairement exprimées dans l'étrange phrase des Actes où il est dit : « Ils se tenaient tous d'un commun accord sous le portique de Salomon et personne d'autre n'osait se joindre à eux, mais le peuple célébrait leurs louanges » (Ac 5,12-13). Ces hommes liés par un « commun accord », le peuple célèbre leurs louanges, mais personne n'ose s'en approcher… Cet oxymore est, sans conteste, une petite merveille rhétorique de la préhistoire chrétienne.

Dans son essai sur les Actes des Apôtres[1], Daniel Marguerat ne recense pas moins de cinq voies d'interprétation de la scène d'Ananie et Saphire, dont la brutalité, si inhabituelle dans les Actes – voire si peu chrétienne –, a placé au cours des siècles les exégètes dans une position inconfortable :

– une lecture « étiologique », qui interprète l'épisode comme une légende cherchant à justifier la mort inexpliquée d'un couple de croyants, avant que n'intervienne la parousie espérée ;

– une lecture « qumrânienne », relatant les sanctions disciplinaires infligées à ceux qui transgressent la règle ;

– une lecture « typologique », sur la base d'un emprunt au livre de Josué : la fraude d'Akân (Jos 7,1) serait à mettre en parallèle avec celle d'Ananie, l'un comme l'autre ayant voulu détourner ce qui revient à Dieu ;

– une lecture « institutionnelle », cherchant à légitimer les pouvoirs mis à la disposition des autorités chrétiennes ;

– une lecture de type théologique, selon laquelle Ananie et Saphire font obstacle à l'Esprit-Saint et entravent le déroulement de l'histoire du Salut : c'est théologiquement et non moralement qu'ils sont coupables.

À ces cinq modes d'interprétation, Daniel Marguerat préfère l'étude de la structure narrative, analysant la place de l'épisode dans le contexte des Actes entre le geste d'offrande de Barnabé (Ac 4,36 *sq*) qui donne son champ aux apôtres et la

1. Daniel Marguerat, *La Première Histoire du christianisme* (Éd. du Cerf-Labor et Fides, 1999).

liste des miracles réalisés par Pierre (Ac 5,12 *sq*). En bonne pédagogie, Ananie et Saphire constitueraient, dialectiquement, un point négatif entre deux points positifs. En suivant cette méthode il serait judicieux de poursuivre plus avant l'analyse du texte, au-delà du verset 12 du chapitre 5. C'est-à-dire, considérer l'arrestation des apôtres comme faisant partie d'une même séquence narrative dont le schéma est le suivant : 1) don de Barnabé ; 2) mort d'Ananie et de Saphire ; 3) miracles de Pierre ; 4) arrestation des apôtres…

Se pourrait-il qu'il y ait un intrus dans cet enchaînement ? un élément parasite qui brouillerait notre compréhension ? Précisément, que vient faire la poignée de miracles, de guérisons, d'exorcismes jetés en vrac par l'auteur, comme pour atténuer la sensation désagréable causée par les circonstances de la mort d'Ananie et de Saphire ? Ne lirait-on pas tout autrement leur histoire si l'on passait directement de la mort des deux époux à l'arrestation des apôtres par le Sanhédrin ? Comme s'il y avait là, enfoui sous le texte, un secret : entre le décès d'Ananie et de Saphire et l'incarcération de Pierre, il y aurait une véritable relation de cause à effet. Pierre serait sinon son exécutant, du moins l'inspirateur du crime…

Mais n'allons pas trop loin.

Il va de soi que le règlement induit par l'auteur des Actes n'a peut-être jamais été appliqué dans toute sa rigueur, voire qu'il n'a jamais été appliqué du tout. Le texte cherche à définir ce qui doit être, et non forcément ce qui a été ou ce qui est au moment où le rédacteur travaille. C'est lui, l'auteur des Actes, qui supprime littérairement Ananie et Saphire.

De quoi, pourquoi et quand ces époux sont-ils morts ? Personne ne le sait, personne ne peut en témoigner, même à l'époque de la rédaction du texte. Les premiers chapitres des Actes ne portent aucun marqueur chronologique, l'auteur évoquant un temps indéfini qui court visiblement sur plusieurs années condensées en quelques lignes, si bien que nous ne savons pas si cet épisode adresse un message à la toute première communauté, à l'Église de Jérusalem quand le groupe s'institutionnalise, voire à d'autres communautés à Antioche, à Alexandrie, à Damas... Mais quelque lecture que l'on fasse de l'épisode d'Ananie et de Saphire – fait divers, légende, catéchisme –, il est incontestable qu'il signe de façon très nette le caractère sectaire de la communauté primitive, son radicalisme, son intransigeance.

Si l'on compare maintenant à la communauté des partisans de Jésus celle, quasiment contemporaine, établie près de la mer Morte, à Qumrân, on constate que cette autre communauté, de la même façon :

– impose l'abandon et la mise en commun des biens : « Qu'il soit introduit dans la Communauté. Qu'on l'inscrive dans la Règle, à son rang, au milieu de ses frères, pour la Loi, le droit, la Purification, et la mise en commun de ses biens » (« Rouleau de la Règle ») ;

– dresse l'échelle des peines dont sont passibles les coupables (même document) ;

– se place, sous l'autorité de son Maître de Justice, dans la perspective de la Fin des temps.

Contrairement à l'idée reçue, nous devons en conclure que les partisans de Jésus vivaient selon une règle et des pratiques encore plus sévères que l'austère et dure communauté de la mer Morte.

Reproduction

À la toute fin de l'évangile de Luc, les disciples s'en retournent à Jérusalem, où « ils étaient constamment dans le Temple à bénir Dieu » (Lc 24,53). Il faut insister sur ce point : l'ascèse que s'impose la première communauté de Jérusalem, son extrême piété, témoignent d'une préparation intensive, d'un travail de purification dans la perspective à court terme de l'arrivée de la Fin des temps.

Un des indices les plus probants est de constater que ce qui se rapporte de près ou de loin à la reproduction est banni des esprits comme des textes. La communauté se développe, s'agrandit par adhésions ou par cooptations, jamais par accroissement interne. Pourquoi se marier, pourquoi se reproduire si, du jour au lendemain, l'ordre du monde doit être bouleversé au point que rien d'humain ne sera plus jamais comparable à ce qui existe ?

Cette idée de la Fin des temps couplée avec la parousie est très sensible chez Paul. Elle transparaît dans ses discours répétés sur l'obéissance, sur la soumission à l'autorité, sur l'inutilité d'échapper à sa condition, toutes ces sentences qui seront mises à profit ultérieurement par tous les tyrans pour justifier leur pouvoir mais qui, pour Paul, n'avaient certainement qu'une valeur immédiate. Pour lui, les esclaves peuvent demeurer esclaves et les rois demeurer rois puisque, dès que le Christ sera revenu et le Jugement prononcé, ces notions n'auront plus aucune valeur, tout sera autre.

S'organiser pour attendre

La communauté qui, dans un premier temps, vivait de dons et d'aumônes, quasiment en autarcie, doit s'organiser pour faire face au retard de la parousie, à la Fin des temps sans cesse différée. Elle doit s'organiser théologiquement pour reformuler les termes de l'espérance, et l'on fera dire à Jésus : « Il ne vous appartient pas de connaître les temps et les moments que le Père a fixés de sa propre autorité » (Ac 1,7). Elle doit s'organiser pratiquement pour assurer sa survie, c'est-à-dire sans doute rompre avec le principe communautaire et égalitaire primitif, se structurer, définir des hiérarchies, et surtout surmonter la faillite économique à laquelle leur système a dû les mener tout droit.

Le rédacteur du livre des Actes passe évidemment sous silence la terrible déconvenue qu'ont dû constituer ce retard de la parousie et la sempiternelle reconduction de la Fin des temps. En revanche, il déploie tout son art pour sécher les larmes, consoler les esprits, cautériser les blessures, transformer cet échec cuisant en plan prémédité par Dieu.

On peut cependant se demander pourquoi la communauté ne s'est pas délitée au fil des jours, des mois, des années. D'un côté, on peut penser que ces hommes et ces femmes, soutenus par l'Esprit-Saint, étaient animés d'une ferveur que rien ne pouvait entamer, et qu'aucun coup du sort n'était de nature à les faire renoncer. De l'autre, on dira qu'une fois dans la communauté, une fois intégré à elle, le croyant ne pouvait plus en sortir. Il ne pouvait plus en sortir parce qu'il avait fait don de tous ses biens et dépendait donc matériellement de la solidarité des autres membres ; il ne pouvait plus en sortir parce que son adhésion au Christ Jésus n'avait été possible qu'au prix d'une rupture absolue avec sa famille et avec sa condition matérielle ; il ne pouvait plus en sortir parce que le prix risquait d'être aussi élevé que celui qu'Ananie et Saphire avaient payé pour y entrer. Après avoir annoncé signes et miracles, comment revenir chez soi ? vers qui se tourner ? Les partisans de Jésus se retrouvent dans une nasse.

Leur situation n'est pas sans évoquer celle des ouvriers devenus cadres permanents du parti communiste et qui ont voulu le quitter. Après dix ou vingt ans de parti, quel patron est prêt à embaucher un ouvrier – aussi qualifié soit-il – dont le curriculum vitae contient cette référence ? Une fois intégré à la hiérarchie du parti, l'ancien ouvrier ne peut plus s'en désolidariser. Pour vivre et faire vivre les siens, il n'a plus d'autre issue que de soutenir indéfectiblement la ligne de la direction et de garder pour lui ses désaccords. Bien sûr, la situation de la communauté primitive de Jérusalem n'est pas transposable, mais l'outrance de la comparaison permet de comprendre comment ces hommes et ces femmes, disciples du Seigneur Jésus, se trouvent totalement liés, par leur foi mais aussi par leur précarité objective, soudés par la conviction que seul le groupe est en mesure d'assurer leur survie, qu'il est leur unique horizon puisque, pour eux, il n'y avait plus d'ailleurs, plus d'extérieur. Leur attitude peut aussi être rapprochée de celle que l'on observe dans tous les ghettos : l'individu se plaint et proteste d'être « enfermé » et, dans le même temps, il se montre incapable de franchir les frontières réelles ou imaginaires pour vivre en dehors de cet enclos. Les caractéristiques sont aisées à mettre en parallèle : solidarité absolue entre tous, invention d'un langage à usage interne, hostilité vis-à-vis de ceux qui n'appartiennent pas au groupe, à la bande, au clan.

Les membres de la communauté primitive n'ont donc pas eu d'autre choix que celui de rester à Jérusalem et de se conforter les uns les autres, enfermés dans leurs certitudes et prisonniers de fait de leur échec. C'est cela qui va donner d'eux l'image d'une rigueur exemplaire, de leur plus admirable vertu. Paradoxalement, c'est cet entêtement qui permettra aux disciples de Jésus de résister aux agressions extérieures, de ne pas se disloquer.

Hébreux et Hellénistes

Au chapitre 6 des Actes des Apôtres apparaissent des personnages qui vont avoir un rôle considérable dans l'histoire du christianisme, les Hellénistes. Quelle durée s'est écoulée entre les premiers chapitres du livre des Actes et ce chapitre 6 : quelques mois ? un an ? plusieurs années ? Impossible de le déterminer. Le récit qui introduit les Hellénistes s'ouvre sur une phrase passe-partout : « En ces jours-là... » Comme il est dit immédiatement que « le nombre des disciples augmentait » (Ac 6,1), on peut imaginer qu'un certain laps de temps est recouvert par ces quelques mots.

L'auteur des Actes introduit les Hellénistes à l'occasion d'une crise qui survient parmi les disciples : « Il y eut des murmures chez les Hellénistes contre les Hébreux » (Ac 6,1), lit-on, comme si le texte voulait assourdir les cris et le vacarme. Mais d'abord, qui sont ces Hellénistes et qui sont ces Hébreux dont on entend parler pour la première fois ?

L'explication la plus courante voit dans les Hellénistes des juifs hellénophones de la diaspora, de langue et de culture grecques, et dans les Hébreux des juifs palestiniens, sémitophones, de langue hébraïque ou araméenne, fondamentalement ancrés dans la culture juive, hermétiques voire hostiles à tout apport extérieur. Charles Perrot a introduit une intéressante nuance, soulignant qu'Hellénistes et Hébreux changent de sens selon leur terrain d'application : « À Jérusalem par exemple, on désignait comme Hellénistes des résidents juifs de langue grecque. Mais à Tarse ce mot n'aurait eu guère de sens, puisque tous parlent grec. Inversement le mot "hébreux" connu aussi de la diaspora désignait en fait des judéo-hellénistes particulièrement attachés à la tradition d'Israël. Paul est un judéo-helléniste de Tarse qui se déclare hautement hébreu[1]. » Pourtant les mots « helléniste » et « hébreux » ne sont employés avec ce sens que dans les Actes des Apôtres et n'apparaissent nulle part ailleurs dans le Nouveau Testament. Maurice Goguel relevait que le terme « hellénistes » apparaît chez les Pères de l'Église après le concile de Nicée et chez Julien l'Apostat, comme « synonyme de païens »[2]. Quant au terme « hébreux », il est lui aussi d'un usage très particulier puisqu'il désigne le plus souvent les Israélites du temps des patriarches. Donc, dans les Actes, nous sommes devant l'usage excentrique de ces deux adjectifs.

Aussi érudites et aussi astucieuses soient-elles, ces définitions ne parviennent pas à être pleinement convaincantes.

Premièrement : parce que même si nous pouvons, au minimum, en accepter une définition linguistique, nous sentons bien

1. Charles Perrot, *Après Jésus. Le ministère chez les premiers chrétiens* (Éd. de l'Atelier, 2000).

2. Maurice Goguel, *Naissance du christianisme. Jésus et les origines du christianisme* (Payot, 1955).

que ces Hébreux et ces Hellénistes sont postés dans le texte pour produire un effet de brouillage. Pourquoi l'auteur des Actes s'interdit-il de nommer ouvertement les deux partis opposés ? Si le terme « Hébreux » vise, comme le contexte le laisse supposer, les disciples de Jésus, sa famille et d'autres habitants de Jérusalem dont nous ignorons tout, pourquoi ne pas le dire ? Mais peut-être justement veut-il éviter à tout prix d'être trop clair !

Deuxièmement : parce que loin de nous éclairer, les termes « Hébreux » et « Hellénistes » dressent deux murs pour nous cacher la vue, pour nous empêcher de mettre des visages sur les protagonistes qui se retrouvent face à face. Ces termes sont comme des leurres. À la fois ils nous donnent l'illusion de toucher à l'histoire, parce qu'ils procèdent à l'identification de deux courants de pensée, et ils nous égarent, nous laissant dans l'expectative quant à la nature et l'ampleur de leur conflit.

Troisièmement : parce qu'il n'est pas erroné de voir ces deux termes formuler l'opposition théologique entre deux camps, entre ceux qui sont demeurés attachés à la tradition d'Israël (et derrière eux tous les juifs) et les juifs de la diaspora, réputés plus laxistes. Une opposition qui renvoie directement aux années 80-90, période vers laquelle l'auteur des Actes, semble-t-il, met son texte par écrit.

De façon plus spéculative, on peut imaginer que ce dernier, là comme en dix autres passages, se refuse à mettre en exergue les conflits qui ont secoué la première communauté, préférant évacuer de son récit tout ce qui permettrait d'identifier ceux « par qui le scandale arrive », qu'ils soient hébreux ou hellénistes, juifs libéraux ou juifs ultra-orthodoxes. L'auteur des Actes dirige un théâtre d'ombres où les corps ont cédé la place à des figures qui s'évanouissent dès qu'on veut les saisir.

Tous unanimes

À y regarder de près, le chapitre 6 des Actes fonctionne comme s'il sagissait d'un nouveau début du livre : « En ces jours-là, comme le nombre des disciples augmentait... » (Ac 6,1). Ce chapitre inaugure la marche triomphale du mouvement chrétien. Peut-être alors faut-il considérer que l'auteur utilise ces Hébreux et ces Hellénistes comme un compositeur utiliserait les cymbales en ouverture de son opéra. Pour signifier enfin que c'est bien de la rencontre des Hébreux et des Hellénistes – rencontre murmurée mais explosive – que va naître ce que nous appelons aujourd'hui le christianisme, cette religion née de la combinaison entre la piété juive (les Hébreux) et la philosophie grecque (les Hellénistes). C'est l'apothéose du commencement. L'arrivée des Hellénistes – en tout cas leur irruption dans le texte – apparaît donc comme l'événement déterminant des premières années après la mort de Jésus.

Avant cela, que faisaient les membres de la première communauté regroupée à Jérusalem ? prêchaient-ils ? annonçaient-ils la Bonne Nouvelle ? appelaient-ils le peuple à la repentance ? Les cinq premiers chapitres des Actes donnent l'impression que les disciples ne faisaient rien. Absolument rien. Sous l'autorité d'un Pierre omniprésent, ils sont en prière, ils attendent la Fin des temps comme des naufragés sur un radeau qui n'espèrent plus de secours que du ciel.

Les Hellénistes vont dynamiter cet attentisme, cette réclusion volontaire dans laquelle les questions internes de la communauté submergent les croyants – et Pierre le premier.

Les Actes des Apôtres, dans un souci d'harmonisation et de pacification, présentent les Hébreux et les Hellénistes comme les membres d'un même corps. Réunis à Jérusalem, ils paraissent tous « unanimes », n'ayant qu'une âme : mais cela ressemble plus à un vœu pieux de l'auteur qu'à la réalité historique. Il est plus concevable qu'il y a eu très vite deux communautés distinctes, tout au moins séparées d'abord par des différences linguistiques et cultuelles, ensuite par des théologies ou des christologies divergentes.

Premier contact

Une scène manque dans les Actes des Apôtres : celle de la jonction primitive entre les Hébreux et les Hellénistes, du premier contact. Si l'on admet que les Hellénistes n'étaient que de passage à Jérusalem, le temps d'un pèlerinage au Temple, par qui ont-ils été évangélisés, sinon par certains des membres de la première communauté ? Or, l'auteur des Actes ne nous dit rien de cette rencontre, de cette révélation qui aurait dû être aussi bouleversante que spectaculaire. Cela signifierait-il que des missionnaires avaient déjà porté la Bonne Nouvelle dans la diaspora ? que l'Évangile était déjà sorti de Jérusalem ? que les Hellénistes venaient eux-mêmes transmettre le message du Christ ? Mais qui le leur avait transmis ? Où l'avaient-ils entendu ? Qui étaient les apôtres missionnaires ?

L'auteur des Actes n'en dit rien – ou n'en sait rien. S'il n'y a pas eu de mission à l'extérieur de la Judée avant celles qu'indiquent les Actes, il faut alors admettre que, dans un premier temps, les Hellénistes ont été de près ou de loin les disciples de Pierre, de Jacques, de Jean, des disciples des apôtres, avant de décider de s'établir eux aussi dans la Ville sainte. Comment se sont-ils rencontrés ? Pourquoi la communauté si fermée s'est-elle soudain ouverte ? Pourquoi les Hellénistes sont-ils spécialement sensibles à la prédication des partisans de Jésus alors que les autres juifs l'ignorent ou la rejettent ? Les Actes, là non plus, ne disent rien. Ils font comme si, de tout temps, il y avait eu une communauté composée de deux groupes, voire de deux groupes séparés de corps mais unis par la même foi.

Que l'on accepte ou non ce scénario de l'évangélisation des Hellénistes par les apôtres, puis leur fixation à Jérusalem pour attendre la Fin des temps et la restauration du Royaume avec les autres partisans de Jésus, il est raisonnable de penser que l'expatriation des Hellénistes a dû poser des problèmes matériels importants. Peu d'Hellénistes, par exemple, devaient être en mesure d'apporter à la communauté de Jérusalem les dons qui scellaient l'entrée de tout nouvel adhérent. Dans un premier temps, les Hellénistes ont vraisemblablement vécu à la charge des Hébreux. Leur situation perdurant, les conflits sont apparus à cause de la charge économique que cela représentait et, peut-être, des exigences croissantes des Hellénistes demandant à être traités sur le même pied que les Hébreux.

L'auteur des Actes n'en dit mot, sinon lorsqu'il suggère que les « veuves » sont devenues publiquement l'objet d'un différend entre les Hébreux et les Hellénistes. « Dans le service quotidien, disaient-ils, on négligeait leurs veuves » (Ac 6,1). Comment croire que cette négligence soit un point si fondamental de discorde qu'il fasse éclater la communauté ?

Les veuves

Mais qui sont les veuves ?

Leur évocation confirme bien entendu que la communauté était mixte, réunissant des hommes et des femmes, ce que l'épisode d'Ananie et de Saphire indique à sa manière et que confirment de nombreuses mentions des Actes mais aussi les épîtres de Paul.

Qu'il y ait des veuves, cela implique surtout que quelques années probablement sont passées, en sorte que la communauté qui vit dans l'attente de la Fin est confrontée à la disparition de certains de ses membres. Paul le suggère quand il précise dans la liste de la première épître aux Corinthiens que, parmi les cinq cents frères auxquels le Christ est apparu, « la plupart d'entre eux demeurent jusqu'à présent et quelques-uns se sont endormis » (1 Co 15,6). Il s'en justifie plus encore dans la première épître aux Thessaloniciens, où on perçoit l'inquiétude des croyants dont les rangs s'éclaircissent et auxquels l'apôtre est obligé d'assurer que « ceux qui se sont endormis en Jésus, Dieu les emmènera avec lui » (1 Th 4,13) : « Et les morts qui sont dans le Christ ressusciteront en premier lieu ; après quoi, nous les vivants, nous qui serons encore là, nous serons réunis à eux et emportés sur des nuées » (1 Th 4,16-17). S'il faut réconforter les troupes et préciser autant le scénario eschatologique, c'est bien que les « murmures » grandissent de toutes parts. D'abord il y a des cas isolés, puis le nombre des décès augmente à tel point que le phénomène devient un problème social et matériel à l'échelle de cette micro-société des disciples de Jésus. La question des veuves en est le symptôme le plus net.

Mais cela ne dit pas exactement pourquoi le sort des veuves a été un tel enjeu dans la querelle entre Hébreux et Hellénistes.

Il faut rappeler que dans le judaïsme le sort des plus démunis impose à tous un devoir absolu de charité. Les veuves seraient ainsi la personnification de cette obligation, la manière de mettre à l'épreuve les qualités morales du groupe. Dans l'évangile de Marc et dans celui de Luc, Jésus cite en exemple une veuve qui fait une obole minime au Temple, la louant d'avoir donné non pas le superflu, mais « tout ce qu'elle possédait, tout ce qu'elle avait pour vivre » (Mc 12,44). C'est dire, venant de quelqu'un comme elle, le caractère absolu de son geste, et donc ce qu'il impose en retour. « La religion pure et sans tache devant Dieu notre Père consiste en ceci : visiter les orphelins et les veuves dans leurs épreuves, se garder de toute souillure du monde », peut-on lire dans l'épître de Jacques (Jc 1,27). Le service des veuves touche donc à la quintessence de la piété juive. Le négliger serait une faute bien plus considérable qu'il n'y paraît, d'autant qu'il ne s'agissait pas, si l'on peut dire, de n'importe quelles veuves. Les veuves des croyants doivent être, comme les veuves des combattants morts lors d'une guerre sainte, une cause sacrée.

Le traitement réservé aux veuves, qui pourrait paraître anecdotique, n'est pas un point de détail. Il a dû être ce qui a fait exploser la fragile cohabitation entre Hébreux et Hellénistes, la goutte d'eau qui fait déborder le vase. C'est-à-dire qu'il n'était pas le premier incident entre les deux parties – bien au contraire, ce fut le dernier, l'incident de trop. Sa bizarrerie apparente et son caractère énigmatique plaident en faveur de son authenticité.

Les Douze et les Sept

Selon les Actes des Apôtres, le conflit entre les Hébreux et les Hellénistes se résout au terme d'une sorte de procédure démocratique. Les Douze convoquent une assemblée générale des disciples (Hébreux et Hellénistes réunis) pour leur faire approuver la décision qu'ils ont prise : « Il ne sied pas que nous délaissions la parole de Dieu pour servir aux tables. Cherchez plutôt parmi vous, frères, sept hommes de bonne réputation, remplis de l'Esprit et de la sagesse et nous les préposerons à cet office ; quant à nous, nous resterons assidus à la prière et au service de la parole » (Ac 6,2-4).

Les sept diacres qui se voient désignés portent tous des noms grecs. Cette énumération n'inscrit pas nécessairement ces personnages dans l'histoire. On peut tout aussi bien la voir comme un effet réaliste, l'auteur des Actes cherchant à donner de la vérité et de la chair à ce qu'il raconte, prêtant ainsi à ces Hellénistes qui sont juifs l'allure de purs Grecs. Parmi eux, Prochor, Nicanor, Timon, Parménas et Nicolas n'auront aucun destin.

Une majorité de chercheurs estime que l'auteur des Actes décrit en fait le fonctionnement de la communauté chrétienne au moment de la rédaction de son texte, quand les diacres étaient subordonnés aux presbytres et aux épiscopes. Ce qui ne correspond pas du tout à l'organisation de la communauté telle qu'elle existait à Jérusalem du temps des apôtres, près d'un demi-siècle plus tôt.

Plusieurs éléments permettent en effet de suspecter l'entière fiabilité historique du récit des Actes.

Le choix des chiffres « sept » et « douze » a d'abord une portée symbolique que l'auteur ne peut ignorer, même s'il ne fait aucun commentaire. Si le chiffre « douze » renvoie sans trop d'incertitude aux douze tribus d'Israël, le chiffre « sept » offre plusieurs interprétations. Pour les uns il est le chiffre « de la gentilité ou de l'universalité » (Alfred Loisy), pour les autres, renvoyant à Flavius Josèphe, il se réfère aux sept magistrats qui siègent dans les villes juives (les *VII veri epulones*). Pour d'autres encore il est à mettre en relation avec la gématrie du Nouveau Testament, la science des nombres : lors du miracle de la multiplication des pains selon les évangiles de Marc et de Matthieu, les disciples ramassent d'abord *douze* corbeilles (Mc 6,43 ; Mt 14,20) puis, dans un deuxième récit, ils prennent *sept* pains qu'ils placent dans *sept* corbeilles (Mc 8,5-8 ; Mt 15,34-37). Enfin, le chiffre « sept » est le chiffre de la création du monde dans la Genèse, le chiffre parfait.

Même si l'auteur des Actes proclame que la proposition « plut à toute l'assemblée » (Ac 6,5), la distribution des rôles entre Hellénistes et Hébreux semble très artificielle. Elle est même provocatrice dans la mesure où l'on ne voit pas comment les Hellénistes – « hommes de bonne réputation, remplis de l'Esprit et de sagesse » (Ac 6,3) – auraient pu accepter sans discussion d'être affectés à une tâche subalterne, l'organisation du ravitaillement et des secours matériels. Ainsi auraient-ils été en position de subordination par rapport aux Douze et au clan des Hébreux. On peut même ajouter que, après avoir protesté contre le traitement accordé à leurs veuves, il serait pour le moins curieux que les Hellénistes se soient retrouvés en charge de toutes les veuves de la communauté (non seulement les leurs, mais celles des Hébreux).

L'auteur des Actes fait d'ailleurs si peu de cas de l'application de la décision des Douze qu'il ne montre jamais en action ce fameux « service des tables », pas plus qu'il n'évoque le fonctionnement d'une sorte d'aide sociale de l'Église, dont les Hellénistes auraient été les administrateurs zélés. Alors qu'ils étaient théoriquement chargés du service des tables, au lieu de la Parole, deux des sept Hellénistes vont au contraire se retrouver dans le rôle de prédicateurs ; en tout cas, c'est ainsi que le récit des Actes va présenter Philippe, qui ira bientôt prêcher en Samarie, et surtout Étienne.

Étienne

L'histoire d'Étienne se déroule en trois temps. D'abord nous l'apercevons en conflit avec des membres de plusieurs synagogues, celle des Cyrénéens, celle des Alexandrins, celle de Cilicie et celle d'Asie. À la suite de quoi, il est traduit devant le Sanhédrin, accusé de « prononcer des paroles blasphématoires contre Moïse et contre Dieu » (Ac 6,11) et de s'en prendre au Temple : « Cet individu ne cesse de tenir des propos contre ce Saint Lieu et contre la Loi. Nous l'avons entendu dire que Jésus, ce nazôréen, détruira ce Lieu-ci et changera les usages que Moïse nous a légués » (Ac 6,13-14). Ensuite, Étienne présente sa défense au cours d'un discours fleuve au terme duquel il est mis à mort.

Si tout laisse à penser que le personnage d'Étienne, « homme rempli de foi et de l'Esprit-Saint » (Ac 6,5), est le premier d'entre les Hellénistes, la figure de proue du mouvement, un disciple ultra-radical de Jésus, l'image qui est donnée de lui est celle d'un mystique comme le mouvement primitif en a connu. « Son visage leur apparut semblable à celui d'un ange » (Ac 6,15), lit-on au moment où il comparaît devant le Sanhédrin. Ses derniers mots sont les suivants : « Je vois les cieux ouverts et le Fils de l'homme debout à la droite de Dieu » (Ac 7,56). Étienne meurt en extase. Tout cela ne permet guère de se forger une conviction quant à sa réalité historique. Si l'on ajoute qu'il porte un nom grec particulièrement emblématique, *Stephanos* (la « couronne »), on devine que cet ange visionnaire, coiffé de l'insigne royal du Christ, n'est pas un humain ordinaire.

Jésus II

Si on met en parallèle Jésus et Étienne, les similitudes sont frappantes. Étienne est un Jésus II. Un double de Jésus, dont, ouvertement, il invoque l'exemple. Comme Jésus, Étienne est thaumaturge et faiseur de miracles : « Il opérait de grands prodiges et signes devant le peuple » (Ac 6,8). Comme Jésus, Étienne bénéficie dans un premier temps du soutien populaire. Comme Jésus, il est traduit devant le tribunal suprême : « Ils s'emparèrent de lui et l'emmenèrent devant le Sanhédrin » (Ac 6,12). Comme Jésus, il est accusé de blasphémer. Comme Jésus, de faux témoins sont appelés contre lui : « Là, ils produisirent des faux témoins » (Ac 6,13). Comme Jésus, il prophétise la destruction du Temple. Comme Jésus, il est finalement exécuté.

Dans le récit des Actes, deux points essentiels démarquent pourtant Étienne de Jésus : l'exécution par lapidation, c'est-à-dire la mise à mort par d'autres juifs, et l'opposition à la Loi qui en est la cause. Même si l'évangile selon Jean fait dire à Jésus « votre Loi » lorsqu'il s'adresse aux juifs, les évangiles synoptiques signifient au contraire l'attachement irréductible de Jésus à la Torah : « Pas un iota de la Loi ne passera que tout ne soit accompli » (Mt 5,18 et Lc 16,17) ; « Je ne suis pas venu abroger mais accomplir la Loi » (Mt 5,17). Historiquement, rien ne permet de supposer que Jésus ait jamais voulu récuser en quoi que ce soit la Loi de Moïse.

En s'appuyant sur la chronologie qu'induit le récit, la plupart des exégètes situent la mort d'Étienne très tôt dans l'histoire du mouvement, vers 31 ou 32 (si Jésus est mort en 30), vers 36-37 (si Jésus est mort en 33) – soit très peu de temps après la crucifixion. Mais c'est prendre un peu vite les Actes des Apôtres pour une chronique historique des premiers temps.

Si l'opposition au Temple n'était pas nécessairement choquante vers l'an 30, la critique de la Loi était effectivement de nature à soulever la colère populaire. Vers 80, au contraire, au moment où l'auteur des Actes écrit son livre, si l'opposition au Temple semble désormais vaine (il a été détruit en 70 et les sadducéens n'ont plus le pouvoir), le rôle de la Loi devient un point crucial : pour les uns (les pharisiens) elle est tout, alors que pour les autres (les chrétiens) elle n'est plus rien. Dès lors, placer Étienne très tôt dans l'histoire des origines chrétiennes se révèle d'un intérêt théologique majeur : c'est faire formuler apparemment bien avant Paul la problématique de l'annulation de la Loi du fait même de la venue du Christ : « Car la fin de la Loi, c'est le Christ pour la justification de tout croyant » (Rm 10,4), écrit Paul dans l'épître aux Romains.

Reconstruction

Étienne, c'est d'abord une parole. Son discours – cinq pour cent de l'ensemble des Actes des Apôtres – est même le plus long de tout le Nouveau Testament. Or si, par hypothèse, on ôte à l'histoire d'Étienne sa partie centrale, se dégage le récit suivant : un partisan de Jésus s'insurge contre le Temple et la Loi avant d'être lynché. On passerait aisément du chapitre 16, verset 15 (« Or tous ceux qui siégeaient au Sanhédrin avaient les yeux fixés sur lui, et son visage leur apparut comme celui d'un ange ») au chapitre 17, verset 55 (« Tout rempli de l'Esprit-Saint, il fixa son regard vers le ciel ; il vit alors la gloire de Dieu et Jésus debout à la droite de Dieu »). L'enchaînement est si fluide que le grand discours central (Ac 7,2-53) paraît une pure inclusion, et l'on en vient à s'interroger sur le statut même de l'histoire d'Étienne.

On entend alors fortement la question préalable du grand prêtre : « En est-il bien ainsi ? » (Ac 7,1). Elle résonne alors à double sens, comme l'interrogation critique que l'auteur porte sur l'historicité de son propre texte. Serions-nous en réalité en face d'une légende ? d'un épisode et d'un personnage inventés pour les besoins de la cause chrétienne ?

Trois niveaux pourraient être distingués :

Niveau 1 : souvenir plausible de l'exécution sommaire d'un blasphémateur. Pourquoi ? À quelle date ? À quel endroit ? Nul ne peut répondre, mais on peut admettre qu'un tel événement a eu lieu et que le souvenir en a été conservé. La victime s'appelait-elle Étienne ? S'agissait-il d'un Helléniste ? Et même d'un partisan de Jésus ? S'était-il dressé contre les grands prêtres ? Aucun élément ne nous permet de répondre catégoriquement. Mais sous l'histoire d'Étienne, un homme serait recouvert par les pierres qui ont servi à le tuer.

Niveau 2 : mise en récit de ce souvenir à travers une relecture des gestes et des paroles de Jésus, notamment à l'aide du chapitre 14 de l'évangile selon Marc, que l'auteur des Actes semble avoir sous les yeux : « Quelques-uns se levèrent pour porter contre lui ce faux témoignage : "Nous l'avons entendu qui disait : Je détruirai ce Sanctuaire fait de main d'homme et en trois jours je rebâtirai un autre qui ne sera pas fait de main d'homme" » (Mc 14,57-58). Et, plus loin : « De nouveau le grand prêtre l'interrogeait, et il lui dit : "Tu es le Christ, le Fils du Béni ?", "Je le suis, dit Jésus, et vous verrez le Fils de l'homme siégeant à la droite de la Puissance et venant avec les nuées du ciel" » (Mc 14,61-63). Étienne doit être présenté comme le premier « témoin » de l'histoire chrétienne : d'une part, il est prêt à donner sa vie pour sa foi chrétienne ; d'autre part, il reproduit dans son action et ses paroles celles de son maître, il en rend donc témoignage.

Niveau 3 : présentation de la défense d'Étienne à travers le grand discours central. Étienne argumente devant le Sanhédrin un plaidoyer *pro domo*, mais c'est en fait une très large relecture de l'histoire religieuse d'Israël depuis Abraham. La référence explicite et constante est Moïse, cité neuf fois. C'est un midrash chrétien, une interprétation et une réécriture des textes sacrés sur le modèle de l'exégèse que Jésus ressuscité indiquait aux pèlerins d'Emmaüs à la fin de l'évangile de Luc : « Commençant par Moïse et parcourant tous les Prophètes, il leur interpréta dans toutes les Écritures ce qui le concernait » (Lc 24,27). De même, le discours d'Étienne est-il un appel à retrouver l'annonce de la venue du Christ sous chaque verset de la Bible hébraïque. Sa singularité est en effet d'occulter le nom de Jésus, qui n'apparaît que sous la forme allégorique du « Juste ».

Le plaidoyer d'Étienne se conclut par un retournement de situation : « Nuques raides, lance-t-il aux juifs, oreilles et cœurs incirconcis, toujours vous résistez à l'Esprit-Saint ! » (Ac 7,51). Entre le début et la fin de sa diatribe, Étienne va de « *notre* père Abraham » (Ac 7,2) à « tels furent *vos* pères, tels *vous* êtes » (Ac 7,51). En cinquante versets l'orateur est passé du « nous » au « vous ». Sans crier gare, il est sorti du judaïsme, par la force de la littérature. À ce titre Étienne est par excellence le porte-parole de l'auteur des Actes, une sorte de fusée éclairante tirée par le texte.

Sous sa tenue de martyr, à travers les paroles attribuées à Étienne, l'auteur des Actes fournit à ses lecteurs ou à ses auditeurs un argumentaire de combat sur la tradition d'Israël. C'est en retournant contre eux leurs propres livres qu'il confond ses adversaires. Une lecture « religieusement correcte » perçoit à travers le récit la volonté de l'auteur des Actes de rappeler sans cesse que le christianisme ne peut se comprendre sans ses racines juives. Une autre lecture moins généreuse, tout aussi fondée, y voit l'habileté de polémiste d'un auteur qui se sert des écritures juives pour combattre les juifs, pour condamner leur surdité aux volontés de Dieu, pour dénoncer leurs penchants criminels… On comprend alors pourquoi l'auteur des Actes désigne les juifs comme les bourreaux d'Étienne. C'est clairement stigmatiser ses adversaires intellectuels comme des ennemis, présenter sous le masque d'Étienne les chrétiens comme des victimes.

C'est nettement anticiper la conclusion des Actes des Apôtres, dans laquelle les païens sont désignés comme les véritables destinataires de la Bonne Nouvelle : « Sachez-le donc : c'est aux païens qu'a été envoyé le salut de Dieu. Eux du moins, ils écouteront » (Ac 28,28). Bref, c'est tout placer dans une perspective où le plan de Dieu s'accomplit, malgré l'obstination des juifs, grâce aux non-juifs qui, eux, reconnaissent en Jésus l'envoyé de Dieu.

Les pierres qui ont tué Étienne sont les pierres de la destruction du Temple de Jérusalem. Ce sont les mêmes qui serviront plus tard à construire le mur qui séparera définitivement juifs et chrétiens.

Sauf les apôtres

Étienne meurt au verset 60 du chapitre 6 des Actes des Apôtres, et le premier martyr chrétien disparaît de la mémoire du texte. Les Actes, faisant table rase du passé, vont sans remords de l'avant : « Ce jour-là une violente persécution se déchaîna contre l'Église de Jérusalem. Tous, à l'exception des apôtres, se dispersèrent dans les campagnes de Judée et de Samarie » (Ac 8,1).

Comme souvent, ce passage pose plus de questions qu'il n'en résout.

D'abord l'idée de persécution laisse penser à des agressions physiques, voire à des exécutions sommaires comme celle d'Étienne. Or aucun texte du Nouveau Testament, aucun texte juif ou romain contemporain ne garde la trace d'un quelconque pogrom visant les partisans de Jésus à Jérusalem. Il faudrait plutôt comprendre que le départ des disciples a été contraint et forcé.

Ensuite la mention « l'Église de Jérusalem » semble englober les Hébreux et les Hellénistes. Par leurs théologies respectives, Hébreux et Hellénistes s'opposent clairement, et l'histoire d'Étienne montre bien que c'est au moment où il rend publique la conception « hellléniste » du Messie Jésus et de la Loi que les autres juifs se dressent contre ces Hellénistes et seulement contre eux. Les Hébreux ne sont jamais mis en cause, soit que leurs positions ne sortaient pas de la communauté, soit qu'elles n'offensaient en rien le judaïsme. Contre le texte, il faut donc admettre que les Hellénistes sont les seuls à être chassés de Jérusalem.

Enfin l'expression « à l'exception des apôtres » (ou « sauf les apôtres », selon les traductions) laisse perplexe. Seuls resteraient à Jérusalem les apôtres, sans que nous sachions s'il s'agit uniquement des Douze ou d'un plus large cercle, comprenant Jacques et la famille de Jésus. Mais pourquoi les apôtres seraient-ils épargnés si la persécution est « violente » ? Pourquoi ceux qui sont montrés comme les figures dirigeantes de l'Église ne seraient-ils pas inquiétés alors que les membres ordinaires de la communauté le sont ? C'est invraisemblable. Y aurait-il une autre explication ?

Tout au long du procès d'Étienne, une absence est particulièrement criante, celle des apôtres justement. Ni Pierre, ni Jacques, ni aucun des Douze n'apparaît devant le Sanhédrin pour prendre le parti du prêcheur, ni même pour plaider sa cause. Et, quand il est exécuté, aucun d'entre eux n'est là pour l'assister, le soutenir, prier avec lui. Comme Jésus, Étienne meurt abandonné de tous. Mieux encore, son cadavre est enseveli par « des hommes dévots » qui font sur lui « de grandes lamentations » (Ac 8,2), description qui renvoie non à des partisans du mouvement de Jésus mais plutôt à des juifs observants, étrangers au groupe, sur le modèle de Joseph d'Arimathie ensevelissant Jésus. L'Église de Jérusalem – dans le texte des Actes – se désintéresse totalement du sort d'Étienne et des autres hellénistes.

De là à penser que l'expulsion des Hellénistes n'était pas pour déplaire aux Hébreux, il n'y a qu'un pas à franchir. Mais il y a peut-être pis : c'est que les apôtres, c'est-à-dire les Hébreux ou leurs dirigeants, n'ont pas été étrangers à la persécution, qu'ils ont même été, directement ou indirectement, les responsables de l'élimination des Hellénistes. Et si les Hébreux ne semblent pas être intervenus pour défendre ou pour aider Étienne, ne faudrait-il pas envisager qu'ils étaient tout simplement les accusateurs du chef des Hellénistes, les instigateurs de sa lapidation ?

De même que Pierre n'avait pas été pour rien dans la disparition d'Ananie et de Saphire, de même les Hébreux auraient été derrière la mise à mort d'Étienne.

Dans la phraséologie du texte des Actes, dire « sauf les apôtres », c'est reconnaître sans l'avouer qu'un camp – provisoirement – l'a emporté sur l'autre.

Le chemin de la Samarie

Si l'on analyse maintenant l'expression « sauf les apôtres » d'un point de vue purement littéraire, on pourrait, comme certains chercheurs l'ont prétendu, y voir la volonté de rendre le texte compatible avec les paroles de Jésus. N'avait-il pas interdit à ses disciples d'aller vers les païens et les Samaritains : « Ne prenez pas le chemin des païens et n'entrez pas dans une ville de Samaritains » (Mt 10,5). Restriction indispensable puisque, sitôt Étienne enseveli, son collègue Philippe gagne la Samarie pour l'évangéliser ! Le « sauf les apôtres » pourrait donc être une mesure de protection des Douze contre cette transgression. Il s'agirait de l'intervention d'un correcteur, de l'un des rédacteurs mesurant tardivement, à l'un des derniers stades d'élaboration du texte, qu'un minimum de cohérence doit être maintenu entre les paroles de Jésus et l'histoire de la première communauté. Reste que ce souci d'harmonisation n'est pas très constant dans l'ensemble du récit des Actes des Apôtres…

Cela dit, que va faire Philippe en Samarie ?

Après la chute du royaume d'Israël, en 722 avant notre ère, une partie de la population de Samarie est déportée en Assyrie. Pour repeupler la région, le roi Sargon fait venir de Babylonie des populations non juives qui s'assimilent à celles restées sur place. C'est de ce croisement de païens et de juifs que seraient issus les Samaritains. Selon le prophète Esdras, en 538, lors de leur retour, les exilés babyloniens auraient refusé que les Samaritains participent à la reconstruction du Temple de Jérusalem : « Il ne convient pas que nous bâtissions, vous et nous, un Temple à notre Dieu : c'est à nous seuls de bâtir pour Yahvé, le Dieu d'Israël, comme l'a prescrit Cyrus, roi de Perse » (Es 4,3). Au contraire, les Samaritains estimaient que le Temple de Jérusalem était impur, c'est pourquoi ils situaient le leur sur le mont Garizim. De la Bible hébraïque, ils ne reconnaissaient comme seule Torah que les cinq livres du Pentateuque.

Dès lors le schisme était inévitable entre juifs et Samaritains.

Au Ier siècle, les Samaritains sont considérés comme « hérétiques » et « impurs ». D'où l'interdiction de les fréquenter, que Jésus formule dans l'évangile de Matthieu.

Pourtant, paradoxalement, un très net courant en leur faveur s'exprime dans le Nouveau Testament, plus particulièrement dans l'évangile selon Jean et à un moindre degré dans celui de Luc. La parabole du « bon Samaritain » est là pour l'illustrer, vantant à mots couverts la grande piété de l'« hérétique » au détriment du prêtre et du lévite qui ne s'arrêtent pas pour secourir la victime des brigands (Lc 10,29-37). Chez Jean, plusieurs épisodes témoignent de cette sympathie, et particulièrement tout le chapitre 4, qui mène Jésus en Samarie, lieu d'un grand dialogue avec une femme samaritaine puis d'une rencontre avec les habitants de la ville de Sychar, qui professent finalement à propos de lui : « Nous savons que c'est vraiment lui le sauveur du monde » (Jn 4,42).

On peut même aller jusqu'à soutenir l'hypothèse que l'évangile de Jean, au moins pour une part, aurait notamment été rédigé afin de convertir les Samaritains, de les amener à rejoindre le mouvement chrétien. Cela expliquerait pourquoi, fait exceptionnel dans les évangiles, Jésus est nommé au début de l'évangile de Jean « fils de Joseph » : « Philippe trouve Nathanaël et lui dit : "Celui dont Moïse a écrit dans la Loi, ainsi que les prophètes, nous l'avons trouvé ! C'est Jésus, le fils de Joseph, de Nazareth" » (Jn 1,45). L'explication généalogique est à double sens. Comme le remarque Marie-Émile Boismard, « l'évangile selon Jean, certainement dans sa couche la plus ancienne, présente Jésus, et comme le prophète semblable à Moïse annoncé par le Deutéronome, et comme le "fils de Joseph", c'est-à-dire le descendant et l'héritier du patriarche Joseph. C'est donc lui qui rassemble en sa personne les deux personnages de la Bible que vénéraient les Samaritains : il est à la fois Moïse le Prophète et Joseph le Roi. Les Samaritains peuvent donc le reconnaître pour le personnage eschatologique qu'ils attendaient. On parle beaucoup de judéo-christianisme, mais ne faudrait-il pas explorer maintenant la piste d'un samaritano-christianisme ? »[1].

De fait, immédiatement après l'épisode de la mort d'Étienne et la dispersion des disciples, c'est sans réserve que le livre des Actes consacre un long développement à l'évangélisation de la Samarie par l'helléniste Philippe. C'est même la première mission que nous voyons décrite avec tant de précision, la première mission hors de la terre de Judée que met en valeur le récit des origines chrétiennes : la Samarie est la première terre à adopter la foi chrétienne.

1. Marie-Émile Boismard, « L'évangile de Jean et les Samaritains », *in* Simon-Claude Mimouni (sous la dir. de), *Le Judéo-christianisme dans tous ses états*, Actes du colloque de Jérusalem, 6-10 juillet 1998 (Éd. du Cerf, 2001).

Éloge de la Samarie

Dans l'imaginaire géographique du Nouveau Testament, nous trouvons donc deux régions, la Galilée et la Samarie, tenues à des degrés divers pour suspectes par les juifs de Judée, et qui apparaissent dans la littérature chrétienne sous un éclairage très positif : la Galilée comme berceau de la prédication de Jésus, la Samarie comme la première terre de mission des disciples de Jésus. Au contraire, la Judée restera toujours entachée de l'hostilité qu'elle a manifestée envers Jésus comme envers Étienne, et leurs disciples respectifs.

Historique ou allégorique, cet élan en direction de la Samarie reprend sur un autre mode un des refrains de la tradition évangélique, à savoir le goût de Jésus pour les réprouvés et les pécheurs – c'est-à-dire pour ceux qui veulent bien l'entendre, alors que la majorité des juifs l'ignore. Le dépit de ne pas être considéré par le centre (Jérusalem) sera retourné et deviendra l'expression de la volonté chrétienne d'aller vers la périphérie, vers les exclus des autres courants du judaïsme.

Étienne mort, Philippe l'Helléniste devance donc tous les apôtres sur le territoire samaritain : il est le premier missionnaire en action. D'après l'auteur des Actes, son succès est d'ailleurs foudroyant : « Les foules unanimes s'attachaient à ses enseignements, car tous entendaient parler des signes qu'il opérait, ou les voyaient. De beaucoup de possédés, en effet, les esprits impurs sortaient en poussant de grands cris. Nombre de paralytiques et d'impotents furent également guéris. Et la joie fut vive en cette ville » (Ac 8,7-8).

Un tel succès porte fatalement ombrage aux apôtres restés à Jérusalem.

L'auteur des Actes s'empresse alors de dépêcher en Samarie Pierre et Jean pour atténuer le sentiment qu'une fois encore les apôtres sont à la traîne, dépassés par des disciples plus vifs et plus entreprenants qu'eux. Ce passage du récit est même un modèle de justification *a posteriori*, d'explications contraintes, de repentirs, de chicanes : « Apprenant que la Samarie avait accueilli la parole de Dieu, les apôtres qui étaient à Jérusalem envoyèrent Pierre et Jean. Ceux-ci descendirent donc chez les Samaritains et prièrent pour eux, afin que l'Esprit-Saint leur fût donné. Car il n'était encore tombé sur aucun d'eux ; ils avaient été seulement baptisés au nom du Seigneur Jésus. Alors Pierre et Jean se mirent à leur imposer les mains, et ils recevaient l'Esprit-Saint » (Ac 8,14-17).

L'honneur est sauf, Pierre et Jean ont le dernier mot. Ils relèguent Philippe à un rang inférieur malgré l'énumération des merveilles accomplies lors de sa mission en Samarie. La scène se répétera un peu plus tard sur le même modèle quand les Hellénistes iront prêcher à Antioche ; avec la même célérité, l'auteur des Actes expédiera cette fois-ci un autre délégué, Barnabé, pour superviser les opérations et en restituer le crédit à la communauté des Hébreux : « La nouvelle en vint aux oreilles de l'Église de Jérusalem et l'on députa Barnabé à Antioche » (Ac 11,22).

Écrire l'histoire

Pour mener à bien son projet d'histoire des origines chrétiennes, l'auteur des Actes des Apôtres doit constamment courir deux lièvres à la fois. D'une part, il est obligé de ménager la maison mère, Jérusalem, les Pères fondateurs, d'autre part son intérêt et son inclination propre le poussent à célébrer l'action missionnaire des Hellénistes, avec lesquels – par sa culture, par ses origines – il a visiblement davantage d'affinités. Ceux qui sont nommés les Hébreux (et en qui nous pouvons reconnaître Pierre, les douze disciples, Jacques, la famille de Jésus et d'autres du même cercle) n'ont pas véritablement les faveurs de l'auteur des Actes. Ils représentent le canal historique, mais c'est aussi, pour lui, un stade archaïque de la foi au Christ Jésus.

Hormis Pierre, ce ne sont tous que des noms. On dirait qu'ils sont déjà peints pour l'éternité, figés dans une attitude. On les respecte comme les saints qui seront sculptés aux tympans des cathédrales, mais comme eux ils sont rongés par le temps, ils sont froids comme la pierre. Pour l'auteur des Actes, la vie est représentée par les Hellénistes, ceux qui sont en mouvement, et l'on sent sa jubilation à énumérer les convertis, à grandir les victoires, à compter les villes et les territoires qu'ils sont les premiers à gagner à la cause : la Samarie, Azot, Césarée, la Phénicie, Chypre, Antioche…

La première vague missionnaire de ce qui deviendra le christianisme touche donc les Samaritains, des juifs hérétiques ; la seconde atteindra des juifs parlant grec de la diaspora ; la dernière, des craignant-Dieu, c'est-à-dire des païens attirés par une nouvelle forme de judaïsme. Entre les lignes du texte des Actes, il apparaît manifestement que la prédication des partisans de Jésus n'est reçue qu'en dehors de Judée, à la marge du judaïsme, dans des communautés qui n'ont que des rapports distants avec la piété traditionnelle, voire aucun rapport. Il n'est donc pas étonnant que les Hellénistes soient les vecteurs de l'évangélisation de l'Occident, eux-mêmes étant marginaux parmi les partisans de Jésus.

La rupture des Hébreux et des Hellénistes est donc un événement souterrain qui a eu une portée décisive. Après avoir été chassés de Jérusalem, les seconds n'y reviendront jamais. Cet impossible retour en arrière est à entendre de deux manières : sur un plan historique, c'est l'histoire de l'expansion de la foi chrétienne jusqu'à Rome ; sur un plan symbolique, c'est l'histoire d'un éloignement toujours plus irréversible par rapport au judaïsme.

La figure méconnue des Hellénistes est donc essentielle pour l'histoire du christianisme primitif, puisque ce sont eux qui ont été les véritables promoteurs de la foi nouvelle, les premiers propagandistes de l'Évangile hors de sa terre d'origine. Leur culture, leur langue (qui est par définition la langue de communication de tout l'Empire romain), leur dispersion géographique et leur immersion dans des milieux habitués au mélange des populations, tout cela leur a donné les moyens de créer ou de transformer ce réseau de communautés plus ou moins minuscules qui, à travers un immense espace, deviendra un jour l'Église.

Une action et un rôle aujourd'hui entièrement attribués à l'apôtre Paul.

5

Paul l'avorton

Dans le récit des Actes des Apôtres, à peine le chef des Hellénistes, Étienne, meurt-il à Jérusalem qu'entre discrètement en scène un personnage majeur de l'histoire chrétienne : l'apôtre Paul. Tandis qu'Étienne est lapidé, « les témoins avaient déposé leurs vêtements aux pieds d'un jeune homme appelé Saul » (Ac 7,58). L'auteur des Actes donne ici deux indications importantes : Paul porte alors son nom juif, Saul, et il est « jeune ». Cette dernière indication est trop vague pour nous permettre de nous faire une idée de l'âge réel de Saul/Paul au moment de la mort d'Étienne. Comme il ne participe pas directement à la mise à mort, on peut penser que ce n'est plus tout à fait un enfant mais pas encore un homme.

Est-ce pour autant un innocent ?

Quelques versets plus loin, il est précisé que « Saul approuvait ce meurtre » (Ac 8,1). Cette approbation sonne curieusement, rapportée à un adolescent. Le terme emprunte trop au vocabulaire juridique pour qu'il puisse être sans réserve prêté à un jeune homme, peut-être à peine pubère. En tout cas, le rédacteur ne lâche pas son idée puisque au chapitre 22, revenant sur la mort d'Étienne, il fait dire à son personnage, selon une traduction littérale : « Et lorsque était versé le sang d'Étienne, son témoin, moi aussi j'étais présent, l'approuvant et gardant les manteaux de ses meurtriers » (Ac 22,21). On notera que lors de la lapidation d'Étienne ce sont les bourreaux qui se déshabillent et non pas le condamné qui est mis nu…

Paul ne serait donc pas aussi jeune qu'on nous le dit à l'époque de la lapidation d'Étienne ? Surtout que, encore quelques versets plus loin, nous en apprenons de belles : « Saul ravageait l'Église ; allant de maison en maison, il en arrachait hommes et femmes et les jetait en prison » (Ac 8,3). Au cours de la même action, la mort d'Étienne, en une vingtaine de lignes, Saul/Paul « jeune homme » s'est mué en grand persécuteur de l'Église.

Fabuleuse accélération du temps.

Saul/Paul, ce « jeune homme » prématurément vieilli et si vite monté en grade, ravage donc l'Église, si bien qu'au chapitre suivant, « ne respirant toujours que menaces et carnage à l'égard des disciples du Seigneur, il alla trouver le grand prêtre et lui demanda des lettres pour les synagogues de Damas afin que, s'il y trouvait quelques adeptes de la Voie, hommes ou femmes, il les amenât enchaînés à Jérusalem » (Ac 9,1-2). « Quand on les mettait à mort, j'apportais mon suffrage » (Ac 26,10), confirmera Paul plusieurs chapitres plus tard. La description est saisissante, Saul/Paul veut se saisir des partisans de Jésus « morts ou vifs » : non seulement il y a « menaces », arrestations, incarcérations, mais aussi « carnage », c'est-à-dire massacre sanglant, hécatombe. Ces hommes et ces femmes « arrachés à leur maison » sont une manière de signifier qu'ils sont arrachés à la vie, le terme « enchaînés » déroulant une métaphore de la mort. Mais ses « ravages de l'Église » produisent implicitement l'effet inverse. Ils régénèrent le mouvement chrétien, comme une force vitale que rien ne peut tuer. Ceux qui ne semblaient plus qu'une poignée, les Apôtres, deviennent, quelques phrases plus loin, ces hommes et femmes que Paul arrête mais qui se multiplient, au fur et à mesure que l'on avance avec lui de maison en maison. La surenchère est manifeste.

L'initiative attribuée à Saul/Paul est au-delà de l'improbable. À quel titre, vers la fin des années 30 de notre ère, un juif aurait-il pu légitimement et légalement, du point de vue de la Torah, poursuivre des coreligionnaires hors de Palestine, sous prétexte qu'ils exprimaient leur foi dans d'autres termes que lui ? Comment le grand prêtre de Jérusalem, dont l'autorité ne s'exerçait qu'en Judée au prix d'un subtil compromis politique avec les Romains, aurait-il pu placer sous sa juridiction l'activité des synagogues implantées en Syrie ? Comment aurait-il pu imposer une action de police dans une province de l'empire sous la domination d'un roi vassal, Arétas ? Comment un grand prêtre aurait-il pu mandater officiellement un émissaire qui ne proviendrait pas du milieu sacerdotal ? un émissaire qui ne serait même pas sadducéen comme la plupart d'entre eux, mais ouvertement du parti adverse, le parti pharisien, auquel Paul dit appartenir ?

Vers les années 80-90, toutes ces questions n'embarrassent pas l'auteur des Actes. S'il ne s'en moque pas, il ne s'en soucie guère. À cet instant de son récit, il s'adresse à des destinataires qui ignorent de telles subtilités et qui n'ont pas besoin d'y entrer. Pour preuve, quand ces distinctions seront nécessaires, il témoignera subitement d'un souci pédagogique qui vient comme un aveu : « Paul savait qu'il y avait là d'un côté le parti des sadducéens, de l'autre celui des pharisiens » (Ac 23,6).

Si le livre des Actes relate l'histoire des premiers temps, cela ne l'empêche pas de construire une légende sous nos yeux.

Paratonnerre

De même que la troupe chargée d'arrêter Jésus dans l'évangile de Jean rassemble en fait, de manière symbolique, toutes les autorités juives hostiles à sa personne et à son message, de même Saul/Paul accumule sur sa tête de futur disciple les auspices les plus sombres, il concentre toutes les forces négatives, tous les courants ennemis du mouvement chrétien. C'est un portrait à charge qui vise tous ceux que synthétise la figure de Saul/Paul. Un portrait qui ne saurait prétendre à aucune espèce de fidélité avec son modèle. C'est un portrait « à ressemblance évitée », comme aurait dit Jean Dubuffet. Saul/Paul est un paratonnerre. Son personnage n'a d'autre réalité que de préparer l'événement fondamental de sa biographie, sa « conversion », le coup de foudre que représente Michel-Ange dans la chapelle Pauline du Vatican.

De même qu'Étienne dans ce roman des origines que proposent les Actes des Apôtres doit être le premier martyr chrétien, de même Paul sera le premier juif spectaculairement converti. Tout doit être agencé pour accentuer le contraste entre un « avant » et un « après ». Y compris, peut-être, glisser après coup dans le texte originel du livre des Actes les trois brèves mentions concernant la présence de Saul/Paul au moment de la lapidation d'Étienne, et sa participation à la persécution de l'Église de Jérusalem.

Saint quelqu'un

Paul est le personnage emblématique des Actes des Apôtres, son acteur principal au sens le plus actif du mot. Certes le récit fait revivre une grande foule d'autres protagonistes, ne serait-ce qu'en les nommant. Certes il ne laisse pas toujours le meilleur rôle à Paul. Certes il donne du lustre à plusieurs figures majeures du mouvement primitif – ne mentionnons pour l'instant que Pierre, Étienne ou Philippe. Mais seul Paul, à l'égal des grands, et à la différence des grands, n'est pas seulement un nom ou une icône, c'est quelqu'un.

Alors que Pierre dans les Actes des Apôtres est un « saint », Paul est un personnage. On le fuit, on le pourchasse, on l'écarte, on est sous son charme. Il suscite des passions et des haines. Ainsi les Actes des Apôtres constituent-ils à Paul un passé, une origine.

Paul ne surgit pas de nulle part, il vient de loin. L'auteur des Actes se saisit du peu autobiographique qu'il connaissait et qui apparaît dans les lettres de l'apôtre. Il comble les vides et les silences. Il ajoute ici ou là un signe particulier, apporte des précisions que lui seul connaît, pointe des détails qui, d'additions en surcharges, donnent finalement corps au personnage de Paul. Au point que nombreux sont ceux qui, de bonne foi, vont tantôt allègrement, tantôt inconsciemment, piocher dans le livre des Actes, comme s'il s'agissait d'un document d'archives, pour y trouver ce qu'ils ne trouvent pas dans les épîtres de Paul. C'est le grand bricolage exégétique du paulinisme et des pauliniens, où, faisant flèche de tout bois, les éminents spécialistes usent les arguments textuels jusqu'à la corde pour reconstituer, le plus sérieusement du monde, une vie parallèle d'un Paul dont on saurait à peu près tout.

Selon les cas, il ressort qu'il serait né en – 6 ou en – 7, qu'il était petit de taille, le teint mat, le nez long, qu'il était veuf ou peut-être divorcé, que sa famille aurait péri au cours d'une épidémie ou d'un tremblement de terre, mais que sa sœur vivait à Jérusalem, etc., comme l'écrit avec beaucoup d'imagination Jerry Murphy O'Connor dans sa somme *Paul. A Critical Life*[1].

Malheureusement pour tous les Murphy O'Connor, ces précieux détails n'ont d'autre fondement que les spéculations fantasmatiques de leurs auteurs ; sauf à croire que toutes les sources peuvent être mélangées et compilées, que les textes chrétiens, ceux du Nouveau Testament, des Pères de l'Église ou de la littérature apocryphe, disent par définition la vérité. Que rien de ce qu'ils écrivent, comme le veut l'adage, n'aurait pu être inventé.

Paul, grâce à la place centrale que lui accorde le récit des Actes des Apôtres, apparaît comme l'un des héros du mouvement chrétien naissant. Peut-être même le plus grand si l'on

1. Voir sa nouvelle approche : Jerry Murphy O'Connor, *Histoire de Paul de Tarse* (trad. fr., Éd. du Cerf, 2004).

devait compter les lignes qui lui sont consacrées. Paul est partout, que ce soit pour lui ou contre lui, sous son nom ou dissimulé dans les replis du texte. Et, fait unique à l'intérieur du Nouveau Testament, Paul est également un auteur. L'auteur le plus ancien et certainement le plus considérable : les épîtres publiées sous son nom occupent en volume, à elles seules, quasiment le quart du Nouveau Testament. Ce double statut d'auteur et de personnage donne à la figure de Paul une épaisseur que n'a aucun de ses contemporains : Simon appelé Pierre, Jacques le frère de Jésus, Jean le fils de Zébédée.

Il y a donc deux Paul dans la tradition chrétienne : le Paul des épîtres et le Paul des Actes des Apôtres. Deux homonymes qui, à coup sûr, ne renvoient pas à la même personne. Le Paul des Actes est le commis voyageur du christianisme naissant, il ouvre des comptoirs pour servir de relais à des autorités plus grandes que lui. Le Paul des épîtres est un autre homme : il cherche à se faire une place, il veut être reconnu comme apôtre et avoir la haute main sur les communautés qu'il a fondées. C'est un Rastignac qui veut imposer son Évangile comme la norme universelle.

L'avorton

La première épître aux Corinthiens de Paul conserve l'une des plus anciennes confessions de foi chrétiennes en même temps que la liste, protocolaire à défaut d'être officielle, de ceux qui ont vu Jésus leur apparaître. Sont cités : Pierre (sous le nom de Céphas) et les Douze, cinq cents frères inconnus, puis Jacques, frère de Jésus, et les apôtres. Enfin le récitant, c'est-à-dire Paul, ajoute comme un post-scriptum : « Et, en tout dernier lieu il m'est apparu à moi aussi comme à l'avorton » (1 Co 15,8).

Paul clôt la liste, signifiant implicitement mais fermement qu'il est le dernier à qui le Christ est apparu. Vers l'an 55, il se veut l'ultime témoin historique des apparitions de Jésus, comme si après lui personne ne devait plus jamais en avoir. Qu'en sait-il ? Rien naturellement. Ce qui ne l'empêche pas de l'affirmer en toute solennité.

Si Paul est le dernier de la liste, il est surtout, comme on dit, le dernier des derniers. « Je suis le moindre des apôtres ; je ne mérite pas d'être appelé apôtre » (1 Co 15,9). C'est un moins que rien, un « avorton ». L'*ektroma*, selon le mot grec qu'il emploie, désigne le nouveau-né d'une mère morte en couches. Après lui le déluge, ou plutôt la fin des temps. Il est le Macduff de cette histoire dont Pierre ou Jacques seraient Macbeth : « Ne crains rien, Macbeth, nul homme né d'une femme n'aura pouvoir sur toi ! » (*Macbeth*, acte V, sc. III). Et, bien que dernier de la liste, cet avorton, cet enfant né d'une mère morte en couches (le judaïsme ?), Paul prendra l'avantage sur tous les autres apôtres.

C'est le paradoxe du personnage : Paul n'a pas connu Jésus vivant, mais il l'a « vu » après sa mort et, à ce titre, cette vision l'élève au-dessus des autres : « Paul, apôtre, non de la part des hommes ni par l'intermédiaire d'un homme, mais par Jésus-Christ et Dieu le Père qui l'a ressuscité » (Ga 1,1), tonne-t-il en entamant l'épître aux Galates. Et quelques lignes plus loin, il rappelle qu'il a entrepris sa mission « sans consulter la chair et le sang, sans monter à Jérusalem trouver les apôtres [ses] prédécesseurs » (Ga 1,16-17). Sa vision le place à rang égal avec ceux qui ont suivi Jésus avant la crucifixion, elle le rehausse au niveau de ceux qui avaient déjà reconnu en lui le Messie, le Christ. Elle fait de lui l'un de leurs pairs. Ses titres valent les leurs. Immense orgueil du personnage, dissimulé derrière une extrême modestie. « C'est par la grâce de Dieu que je suis ce que je suis, et sa grâce à mon égard n'a pas été stérile. Loin de là, j'ai travaillé plus qu'eux tous » (1 Co 15,10).

Son savoir, sa foi, ne sont pas le fruit d'une transmission, d'un enseignement, d'un catéchisme dispensé par un disciple. Il doit tout au Seigneur lui-même : « Sachez-le, mes frères, l'Évangile que j'ai annoncé n'est pas à mesure humaine, écrira-t-il dans l'épître aux Galates. Ce n'est pas non plus d'un homme que je l'ai reçu ou appris, mais par une révélation de Jésus-Christ » (Ga 1,11-12). L'apparition du Christ Jésus est l'acte fondateur de Paul, son acte de naissance.

De sa vision elle-même, de son expérience mystique, Paul ne dit strictement rien. Ce qui lui importe absolument, et là il est plus explicite, c'est l'autorité qu'elle lui confère dans sa lutte pour le pouvoir. Paul veut qu'on lui reconnaisse le titre d'apôtre, il le brigue assidûment – et ferraille contre ceux de Jérusalem qui refusent de le lui décerner. Il s'en plaint d'ailleurs amèrement à la communauté de Corinthe : « Ne suis-je pas apôtre ? N'ai-je donc pas vu Jésus, notre Seigneur ? » (1 Co 9,1).

Sa vision de Jésus ressuscité a été un signe d'élection en même temps qu'une réhabilitation. C'est Paul lui-même qui glisse à la place de l'image manquante le schéma d'une conversion, comme si déjà de son temps il était passé d'un état à un autre, de l'état de juif à l'état de chrétien.

C'est littéralement un retournement, une volte-face. Paul revient de loin : « Vous avez certes entendu parler de ma conduite jadis dans le judaïsme, de la persécution effrénée que je menais contre l'Église de Dieu et des ravages que je lui causais, et de mes progrès dans le judaïsme, où je surpassais bien des compatriotes de mon âge, en partisan acharné des traditions de mes pères » (Ga 1,13-14).

Paul est à part : « Celui qui dès le sein maternel m'a mis à part et appelé par sa grâce daigna révéler en moi son fils » (Ga 1,15) ; et c'est toujours *contre* qu'il se définit dans ses épîtres. Contre les apôtres. Contre Pierre, contre Jacques, contre Barnabé. Contre son passé. Contre le judaïsme de la tradition.

Son mérite n'en est que plus grand, sa « révélation » est une récompense divine, un sacre.

Les Actes de Paul

Une vingtaine d'années au moins après sa mort, l'auteur des Actes – et avec quel succès ! – va reprendre ce schéma, renforçant certains de ces éléments, en gommant d'autres pour écrire et réécrire la biographie de Paul. Faire d'un juif intégriste, persécuteur de la Voie, le prophète de l'ouverture aux païens.

La tâche demande de la méthode et de l'obstination. Ainsi, selon l'un des discours que lui prête le livre des Actes, ses « progrès dans le judaïsme » se trouvent sanctionnés par un cursus d'études à Jérusalem. Ce qui ne manque pas de troubler puisque Paul lui-même, dans l'épître aux Galates, prétend qu'il ne serait monté à Jérusalem pour la première fois que trois ans après sa vocation. Pour l'auteur des Actes, dans la Ville sainte, Paul a été l'élève du plus grand rabbin pharisien de l'époque : « Et c'est aux pieds de Gamaliel que j'ai été formé à l'égard de la Loi de nos pères » (Ac 22,3).

Mais le Gamaliel des Actes des Apôtres n'a de réellement historique que le nom de famille. C'est une synthèse qui combine sous ce nom deux grandes figures pharisiennes, un contemporain de Jésus, de Pierre et de Paul, et un contemporain du rédacteur des Actes des Apôtres (Gamaliel II, qui n'était autre que l'un des chefs de file de la réforme pharisienne après 70). Esprit très éclairé (et réellement d'une grande tolérance, selon ce qu'en rapporte le Talmud), le Gamaliel des Actes est promu par l'auteur défenseur des chrétiens, ce qui n'est attesté nulle part ailleurs. Plus tôt dans le livre, on entend Gamaliel devant le Sanhédrin prôner à leur égard une sorte d'abstention bienveillante, conseillant l'indulgence au bénéfice du doute : « Ne vous occupez pas de ces gens-là, laissez-les [...]. Ne risquez pas de vous trouver en guerre contre Dieu » (Ac 5,38-39). Compte tenu, dès lors, de la personnalité et de l'enseignement de Gamaliel, Paul serait, si l'on veut prendre le livre des Actes à la lettre, l'un de ses plus mauvais élèves ; un élève en effet animé, à l'en croire, par l'intransigeance la plus féroce, témoignant de la tendance la plus dure et la plus intégriste du mouvement pharisien.

L'homme noir

« Et j'étais rempli du zèle de Dieu, comme vous l'êtes tous aujourd'hui, dit-il aux juifs de Jérusalem. J'ai persécuté à mort cette Voie, chargeant de chaînes et jetant en prison hommes et femmes, comme le grand prêtre m'en est témoin, ainsi que tout le collège des anciens » (Ac 22,4-5). « Souvent aussi, ajoute-t-il, parcourant toutes les synagogues, je voulais par mes sévices les forcer à blasphémer et, dans l'excès de ma fureur contre eux, je les poursuivais jusque dans les villes étrangères » (Ac 26,11).

A-t-on jamais vu des membres de la communauté de Qumrân être persécutés parce qu'ils étaient résolument hostiles au Temple ? A-t-on vu des pharisiens disciples de Shammai s'en prendre à d'autres pharisiens sous prétexte qu'ils auraient été de l'obédience de Hillel ? A-t-on jamais vu des sadducéens s'acharner contre des baptistes ou contre des esséniens ? Surtout a-t-on vu des juifs exercer des fonctions de police religieuse, les autorisant à arrêter, à frapper, à torturer et à mettre à mort d'autres juifs, sous prétexte qu'ils ne pensaient pas comme les grands prêtres ? On serait bien en peine de trouver le moindre parallèle dans l'histoire juive du Ier siècle, tant l'idée même d'orthodoxie est étrangère au judaïsme, du moins jusqu'aux lendemains de la destruction du Temple en 70 et à la réorganisation des synagogues qu'elle provoquera.

On s'est beaucoup interrogé sur la carrière de persécuteur qui aurait été celle de Paul. Toutes les explications sont vite anachroniques. Elles ont comme arrière-plan l'idée que Saul/Paul, juif radical, s'opposait aux chrétiens, comme si d'emblée, avant la fin des années 30, au moment où l'on situe traditionnellement

[sa] conversion, deux religions étaient face à face, l'une installée, l'autre encore embryonnaire mais solide sur ses bases, comme si le schisme qui va apparaître cinquante ans plus tard – au moment même de la rédaction supposée du livre des Actes – avait déjà eu lieu.

Sans avoir une vision enchantée du judaïsme d'avant 70, il est plus raisonnable de penser que les doctrines professées par les adeptes de la Voie, les juifs chrétiens, n'ont pas dû être du goût de tout le monde. Selon les milieux, à cause de leur discours sur la Loi ou de leurs positions sur le Temple, les partisans de Jésus ont pu susciter plus ou moins de jalousie voire d'agressivité, ce qui est une supposition légitime. En revanche, on aurait tort de croire que les idées singulières liées au messie et à la croyance en sa résurrection étaient blasphématoires. Elles se trouvaient déjà exprimées sous d'autres formes, dans d'autres courants juifs, sans provoquer de haine ou de répression.

Sans céder au psychologisme, Paul était indéniablement un personnage excessif, un zélote avant l'heure, un fou de Dieu. Shakespeare l'avait bien perçu, plaçant son roi le plus monstrueux sous son patronage : « Manants, s'écrie-t-il, déposez ce cadavre ou, par saint Paul, je ferai un cadavre de qui désobéira » (*Richard III*, acte I, sc. II).

Les « persécutions » qui permettent à l'auteur des Actes de noircir à plaisir le portrait de son héros semblent plutôt une façon d'extrapoler les indications, livrées par l'épître aux Galates, où Paul se donne le mauvais rôle. C'est avant tout une manière emphatique de se mettre en scène et de profiter de l'ambivalence du verbe *diokein*. Ce verbe grec, que l'on peut voir conjugué aussi bien dans l'épître que dans les Actes, ne signifie pas nécessairement « persécuter » comme l'imposent les traductions françaises. Il signifie d'abord « mettre en mouvement », « pousser », « poursuivre ». D'où l'on peut penser qu'il s'agissait d'abord d'une poursuite tout intellectuelle, d'un combat d'idées, dont l'auteur des Actes a fait ensuite une sorte de chasse à l'homme.

Le chemin de Damas

Voir en Saul/Paul un précurseur de la lutte antichrétienne, son agent le plus farouche, c'était aussi renforcer le caractère exemplaire de sa vocation. C'est une règle d'airain de la littérature et du spectacle : plus le « méchant » est réussi, plus l'œuvre est forte. Richard III, mais aussi Othello, Faust, Néron dans *Britannicus* de Racine, Popeye dans *Sanctuaire* de Faulkner ou Robert Mitchum dans *La Nuit du chasseur* de Charles Laughton..., la liste qui confirme cette théorie serait interminable. L'auteur des Actes y souscrit à la lettre. Plus son Saul/Paul sera noir, violent, emporté, plus sa mutation spectaculaire édifiera tous ceux qui en seront témoins (les lecteurs, les auditeurs du livre). Et cela vaut non seulement pour les sympathisants mais aussi pour les adversaires du mouvement, puisque le plus acharné d'entre eux, finalement, rejoindra l'autre bord.

Ainsi doit-on comprendre l'histoire héroïque et fabuleuse de la conversion de Paul sur le chemin de Damas, qui, au fil des siècles, est devenue un événement historique à l'égal de la crucifixion de Jésus.

Or, s'il confie incidemment – et toujours dans l'épître aux Galates – être passé au moins deux fois à Damas à l'occasion d'un long voyage en Arabie dont on ne sait strictement rien, Paul ne dit nulle part que la révélation dont il a été l'heureux bénéficiaire s'est produite à cet endroit. Localisation d'autant plus surprenante que cela signifierait qu'une importante communauté chrétienne existait à Damas avant la conversion de Paul, alors que, si l'on s'en tient à la chronologie des Actes, l'action se déroule à un moment où la Bonne Nouvelle n'a pas encore quitté la Judée !

Quant aux circonstances mêmes de l'apparition, qui tient en une phrase dans l'épître aux Galates, elles sont considérablement développées par les Actes puisque l'auteur y consacre trois chapitres (9,22 et 26), comme un leitmotiv qui scande le récit. Manifestement, le rédacteur du livre des Actes met en images cette révélation qui n'a eu d'autre témoin que Paul et dont Paul ne dit rien ou presque. Grâce à l'épisode du chemin de Damas, le lecteur peut enfin voir ce que personne n'a vu, pas même Paul, aveuglé par une lumière intense qui le jette à terre. L'apparition est construite sur le modèle des apparitions divines dans la Bible hébraïque, comme le souligne l'usage de l'hébreu et de la double nomination « Shaoul ! Shaoul ! », réplique du passage de l'Exode où Yahvé appelle « Moïse ! Moïse ! » (Ex 3,4). Paul identifie immédiatement la voix qui l'interpelle comme celle du Seigneur : « Qui es-tu, Seigneur ? » (Ac 9,5). Comme très souvent dans le Nouveau Testament, la réponse tient dans la question. Dans l'évangile selon Jean, Pilate demandait à Jésus sur le même mode : « Tu es le roi des juifs ? » (Jn 18,33) ; dans celui de Marc, c'était le grand prêtre qui interrogeait : « Tu es le Christ, le Fils du Béni ? » (Mc 14,61). Le procédé est récurrent, chaque interrogation est une affirmation déguisée. Affirmation d'autant plus forte qu'elle émane d'un ennemi de Jésus. Quelle revanche pour les rédacteurs de faire reconnaître par un préfet romain que Jésus est « roi des juifs », par un grand prêtre qu'il est « le Christ, le Fils du Béni », par Saul le persécuteur que c'est « le Seigneur » qui apparaît sur sa route !

Avant même d'avoir obtenu une réponse à sa question, Paul sait donc que cette voix qui s'adresse à lui est celle du Seigneur. Comment le sait-il ? Heureusement, à l'instant suivant, le Seigneur dévoile son identité : « Je suis Jésus que tu persécutes » (Ac 9,5 ; 22,8 ; 26,15).

Avec une magistrale économie de moyens, en quelques lignes, l'auteur des Actes vient de réussir à mettre en place son double message :

Premièrement : Seigneur = Jésus ou, en d'autres termes, Dieu et son fils ne font qu'un. Et si ce n'est Dieu lui-même – auquel l'identifiera l'évangile de Jean – il existe entre eux, dès les années 80-90, une parenté extrêmement forte. Une idée si étrangère au judaïsme qu'elle renverse Paul ?

Deuxièmement : il n'est pas nécessaire d'avoir connu Jésus vivant pour le reconnaître. C'est même pour le Paul des Actes une évidence si éblouissante qu'elle est, au propre comme au figuré, aveuglante.

Du reste, la vision de Paul telle qu'elle est relatée dans les Actes n'est pas exempte de sous-entendus polémiques. En effet, ce Saul/Paul « ne respirant toujours que menaces et carnage », traquant les disciples de la Voie, ce monstre d'hostilité donc reconnaît le Ressuscité dès qu'il lui apparaît, alors que les disciples de Jésus peinent toujours à le faire, voire à admettre la résurrection. Dans l'évangile selon Jean, par exemple : « Le matin déjà venu, Jésus se tint sur le rivage ; pourtant ses disciples ne savaient pas que c'était Jésus » (Jn 21,4) ; ou chez Luc, quand les pèlerins empruntent un autre chemin que le chemin de Damas : « Et il faisait route avec eux ; mais leurs yeux étaient empêchés de le reconnaître » (Lc 24,15-16).

Paul est le modèle du chrétien à venir : la parole suffit à lui donner la foi.

Dans ses épîtres, et notamment dans celle aux Galates, Paul mettait en avant le caractère immédiat, l'absence d'intermédiaire de la révélation qu'il disait avoir reçue. Quelques décennies plus tard, l'auteur des Actes répercute cette affirmation. Pourtant, en même temps qu'il en expose le caractère unique, intime, irréductible, le narrateur, comme souvent dans ce livre étrange qu'est le livre des Actes, ne peut s'empêcher de faire la part du feu.

Bien que dans l'épître aux Galates Paul jure n'avoir consulté « ni la chair ni le sang », par conséquent ni la famille de Jésus ni ses disciples, dans les Actes, au contraire, on doit comprendre à travers les deux premières versions du récit que sa révélation a été suivie d'un apprentissage, d'une initiation qui semblerait avoir été le fait des juifs chrétiens de Damas.

Que lui dit-on en effet après l'apparition ? Ceci : « Relève-toi, entre dans la ville, et l'on te dira ce que tu dois faire » (Ac 9,6). La menace implicite que l'on sent derrière cette injonction pousse à formuler une hypothèse insolente.

L'analyse littéraire peut changer du tout au tout la compréhension d'un texte si l'on veut bien se déconnecter de l'*a priori* religieux. La lecture qui suit n'a d'autre but que de démontrer les ressources internes d'un épisode des Actes.

En suivant le scénario du chapitre 9 des Actes, que lisons-nous ? Que Paul, mandaté par le grand prêtre, se lance à la poursuite d'adeptes de la Voie, peut-être des disciples d'Étienne, des Hellénistes professant leur rejet de la Loi et du Temple. On peut alors se demander ce qui l'arrête en pleine course : l'apparition lumineuse du Ressuscité ou, plus prosaïquement, ceux qu'il poursuivait et qui, faisant volte-face, se retournent contre lui, le jettent à terre, le rouent de coups jusqu'à l'aveugler, avant de le conduire dans un lieu sûr où il apprendra « ce qu'il doit faire » ? Paul, à la manière des transfuges politiques, aurait-il été « retourné » par les Hellénistes qu'il était censé arrêter et conduire enchaînés à Jérusalem pour y être châtiés ?

Fin de l'hypothèse insolente d'un Paul converti par la manière forte et déployant autant de zèle envers ses nouveaux maîtres qu'il en avait déployé auprès des anciens…

Qui sait ?

Ananie

Le récit des Actes nous rapporte ensuite que Paul, conduit par la main tel un aveugle, entre dans Damas. C'est là qu'il rencontre un certain Ananie (de l'hébreu *hananyâ*, « Yahvé est favorable ») : « Aussitôt il lui tomba des yeux comme des écailles et il recouvra la vue. Sur-le-champ il fut baptisé ; puis il prit de la nourriture et les forces lui revinrent » (Ac 9,18-19).

Quelques mots suffisent pour que Paul, fort de sa foi nouvelle, reçoive le baptême et préfigure le partage de l'eucharistie.

Quant à Ananie, lors de l'épisode du chemin de Damas, il est qualifié de disciple dans la première version du récit (chapitre 9). Dans la deuxième (chapitre 22), il semble plus extérieur à la communauté. On dirait plutôt un sympathisant qu'un adhérent du mouvement, tels Joseph d'Arimathie ou Nicodème dans les évangiles. « Il y avait là un certain Ananie, homme dévot selon la Loi et jouissant du bon témoignage de tous les juifs de la ville » (Ac 22,12).

Au début de l'épisode, Jésus ressuscité est apparu à Ananie pour lui confier la charge d'évangéliser Paul. À cette occasion il prononce des paroles très tortueuses et pour tout dire d'une douloureuse maladresse rédactionnelle : « Pars, reprit le Seigneur, va dans la rue Droite et demande, dans la maison de Judas, un nommé Saul de Tarse. Car le voilà qui prie et qui a vu un homme du nom d'Ananie entrer et lui imposer les mains pour lui rendre la vue » (Ac 9,11-12). Si l'on suit bien le texte : Ananie voit Jésus lui apparaître et lui raconter une vision de Paul qui, au même moment, est en extase et voit Ananie… C'est le « palais des Glaces » ou du Ionesco antique ! Ensuite, Ananie proteste auprès de Jésus, car il sait le mal qui a été causé par ce Paul que le Ressuscité lui recommande. Les habitants de Damas auront plus tard la même réaction : « N'est-ce pas celui qui, à Jérusalem, s'acharnait sur ceux qui invoquaient [son] nom ? » (Ac 9,21).

La maison de Judas

Donc le Seigneur dit à Ananie d'aller dans la rue Droite, une rue que l'on visite aujourd'hui à Damas mais qui, dans la tradition juive, est classiquement une métaphore pour désigner la voie qui mène à Dieu. Dans ce lieu réel ou figuré, Ananie doit s'enquérir d'« un nommé Saul de Tarse », habitant la maison de Judas. Curieuse association, par parenthèse, entre Ananie, la maison de Judas et Saul/Paul. Pure coïncidence sans doute, qu'on explique volontiers par la fréquence à l'époque des mêmes noms. Mais tout de même… De Saul qui n'est pas encore Paul à Paul qui n'est pas encore intégré à la communauté se voient rapprochés Ananie et Judas. Ananie, homonyme de celui qui au chapitre 5 n'avait pas donné tous ses biens à la communauté chrétienne et sur qui Pierre attirait la vengeance du ciel, et Judas, homonyme de celui qui a vendu Jésus.

Faut-il supposer que l'épisode d'Ananie et de Saphire n'était pas à sa place actuelle dans le texte, que son rôle de parrain auprès de Paul intervenait avant que sa malhonnêteté ne soit découverte ? Rien ne permet d'être aussi catégorique. Le nom d'Ananie apparaît encore une fois, au moment du procès de Paul : il présidait alors le Sanhédrin et « ordonna à ses assistants de frapper [Paul] sur la bouche » (Ac 23,2), pour le faire taire. Ananie, Judas : deux noms de traîtres à la cause chrétienne, deux disciples qui ont rompu le pacte, car Satan s'était emparé de leur cœur.

Damas trois fois

La critique, depuis très longtemps, s'est interrogée sur la pertinence et la nécessité qui ont poussé l'auteur des Actes à relater par trois fois l'épisode du chemin de Damas. Dans le premier cas, c'est le narrateur des Actes qui raconte l'épisode à la manière d'un témoin objectif. Dans le deuxième, c'est Paul qui s'adresse directement aux juifs de Jérusalem – d'où un portrait d'Ananie dans lequel Paul met en valeur le judaïsme irréprochable de son protecteur. Et dans le troisième récit, Paul le narre au roi Agrippa, monarque à demi juif de la dynastie des Hérode – *exit* alors Ananie et son rôle d'intercesseur.

Plutôt que des références à une situation véridique, ne faut-il pas admettre qu'il y a dans ces reprises des sous-entendus délibérés ? Des critiques voilées qui n'épargnent pas Paul, que le texte, tour à tour, vénère et diffame pour ainsi dire, suggérant, mais sans attirer l'attention, comment son témoignage diffère selon les auditoires, au point de finir par laisser croire – ce qui est martelé dans ses épîtres – que Paul ne doit rien à personne.

On a répertorié un nombre considérable d'interprétations ou de lectures qui, de l'amplification à l'interpolation en passant par la narratologie, la sémantique, la poétique et beaucoup d'autres, traversent toutes les formes littéraires possibles [1]. D'une certaine manière tout et son contraire ont déjà été dits à propos de ce triple récit du chemin de Damas, comme on lit dans les Actes un double récit de l'Ascension, une double promulgation du « décret apostolique », trois versions de la rencontre de Pierre et du centurion Corneille, etc. La multiplication des récits est une sorte de marque de fabrique de l'auteur des Actes, et peut-être un procédé littéraire fréquent dans l'Antiquité.

Sans chercher à les interpréter, on peut voir ces récits comme une illustration magnifique de ce qu'est la tradition orale, l'expansion et la formation d'un récit légendaire. Mais aussi comme autant de pièces d'un catalogue que le prédicateur chrétien avait sous la main et dont il devait user avec sagacité selon le public à qui il s'adressait. Par exemple, pour évoquer le chemin de Damas, il donnera plutôt aux juifs la version du chapitre 22, qui met le judaïsme en valeur, au Grecs il servira celle du chapitre 26, où ce même judaïsme est mis en sourdine et les juifs sont incriminés dans les malheurs de Paul, et aux autres il offrira le chapitre 9, plus bref et, au fond, plus spectaculaire.

1. Voir Daniel Marguerat, *La Première Histoire du christianisme* (Labor et Fides, 1999).

Amis et ennemis

Sitôt après sa révélation, à l'occasion des assemblées synagogales, Paul proclame Jésus Fils de Dieu et démontre par les Écritures qu'il est le Christ, le Messie. En deux temps trois récits, Saul/Paul est devenu un exégète et un prédicateur juif chrétien. Le chapitre 9 des Actes nous apporte nombre de précisions : « Il passa quelques jours avec les disciples à Damas, et aussitôt il se mit à prêcher Jésus dans les synagogues, proclamant qu'il est le Fils de Dieu » (Ac 9,19-20) ; et aussi ceci, qui souligne la rapidité stupéfiante de ses progrès et la vigueur de son argumentation : « Mais Saul gagnait toujours en force et confondait les juifs de Damas en démontrant que Jésus est bien le Christ » (Ac 9,22).

Pour autant, bien que les Actes nous assurent que Paul « confond » ses adversaires, il ne semble pas parvenir à les convertir, au contraire. Ses anciens amis semblent animés des mêmes sentiments à son égard que ceux qu'il éprouvait pour les chrétiens avant sa conversion : « Au bout d'un certain temps, les juifs se concertèrent pour le faire périr » (Ac 9,23). La ville est immédiatement transformée en place forte, les portes sont gardées jour et nuit. Mais l'ennemi cette fois est à l'intérieur. Paul s'en échappe de la façon la plus rocambolesque, descendu dans une corbeille le long des remparts par des disciples bienveillants. Paul lui-même, dans la seconde épître aux Corinthiens, le raconte, mais un peu différemment, assurant que c'était « l'ethnarque du roi Arétas [qui] faisait garder la ville des Damascéniens pour [l']appréhender » (2 Co 11,32).

À peine est-il sorti des griffes des juifs de Damas ou des Damascéniens ligués contre lui que Paul arrive à Jérusalem. Et là le narrateur, bizarrement, ne peut s'empêcher de ruiner la bonne image de son héros et de mettre à mal l'harmonie qui aurait dû l'accueillir. « Arrivé à Jérusalem, il essayait de se joindre aux disciples, mais tous en avaient peur, ne croyant pas qu'il fût vraiment disciple » (Ac 9,26). On ne saurait être plus fielleux. Ses anciens ennemis (les juifs chrétiens) sont loin d'être devenus ses alliés.

Mais le plus extraordinaire est peut-être ceci : Paul, à en croire le récit des Actes, ne parvient même pas à tirer parti des divisions internes de la communauté de Jésus. Il n'intègre qu'à grand-peine le groupe de ceux que le texte appelle plus tôt les Hébreux (et il faut toute la persuasion d'un des disciples de la première communauté, Barnabé, pour le faire coopter, précisément, par les apôtres qui sont à Jérusalem). Mais Paul n'a pas plus de chance avec les frères ennemis des Hébreux, les Hellénistes : « Il s'adressait aussi aux Hellénistes et discutait avec eux ; mais ceux-ci machinaient sa perte » (Ac 9,29).

Rappelons qu'à ce stade du récit les Hellénistes ont été chassés de Jérusalem depuis plus d'un chapitre. Par enchantement ils réapparaissent avec Paul. Ce qui est d'autant plus notable que le terme « Helléniste » figure nommément pour la dernière fois dans le texte. Bien que le Paul converti semble partager avec eux une sorte de destin commun, un activisme dans la prédication, un enthousiasme missionnaire, une liberté de doctrines et de pratiques, les Hellénistes conspirent contre lui au point qu'il doit fuir Jérusalem à son tour. Ce qui a un effet immédiat : « Les Églises jouissaient de la paix dans toute la Judée, la Galilée et la Samarie » (Ac 9,31).

Manœuvre de déstabilisation

Comment expliquer cet épisode, cette parenthèse ?

Pourquoi faire revenir Paul de Damas à Jérusalem, où, sans raison narrative, ne l'attendent que pleurs et grincements de dents ? Derrière la porte de la Ville sainte se retrouvent en effet ses plus proches ennemis, les Hébreux et les Hellénistes. Les deux familles rivales du mouvement chrétien primitif que Paul réussit à réconcilier contre lui.

Pourquoi cette indication qui ne sert à rien d'autre qu'à desservir Paul ? Est-ce la trace dans le texte d'un courant qui lui est hostile, d'une rédaction moins favorable qui s'exprime en catimini, parallèlement à l'opération d'hagiographie que poursuivent les Actes des Apôtres ? N'est-ce pas une manière de traduire en d'autres termes ce que Paul lui-même dit plus d'une fois dans ses épîtres et qui n'est pas nécessairement à son avantage, pas autant qu'il l'aurait imaginé ? En effet, à force de se faire « juif avec les juifs », « Grec avec les Grecs » selon l'expression de l'épître aux Romains, il était assez inévitable que Paul ne se gagne pas que des amis. Son énergie devait passer sans peine, et surtout pour ceux-là mêmes qui partageaient sa cause, pour une forme assez exaspérante d'opportunisme et de démagogie. Oui, le personnage est des plus fascinants, mais aussi des plus irritants, tant est forte sa surestimation de soi, tant est immense sa prétention d'avoir raison contre tous.

Sans cesse il est donneur de leçons, redresseur de torts, maître de morale, professeur de vertu. Il suffit de revenir à l'œuvre du théologien lui-même pour voir qu'elle est truffée d'exclamations personnelles, comme cette soudaine apostrophe de la deuxième épître aux Corinthiens que n'oubliera pas l'auteur des Actes : « Mais ce dont on se prévaut – c'est en insensé que je parle –, je puis m'en prévaloir moi aussi. Ils sont Hébreux ? Moi aussi. Ils sont Israélites ? Moi aussi. Ils sont postérité d'Abraham ? Moi aussi. Ils sont ministres du Christ ? (Je vais dire une folie !) Moi, plus qu'eux. Bien plus par les travaux, bien plus par les emprisonnements, infiniment plus par les coups » (2 Co, 11,21-23).

Tarse

En attendant, où est passé Paul ? Les frères doivent l'exfiltrer par le port de Césarée jusqu'à Tarse.

Tarse : on apprendra plus tard que c'est la patrie de Paul. Paul est donc rapatrié chez lui, dans la diaspora juive. À Jérusalem, il fera, en grec, cet aveu au tribun qui veut l'arrêter : « Moi, [...] je suis juif de Tarse en Cilicie, citoyen d'une ville qui n'est pas sans renom » (Ac 21,39). Il le répétera aussitôt après, en hébreu cette fois, aux juifs de Jérusalem, auxquels il adresse une longue harangue. Mais nulle part dans ses épîtres, Paul lui-même ne cite la ville de Tarse.

Cette origine est pourtant assez communément admise comme véridique, au motif qu'on ne voit pas pourquoi l'auteur des Actes l'aurait inventée. « Si l'auteur des Actes avait voulu inventer pour l'apôtre un lieu de naissance plus prestigieux, explique par exemple Michel Quesnel, il aurait certainement trouvé encore mieux : Paul était donc vraisemblablement Tarsiote[1]. » Ce qui peut être un argument suffisant. Mais faisons une autre supposition : et si l'auteur des Actes ou ses ancêtres étaient, eux, originaires de Tarse, ne serait-ce pas une raison valable pour décréter que Paul était lui aussi originaire de la capitale de la province de Cilicie ? Une ville absolument prestigieuse selon le géographe Strabon, qui, à la même époque, vantait ses habitants, tellement passionnés de philosophie, à l'esprit si encyclopédique, « que leur cité a fini par éclipser Athènes, Alexandrie et toutes les autres villes connues comme celle-ci pour avoir donné naissance à quelque secte ou école philosophique. La grande supériorité de Tarse consiste en ce que tous ses étudiants sont des indigènes, circonstance qui tient du reste au peu de facilité des communications. Encore ne garde-t-elle pas à demeure toute sa population studieuse, une bonne partie voyage pour perfectionner son instruction et n'hésite pas à se fixer à l'étranger quand ses études sont tout à fait achevées ».

Demeure en tout cas une contradiction interne au livre des Actes. Comment Paul peut-il à la fois être natif de Jérusalem et venir de Tarse ? Saint Jérôme, l'ancêtre de la corporation des exégètes chrétiens, avait découvert une solution qui conjuguait

1. Michel Quesnel, *Paul et les commencements du christianisme* (Desclée de Brouwer, 2001).

l'utile et l'agréable : « Les parents de Paul étaient originaires de Gischala, province de Judée, et lorsque toute la province fut dévastée par les armées romaines et les juifs dispersés dans tout l'univers, ils furent transportés à Tarse, ville de Cilicie, et Paul, encore tout jeune, suivit ses parents. »

Un premier périple est inscrit en filigrane derrière les débuts de la biographie de Paul telle que la proposent les Actes des Apôtres : Jérusalem, Damas, Tarse. Tarse d'où Paul pourra revenir pour commencer ses aventures missionnaires, pour renaître : c'est-à-dire pour serrer désormais au plus près le parcours que l'on peut cette fois déduire des épîtres.

Mission universelle

Ramenons une dernière fois nos pas sur le chemin de Damas.

L'essentiel de ce que l'on appelle la conversion de Paul est ailleurs que dans l'illustration de la crise mystique de l'apôtre : il se situe dans la belle unanimité qui préside finalement aux trois versions du récit.

Dans un premier temps, le Seigneur avertit Ananie qui voulait se récuser, horrifié d'avoir à former une telle recrue : « Va, car cet homme m'est un instrument de choix pour porter mon nom devant les nations païennes, les rois et les Israélites » (Ac 9,15).

Dans un deuxième temps, le Seigneur apparaît à Paul, mais en deux fois. La nouvelle manifestation a lieu hors du chemin de Damas, directement à l'intérieur du Temple de Jérusalem. C'est Paul maintenant qui raconte : « Il m'est arrivé, un jour que je priais dans le Temple, de tomber en extase. Je vis le Seigneur, qui me dit : "Hâte-toi, sors vite, car ils n'accueilleront pas ton témoignage à mon sujet. [...] Va, c'est au loin, vers les païens, que moi, je veux t'envoyer" » (Ac 22,17-18 et 21).

Enfin, troisième temps, Paul, toujours, raconte que le Seigneur s'est adressé directement à lui sur le chemin de Damas, et non dans le Temple comme il l'affirmait quatre chapitres plus tôt, et qu'il lui a confié : « Voici pourquoi je te suis apparu : pour t'établir serviteur et témoin de la vision dans laquelle tu viens de me voir et de celles où je me montrerai encore à toi. C'est pour cela que je te délivrerai du peuple et des nations païennes vers lesquelles je t'envoie, moi, pour leur ouvrir les yeux, afin qu'elles reviennent des ténèbres à la lumière et de l'empire de Satan à Dieu et qu'elles obtiennent, par la foi en moi, la rémission des péchés et une part d'héritage avec les sanctifiés » (Ac 26,16-18).

Tout le monde en convient : la conversion de Paul est vraiment une vocation à aller vers les païens. Il ne s'agit pas pour Paul de prêcher le Christ Jésus et d'évangéliser ses frères juifs. C'est peine perdue. Il s'agit de partir en mission, ainsi que Yahvé l'avait promis au prophète Jérémie : « Aujourd'hui même je t'établis sur les nations et sur les royaumes, pour arracher et renverser, pour exterminer et démolir, pour bâtir et planter » (Jr 1,10). Ou selon ce qui a été dit à Isaïe, et que reprenait le cantique de Syméon au début de l'évangile de Luc : « Je fais de toi la lumière des nations pour que mon salut atteigne aux extrémités de la terre » (Is 49,6).

Cette élection de Paul comme missionnaire, le livre des Actes en prend d'abord à témoin le lecteur (c'est le premier récit) puis, crescendo, le tribun romain et la foule juive de Jérusalem (c'est le deuxième récit), enfin le roi Agrippa, successeur d'Hérode (c'est le troisième récit). On aura reconnu à travers ces trois effigies la progression du récit de la Passion dans l'évangile selon Luc. Paul désormais est chargé de convaincre et de convertir les différents juges du procès de Jésus.

Et c'est l'envol grandiose du chemin de Damas qui va le conduire en Syrie, à Antioche, à Damas, à Chypre, à Paphos, à Antioche de Pisidie, à Iconium, à Lystre, en Galatie, à Philippes, à Thessalonique, à Corinthe, à Éphèse, à Troas, à Rome enfin.

Paul et Cie

Il y a pourtant des ombres au tableau.

Paul n'est pas seul, et l'auteur des Actes lui retire presque aussitôt le contrat d'exclusivité qu'il semblait lui avoir accordé pour l'évangélisation des païens. Non seulement, juste avant le chapitre 9, Philippe l'Helléniste a déjà sérieusement entrepris le travail en Samarie, où « des foules unanimes » (Ac 8,6) se pressent pour l'accueillir, mais surtout, au chapitre 10, alors que Paul a dû repartir à Tarse, Pierre, disparu du récit depuis quatre chapitres, sort de sa retraite pour lui faire concurrence.

Pierre est à Césarée, une ville portuaire appelée ainsi en hommage à César, dans laquelle le préfet a sa résidence et peut à tout moment prendre la mer pour rejoindre Rome. C'est là, dans cette enclave romaine en terre d'Israël, qu'à la suite d'une vision Pierre va convertir à la foi chrétienne le centurion Corneille, « pieux et craignant Dieu » (Ac 10,2). Une rencontre qui n'est pas sans rappeler celle avec un autre centurion, dont Jésus avait guéri le fils ou l'esclave (selon la version de Matthieu ou celle de Luc). Jésus aurait déclaré à propos de ce soldat romain : « Pas même en Israël je n'ai trouvé une telle foi » (Lc 7,9). L'épisode, ignoré par l'évangile de Marc, serait, dit-on, le seul récit appartenant à la source des paroles commune à Luc et à Matthieu. Malgré l'opinion générale, il est permis d'avoir des doutes sérieux sur l'authenticité d'une telle parole bien anachronique dans la bouche de Jésus… Comme si Jésus était déjà, dans les années 30, étranger à la terre d'Israël.

En revanche, on comprend que, vers la fin du Ier siècle, l'auteur des Actes, par l'entremise du personnage de Pierre, chef des disciples, déclare objectivement au vu de sa situation : « Je constate en vérité que Dieu ne fait pas acception des personnes, mais qu'en toute nation celui qui le craint et pratique la justice lui est agréable » (Ac 10,34-35). Position que d'autres juifs finissent par adopter, malgré leurs réticences : « Ainsi donc, aux païens aussi Dieu a donné la repentance qui conduit à la vie ! » (Ac 11,18).

Dans les Actes des Apôtres, l'épisode du centurion Corneille est une manière de laisser à Pierre la fondation de ce qui sera, *a posteriori*, perçu comme le mouvement d'ensemble de l'Église. Une fois acceptée cette clause de style, une fois admise l'allégeance posthume, le portrait de Paul va pouvoir croître et embellir sous la plume de l'auteur des Actes. Libéré, le portraitiste n'aura d'autre objet que de faire valoir aux yeux de la postérité le caractère d'exception de son modèle, à qui le christianisme devra son expansion extraordinaire et foudroyante à travers le monde.

La conquête d'Antioche

Or le texte des Actes persiste à être bien moins intentionné qu'il n'y paraît.

Tandis que Paul, exilé à Tarse, attend son heure, l'auteur raconte la fondation de l'église d'Antioche par les Hellénistes, désignés ici à l'aide d'une litote particulièrement contournée qui préfère oublier le meurtre de leur fondateur : « Ceux-là donc qui avaient été dispersés lors de la tribulation survenue à l'occasion d'Étienne poussèrent jusqu'en Phénicie, à Chypre et à Antioche, mais sans prêcher la parole à d'autres qu'aux juifs » (Ac 11,19). Pour faire place à Paul qui doit explorer les mêmes territoires, les Actes prennent la précaution de limiter l'action des prédicateurs hellénistes aux seules synagogues. Mais ce n'est qu'une apparence, puisque aussitôt on apprend une nuance de taille : « Il y avait toutefois parmi eux quelques Chypriotes et Cyrénéens qui, venus à Antioche, s'adressaient aussi aux Grecs, leur annonçant la Bonne Nouvelle du Seigneur Jésus » (Ac 10,20).

On aurait pu penser que l'opposition juifs/Grecs correspondait à l'opposition Hébreux/Hellénistes, mais le contexte prouve le contraire : ici les juifs, qu'ils soient hébreux ou hellénistes, sont tout autres que les Grecs, dont le terme générique désigne clairement des non-juifs, des païens comme on dira plus tard. L'auteur des Actes, contre les intérêts de son héros, établit par là même que la mission en direction des païens n'est pas une découverte de Paul. Paul n'est pas le premier, et encore moins le seul, à aller vers les nations.

Pour enfoncer le clou, le texte a même l'audace de préciser à cette occasion le rôle capital d'Antioche pour l'avenir du mouvement chrétien. Sur le plan des chiffres, il est dit que « grand fut le nombre de ceux qui devinrent croyants et se convertirent au Seigneur » (Ac 11,21). Sur le plan de l'identité, on apprend même incidemment que « c'est à Antioche que, pour la première fois, les disciples reçurent le nom de *chrétiens* » (Ac 11,26) – et c'est seulement l'une des trois mentions du terme dans tout le Nouveau Testament, totalement absent par ailleurs du vocabulaire des épîtres de Paul.

Plutôt qu'à Jérusalem, où le mouvement sans avenir serait mort de sa belle mort, le véritable point de départ du christianisme se situe à Antioche. Selon l'auteur des Actes, tout est parti de là.

Troisième communauté juive de l'Empire romain, après Jérusalem et Alexandrie, Antioche était à la fois un lieu de passage et de circulation – entre la Syrie et l'Asie Mineure, entre l'Égypte et la Grèce – et un lieu de convergence entre une forte communauté juive et des craignant-Dieu, ces sympathisants païens attirés par le monothéisme et ses valeurs morales. Antioche est le milieu d'où seraient originaires l'évangile de Matthieu mais aussi d'autres traditions primitives de la littérature chrétienne, et notamment le credo que Paul cite dans la première épître aux Corinthiens. Mais Paul n'est pas d'Antioche. Il en est loin. L'auteur des Actes doit alors se livrer à une délicate mission de récupération de l'apôtre afin de le lancer à la conquête de cette cité dont il veut faire la base de l'expansion de la mission paulinienne. L'entreprise se déroule en deux temps.

Dans un premier temps, il faut remettre en circulation l'autorité hiérarchique et centralisatrice des apôtres. L'Église de Jérusalem, qui semble bien avoir eu une responsabilité directe dans l'expulsion des Hellénistes, aurait dépêché un émissaire à Antioche pour contrer l'influence de ses concurrents et reprendre la situation en main. N'y étant manifestement pas parvenue, la maison mère n'aurait eu d'autre solution que d'accompagner le mouvement. Ce qui donne de la part de l'auteur des Actes le résumé suivant : « La nouvelle en vint aux oreilles de l'Église de Jérusalem, et l'on envoya Barnabé à Antioche. Lorsqu'il arriva et qu'il vit la grâce accordée par Dieu, il s'en réjouit et les encouragea tous à demeurer d'un cœur ferme fidèles au Seigneur ; car c'était un homme de bien, rempli de l'Esprit-Saint et de foi. Une foule considérable s'adjoignit ainsi au Seigneur » (Ac 11,22-24).

C'est alors seulement, dans un second temps, qu'intervient Paul. Paul ne se présente pas de lui-même, c'est Barnabé qui le recrute sans que l'on sache ce qui motive son choix. Et c'est, pour le personnage, une nouvelle naissance – comme si sa participation à la mort d'Étienne, sa persécution effrénée des chrétiens, sa vision du chemin de Damas, tout cela ne comptait pour rien. Comme si cela se perdait dans les brumes où la légende paulinienne s'était formée. Comme s'il était maintenant avéré que ces images avaient amplifié et sublimé d'une manière extraordinaire la minceur des souvenirs historiques sur la personne de Paul.

Le parcours du combattant

Le Saul recruté par Barnabé n'a rien à voir avec le Paul qui écrit l'épître aux Galates. L'un a tout à apprendre, l'autre a la science infuse. L'un doit être pris par la main et mené comme un enfant, l'autre court la terre et la mer au mépris des périls. Paul, qui, dans ses épîtres, revendiquera toujours sa solitude exemplaire, sa révélation unique et une autorité qu'il tient du Seigneur lui-même, est contraint par l'auteur des Actes à suivre un véritable parcours initiatique, une instruction méthodique. C'est un ignorant qu'il faut éclairer pas à pas, à l'image du lecteur des Actes.

Déjà, dans les deux premiers récits du chemin de Damas, Paul avance entouré de compagnons – Le Caravage et la plupart des peintres italiens le représenteront souvent ainsi à l'instant de sa vision : un homme à terre, tombé de cheval (une monture qui n'existe dans aucun des textes), au milieu d'une foule. Ce sont ses compagnons, ses témoins, figures transparentes de l'Église, qui le guideront jusqu'à Damas, métaphore non moins transparente du chemin à parcourir pour devenir chrétien. Une fois en ville, Ananie sera son catéchiste, celui qui, bon gré mal gré, l'introduira dans la communauté et le baptisera. Mais cela ne suffit pas. Paul, exilé à Tarse comme Jésus au désert, doit après cette retraite suivre l'enseignement supérieur d'un apôtre certifié, qui à la fois l'éduquera et contrôlera ses connaissances. « Barnabé partit alors chercher Saul à Tarse. L'ayant trouvé, il l'amena à Antioche. Toute une année durant ils vécurent ensemble dans l'Église » (Ac 11,25-26). On voit au terme de quel parcours du combattant le Paul des Actes, pourtant recrue de premier ordre, va enfin pouvoir, si l'on peut dire, revenir aux affaires et, en compagnie de Barnabé, plus exactement sous son autorité, instruire « une foule considérable ».

Mais le champ n'est toujours pas libre. Paul doit encore attendre, ronger son frein, certainement rivaliser avec d'autres prétendants au titre d'apôtre qui se pressent à Antioche. C'est, entre les lignes, ce que dit le début du chapitre 13, qui s'ouvre par cet état des lieux : « Il y avait dans l'Église établie à Antioche des prophètes et des docteurs : Barnabé, Syméon appelé Niger, Lucius de Cyrène, Manaën, ami d'enfance d'Hérode le Tétrarque, et Saul » (Ac 13,1). Chatoiement des noms et des surnoms qui, tout à coup, sonnent étrangement vrai, plus juste en tout cas que le coup de théâtre qui suit immédiatement, et qui n'a d'autre but que d'éliminer les importuns : « Or un jour, tandis qu'ils célébraient le culte du Seigneur et jeûnaient, l'Esprit-Saint dit : "Mettez-moi donc à part Barnabé et Saul en vue de l'œuvre à laquelle je les ai appelés." Alors après avoir jeûné et prié, ils leur imposèrent les mains et les laissèrent à la mission » (Ac 13,2-3).

Paul, enfin, peut commencer son œuvre missionnaire.

On aurait tort de croire que c'est de manière libre et autonome. Certes, Paul peut s'élancer pour accomplir la tâche qui lui est réservée, mais toujours flanqué de Barnabé, son tuteur, son commissaire religieux. Paul opère à condition de respecter scrupuleusement la ligne qui lui est fixée. Ses actes comme ses discours sont tous à l'imitation de ceux de Barnabé : à Séleucie, à Chypre, à Salamine, à Paphos, à Perge en Pamphylie, à Antioche de Pisidie, à Iconium, à Lystres, à Derbé en Lycaonie, en Pisidie, à nouveau en Pamphylie, à Perge, à Attalie…

Ou est-ce la simple application de la règle qui veut que les apôtres aillent toujours par deux pour que leur témoignage soit accepté comme véridique ? Toujours partisan du « plutôt deux fois qu'une », l'auteur des Actes ne s'en tient pas là.

Après Barnabé, Paul est invité à reproduire humblement les faits et gestes de Pierre, lui-même dédoublant les actes et les paroles de la vie de Jésus. On sent trop dans ce procédé la volonté typique du rédacteur des Actes de présenter un tableau harmonieux des origines chrétiennes pour lui accorder un crédit historique. Dans ses épîtres, malgré les exagérations qui lui sont chères et son caractère parfois obséquieux, Paul ne laisse jamais supposer une telle soumission à ses aînés.

Barnabé et consorts

Alors que l'annonce de la Bonne Nouvelle leur donne des ailes, alors qu'ils ne sont animés que par l'envie de renverser les montagnes, Paul et Barnabé voient leur tandem se disloquer à leur retour à Antioche. La raison en est incompréhensible. Plus exactement, le livre des Actes n'expose que son mobile apparent : une simple question de personnes. Paul propose à son associé de repartir visiter les communautés qu'ils ont fondées. « Mais Barnabé voulait emmener aussi Jean, surnommé Marc ; Paul, lui, n'était pas d'avis d'emmener celui qui les avait abandonnés en Pamphylie et n'avait pas été à l'œuvre avec eux. L'irritation devint telle qu'ils se séparèrent l'un de l'autre. Barnabé prit Marc avec lui et s'embarqua pour Chypre. De son côté Paul fit le choix de Silas et partit » (Ac 15,37-40).

De Jean surnommé Marc, on sait seulement qu'il est un proche de Pierre et de la communauté de Jérusalem, où il est retourné, laissant Paul et Barnabé à Paphos ou à Perge continuer leur voyage sans lui. Quant à Silas, précédemment évoqué lui aussi comme un membre de la communauté de Jérusalem, c'est un « homme considéré parmi les frères » (Ac 15,22), qui appartient à la catégorie des « prophètes » (Ac 15,32). Ce qui est l'un des charismes importants signalés par la première épître aux Corinthiens. Contrairement à son image d'assistant de Paul, Silas est donc une personnalité de Jérusalem qui exerce des fonctions éminentes à l'intérieur du mouvement primitif.

En la personne de Jean (Marc) et de Silas, est-ce une tutelle qui aurait été imposée à Paul et à Barnabé ? Ou bien faut-il penser que ce changement de partenaire n'est pas la cause de leur séparation, mais l'un de ses effets ? C'est une rupture en tout cas qui a eu lieu, au point que Barnabé disparaît complètement du récit des Actes après s'être embarqué à destination de Chypre, tandis que Paul ne remettra jamais les pieds à Antioche (l'allusion qui y est faite plus tard ainsi qu'à Jérusalem semble de pure convention, comme si les distances étaient quantité négligeable). Différence de stratégie missionnaire, conflit doctrinal : la rupture ne s'est peut-être pas tant produite entre deux personnes qu'entre deux conceptions de l'autorité à l'intérieur de la communauté primitive. Si, dans ses épîtres, Paul ne manque pas d'occasions de manifester son indépendance, peut-être la séparation d'avec son compagnon témoigne-t-elle plutôt de sa décision de s'émanciper du pouvoir central ? ou de sa mise en marge ?

Le trajet qu'il suit serait un indice en ce sens. Parti d'Antioche, Paul traverse la Syrie et la Cilicie, repassant sur ses traces jusqu'à Antioche de Pisidie. Puis, au lieu de se diriger vers Éphèse et la côte de la mer Égée, Paul s'enfonce en Galatie et, sans atteindre la province de Bithynie ou Byzance, il ira en Macédoine, région excentrée qu'il voulait être le premier à évangéliser, sans risquer de friction avec la communauté de Jérusalem, ou celle d'Antioche.

Qu'il y ait eu ou non une véritable rupture avec la communauté mère, on peut en conclure avec Étienne Trocmé que « Paul a été contraint d'aller porter l'Évangile dans des régions situées à l'écart des grands centres et des principales voies de communication. [...] Premier missionnaire chrétien arrivé sur les lieux, il y trouvait des auditeurs que personne n'avait encore mis en garde contre son activité schismatique ou plus largement contre ses errements théologiques »[1].

Ces voyages ne durant que l'espace de quelques pages, le livre des Actes donne à penser que tout s'est passé très vite. Par mer ou à pied, Paul et ses compagnons franchissent les distances sans encombre ; de même, ni les saisons ni les frontières ne semblent les arrêter, voire les retarder. En réalité, une dizaine d'années se seraient écoulées, estimation à laquelle sont parvenus les chercheurs en fonction des indications chronologiques, des distances parcourues et du nombre de communautés qui ont été implantées à travers l'Asie Mineure. C'est fort de ces succès qui lui donnaient des moyens matériels, fort de son poids qui était le gage de la légitimité du courant paulinien, que Paul, accompagné de Silas et de Timothée, aurait enfin osé, selon Trocmé, sortir des campagnes et des bourgades, et s'atta-

1. Étienne Trocmé, « Paul-la-colère : éloge d'un schismatique », *Revue d'histoire et de philosophie religieuses*, PUF, 1981.

quer aux grands centres de l'hellénisme : Athènes, Corinthe, Éphèse, où les oppositions se manifesteront plus vite que Paul le prévoyait.

Haines

Paul – à qui pourrait convenir la formule publicitaire qu'Erich von Stroheim s'appliquait à lui-même, « l'homme que vous aimerez haïr » – offre un extraordinaire inventaire de ses avanies : « Souvent j'ai été à la mort. Cinq fois j'ai reçu des juifs les trente-neuf coups de fouet ; trois fois j'ai été battu de verges ; une fois lapidé ; trois fois j'ai fait naufrage. Il m'est arrivé de passer un jour et une nuit dans l'abîme ! Voyages sans nombre, danger des rivières, dangers des brigands, dangers de mes compatriotes, dangers des païens, dangers de la ville, danger du désert, de la mer, danger des faux frères ! Labeur et fatigue, veilles fréquentes, faim et soif, jeûnes répétés, froid et nudité ! Et sans parler du reste, mon obsession quotidienne, le souci de toutes les Églises ! » (2 Co 11,23-28).

Le scénario adopté par les Actes est toujours identique. Dans chaque contrée, dans chaque ville, Paul s'adresse exclusivement à la synagogue. En règle générale sa venue et sa prédication suscitent l'hostilité violente de toute la cité. Schéma qui se reproduit hors les synagogues, quand, à Athènes par exemple, il prononce un discours programme devant l'Aréopage et y est assez mal accueilli. Abordant la question de la résurrection, il s'attire quolibets et ricanements et se fait congédier sans recours : « Nous t'entendrons là-dessus une autre fois » (Ac 17,32).

Mais on veut comprendre pourquoi les païens rejettent si violemment Paul. Le livre des Actes fournit plusieurs réponses très vraisemblables. Par exemple, à Philippes, l'accusation faite aux chrétiens d'être des adeptes d'un Dieu unique : « Ces gens-là jettent le trouble dans notre ville. Ce sont des juifs, et ils prêchent des usages qu'il ne nous est permis, à nous Romains, ni d'accepter ni de suivre » (Ac 16,20-21). À Thessalonique, l'accusation se précise, ce sont des messianistes, des hors-la-loi : « Ces gens-là qui ont révolutionné le monde entier, les voilà maintenant ici. [...] Tous ces gens-là contreviennent aux édits de César en affirmant qu'il y a un autre roi, Jésus » (Ac 17,6-7). Ce sont à vrai dire des juifs qui parlent, mais ils expriment le point de vue païen, comme Tertullus, l'avocat du grand prêtre, devant le gouverneur Félix à Césarée : « Cet homme, nous l'avons constaté, est une peste : il suscite des désordres chez tous les juifs du monde entier, et c'est un meneur du parti des nazôréens » (Ac 24,5).

Partout où il passe, Paul sème le trouble : ce ne sont qu'émeutes, échauffourées, violences verbales et physiques. Mais, selon l'auteur des Actes, toute la responsabilité en incombe aux adversaires principaux de Paul, les juifs. Pour eux, toute discussion est dissidence, insubordination, insurrection. Ce sont des faux témoins, selon le livre des Actes, qui, à plusieurs reprises, l'accusent de ne respecter ni le Temple ni les commandements de la loi de Moïse.

Rivalités et concurrents

Qu'ils soient païens ou juifs, qu'ils soient de Jérusalem, d'Antioche ou de Damas, qu'ils soient hellénistes ou hébreux, qu'ils croient au Christ où qu'ils n'y croient pas, les ennemis de Paul fourmillent dans les Actes. Par leur existence même, par leurs divergences avec lui, ils nous font sentir que Paul n'a pas été le seul héros, comme le laisse penser la présentation des Actes, et que nombre d'oppositions ont traversé le mouvement chrétien naissant.

La liste est impressionnante.

Il y a d'abord Simon de Samarie, dit Simon le magicien ou Simon le mage, converti par Philippe. Le texte des Actes le montre en opposition aux apôtres de Jérusalem et le dénigre pour sa vénalité, mais cela semble de la diffamation. Irénée, l'un des premiers Pères de l'Église, ne déclarera-t-il pas : « Toutes les hérésies dérivent de Simon de Samarie » ? Ce qui est reconnaître à ce maître du courant gnostique une autre envergure. Et même si l'on regarde de plus près, ce que nous pouvons savoir de ses conceptions montre une grande parenté avec certains des aspects de la théologie et de la mystique de Paul.

L'eunuque éthiopien que baptise Philippe semble incarner le courant ascétique qui s'est manifesté à l'intérieur du mouvement primitif, en opposition au courant libertin, pour lequel c'est au contraire la sexualité la plus débridée qui participe à la préparation de la Fin des temps. Paul y fait allusion quand il exhorte ses frères contre ce qu'il appelle l'impudicité, la fornication, la débauche.

À Chypre, Paul affronte Élymas le magicien, un « faux prophète ». À Éphèse puis à Corinthe, il se heurte à un plus gros poisson, Apollos, juif égyptien de première force, venu d'Alexandrie. À l'inverse des réserves que Paul exprime dans ses épîtres, le texte des Actes le ménage : « C'était un homme éloquent, versé dans les Écritures. Il avait été instruit de la Voie du Seigneur, et, dans la ferveur de son âme, il prêchait et enseignait avec exactitude ce qui concerne Jésus, bien qu'il connût seulement le baptême de Jean » (Ac 18,24-25). En dépit donc de son obédience baptiste, Apollos est bien un chrétien – d'ailleurs, « il réfutait vigoureusement les juifs en public, démontrant par les Écritures que Jésus est le Christ » (Ac 18,28).

Enrôlé et instruit (il est précisé que les disciples Priscille et Aquila « le prirent avec eux et lui exposèrent plus exactement la Voie » (Ac 18,26), il devient un propagandiste du mouvement dans la région de Corinthe. Cependant Paul profite de l'absence d'Apollos à Éphèse pour enseigner à ses disciples ce qu'est l'Esprit-Saint. En effet, tout comme leur maître Apollos, ils ne connaissent que le baptême de Jean, et Paul doit mettre les points sur les i : « Jean a baptisé d'un baptême de repentance, en disant au peuple de croire en celui qui viendrait après lui, c'est-à-dire en Jésus » (Ac 19,4). Comme on le constate également dans l'évangile de Jean, il s'agissait de drainer vers le mouvement chrétien les adeptes de Jean le Baptiste, sans doute encore nombreux à la fin du Ier siècle. Ce n'est certainement pas un hasard, pas plus qu'un excès de modestie de la part de l'auteur des Actes, qui préfère d'ordinaire les recensements plus flatteurs, si les baptistes recrutés à cette occasion, précise-t-il, « étaient en tout une douzaine » (Ac 19,7). À travers cette scène, c'est symboliquement la communauté des disciples du Baptiste qui est invitée à s'agréger aux héritiers des Douze, le groupe de Jésus, et à démultiplier leurs forces.

De même que s'expriment des divergences théologiques profondes sur l'identité même du messie, sur le rôle dévolu à Jésus dans le plan de Dieu ou sur son humanité, de même il y a débat sur les rites et les pratiques, et débat sur la légitimité de ceux qui agissent ou parlent au nom du Seigneur Jésus. Les sept fils du grand prêtre Scéva, exorcistes juifs itinérants, sont punis parce que leur pouvoir n'était pas reconnu. En indiquant que « beaucoup de ceux qui étaient devenus croyants venaient faire leurs aveux et dévoiler leurs pratiques » (Ac 19,18), le texte signifie bien que certaines opinions et certaines pratiques avaient librement cours parmi les membres de la communauté chrétienne mais que celles-ci ne seront plus admises ultérieurement, notamment les actions dites magiques – directement héritées de l'activité de thaumaturge de Jésus. « Bon nombre de ceux qui s'étaient adonnés à la magie apportaient leurs livres et les brûlaient en présence de tous » (Ac 19,19).

Pour le séjour à Milet, le rédacteur du livre des Actes compose un discours d'adieu dans lequel Paul, avant son arrestation, est censé prononcer cette mise en garde : « Je sais, moi, qu'après mon départ il s'introduira parmi vous des loups redoutables qui n'épargneront pas même le troupeau, et que du milieu même de vous se lèveront des discours pervers dans le but d'entraîner les disciples à leur suite » (Ac 20,29-30). Les amis sont des faux amis, les pires sont ceux qui vivent et pensent comme vous.

Mais on n'en saura pas plus sur les loups.

Harmonie des contraires

Il est cependant clair que les communautés qui grossissent peu à peu suscitent des convoitises, car elles pèsent dans les rapports de pouvoir à l'intérieur du mouvement. Les conflits de personnes cachent des conflits idéologiques, philosophiques, théologiques, et les affiliations à telle ou telle figure sont des troupes avec lesquelles il faut compter dans la bataille d'idées. « Il y a des gens en train de jeter le trouble parmi vous et qui veulent bouleverser l'évangile du Christ, fulmine Paul. Eh bien si nous-même, si un ange venu du ciel vous annonçait un évangile différent de celui que nous avons prêché, qu'il soit anathème ! Nous l'avons déjà dit, et aujourd'hui, je le répète : si quelqu'un vous annonce un évangile différent de celui que vous avez reçu, qu'il soit anathème ! » (Ga 1,7-9).

La bataille pour l'orthodoxie était commencée.

Bien que l'élaboration du Nouveau Testament allait durer encore deux siècles, les chrétiens seront quasiment parvenus à se mettre d'accord sur son contenu dès la fin du IIᵉ siècle. Il en allait de leur survie en tant que communauté de fidèles. En édictant un canon, une règle de foi commune, le Nouveau Testament définissait en fait un consensus acceptable par des partenaires très différents, un *modus vivendi*. Les textes réunis par lui exprimaient des options à l'intérieur du christianisme primitif, des luttes de tendances entre des groupes qui se reconnaissaient dans des traditions écrites différentes et qui, le plus souvent, s'excluaient. Quoi de commun en effet entre l'évangile de Matthieu, l'école johannique, la tradition paulinienne, l'Apocalypse et l'épître aux Hébreux ?

C'est une orthodoxie à géométrie variable.

La chance du christianisme aura été ce Nouveau Testament qui réussira, à terme, à imposer l'harmonie des contraires, à préserver la multiplicité tout en sauvant le groupe du risque majeur qui le menaçait : l'implosion.

Ainsi doit-on comprendre ce que Paul lui-même, avant les Actes des Apôtres, disait déjà à mi-mots dans l'une de ses épîtres : « Je vous en prie, frères, par le nom de notre Seigneur Jésus-Christ, ayez tous le même langage ; qu'il n'y ait point parmi vous de divisions ; soyez étroitement unis dans le même esprit et dans la même pensée. En effet mes frères, il m'a été signalé à votre sujet, écrit-il à la communauté de Corinthe vers l'année 55, qu'il y a parmi vous des discordes. J'entends par là que chacun de vous dit : "Moi je suis à Paul." "Et moi à Apollos." "Et moi à Céphas." "Et moi au Christ." Le Christ n'est-il pas divisé ? » (1 Co 10,13).

Les épîtres de Paul sont une chambre d'écho des premières divisions, comme Celse en fera foi : « À l'origine ils étaient en petit nombre, animés de la même pensée ; à peine se propagent-ils en multitude, ils se divisent et se séparent, et chacun veut avoir sa propre faction : ils y aspiraient dès l'origine. » En transformant toujours les divisions internes en divisions externes, le livre des Actes cherche systématiquement à les minimiser. C'est ce à quoi le portrait héroïque de Paul fait écran.

Paul est le lien le plus sûr entre tous les contraires. La référence constante auxquels tous se rattachent, les « pour » comme les « contre ». La *rue droite* du christianisme, c'est Paul.

6

Concile à Jérusalem

De son vivant, si l'on en croit l'évangile de Matthieu, la consigne de Jésus semble ferme et définitive : « Ne prenez pas le chemin des païens et n'entrez pas dans une ville de Samaritains ; allez plutôt vers les brebis perdues de la maison d'Israël » (Mt 10,5-6). Il le répète même plus tard : « Je n'ai été envoyé qu'aux brebis perdues de la maison d'Israël » (Mt 15,24). Jésus, en son temps, n'avoue d'autres préoccupations qu'Israël, le peuple élu et la Terre sacrée. C'est son engagement, son combat, celui qu'il invite ses disciples à partager. Sans même souligner que pour lui la présence romaine est nécessairement une offense à Dieu, Jésus a une attitude vis-à-vis des païens on ne peut plus réservée, sinon franchement hostile. À la Cananéenne qui le supplie de venir à son secours, il rétorque : « Il ne sied pas de prendre le pain des enfants et de le jeter aux petits chiens » (Mt 15,26).

Les non-juifs seraient-ils donc pour Jésus des chiens ou des porcs ? « Ne donnez pas aux chiens ce qui est sacré, dit-il encore dans l'évangile de Matthieu, ne jetez pas vos perles aux porcs, de crainte qu'ils ne les piétinent, puis se retournent contre vous pour vous déchirer » (Mt 7,6). Et qui seraient ces « porcs » sinon les Romains, comme chez Marc dans l'épisode du démoniaque nommé Légion, dont Jésus chasse les esprits impurs en les projetant sur un troupeau de porcs ? Les porcs qui ont servi d'emblème aux légions romaines…

Cette attitude belliqueuse, cependant, est sans cesse corrigée par les textes, comme si les évangélistes devaient faire un pas en arrière dès qu'ils faisaient un pas en avant, redoutant que les jugements tranchants de Jésus, son radicalisme, sa violence finissent par se retourner contre lui. La Cananéenne obtient finalement satisfaction, et, malgré la virulence de ses propos, Jésus guérit le fils du centurion – même si l'on peut légitimement douter de la réalité historique de cette guérison.

Rappelons-nous la pratique chère au cinéma hollywoodien qui consiste à tourner parfois deux fins pour le même film, la vraie fin de l'histoire et la deuxième fin pour rassurer le public, celle qui permet d'honorer la règle du *happy end* – et qui, à une certaine époque, permettait en outre de se garantir des censeurs.

Volte-face

Une fois Jésus mort, les évangélistes, sans craindre de laisser leur maître se contredire grossièrement, vont faire tenir au Ressuscité des propos totalement inverses de ceux qu'il professait pendant sa vie, au point d'encourager les disciples à changer de cap. L'évangile de Matthieu dans son dernier chapitre fait ordonner par le Ressuscité : « Allez donc, de toutes les nations faites des disciples, les baptisant au nom du Père, du Fils et du Saint Esprit » (Mt 28,19). Chez Luc la rémission des péchés est promise « à toutes les nations » (Lc 24,47), et dans la finale de Marc on peut lire : « Allez dans le monde entier, proclamez l'évangile à toute la création. Celui qui croira et sera baptisé sera sauvé ; celui qui ne croira pas sera condamné » (Mc 16,15-16). Enfin, dès le début des Actes des Apôtres, le Ressuscité proclame à ses disciples : « Vous serez mes témoins à Jérusalem, en Judée et en Samarie, et jusqu'aux extrémités de la Terre » (Ac 1,8).

Comment expliquer cette extraordinaire volte-face ?

Après la chute du Temple, en 70, au moment où les textes des évangiles commencent à être mis en forme, et plus tard, quand celui des Actes le sera à son tour, les partisans de Jésus ne peuvent que constater l'échec de leur prédication auprès des autres juifs. Sans doute très peu de leurs coreligionnaires reconnaissent-ils Jésus comme le messie qu'Israël attendait, et une infime minorité croit à sa résurrection. Au chapitre 13 des Actes, le constat est terrible : « C'est à vous [les juifs] d'abord qu'il fallait annoncer la parole de Dieu. Puisque vous nous repoussez et ne vous jugez pas dignes de la vie éternelle, eh bien ! nous nous tournerons vers les païens ! » (Ac 13,46). C'est donc faute de mieux, par dépit, que les disciples se tournent vers les païens. À la fin des Actes, une phrase pleine d'amertume est mise sur les lèvres de Paul : « Eux au moins, ils écouteront » (Ac 28,28). Toutes les paroles prêtées au Ressuscité seraient donc la justification *a posteriori* d'un état de fait : il n'y a que les païens qui écoutent les missionnaires chrétiens. C'est au moins une adjuration à rechercher une audience de ce côté (les païens) puisqu'elle semble impossible à obtenir de l'autre (les juifs).

En réalité, le rapprochement vis-à-vis des païens ne commence pas si tardivement. Il est déjà engagé dans les années 50, au moment où Paul adresse ses épîtres à des communautés mixtes au sein desquelles juifs de confession et païens gagnés à la foi nouvelle cohabitent. Ce qui laisse penser que cette ouverture s'est produite encore avant. Quand ? C'est extrêmement difficile à préciser dans la mesure où l'épisode de l'expulsion des Hellénistes de Jérusalem – que tout amène à considérer comme l'événement inaugural de cette ouverture – n'est datable que par hypothèse, et que toute hypothèse en la matière repose d'abord sur une autre hypothèse, celle de la date de la crucifixion… L'expulsion des Hellénistes aurait eu lieu soit en 32, soit en 37, soit en 44… Plus tard ? Une seule quasi-certitude : avant l'arrivée de Paul.

Dans les années 50-60, les appels du Ressuscité (même si Jésus n'avait rien souhaité de semblable de son vivant) témoignent de la prise en compte de cette réalité nouvelle : désormais des païens partagent le gîte et le couvert en communion avec des juifs adorant Jésus comme le Messie. Revenu d'entre les morts, le Christ Jésus donne alors des ordres qui sont déjà traduits dans les faits. Cette lucidité *post eventum* a le double avantage d'aller dans le sens de l'histoire et de prouver aux sceptiques que ce qui était annoncé se produit effectivement, restaurant ainsi l'autorité des paroles de Jésus, mise à mal par la faillite de ses autres prophéties.

Hormis l'échec du mouvement chrétien auprès de la majorité juive *avant* 70, on peut énoncer une autre raison de cette surprenante place accordée aux païens *après* 70.

Après la chute du Temple, quand le courant sadducéen disparaît de la scène, quand il s'agit de rebâtir le judaïsme sur d'autres bases, les différents partis juifs s'affrontent sur les voies et les moyens de le faire. Chaque groupe a son interprétation de l'histoire, son ou ses héros, sa propagande, sa lecture de la Loi. Il y a des pharisiens, des esséniens, des zélotes, des baptistes, d'autres sans doute, et les partisans de Jésus. Tous en discussion, en tension.

Pour les baptistes, Jean le Baptiste était le Messie ; pour les disciples du nazôréen, ce n'est pas Jean mais Jésus ; pour les pharisiens, seule compte la Torah, etc. On peut aisément imaginer la vigueur des débats quand on voit comment la tradition chrétienne s'est approprié le personnage de Jean le Baptiste, faisant de lui un simple précurseur de Jésus.

Dans ce contexte d'affrontements entre les différents partis juifs, peut-être faut-il voir l'intérêt pour les païens comme un simple moyen « politique » de peser dans les rapports de forces, de faire nombre, de former une majorité par ailleurs introuvable. Les partisans de Jésus sont comme les bolcheviks de la révolution russe. Comme eux, ils attendent le Grand Soir, la Fin des temps. Mais, contrairement à eux, ils ne parviendront pas à prendre le pouvoir, à convaincre (y compris par la force) leurs coreligionnaires du bien-fondé de leur analyse.

La question de la place des gentils n'était pas étrangère au judaïsme. Dans les livres des Prophètes, elle revient en plusieurs occasions. On s'interroge : à la Fin des temps les non-juifs seront-ils anéantis ou rejoindront-ils le Dieu d'Israël pour recevoir la Torah ? Plusieurs prophéties annoncent qu'au jour de Yahvé, à la Fin des temps, les nations païennes monteront vers Jérusalem se placer sous sa protection.

Ainsi, dans Isaïe : « Il arrivera dans la suite des temps que la montagne de la Maison de Yahvé sera établie en tête des montagnes et s'élèvera au-dessus des collines. Alors toutes les nations afflueront vers elle... » (Is 2,2) ; et au chapitre 60 : « Les rois marcheront à ta lumière et les rois à ta clarté naissante » (Is 60,3).

Michée également, au chapitre 4, reprend à son compte la prophétie d'Isaïe : « Alors les peuples afflueront vers elle, alors viendront les nations nombreuses » (Mi 4,2).

Placés eux aussi devant l'imminence de la Fin des temps, les disciples avaient donc de très fortes justifications bibliques à aller vers les païens, pour les encourager à monter à Jérusalem voire pour les y contraindre, afin que leur venue en masse puisse hâter la manifestation de Yahvé et le Jugement dernier. Dans l'évangile de Matthieu, Jésus prophétise : « La Bonne Nouvelle sera proclamée dans le monde entier, et alors viendra la Fin » (Mt 24,14).

Les païens

Contrairement aux juifs résidant en Palestine, les juifs de la diaspora – la « dispersion » des juifs dans l'Empire romain – sont en contact quotidien avec les païens – tous parlent grec. Cette familiarité, ce voisinage, cette langue commune, sont essentielles dans la mesure où ce sont justement ces juifs de la diaspora qui vont fonder les premières communautés mêlant juifs et non-juifs, juifs et païens.

Le terme « païen » – qui signifie étymologiquement « paysan » – est en fait un anachronisme remontant au XIe siècle pour désigner ceux qui ne sont pas chrétiens. C'est improprement qu'on l'utilise en français comme synonyme de « gentil », c'est-à-dire de non-juif. Utilisé tantôt péjorativement, tantôt non, le terme recouvre artificiellement deux catégories bien différentes dans le Nouveau Testament :

– les païens au sens étroit du terme, c'est-à-dire les polythéistes, les idolâtres, adeptes du panthéon de la religion romaine ;

– les craignant-Dieu, les non-juifs attirés par le judaïsme, observant le sabbat, les prescriptions alimentaires, le tribut au Temple, les pèlerinages, mais ne se faisant pas circoncire. Les craignant-Dieu, dont on peut dire de façon imagée qu'ils tournent autour de la synagogue sans y entrer.

Cette seconde catégorie doit être bien dissociée des *prosélytes*, juifs venus du paganisme ou païens convertis au judaïsme ; ils observent pleinement la Loi de Moïse et sont agrégés au peuple juif par un sacrifice et le bain de purification rituel ; quant aux hommes, ils sont circoncis. Contrairement aux craignant-Dieu, les prosélytes sont des juifs, même s'ils sont toujours acceptés avec une certaine réserve : ils n'étaient pas « des juifs de naissance » (Ga 2,15). Selon une parole terrible de rabbi Helbo, rapportée par le Talmud de Babylone : « Les prosélytes sont comme une plaie sur la peau d'Israël, une lèpre » (*Yebamoth* 47b).

Prosélytisme

Au Ier siècle, on trouve des communautés juives, des synagogues dans toutes les régions de l'empire, en dehors de la province de Judée : en Égypte, en Cyrénaïque, en Syrie, en Mésopotamie, en Asie Mineure, en Grèce, en Italie, en Afrique du Nord et même en Gaule et en Espagne. Les estimations actuelles du nombre de juifs dans l'Antiquité oscillent entre six et huit millions. Chiffres énormes dans tous les cas puisqu'ils représentent environ 10 % de la population totale de l'Empire romain.

Sénèque, cité par saint Augustin, s'en lamentait : « Les pratiques de cette nation scélérate ont si bien prévalu qu'elles sont reçues dans tout l'univers : les vaincus ont imposé leur loi aux vainqueurs » (*De superstitione*). Mais cette expansion du judaïsme a-t-elle été le fait des juifs eux-mêmes ? En d'autres termes, le judaïsme a-t-il cherché à attirer vers lui de nouveaux croyants ?

Disons qu'une très large convergence se dessine parmi les chercheurs pour répondre par la négative à cette question. Non, les juifs ne firent pas de prosélytisme malgré l'assertion de l'évangile de Matthieu : « Malheur à vous, scribes et pharisiens hypocrites qui parcourez mers et continents pour gagner un prosélyte » (Mt 23,15). Cela, d'abord, pour des raisons religieuses : constituant le peuple élu, voués à Yahvé, héritiers de la Terre sacrée, ils considéraient qu'ils n'avaient pas d'obligations envers les autres peuples, « ces pécheurs de païens » (Ga 2,15), comme le dira Paul. Si des non-juifs voulaient rejoindre la foi juive, attirés par la philosophie du monothéisme, par la rigueur morale de la Loi et par l'organisation de la société, le mouvement de conversion ne pouvait être que de leur fait. Étant admis que le chemin était long, douloureux, exigeant. Le prosélytisme juif était en somme un prosélytisme « par l'exemple », passif, latent, s'appuyant sur des pratiques identifiables par tous et soutenues par des textes dont l'antiquité garantissait la profondeur et la validité. Les juifs n'avaient rien à solliciter. Si des non-juifs voulaient s'approcher du judaïsme, c'était à eux de faire le chemin et de s'approcher des juifs. Situation que l'on peut encore observer de nos jours.

Mais les raisons religieuses ou éthiques ne sont pas, à notre avis, les raisons principales. Les juifs ne furent jamais prosélytes parce qu'ils ne furent jamais en position de l'être. De pratiquer un prosélytisme actif. Le prosélytisme religieux est toujours l'étendard de l'impérialisme politique et militaire.

C'est la justification religieuse de la conquête. Les juifs ne furent jamais une nation conquérante, expansionniste : seule leur importait la terre d'Israël, *Erets Ysrael*. Ils ne constituèrent jamais une force militairement capable d'asservir les autres peuples et d'étendre la domination d'Israël. Ils ne firent de prosélytisme que dans les rares moments de leur histoire (à l'époque des Maccabées par exemple) où, à la suite de batailles victorieuses, ils circoncirent les peuples vaincus : « Mattathias et ses amis firent une tournée pour détruire les autels et circoncire de force tous les enfants incirconcis qu'ils trouvèrent sur le territoire d'Israël » (1 M 2,46). Mais cela reste extrêmement limité puisque les juifs vécurent la plupart du temps sous domination étrangère, successivement égyptienne, perse, grecque, romaine (celle-là même qui les contraignit à se disperser).

On peut donc affirmer qu'il n'y eut jamais de prosélytisme juif. En tout cas de prosélytisme conquérant comparable à ce que sera dans l'histoire moderne le prosélytisme chrétien d'Occident ou le prosélytisme musulman, c'est-à-dire de campagnes menées pour gagner à la foi des peuples qui n'ont d'autre choix que de se convertir ou de mourir.

Un prosélytisme de l'intérieur

Si l'on voulait trouver une forme de prosélytisme juif, c'est à l'intérieur même du judaïsme qu'il faudrait le chercher. Ce prosélytisme « interne » résulte de l'action volontariste de certains groupes juifs (comme les pharisiens) vis-à-vis d'autres groupes religieux pour les gagner à leur lecture de la Loi. C'est dans le cadre de ce prosélytisme demeurant à l'intérieur du judaïsme qu'il faut situer l'origine de l'expansion des communautés chrétiennes.

Dans les premiers temps, l'idée de prosélytisme n'est pas apparente. Pour les communautés qui regroupent les partisans de Jésus, il s'agit de suivre l'exemple du Maître, de mémoriser son enseignement, de témoigner qu'il est bien le Messie d'Israël et qu'il va revenir juger les vivants et les morts. C'est le cadre dans lequel se situe la toute première communauté, qui ne songe ni à quitter Jérusalem ni à s'ouvrir à qui que ce soit. Son noyau est constitué par ceux qui ont connu Jésus et qui peuvent témoigner de lui. C'est l'« imitation du Christ », dont les cinq premiers chapitres des Actes nous renvoient l'écho.

Dans un second temps, les Actes des Apôtres relatent presque incidemment que les Hellénistes chassés de Jérusalem après la mort d'Étienne allèrent « de lieu en lieu en annonçant la parole de la Bonne Nouvelle » (Ac 8,4). À elle seule, cette présentation de l'élan missionnaire du mouvement fait retentir les trompettes et les tambours d'une campagne victorieuse. Le christianisme est en marche, et rien ne saura l'arrêter. Il va « de lieu en lieu », de ville en ville, accroché aux semelles des disciples, transporté dans la besace des juifs de la diaspora qui rentrent chez eux, semant partout où ils passent la Bonne Nouvelle.

Sans doute essayent-ils, en premier lieu, de gagner à leur cause leurs familles, leurs voisins, leurs amis, leurs relations et, de proche en proche, ces fameux craignant-Dieu qui vont répercuter le message bien au-delà des parentés ou des entités locales. Un effet d'engrenage se produit parce que, à la différence des autres mouvements juifs tournés vers eux-mêmes, creusant sans cesse sous leurs pieds pour mieux enraciner le judaïsme dans la terre d'Israël, les partisans de Jésus font circuler la parole, la dispersent et finalement touchent par cercles concentriques une population beaucoup plus large que celle que pourra toucher le judaïsme classique.

Du témoignage, on sera passé à la « mission ».

Mission impossible

Mais y a-t-il eu réellement « mission » ?

Le terme « mission » est relativement peu usité dans le Nouveau Testament, alors qu'il le sera massivement dans la littérature ultérieure, les commentaires, les gloses, les sermons. Si massivement utilisé que nul ne songerait aujourd'hui à douter de sa réalité. D'ailleurs, on oppose facilement « prosélytisme juif » et « mission chrétienne ». Dans la recherche, souvent pétrie de christianisme implicite et d'antijudaïsme sournois, le glissement sémantique est patent. Les termes « prosélyte » et « prosélytisme » sont chargés d'une connotation clairement péjorative, alors que celui de « mission » porte en lui les valeurs d'héroïsme et d'abnégation que l'on veut exalter. Pourtant, s'il y a des juifs qui firent du « prosélytisme », ce furent bien les partisans de Jésus, les juifs chrétiens. Mais, là encore, parler de prosélytisme est sans doute une exagération qui relève tout entière de l'apologétique, tant il semble évident que l'action des partisans de Jésus originaires de la diaspora a été réinterprétée *a posteriori* à la lumière de ce que le christianisme a fini par devenir, hors de Palestine, en Occident.

Ces « missionnaires » chrétiens que l'auteur des Actes met en scène, tel Philippe, agissent, selon le récit, animés par l'Esprit-Saint, guidés par lui. Une fois de plus, il faut bien voir que l'Esprit-Saint est le héros principal des Actes des Apôtres – c'est l'équivalent du *deus ex machina* des textes de l'Antiquité. C'est parce que l'auteur des Actes connaît l'existence d'une communauté en Samarie qu'il peut, d'un point de vue littéraire, envoyer un missionnaire dans ce territoire, lui faire accomplir signes et prodiges et finalement veiller à ce qu'il fonde ladite communauté.

Mais l'expansion de la parole chrétienne et l'implantation de communautés ne firent jamais partie d'un plan prémédité, ni même coordonné. C'est la mise par écrit qui transforma les initiatives individuelles, les circonstances favorables ou les accidents de l'histoire en geste héroïque.

Juif ou chrétien ?

Dans les années 50-60, du temps de Paul, de Pierre, de Jacques, des Douze, il y a vraisemblablement déjà plusieurs types de communautés, même si, en nombre, cela représente peu voire très peu de personnes. Il y a des communautés entièrement juives, éventuellement d'origine géographique et de théologie différentes, il y a peut-être même des communautés entièrement païennes, c'est-à-dire des communautés constituées exclusivement de ces païens à la lisière du judaïsme qui trouvaient dans le mouvement chrétien un judaïsme plus accessible. Il y a enfin des communautés mixtes, réunissant de fait des juifs et des non-juifs.

Ce sont évidemment ces communautés mixtes qui ont posé rapidement le plus grave problème.

Ce sera la question cruciale : faut-il être juif pour devenir chrétien ? Si les gentils adhèrent au mouvement, doivent-ils devenir des prosélytes, c'est-à-dire se faire circoncire, ou n'est-ce pas nécessaire ?

Cette question est débattue à Jérusalem vers les années 48-49. À la réunion sont présents les piliers de la communauté mère (Paul parle de « colonnes »), c'est-à-dire Jacques, Pierre, Jean fils de Zébédée, entourés d'anciens qui restent anonymes, ainsi que des envoyés de la communauté d'Antioche directement confrontés au problème, dont Paul et Barnabé.

Connue abusivement mais habituellement sous le nom de « concile de Jérusalem », cette rencontre est relatée par deux récits indépendants dus à deux auteurs différents : d'une part, au chapitre 15 du livre des Actes des Apôtres, d'autre part au chapitre 2 de l'épître de Paul aux Galates. La comparaison de ces deux récits offre une occasion unique à l'intérieur du

Nouveau Testament – en dehors des évangiles – d'observer deux points de vue sur un même événement, d'analyser les accords et les désaccords, et, au-delà, les arrière-pensées, les équivoques, les intérêts divergents.

La version de l'épître aux Galates

Dans l'épître aux Galates, Paul écrit que c'est à cause d'une vision mystique, « à la suite d'une révélation » (Ga 2,2), qu'il est monté à Jérusalem : « Je leur exposai l'Évangile que je prêche parmi les païens – mais séparément aux notables, de peur de courir ou d'avoir couru pour rien » (Ga 2,2). Visiblement, ce que prêche Paul, aussi surprenant que cela paraisse, obtient l'agrément des notables.

Le texte est célèbre, toute la pensée de l'apôtre y tient en peu de mots : « Nous sommes, nous, des juifs de naissance et non de ces pécheurs de païens ; et cependant, sachant que l'homme n'est pas justifié par la pratique de la Loi, mais seulement par la foi en Jésus-Christ, nous avons cru, nous aussi, au Christ Jésus, afin d'obtenir la justification par la foi au Christ et non par la pratique de la Loi, puisque par la pratique de la Loi personne ne sera justifié » (Ga 2,15-16). Paul soutient que les notables de Jérusalem ne trouvèrent rien à redire ni à sa théologie ni à ses pratiques pourtant très singulières : « À mon Évangile, en tout cas, les notables n'ont rien ajouté » (Ga 2,7), ce qui laisse au moins entendre que cette sorte d'assentiment par abstention, d'approbation tacite, ne fut pas partagée par le reste de la communauté. Pour preuve que ses propos, pourtant si radicaux, n'avaient scandalisé ni Jacques ni Pierre (Jean est inexistant) et que l'entente entre eux fut parfaite, il s'exclame : « Eh bien ! de Tite lui-même, mon compagnon, qui était grec, on n'exigea pas qu'il se fît circoncire » (Ga 2,3).

Or précisément, bien que Paul ne le souligne nullement, c'est là le cœur de l'affaire : la circoncision, selon la Genèse, est en effet le signe fondamental de l'alliance avec Dieu : « Vous ferez circoncire la chair de votre prépuce, et ce sera le signe de l'alliance entre moi et vous » (Gn 17,11), peut-on lire dans le premier livre de la Bible hébraïque.

Dans l'épître aux Galates, ce signe d'alliance est violemment combattu. Ceux qui prônent la circoncision sont même traités de tous les noms. Paul vitupère contre ces « faux frères qui se sont glissés pour espionner la liberté que nous avons dans le Christ Jésus, afin de nous réduire en servitude » (Ga 2,4).

Aussi la présence de Tite à Jérusalem aux côtés de Paul peut-elle être comprise de deux manières.

Première hypothèse : Paul réalise une sorte de pédagogie par l'action, puisque Tite incarne littéralement le problème qui se pose : incirconcis mais gagné au Christ Jésus, peut-il ou non être admis parmi les juifs qui partagent la même foi que lui ? Sa venue à Jérusalem n'était pas sans risque puisque l'on peut lire dans les Actes, à propos d'un autre compagnon de Paul, Timothée : « Paul décida de l'emmener avec lui. Il le prit donc et le circoncit, à cause des juifs qui se trouvaient dans les parages, car tout le monde savait que son père était grec » (Ac 16,3), attestant, s'il le faut, combien la pression était forte.

Deuxième hypothèse : Paul se livre à une véritable provocation. À travers la présence de Tite il affirme haut et fort sa « liberté dans le Christ » et l'autonomie de l'église d'Antioche, dont il est le représentant.

Notre vision de l'Église catholique, du pouvoir pontifical, de la hiérarchie vaticane, de ses ors et de ses pompes, nous induit irrésistiblement à regarder l'Église de Jérusalem avec ce préjugé, mais ce serait un anachronisme extravagant. Jacques n'était évidemment pas le premier pape, pas plus que Pierre n'était cardinal ou nonce apostolique… L'Église de Jérusalem jouissait certainement d'un prestige lié à son ancienneté et à sa localisation dans la Ville sainte, mais rien n'assure qu'elle exerçait une primauté hiérarchique incontestée.

Venu en délégation officielle, Paul estime, de son point de vue, n'avoir pas de comptes à rendre à la communauté de Jérusalem pour mener l'évangélisation telle qu'il l'entend et telle que l'entendent ceux de la communauté d'Antioche. Il ne vient pas en vassal rendre hommage à son suzerain. Paul ne se présente pas en simple ambassadeur de son Église, il parle d'égal à égal avec les « notables » (sous sa plume le terme lui-même n'est peut-être pas exempt d'ironie), même si, à titre personnel, il souhaite obtenir l'aval ou, si l'on veut, la bénédiction de Jacques, de Pierre et de Jean pour affermir son rôle et entériner son statut d'apôtre aux yeux de la communauté. Quant à son compagnon grec, il est emblématique des croyants qu'il représente. Tite est un manifeste vivant. Le message que Paul veut transmettre à travers ce personnage est clair : c'est à prendre ou à laisser.

Dans l'épître aux Galates, on peut dire que c'est Tite qui, à son insu, vient apporter la réponse à un problème qui, volontairement dirait-on, n'est pas très explicite. Paul donne la solution avant la question. Il s'exprime par allusions ou par imprécations, il entretient savamment, par le désordre de ses arguments, la confusion. Le texte de l'épître ne joue pas cartes sur table. Paul est cauteleux à souhait. Il donne l'impression d'avoir fait prévaloir son point de vue, mais par défaut. Sans que le problème, au fond, ait été vraiment posé, soupesé, évalué dans tous ses aspects et ses conséquences. C'est un dialogue de sourds qu'il suggère.

La version des Actes

Dans la reconstitution du concile de Jérusalem par les Actes des Apôtres, c'est apparemment autre chose qui se joue.

Paul et Barnabé ne sont pas venus de leur propre initiative à Jérusalem. Pas de révélation comme dans l'épître aux Galates, pas de songes ni de voix céleste qui les envoient sur les routes.

Ce n'est pas à une aimable discussion qu'ils sont conviés : ils semblent être convoqués par les autorités. Même si le texte chante la joie avec laquelle ils furent accueillis, la liesse est de courte durée. Il s'agit de trancher le problème de fond qui oppose Paul et Barnabé à des missionnaires de l'Église de Jérusalem. Paul et Barnabé ont en effet des adversaires résolus. Quant à leur litige – la nécessité de la circoncision –, ici il est très clair : « Certaines gens venus de Judée enseignaient aux frères : "Si vous ne vous faites pas circoncire suivant l'usage qui vient de Moïse, vous ne pouvez être sauvés" » (Ac 15,1). Les « gens de Judée » ont à Jérusalem des relais puissants, à tel point que, quatre versets plus loin, sans craindre la redite, on peut lire que « certaines gens du parti des pharisiens qui étaient devenus croyants intervinrent pour déclarer qu'il fallait circoncire les païens et leur enjoindre d'observer la loi de Moïse » (Ac 15,5).

Position dominante et logique.

Alors que, dans l'épître aux Galates, Paul ne laisse pas la parole à ses interlocuteurs, le chapitre 15 des Actes est l'occasion d'un renversement complet. Fait pourtant très surprenant, on n'y entendra jamais la voix de Paul. Tout au plus apprend-on, au style indirect, qu'il donne à l'assemblée des nouvelles de sa mission. Paul n'intervient pas, il ne défend pas ses positions au cours du débat. C'est que d'autres vont s'en charger à sa place.

À l'inverse de l'épître aux Galates, qui semble rapporter une réunion secrète, presque clandestine, avec les têtes du mouvement, dans les Actes il s'agit d'une instance solennelle, d'une assemblée, d'un concile : « Alors les apôtres et les anciens se réunirent pour examiner cette question. Après une longue discussion Pierre se leva » (Ac 15,6-7). Pierre donc prend la parole en premier. Dieu, affirme-t-il, « n'a fait aucune distinction entre les païens et les juifs. Pourquoi maintenant tentez-vous Dieu en voulant imposer aux disciples un joug que ni nos pères ni nous-mêmes n'avons eu la force de porter ? D'ailleurs, c'est par la grâce du Seigneur Jésus que nous croyons être sauvés, exactement comme eux » (Ac 15,9-11).

Au discours de Pierre sur la circoncision succède, en bonne et due forme, celui de Jacques. Le frère de Jésus approuve la teneur de ce qu'a dit Pierre, qu'il appelle d'ailleurs non pas Céphas ni même Simon, c'est-à-dire un des noms usuels de Pierre, mais Syméon : « Frères, écoutez-moi, Syméon a exposé comment, dès le début, Dieu a pris soin de tirer d'entre les païens un peuple réservé à son nom » (Ac 15,14).

Pourquoi ce « Syméon » ? L'homonymie approximative entre Simon (Pierre) et Syméon ferait-elle confondre deux personnages ? Au chapitre 13 des Actes sont cités les prophètes et les docteurs établis à Antioche, et, parmi eux, « Syméon appelé Niger » (Ac 13,1). Ce Syméon d'Antioche n'aurait-il pas été plus fondé à prononcer le discours attribué à son homonyme ? Une fois encore serions-nous devant la trace d'un collage de textes, d'une pièce rapportée ?

Reste que Jacques confirme à la communauté rassemblée qu'il n'est pas nécessaire de circoncire les païens qui veulent rejoindre le mouvement : « C'est pourquoi je juge, moi, qu'il ne faut pas tracasser ceux des païens qui se convertissent à Dieu » (Ac 15,19), décrète-t-il en s'appuyant sur une longue citation du prophète Amos.

Curieusement, Jacques donne cette citation dans sa version grecque. Curieusement, car tous les portraits du frère du Seigneur font de lui un juif particulièrement pieux, très attaché au Temple et à la Loi. On a peine à imaginer qu'un tel homme se réfère à la traduction grecque de la Bible hébraïque, la Septante, de préférence à l'original. Ce n'est évidemment pas le vrai Jacques qui parle, mais l'auteur des Actes qui le fait parler, et lui fait tenir un discours dont il n'aurait approuvé aucun des termes. Le recours à la Septante est non seulement une parfaite invraisemblance, mais un coup de force.

Selon Daniel Schwartz, dans le texte hébraïque Amos prédit que les Israélites se rendront maîtres d'Édom, c'est-à-dire du territoire des Iduméens, « afin qu'ils possèdent le reste d'Édom et toutes les nations qui furent appelées à mon nom » (Am 9,12).

Édom, dont les habitants descendaient d'Ésaü, fils aîné d'Isaac, constituait un État, une confédération de princes, bien avant qu'un roi ne règne sur Israël. Moïse, en route vers la Terre promise, se heurtera à eux et sera forcé de contourner leur territoire. Édom deviendra dès lors le frère ennemi d'Israël, combattu par Saul, par David, par Salomon… Or « Édom » peut être translittéré en hébreu consonantique par DM (les voyelles étant induites). Volontairement ou par erreur, le traducteur grec de ce passage n'y a pas déchiffré « Édom », mais « Adam », *âdâm* (qui s'écrit de la même manière avec les mêmes consonnes) et qui signifie en hébreu à la fois le premier homme et l'humanité tout entière.

Dans le passage de l'hébreu au grec, il y a donc un déplacement considérable du sens de la prophétie d'Amos. Dans les Actes écrits en grec comme dans la traduction de la Septante, le prophète prédit qu'Israël se rendra maître de l'humanité : « Afin que le reste des hommes [*âdâm*] cherche le Seigneur ainsi que toutes les nations » (Ac 15,17). En hébreu, au contraire, ce n'est pas l'humanité tout entière qui devait être conquise mais une région de Palestine, l'Idumée. Or l'Idumée est située sur l'héritage traditionnel de la tribu de Syméon et partiellement sur celui de la tribu de Juda. Alors peut-être est-ce en référence à cette localisation géographique que Pierre est nommé exceptionnellement « Syméon » ?

Sous couvert de Jacques, c'est l'auteur du livre des Actes qui s'exprime. Ses choix théologiques et politiques sont sans détour : il s'agit de déterritorialiser la prophétie d'Amos, de la détacher de la terre d'Israël. Cette lecture chrétienne d'Amos aura une immense postérité puisque c'est sur son aire que le christianisme se déclarera « religion universelle ». Mais, au moment de la rencontre de Jérusalem, on est encore loin de l'universalisme chrétien. Les questions soulevées par le concile de Jérusalem ne concernent qu'un nombre extrêmement réduit de croyants qui se réunissent chez les uns, chez les autres.

La partition selon Paul

Il n'est donc pas indispensable de circoncire les disciples non juifs : c'est, vaille que vaille, là-dessus que s'entendent plus ou moins nettement le texte de Paul et celui des Actes. Plus ou moins nettement.

Dans les Actes, plus de Tite. Le Grec non circoncis qui accompagne Paul à Jérusalem, selon l'épître aux Galates, disparaît du tableau. Mais pourquoi éluder cet emblème des chrétiens non juifs, si ce n'est parce que l'auteur des Actes veut faire disparaître de l'entourage immédiat de Paul ceux qui ne sont pas juifs, afin de le rendre plus présentable ?

Dans l'épître aux Galates, peu après la réunion de Jérusalem, Paul accable Pierre de reproches : « Comment peux-tu contraindre les païens à judaïser ? » (Ga 2,14). Contraindre à judaïser, n'est-ce pas notamment imposer aux « convertis » l'obligation de la circoncision ? Ce qui est bien la preuve que le problème n'était pas complètement résolu, et que Paul n'avait compris que ce qu'il voulait entendre.

Mais les deux récits s'opposent frontalement sur la répartition des tâches et l'attribution des rôles qui en découle. Selon Paul : « Voyant que l'évangélisation des incirconcis m'était confiée comme à Pierre celle des circoncis – car Celui qui avait agi en Pierre pour faire en lui un apôtre des circoncis avait pareillement agi en moi en faveur des païens – et reconnaissant la grâce qui m'avait été départie, Jacques, Céphas [Pierre] et Jean nous tendirent la main à moi et à Barnabé, en signe de communion : nous irions, nous aux païens, eux à la circoncision » (Ga 2,7-9).

Cette partition opérée par Paul entre ceux de la circoncision et ceux des nations est le traité de Versailles du christianisme primitif : c'est un nœud de malentendus. La répartition peut en effet se comprendre de plusieurs manières :

– comme une séparation ethnique : les juifs en tant que nation et les nations païennes ;

– comme une séparation géographique : la Palestine d'une part et le monde païen, y compris la diaspora, de l'autre ;

– comme une séparation religieuse : les juifs en tant qu'entité religieuse (les juifs de l'intérieur et ceux de la diaspora) et les païens (y compris les craignant-Dieu).

Aucune de ces catégories n'est réellement satisfaisante pour interpréter ce qui, selon Paul, a été décidé.

La discussion sur l'interprétation du partage énoncé par Paul dure et durera sans doute encore longtemps entre les partisans du découpage géographique, ceux qui en tiennent pour la répartition ethnique ou religieuse et les habiles tisserands de ces trois hypothèses qui, les mêlant l'une à l'autre, en créent de nouvelles. Pour le plaisir, nous ajouterons celle-ci : lassés d'entendre Paul et de supporter sa présence, ceux de Jérusalem accédèrent à toutes ses demandes à condition qu'il s'éloigne d'eux et s'en aille le plus loin possible, espérant un départ définitif…

L'assemblée de Jérusalem n'aurait débouché que sur un *statu quo* : Paul peut continuer à exercer son apostolat hors de Palestine sans contraindre les païens à la circoncision tandis que ceux de Jérusalem continueront d'être assidus au Temple, à observer la Loi, à vivre en juifs parmi les juifs. Mais, d'un point de vue pratique, tout partage se révèle inapplicable. En dehors de la province de Judée, il n'existe pas de région entièrement judaïsée, et les juifs sont disséminés au milieu des païens partout dans le bassin méditerranéen.

Il faut donc reconnaître à Paul une formidable intuition : en revendiquant d'aller vers les païens, il allait dans le sens de l'histoire, se tournant vers les territoires qui verront se développer et triompher le christianisme. Mais c'est seulement au regard de ce qu'est devenu le christianisme que l'on peut considérer que Paul a obtenu « la belle part ». De son temps, la tâche à laquelle il se vouait était bien plus ingrate *a priori* que celle concernant les « brebis perdues de la maison d'Israël ».

Le point de vue des Actes

Dans les traductions de l'épître aux Galates, en conclusion de la rencontre de Jérusalem, on lit couramment : « Jacques, Céphas et Jean, ces notables, ces colonnes, nous tendirent la main à moi et à Barnabé en signe de communion » (Ga 2,9). Mais le texte grec dit littéralement que les notables tendirent à Paul et Barnabé « la main d'association ». Et c'est sans doute bien de cela qu'il s'agit, d'une association. L'Église d'Antioche conclut avec celle de Jérusalem une association, elle ne se place pas sous son autorité. Selon Paul, les associés conservent leur indépendance et leur liberté d'initiative dans un esprit d'émulation, sinon de concurrence.

Quelques dizaines d'années plus tard, le texte des Actes s'emploiera à combattre cette fâcheuse impression libertaire et à réaliser un renversement complet de perspective.

Voilà que les Actes des Apôtres attribuent à Pierre le rôle que Paul revendiquait dans son épître. C'est Pierre, en quelque sorte, qui est « l'apôtre des nations » ! Lors du concile de Jérusalem, le Pierre des Actes déclare en ouverture : « Frères, vous le savez : dès les premiers jours, Dieu m'a choisi parmi vous pour que les païens entendent de ma bouche la parole de la Bonne Nouvelle et embrassent la foi » (Ac 15,7).

Premier étonnement : Paul et Barnabé disent avoir accompli « signes et prodiges » (Ac 15,12). Or on a lu au chapitre 13 des Actes que, délaissant les juifs qui les injurient, à Antioche de Pisidie notamment, Paul et Barnabé se tournent vers les païens. Les fruits de leur initiative ont ainsi tout l'air d'être confisqués au profit de Pierre.

Deuxième étonnement : Paul ne récrimine pas alors que Pierre vient de revendiquer haut et fort devant lui l'évangélisation des païens. Pourtant, d'après ses épîtres, c'est le domaine réservé de Paul, qui, en outre (si l'on se fonde sur ses propres lettres), ne semble jamais avoir été un homme docile.

Troisième étonnement : « Alors toute l'assemblée fit silence. On écoutait Barnabé et Paul exposer tout ce que Dieu avait accompli par eux » (Ac 15,12) : cet intermède entre le discours de Pierre et celui de Jacques est un petit passage de liaison. Mais cette transition n'aurait-elle pas plutôt été glissée dans le récit pour faire assister Paul au concile ? La phrase ne serait-elle pas tout à fait à sa place plus haut dans le texte, à la fin du chapitre 14, quand Barnabé et Paul arrivent à Jérusalem ? On lit que les deux missionnaires « réunirent l'Église et se mirent à rapporter tout ce que Dieu avait fait avec eux, et comment il avait ouvert aux païens la porte de la foi » (Ac 14,27). À la suite de quoi l'on auditionnerait volontiers les deux orateurs selon la formule du verset 12 du chapitre 15.

Quatrième étonnement : l'auteur des Actes fait si peu cas de ce que peuvent dire Barnabé et Paul, ou de ce qu'ils auraient pu dire, qu'il fait intervenir Jacques non pas en réponse à leur discours mais en réponse à Pierre. Lequel pourtant a parlé avant eux !

Cinquième étonnement : le silence de Barnabé et de Paul signifierait-il que, après avoir exposé leur point de vue – « ils rapportèrent tout ce que Dieu avait fait avec eux » (Ac 15,4) –, ils n'eurent pas le droit de participer au débat entre les notables, et que les décisions furent prises en leur absence ? Le verset 6 indique que « les apôtres et les anciens se réunirent pour examiner cette question » (Ac 15,6) : c'est bien dire, une fois encore, que Barnabé et Paul ne sont pas considérés comme des apôtres en titre et qu'ils n'ont pas voix au chapitre. Seraient-ils restés dans l'antichambre du cénacle lors des délibérations ? Quand on y regarde de près, rien ne dit en effet que Paul et son compagnon assistent à l'assemblée. La lecture de l'épître aux Galates ne lève pas davantage l'ambiguïté.

Assez d'étonnements ! on dirait que la présence muette de Paul signifie que l'on a coupé le son de son intervention pour interpréter librement son image.

Deux points de vue

Il est indispensable de distinguer très nettement le récit des Actes de celui de l'épître aux Galates, de les considérer comme deux textes séparés. Comme les Actes des Apôtres et l'épître aux Galates se croisent sur ce même événement – le concile de Jérusalem –, inévitablement nous avons tendance à établir un lien organique entre les deux récits. Mais ce lien organique n'existe que dans l'imaginaire du lecteur. C'est une illusion d'optique. Les Actes et l'épître aux Galates ne dialoguent qu'en apparence. Leur parenté n'est qu'un leurre.

Ce sont deux œuvres en soi, qui poursuivent l'une et l'autre leur logique propre et, dès lors, ont chacune leur construction chronologique.

Dans l'épître aux Galates :

– Paul et Barnabé montent à Jérusalem ;

– rencontre avec Jacques, Pierre et Jean (concile) ;

– Paul s'attribue l'évangélisation des païens, laissant celle des juifs à Pierre ;

– incident d'Antioche : Paul et Pierre se déchirent à propos de l'attitude à adopter vis-à-vis des païens : peut-on ou non faire table commune avec eux ?

La chronologie induite de l'épître aux Galates a pour elle son ancienneté – elle est quasiment contemporaine des événements –, sa linéarité et sa simplicité, même s'il ne faut pas sous-estimer le fait que c'est le point de vue de Paul sur l'histoire, son interprétation, son récit.

Dans les Actes des Apôtres :

– Pierre convertit le centurion Corneille, premier païen avec lequel il partage la table ;

– Pierre justifie sa conduite devant les instances de Jérusalem ;

– Paul et Barnabé gagnent Jérusalem ;

– arrestation et délivrance miraculeuse de Pierre ;

– voyage de Paul et de Barnabé en route pour Jérusalem ;

– concile de Jérusalem (seuls sont mentionnés Jacques et Pierre) ;

– discours de Pierre revendiquant l'évangélisation des païens et refus de leur imposer la circoncision ;

– discours de Jacques énumérant les fondements de la mission auprès des païens et les conditions de leur admission.

La chronologie des Actes est si tortueuse qu'on a l'impression que des feuilles éparses ont été ramassées et réunies selon un ordre approximatif, dont la logique est de faire rentrer Paul dans le rang.

Incident à Antioche

Quel que soit leur rapport exact avec la réalité des faits, le chapitre 15 des Actes des Apôtres et le chapitre 2 de l'épître aux Galates sont les deux écrits fondamentaux pour la définition de l'identité chrétienne – à tel point que l'histoire du christianisme pourrait être écrite uniquement à travers la lecture de ces deux textes. Tout ce qui va faire la singularité du christianisme y est exprimé, comme y est exprimé tout ce qui sera à l'origine de la rupture puis de la séparation avec le judaïsme.

Le concile de Jérusalem est en fait le carrefour de deux questions essentielles. Derrière celle de la circoncision, qui apparaît comme l'enjeu manifeste de la réunion selon le chapitre 2 de l'épître aux Galates et selon le chapitre 15 des Actes, se dissimule celle, inévitable, inexorable et lourde de conséquences, de la commensalité. Si les communautés chrétiennes sont mixtes, c'est-à-dire acceptent en leur sein deux catégories de croyants, les chrétiens juifs peuvent-ils ou non faire table commune avec les chrétiens non juifs ? S'ils mangent avec eux, doivent-ils manger casher ou négliger les interdits alimentaires ? Et, par extension, peuvent-ils partager les mêmes rites, célébrer ensemble l'eucharistie, le repas d'action de grâces ?

Quel que soit le champ d'application des deux domaines, quels qu'en soient les titulaires, la répartition de la mission entre circoncis et non-circoncis est une construction arbitraire, une fiction qui ne résiste pas à l'épreuve des faits. L'incident survenu à Antioche, selon l'épître aux Galates, en est la preuve aveuglante.

Selon Paul, après le concile de Jérusalem, Pierre est venu à Antioche. Là-bas, il fait table commune avec des païens, ce qui du point de vue de Paul constitue un empiétement insupportable sur ses prérogatives. Mais ce que Paul reproche ouvertement à Pierre, c'est son double jeu. « Quand Céphas [Pierre] vint à Antioche, je lui résistai en face parce qu'il s'était donné tort. En effet, avant l'arrivée de certaines gens de l'entourage de Jacques, il prenait ses repas avec les païens ; mais quand ces gens arrivèrent, on le vit se dérober et se tenir à l'écart par peur des circoncis. Et les autres juifs l'imitèrent dans sa dissimulation au point d'entraîner Barnabé lui-même à dissimuler avec eux » (Ga 2,11-12). On pourrait entendre un écho de cette affaire dans le chapitre 11 des Actes des Apôtres, quand Pierre est sommé de justifier sa conduite avec le centurion Corneille devant les gens de Jérusalem : « Quand donc Pierre monta à Jérusalem, les circoncis le prirent à partie : pourquoi, lui demandèrent-ils, es-tu entré chez des incirconcis et as-tu mangé avec eux ? » (Ac 11,2-3).

Et Paul de conclure plutôt péremptoirement, dans son épître, à propos de Pierre [Céphas] et de Barnabé : « Quand je vis qu'ils ne marchaient pas droit selon la vérité de l'Évangile, je dis à Céphas devant tout le monde : "Si toi qui es juif, tu vis comme les païens, et non à la juive, comment peux-tu contraindre les païens à judaïser ?" » (Ga 2,14). Ce qui, par contrecoup, soulève à nouveau la question de ce qui a réellement été débattu et décidé à Jérusalem, à savoir certainement moins que ce qu'en dit Paul.

Le décret apostolique

Dans l'épître aux Galates, les conséquences du concile de Jérusalem restent en suspens. D'où le conflit survenu à Antioche, et que les Actes des Apôtres n'évoquent même pas. L'épisode fait l'objet d'un silence total. Dans ce texte, le concile de Jérusalem débouche sur la définition d'une ligne claire : il s'agit d'éviter ce genre de conflits – y compris rétroactivement... Afin de pallier toute difficulté, Jacques énonce les conditions requises pour que les non-juifs puissent être admis dans la communauté : « Qu'on leur mande seulement de s'abstenir de ce qui a été souillé par les idoles, des unions illégitimes, des chairs étouffées et du sang » (Ac 15,20).

Sont même aussitôt dépêchés, en particulier à Antioche, des sortes de « commissaires politiques » pour vérifier que chacun obéit à cette ligne et surtout pour contrer ceux qui défendent d'autres positions : « Ayant appris que, sans mandat de notre part, certaines gens venus de chez nous ont, par leur propos, jeté le trouble parmi vous et bouleversé vos esprits, nous avons d'un commun accord décidé de choisir des délégués et de vous les envoyer avec nos bien-aimés Barnabé et Paul » (Ac 15,24-26).

Dans les Actes, au contraire de l'épître aux Galates, il n'y a plus aucun conflit entre Paul et Pierre, comme entre Paul et Barnabé. L'unanimité règne, ainsi qu'une réprobation commune envers les « judaïsants » qui, depuis Jérusalem, agissent sans légitimité aucune. À la place de l'incident d'Antioche figure, et par deux fois, ce que l'on nomme « le décret apostolique » C'est le minimum des règles à observer. Les quatre interdits qu'énonce le décret proviennent en fait d'une sélection parmi les « lois noachiques », c'est-à-dire les commandements donnés à Noé (considéré comme l'ancêtre des gentils), énumérés dans le livre du Lévitique (qui codifie les relations de table et les interdits liés à la sexualité).

Le problème est qu'il existe deux traditions manuscrites des Actes des Apôtres : une tradition dite « alexandrine », reprise par les éditions contemporaines du Nouveau Testament, dont les codex Alexandrinus, Sinaïticus (conservés l'un et l'autre à Londres) et Vaticanus (conservé au Vatican), datés des IVe et Ve siècles, sont les meilleurs témoins manuscrits, et une tradition dite « occidentale », réputée, selon quelques chercheurs, renvoyer à un état antérieur du texte – on la trouve dans le codex de Bèze (conservé à Cambridge), manuscrit de la fin du IVe siècle, qui recopie peut-être une version du IIe siècle.

Le texte occidental des Actes des Apôtres est plus long que le texte alexandrin, et comporte de nombreuses variantes. Notamment quant à la liste des interdits du décret apostolique. Dans le texte occidental, par exemple, il est ordonné de « s'abstenir des viandes immolées aux idoles, du sang, de la fornication, et [de] ne pas faire aux autres ce qu'on ne voudrait pas être fait à soi-même » (Ac 15,29). Cela n'a plus grand-chose à voir avec la table et les unions illégitimes. Sont prohibés de façon plus générale l'idolâtrie, l'adultère, le meurtre. La règle morale prend le pas sur la loi rituelle. Il y a évolution, transformation. Ce qui implique une rédaction nécessairement plus tardive.

En dehors des problèmes d'établissement du texte, ce « décret » a suscité une énorme production de commentaires :

– parce que la règle édictée par le décret apostolique dépasse largement le cadre de la commensalité entre juifs et non-juifs ;

– parce que de l'avis unanime des commentateurs ce décret est postérieur au concile de Jérusalem et qu'il y a les plus grandes probabilités pour que Paul n'en ait jamais eu connaissance. Premièrement parce qu'il n'y fait jamais allusion, deuxièmement parce qu'il ne l'aurait jamais approuvé en l'état (trop contraignant pour son auditoire).

Ce décret apostolique est donc une pièce rapportée que le texte des Actes verse de sa propre autorité à l'histoire du mouvement chrétien.

Lutte de pouvoir

La prééminence de Jacques est historiquement attestée. C'est la statue du Commandeur qui apparaît à ceux qui s'écartent de la ligne pour les poursuivre et les détruire. Le chapitre 15 des Actes est remarquable en ceci que Jacques y occupe véritablement cette place de chef suprême de la communauté : « Je juge, moi » (Ac 15,19), décrète-t-il. Jacques gouverne, Jacques légifère. Mais c'est une exception dans le texte des Actes des Apôtres, qui minore tout le temps le rôle historique du personnage et en fait le véhicule de conceptions très vraisemblablement éloignées des siennes.

Dans l'épître aux Galates, Paul ne se risque pas à une telle réécriture. S'il ne mentionne pas le nom de Jacques dans la répartition qu'il effectue entre les circoncis et les nations, on aurait tort de croire que c'est une manœuvre pour l'écarter. C'est certainement que, pour lui et les autres disciples, Jacques est au-dessus de la mêlée, qu'il est l'arbitre suprême.

Mais parallèlement il faut entendre un extraordinaire effet de sourdine. Quand Paul opère ce partage des zones entre Pierre et lui, il fait comme s'ils étaient tous deux les uniques successeurs légitimes de Jésus, les deux seuls appelés à gérer son héritage : c'est comme s'il se retrouvait, lui, Paul, « le dernier des derniers », sur un pied d'égalité avec le premier des apôtres, le *primus inter pares*.

En d'autres termes, Paul prend ses désirs pour des réalités. Pour ceux de Jérusalem, Paul compte en effet pour rien ou presque. Il s'est fait tolérer, il a obtenu une sorte de blanc-seing pour son activité parmi les païens, sans qu'il y ait de « décret apostolique » ni d'instructions écrites d'aucune sorte. Si Jacques envoie ses gens à Antioche, c'est probablement moins pour contrôler Paul que pour contrôler Pierre, visiblement suspect de s'être rallié aux idées pauliniennes ou du moins d'agir par opportunisme. Pierre d'ailleurs ne s'y trompe pas. Dès que les émissaires de Jacques sont en vue, il s'esquive, « par peur des circoncis », explique Paul, parce qu'il est sous l'influence de « certaines gens de l'entourage de Jacques » (Ga 2,12). Le frère du Seigneur effraye au seul énoncé de son nom.

Pierre devient du même coup un ennemi de Paul.

On voit bien que l'attitude de Paul dans cette affaire est en parfait accord avec ce qu'il défend : Jacques et ses gens incarnent un pouvoir légitime avec lequel il faut ruser, mais que Pierre le trahisse n'est pas supportable. La rupture est inévitable comme elle va l'être, pour les mêmes raisons, avec Barnabé, le mentor de Paul, son parrain, son maître.

L'impôt

Aux dires de Paul, les « colonnes » de Jérusalem lui ont laissé le champ libre auprès des païens. Pas complètement toutefois… L'accord conclu est assorti d'une condition : « Nous devions seulement songer aux pauvres, ce que précisément j'ai eu à cœur de faire » (Ga 2,10).

On ne demande pas à Paul de faire l'aumône. Les ressources de la première communauté n'ayant pas dû résister beaucoup à l'épreuve du temps, il a fallu vraisemblablement ramener de nouveaux moyens de subsistance. Les « cotisations » demandées aux croyants, les dons provenant des différentes communautés sont donc une nécessité économique vitale pour l'Église de Jérusalem. Mais elles ont aussi une fonction symbolique : c'est une manière pour la communauté mère d'asseoir son autorité, de conforter son pouvoir. En demandant à Paul de ne pas oublier les pauvres, c'est, sous la périphrase, un acte d'allégeance qui lui est imposé. Paul l'a bien compris, et pratiquement toutes ses épîtres reviennent sur cette question : la collecte, la collecte, la collecte… Pour Paul, il en va de sa propre autorité auprès de « ses » Églises. Il en va de la cohésion du mouvement. Mais il en va surtout de sa reconnaissance par ceux qu'il appelle respectueusement les « saints », c'est-à-dire les autorités de Jérusalem.

Les consignes sont très précises. Dans la première épître aux Corinthiens, il écrit : « Quant à la collecte en faveur des saints, suivez vous aussi les instructions que j'ai données aux Églises de la Galatie. Que le premier jour de la semaine, chacun de vous mette de côté chez lui ce qu'il aura pu épargner, en sorte qu'on n'attendra pas que je vienne pour recueillir les dons. Et une fois près de vous, j'enverrai, muni de lettres, ceux que vous aurez jugés aptes, porter vos libéralités à Jérusalem ; et s'il vaut la peine que j'y aille aussi, ils feront le voyage avec moi » (1 Co 16,1-4).

Cela induit toute une organisation, une collecte régulière, répétée, liée directement au culte hebdomadaire (le premier jour de la semaine est le jour de la célébration chrétienne). La question est suffisamment préoccupante pour que Paul y revienne encore plus longuement dans sa deuxième épître à la communauté de Corinthe. Il vante la profonde pauvreté des communautés de Macédoine, dont les « trésors de générosité » ont dépassé ses espérances. « Selon leurs moyens, je l'atteste, et au-delà de leurs moyens, ils nous ont demandé avec beaucoup d'insistance la faveur de participer à ce service en faveur des saints » (2 Co 8,2-4), dit-il pour les encourager à donner au-delà du superflu. C'est qu'il s'agit de rivaliser d'émulation, de défendre son rang. « Votre zèle a été un stimulant pour le plus grand nombre », écrit-il encore (2 Co 9,2), maniant la flatterie, mais aussi, si ce n'est le bâton, la pression morale : « J'ai donc jugé nécessaire d'inviter les frères à nous précéder chez vous, et à organiser d'avance votre largesse déjà annoncée, afin qu'elle soit prête comme une largesse et non comme une lésinerie. Songez-y : qui sème chichement moissonnera aussi chichement ; qui sème largement moissonnera aussi largement. Que chacun donne selon ce qu'il a décidé dans son cœur, non d'une manière chagrine ou contrainte » (2 Co 9,5-7). Qu'en termes galants ces choses-là sont dites, persiflerait Molière !

Paul annonce aussi l'arrivée de Tite, semble-t-il pour accompagner en toute sécurité le transport des fonds, ajoutant : « Par là nous voulons éviter qu'on aille nous décrier pour cette forte somme dont le service est assuré par nous » (2 Co 8,20). La précaution semble indispensable si l'on en croit une remarque ultérieure de Paul, défendant à demi-mots son honnêteté et justifiant ses propres moyens de subsistance : « Aurais-je commis une faute en vous annonçant gratuitement l'Évangile de Dieu, m'abaissant moi-même pour vous élever, vous ? J'ai dépouillé d'autres Églises, recevant d'elles un salaire pour vous servir. Et quand, une fois chez vous, je me suis vu dans le besoin, je n'ai été à charge de personne : ce sont les frères venus de Macédoine qui ont pourvu à ce qui me manquait » (2 Co 11,7-9).

Alors qu'il s'apprête à partir pour la capitale de l'empire, Paul écrit à la communauté de Rome lors de son deuxième séjour à Corinthe, que l'on situe généralement vers l'été ou l'automne 54 : « Maintenant, je me rends à Jérusalem pour le service des saints : car la Macédoine et l'Achaïe ont bien voulu prendre quelque part aux besoins des saints de Jérusalem qui sont dans la pauvreté » (Rm 15,25-26). C'est bien la collecte amassée par ses soins qu'il s'agit d'apporter en mains propres à Jérusalem. L'impôt a l'air considérable, c'est un « trésor de guerre » qui permettra peut-être de tenir quelques années, en attendant la Fin des temps.

Pourtant Paul s'alarme. Malgré le magot dont il a la charge, il demande aux frères de prier pour lui, précisant : « Afin que j'échappe aux incrédules de Judée et que le secours que je porte à Jérusalem soit agréé des saints » (Rm 15,31). Pourquoi tant d'inquiétude ? Pourquoi la collecte pourrait-elle n'être pas agréée ?

L'argent sale

La réponse n'est pas évidente à formuler parce que, hormis les épîtres, notre autre source d'informations, les Actes des Apôtres, ne semble pas accorder à la collecte le même intérêt que Paul. Cela paraît même un sujet embarrassant pour leur auteur, qui répugne à parler d'argent. Au chapitre 11, il dit qu'en raison de la grande famine qui se produisit sous le règne de Claude (vers 46-50) « les disciples décidèrent alors d'envoyer, chacun selon ses moyens, des secours aux frères de Judée ; ce qu'ils firent en les envoyant aux anciens par l'entremise de Barnabé et de Saul » (Ac 11,29-30). Il s'agit, à l'occasion d'un événement ponctuel, de philanthropie, d'un geste d'entraide. La question de ces secours disparaît ensuite totalement du récit, alors même que, selon les Actes, Paul fait d'incessants voyages à Jérusalem. Elle rebondit seulement une douzaine de chapitres plus tard, lorsque Paul est arrêté dans la Ville sainte et qu'il s'explique en ces termes : « Au bout de bien des années, je suis venu apporter des aumônes à ma nation et présenter des offrandes » (Ac 24,17).

On n'en saura pas plus.

La surprise est de taille : l'auteur des Actes, pas plus que Paul dans ses épîtres, ne dit que la collecte a été acceptée. Ni l'un ni l'autre ne le disant, tout porte à croire qu'elle a été refusée. Pourquoi ?

Si la collecte avait été remise à l'Église de Jérusalem, l'occasion aurait été trop belle pour l'auteur des Actes des Apôtres de célébrer l'alliance entre les différentes composantes du mouvement chrétien, pour laquelle il ne cesse de militer. La « main d'association » que se donnent les colonnes de l'Église et Paul dans l'épître aux Galates trouvait là, par la constitution d'un capital, sa traduction dans les faits. Or l'auteur des Actes se tait. Il fait la sourde oreille, regarde ailleurs quand on attend de lui la scène grandiose entre Jacques et Paul, scellant l'accord définitif entre Jérusalem et la diaspora. Quant à Paul, si la collecte avait été acceptée, peut-être était-ce payer au prix fort le titre d'apôtre ; mais c'était aussi, par une sorte de potlatch, se mettre en position de force, ou en tout cas d'égalité, par rapport à ceux de Jérusalem. La victoire méritait bien le sacrifice d'une grosse somme d'argent et la rédaction d'une ou deux épîtres. Or, après en avoir tant parlé, s'être tant dépensé pour réunir les fonds, avoir écrit, prêché, s'être humilié à réclamer, Paul ne souffle mot du destin des aumônes et des offrandes qu'il a amassées. Comme il le redoutait, Paul aura sans doute « couru pour rien » (Ga 2,2).

À nouveau la question revient : pourquoi ? Pourquoi la collecte aurait-elle été refusée ? Parce qu'elle venait de Paul et que ceux de Jérusalem ne voulaient rien lui devoir. Parce qu'elle venait de communautés païennes et que cet argent était impur aux yeux des juifs observants qui constituaient l'Église mère. « Si l'argent ne vient pas d'une source convenable, explique à ce propos Jacob Taubes, c'est comme s'il était empoisonné[1]. » En d'autres termes, l'argent de la collecte était de l'argent sale. L'accepter signifiait accepter Paul, accepter que les communautés d'origine païenne fassent corps avec les communautés juives.

Ce qui était inacceptable.

Ruptures

Après l'opposition entre les disciples et la famille de Jésus, après la dispute entre les Hébreux et les Hellénistes, le concile de Jérusalem et surtout l'incident d'Antioche marquent la troisième fracture significative dans l'histoire de la communauté primitive. Malgré les efforts du récit des Actes des Apôtres

1. Jacob Taubes, *La Théologie politique de Paul*, trad. de l'allemand par Mira Köller et Dominique Séglard (Éd. du Seuil, 1999).

pour embellir la fresque des premiers temps, nul ne peut contester qu'après la prise du pouvoir par Jacques, la mise en cause de Pierre et l'éloignement de Paul, plus rien ne sera comme avant.

De façon schématique, on peut dire que deux interprétations se feront désormais face au sein du mouvement des disciples du Christ Jésus, l'une tournée vers Israël et encadrée par Jacques, l'autre impulsée par Paul, tournée vers les païens, c'est-à-dire les craignant-Dieu, parmi lesquels les partisans de Jésus vont obtenir l'audience la plus large. Ces deux courants, qui ne cesseront de s'éloigner l'un de l'autre, ne se réuniront plus jamais. Il y aura désormais des communautés « pagano-chrétiennes » affranchies de la circoncision et de l'observance de la Loi, et des communautés « judéo-chrétiennes » totalement inscrites dans la tradition d'Israël. Après la séparation de corps entre circoncis et incirconcis, l'affaire de la collecte marque la séparation de biens, une frontière infranchissable entre le pur et l'impur.

Dès lors, le divorce est inévitable.

7

Jours de colère

Derrière les épîtres de Paul se profile la question fondamentale de leur authenticité. Depuis longtemps, elle a été la cause d'âpres discussions.

Au camp des exégètes catholiques pour lesquels toutes les épîtres attribuées à Paul étaient irréfutablement de lui se sont opposés les chercheurs essentiellement protestants. Ainsi, au XIXe siècle, F. C. Baur et derrière lui l'école de Tübingen ne considéraient comme authentiques que l'épître aux Romains, les deux épîtres aux Corinthiens et celle aux Galates. L'école hollandaise, elle, les récusait toutes. « Que toutes ces épîtres soient sûrement authentiques, comme le voudrait l'orthodoxie romaine, c'est, au point de vue de la critique rationnelle la moins sévère, une thèse insoutenable », écrivait Alfred Loisy, avant d'ajouter de son ton inimitable : « Mais, authentiques ou non, les épîtres sont des monuments de la primitive Antiquité chrétienne, et qui méritent à ce titre la considération de l'historien [1]. »

1. Alfred Loisy, *Remarques sur la littérature épistolaire du Nouveau Testament* (Librairie Émile Nourry, 1935).

Quatorze

Dans le Nouveau Testament, quatorze épîtres sont attribuées à Paul. L'une d'entre elles est définitivement reconnue comme n'étant pas de Paul : l'épître aux Hébreux – d'ailleurs, elle ne figure pas parmi les épîtres pauliniennes dans les éditions protestantes du Nouveau Testament. Trois autres, les épîtres dites pastorales, c'est-à-dire la première et la seconde épître à Tite, et l'épître à Timothée, sont également considérées comme n'étant pas de Paul mais de certains de ses disciples, de même que l'épître aux Colossiens et l'épître aux Éphésiens, qui auraient été écrites au tournant du Ier et du IIe siècle, bien après la mort de l'apôtre.

Ainsi, seulement sept épîtres sur les quatorze classées dans cette catégorie d'écrits de Paul sont aujourd'hui acceptées à peu près unanimement par la critique comme authentiques. Ce sont, selon l'ordre de présentation du Nouveau Testament, et non pas dans l'ordre chronologique supposé de leur rédaction, l'épître aux Romains, l'épître aux Galates, la première épître aux Thessaloniciens, la seconde épître aux Thessaloniciens (mais le consensus n'est pas unanime en ce qui la concerne), la première et la seconde épître aux Corinthiens, l'épître aux Philippiens et le billet à Philémon.

Il y a donc dans l'ensemble considérable de l'œuvre publiée sous le nom de Paul un certain nombre d'écrits qui ne sont certainement pas de lui. « Toute religion est marquée par une double nécessité : l'attachement au passé et à ses traditions ; l'ouverture au présent et à ses révélations. Ce second aspect – l'intérêt pour aujourd'hui et ses exigences spirituelles, ecclésiales ou disciplinaires – explique la production continue d'œuvres nouvelles aux côtés ou à la suite de livres appelés à devenir canoniques », rappellent justement François Bovon et Pierre Geoltrain. « Dans l'Antiquité, la notion de propriété intellectuelle était fort différente de celle qui a cours aujourd'hui. En toute bonne conscience, les disciples d'un maître spirituel pouvaient s'exprimer sous son nom. Comme Platon pensait bien faire en rapportant l'enseignement oral de Socrate, de même certains responsables chrétiens jugèrent bon de consigner par écrit, d'adapter, voire de créer des sentences de Jésus, tandis que d'autres composèrent des épîtres dans la mouvance des apôtres[1]. »

Par ailleurs, bien qu'il s'agisse d'épîtres il serait tout à fait inconséquent de confondre ces lettres de Paul avec une quelconque correspondance. À les lire, on y découvre des morceaux de nature très différente : des polémiques, des textes de catéchèse, des préceptes liturgiques, des confessions de foi, des spéculations théologiques, des règles de discipline, des souvenirs personnels, mais aussi des christologies différentes voire des philosophies incompatibles, une pensée qui évolue et qui s'adapte à différents auditoires, au point de changer parfois du tout au tout.

Cela pose un second problème : parmi les épîtres acceptées comme authentiques, plusieurs sont visiblement des créations littéraires. Elles résultent de la compilation de plusieurs écrits qui ont été rattachés artificiellement. La longue première épître aux Corinthiens est l'exemple le plus clair d'un tel assemblage de textes hétérogènes. Selon toute probabilité, les épîtres de Paul n'ont en effet jamais dû être dictées ni écrites dans la forme où nous les lisons aujourd'hui.

Thessalonique

Dans sa première épître aux Thessaloniciens, Paul remercie, au chapitre 2, les chrétiens de Thessalonique d'avoir accueilli l'Évangile « non comme une parole d'hommes mais comme la

1. François Bovon et Pierre Geoltrain, introduction aux *Écrits apocryphes chrétiens*, vol. I (Gallimard, « Bibliothèque de la Pléiade », 1998).

Parole de Dieu » ; et d'ajouter : « Et cette parole reste active en vous les croyants. Car vous vous êtes mis, frères, à imiter les Églises de Dieu dans le Christ Jésus qui sont en Judée : vous avez souffert de la part de vos compatriotes les mêmes traitements qu'ils ont soufferts de la part des juifs : ces gens-là ont mis à mort Jésus le Seigneur et les prophètes, ils nous ont persécutés, ils ne plaisent pas à Dieu, ils sont ennemis de tous les hommes quand ils nous empêchent de prêcher aux païens pour leur salut, mettant ainsi en tout temps un comble à leur péché ; et elle est tombée sur eux, la colère, pour en finir » (1 Th 2,13-16). C'est du moins la traduction qu'en donne la Bible de Jérusalem.

Même si son titre original, *Pros Thessalonikeis a'*, n'est connu que depuis le IIe siècle, la plupart des chercheurs datent cette lettre de Paul de l'année 50 ou 51. Cela fait de cet écrit la première lettre connue de l'apôtre et surtout le plus ancien document du Nouveau Testament, le texte chrétien le plus archaïque.

La première épître aux Thessaloniciens aurait été conçue depuis Corinthe, où Paul séjournait en compagnie de deux autres disciples du mouvement, Silvain et Timothée. Elle a été écrite à l'occasion de la mission de Timothée à Thessalonique : « Et nous vous avons envoyé Timothée notre frère et le collaborateur de Dieu dans l'évangile du Christ, pour vous affermir et réconforter dans votre foi » (1 Th 3,2). Puis Paul ajoute : « Maintenant Timothée vient de nous revenir de chez vous et il nous a donné de bonnes nouvelles » (1 Th 3,6). Mais des chercheurs ont envisagé l'hypothèse que le texte actuel serait en fait le produit de la fusion de deux lettres, l'une écrite avant le départ de Timothée, l'autre à son retour.

Quoi qu'il en soit, Paul écrit pour se réjouir et féliciter les Thessaloniciens de la solidité de leur foi : « Vous êtes ainsi devenus un modèle pour tous les croyants de Macédoine et d'Achaïe » (1 Th 1,7). Pourtant il ne peut cacher qu'il redoute que cette foi si solide ne s'évanouisse sitôt les apôtres repartis : « C'est pour cela que n'y tenant plus je l'ai [Timothée] envoyé pour s'informer de votre foi. Pour que le Tentateur ne vous ait pas tentés et que notre labeur n'ait pas été vain » (1 Th 3,5). C'est indiquer l'extrême fragilité de la communauté. Paul se dit néanmoins soulagé par le rapport de son émissaire : « Maintenant nous revivons puisque vous tenez bon dans le Seigneur » (1 Th 3,8). Mais, quelques lignes plus loin, il croit nécessaire de préciser qu'il a hâte de « compléter ce qui manque encore à [leur] foi » (1 Th 3,10).

Que pouvait-il manquer à la foi des Thessaloniciens ?

Paul les exhorte à repousser l'impudicité : « Voici quelle est la volonté de Dieu : c'est votre sanctification ; c'est que vous vous absteniez d'impudicité » (1 Th 4,3). Il les invite à vivre en paix, hors des conflits : « Nous vous engageons, frères, à faire encore des progrès en mettant votre honneur à vivre calmes » (1 Th 4,11), et leur ordonne de ne s'occuper que de leurs affaires et de « travailler de [leurs] mains » (1 Th 4,12). Si l'on dégage les reproches sous-entendus par ces exhortations, cela ne donne pas une image très reluisante de la communauté chrétienne de Thessalonique. Semblent y régner l'oisiveté, la lubricité et les disputes. À moins que cela ne témoigne de l'attitude des membres de cette communauté qui, attendant la Fin des temps dans un avenir immédiat, se sentent affranchis de toute loi, de toute obligation.

Timothée n'y a d'ailleurs peut-être pas reçu un accueil aussi fraternel et chaleureux qu'il paraît. Sinon pourquoi Paul écrirait-il : « Nous vous demandons, frères, d'avoir de la considération pour ceux qui se donnent de la peine au milieu de vous, qui sont à votre tête dans le Seigneur et qui vous reprennent » (1 Th 5,12) ? Timothée n'a-t-il pas reçu la considération qu'il méritait ? Les Thessaloniciens n'étaient-il pas d'humeur à être « repris » par un apôtre ? En tout cas Timothée a rapporté de son ambassade deux questions essentielles qui inquiètent la communauté de Thessalonique :

1) que se passera-t-il pour les croyants qui meurent avant la Fin des temps, avant l'avènement du Royaume ?

2) quand la Fin des temps adviendra-t-elle ?

Paul s'emploie à répondre en détail à ces questions dans les chapitres 4 et 5, et ses réponses constituent le corps doctrinal de l'épître. Sur le premier point il annonce une résurrection générale : « Le Seigneur, au signal donné par la voix de l'archange et la trompette de Dieu, descendra du ciel, et les morts qui sont dans le Christ ressusciteront en premier lieu » (1 Th 4,16). Sur le second point, il avance que les Thessaloniciens comme les apôtres doivent cultiver leur patience et soutenir les faibles.

Ces arguments, après lui, seront repris sans cesse par la tradition chrétienne pour justifier le retard perpétuel de la parousie. « Quant aux temps et moments, vous n'avez pas besoin, frères, qu'on vous en écrive. Vous savez vous-mêmes parfaitement que le Jour du Seigneur arrive comme un voleur en pleine nuit » (1 Th 5,1-2). Cela fait étrangement penser aux mises en garde que l'on peut lire dans l'évangile de Marc et au premier chapitre des Actes des Apôtres, lorsque l'auteur fait dire au Ressuscité que Dieu seul connaît l'heure fatale : « Il ne vous appartient pas de connaître les temps et moments que le Père a fixés de sa seule autorité » (Ac 1,7). De là vient que certains chercheurs lisent ce court passage de la première épître aux Thessaloniciens comme une glose ultérieure, ajoutée au texte de l'épître quand il a fallu rassurer les chrétiens des générations ultérieures sur cette échéance sans cesse différée.

Les Thessaloniciens

Fondée en 315 avant notre ère par les Macédoniens, Thessalonique avait obtenu de l'empereur Auguste le privilège d'être une ville libre, disposant d'un sénat, d'une assemblée du peuple et de sa propre justice. De nombreuses populations étrangères se croisaient dans cette cité prospère grâce à son port. Les juifs y étaient assez nombreux pour avoir leur synagogue.

Entre la mort de Jésus, vers l'année 30, et la rédaction de l'épître, vers 50, il s'est passé vingt ans sur lesquels nos renseignements sont des plus minces. Comment ont vécu les communautés implantées dans la diaspora ? Comment survivaient-elles ? Comment se développaient-elles ? Que faisait Paul ? Seules des spéculations, des supputations, des hypothèses nous permettent de traverser cette « période tunnel », selon la judicieuse expression de Graham Stanton. Les indices les plus éclairants viennent en fait des versets de l'épître elle-même. Nous y relevons d'emblée une très violente polémique contre les juifs. Paul rappelle que les Thessaloniciens ont souffert de la part de leurs « compatriotes » ce que les Églises de Judée « ont souffert de la part des juifs » (1 Th 2,14).

Mais il ne précise pas qui sont ces « compatriotes », ceux qui ont persécuté les destinataires de l'épître. En grec, le terme *sumphyletes* signifie qu'il s'agit de gens appartenant à « la même tribu » ou au « même parti ». Cela veut-il dire que ces Thessaloniciens à qui Paul s'adresse sont des Grecs ? ou bien sont-ce des juifs ? Sont-ils des païens gagnés par la foi au Christ Jésus ? Ou s'agit-il d'une communauté mixte, mêlant craignant-Dieu et juifs chrétiens ?

La polémique est d'une virulence telle qu'elle désigne, *a priori*, comme destinataires de ce brûlot des Grecs acquis à la foi en Jésus le Christ, des craignant-Dieu, comme le laisse entendre Paul, car il stigmatise plus loin « les païens qui ne connaissent pas Dieu » (1 Th 4,5) ou, en tout cas, une communauté dans laquelle les païens étaient largement majoritaires. « Vous vous êtes tournés vers Dieu, abandonnant les idoles pour servir le Dieu vivant et véritable, dans l'attente de son Fils qui viendra des cieux », dit-il (1 Th 1,9-10).

S'ils sont bien grecs, on peut conjecturer que leur activité messianique, l'annonce de la Fin des temps et la proclamation du Jugement dernier, enfin leur profession de foi monothéiste ont fait qu'on les a considérés comme des fauteurs de trouble et qu'ils ont été pourchassés comme tels. Mais l'histoire n'a pas retenu la moindre trace de troubles provoqués par des Grecs partisans de Jésus à Thessalonique... S'ils sont juifs, il faut alors imaginer que l'annonce de Jésus comme le prophète annoncé par Moïse, comme le Messie, les paroles éventuelles contre la Loi et le Temple ont pu irriter la communauté et occasionner des affrontements internes. Mais, là non plus, l'histoire n'a pas retenu l'écho d'une agitation particulière à l'intérieur de la communauté juive de Thessalonique. D'un côté comme de l'autre, l'histoire demeure muette.

Même si l'idée que l'épître puisse interpeller, au moins en partie, des juifs marginaux, rebelles aux formes traditionnelles du judaïsme, ne peut pas être totalement écartée, comment, dans les années 50, Paul pourrait-il tenir à d'autres juifs des propos si définitifs sur les juifs « ennemis de tous les hommes » ?

De la part des juifs

Selon l'étymologie proposée par Christian-Bernard Amphoux, « le mot *ioudaios* (devenu en latin *judaeus* d'où vient le français *juif*) dérive de l'hébreu *Yehoud* qui désigne le peuple de la Judée soumis au sacerdoce du Temple de Jérusalem, au début de l'époque perse ; le peuple qui se reconnaît comme descendant d'un ancêtre commun, *Jacob*, devenu *Israël*, *Yehoudah* (*Juda*) étant le nom du fils de Jacob à qui échoit le sceptre du pouvoir politique. »

Les occurrences du mot « juif » dans le Nouveau Testament sont très diverses : cinq emplois chez Matthieu, six chez Marc, cinq chez Luc, soixante-dix ou soixante et onze chez Jean, quatre-vingts dans les Actes et vingt-cinq chez Paul... Dans la littérature chrétienne, l'usage du mot « juif » joue constamment sur ces deux sens, géographique et ethnique, et il faut sans cesse tenter de distinguer les versets où le terme désigne les habitants de la Judée (les Judéens) de ceux où, au contraire, c'est la nation juive tout entière qui est concernée politiquement et religieusement, voire ses dirigeants stigmatisés sous ce vocable (comme on dit aujourd'hui « les Américains » pour critiquer le gouvernement américain). Dans l'épître aux Thessaloniciens, lorsque Paul compatit au sort des fidèles, le comparant à ce qu'ont souffert les Églises de Judée « de la part de juifs », la question prend tout son sens.

Alors qui sont ces « juifs », objets du ressentiment de Paul ?

On pourrait être tenté de ne voir ici que la désignation d'un petit groupe particulier, ceux qu'il appelle dans l'épître aux Romains les faux juifs : « Le juif n'est pas celui qui l'est au dehors, et la circoncision n'est pas au dehors dans la chair, le vrai juif l'est au dedans et la circoncision dans le cœur, selon l'esprit et non pas selon la lettre » (Rm 2,28-29). Si l'on admet comme certains qu'il s'agit bien, globalement, des juifs, il faudrait aussitôt dédouaner Paul : comment le juif Paul pourrait-il être suspecté d'antijudaïsme primaire ? Toutes les explications se heurtent ici, comme à un mur, à l'usage du pluriel. Paul parle en effet « des » juifs. Or, comme l'a relevé Simon Légasse [1], le pluriel *Ioudaioi* est, chez Paul, presque toujours sans article à l'exception de ce passage et de deux autres mentions dans ses épîtres (1 Co 9,20 et Ga 2,13). On doit donc conclure que l'expression « les juifs » dans l'épître aux Thessaloniciens vise le peuple juif en général, dans sa dimension ethnique et religieuse.

La suite du passage ne fait que confirmer cette lecture.

Ils ont tué Jésus…

Dans la première épître aux Thessaloniciens, une phrase de Paul est particulièrement méprisante pour les juifs. Il les considère comme la lie de l'humanité, car, selon lui, ce sont « ces gens-là » qui ont tué « Jésus le Seigneur ». La première accusation dès lors est redoutable : les juifs auraient tué Jésus…

1. Simon Légasse, *Les Épîtres de Paul aux Thessaloniciens* (Éd. du Cerf, 1999).

Historiquement, nous savons qu'il n'en est rien : la crucifixion de Jésus a été l'œuvre des Romains, c'était un supplice romain, exécuté par des troupes romaines auxiliaires sous les ordre de Pilate, préfet romain. Selon les évangiles, Jésus aurait été dénoncé et arrêté à l'initiative des grands prêtres.

Dans l'évangile selon Luc, malgré Pilate qui ne trouve en lui aucun motif de condamnation à mort, les juifs réclament à grands cris que Jésus soit crucifié : « Crucifie-le ! Crucifie-le ! » (Lc 23,22) ; comme ils avaient déjà crié un peu plus tôt : « À mort cet homme ! » (Lc 23,18). Ces mêmes clameurs retentissent dans l'évangile selon Jean, au chapitre 19 quand « Pilate dit aux juifs : Voici votre roi. Eux vociférèrent : “À mort ! À mort ! Crucifie-le !” » (Jn 19,14-15). Mais, quoi qu'il en soit de la procédure et du déroulement précis des opérations, la mise à mort du condamné n'a pas été de leur fait, comme les quatre évangiles eux-mêmes sont, malgré tout, bien obligés d'en convenir.

À la fin du Ier siècle, un saut théologique considérable sera accompli quand, dans l'évangile de Jean, Jésus et Dieu appartiendront à la seule et même entité. Alors les juifs pourront voir leur charge aggravée puisque de meurtriers de Jésus ils deviendront les meurtriers de Dieu lui-même…

L'évangile de Jean et celui de Luc sont des textes des vingt dernières années du Ier siècle, l'épître de Paul est de l'année 50 ou 51 au plus tard. Elle contiendrait donc les prémices les plus anciennes et déjà, si l'on peut dire, les plus abouties, de cette terrible accusation.

Propheto phantai

Dans la deuxième partie de sa phrase, Paul associe Jésus et les prophètes, respectant la hiérarchie qui lui est propre. Pour lui Jésus n'est pas un prophète, pas même le Prophète, il est premier et unique par nature, même si son sort et le leur sont comparables. L'accusation du meurtre des prophètes qui est portée à l'encontre d'Israël est un thème récurrent dans la Bible, on la trouve dans Isaïe, dans Jérémie, dans Michée, dans Amos.

En reprenant à son compte cette vieille tradition typique du Deutéronome et en y adjoignant Jésus, Paul, pourrait-on dire familièrement, charge la barque des juifs. Leur crime est le même depuis la nuit des temps, les envoyés de Dieu sont systématiquement anéantis et Israël, cœur endurci, demeure sourd et aveugle à leurs appels. Une trentaine d'années après la lettre de Paul, cette idée sera largement reprise dans l'évangile selon Matthieu : « Malheur à vous, scribes et pharisiens hypocrites qui bâtissez les sépulcres des prophètes et décorez les tombeaux des justes, tout en disant : "Si nous avions vécu du temps de nos pères, nous ne nous serions pas joints à eux pour verser le sang des prophètes." Ainsi vous témoignez contre vous-mêmes, vous êtes les fils de ceux qui ont assassiné les prophètes ! Eh bien vous comblez la mesure de vos pères » (Mt 23,31-32).

Ils nous ont persécutés

Paul accuse ensuite les juifs d'avoir persécuté les missionnaires chrétiens. Il ne précise pas la nature des persécutions qu'ils ont endurées ; pourtant on espérerait de lui au moins une mise en parallèle de la « persécution effrénée » qu'il avait menée naguère « contre l'église de Dieu, et des ravages » causés (Ga 1,13), avec celle qu'il a subie en tant qu'apôtre. Mais non, rien. Paul n'est pas en verve. Dans la première épître aux Thessaloniciens, l'accusation prend un caractère général et presque abstrait, alors que dans la deuxième épître aux Corinthiens, Paul donne un aperçu de ce que recouvre peut-être le terme de « persécution » quand il évoque la liste des châtiments qu'il a endurés. Mais encore une fois, hormis ce texte, il n'existe pas en dehors du Nouveau Testament de témoignages sur des faits semblables dont on pourrait accuser les juifs entre eux.

Certains ont voulu voir dans le chapitre 17 des Actes, qui relate le séjour de Paul et de Silas à Thessalonique et leur expulsion de la ville, l'événement précis qui expliquerait ce passage de l'épître de Paul : « Les juifs, pris de jalousie [de zèle contre eux], ramassèrent sur la place quelques mauvais sujets, provoquèrent des attroupements et répandirent le tumulte dans la ville » (Ac 17,5), peut-on lire. Le livre des Actes étant postérieur d'une bonne trentaine d'années selon les datations communes, le simple bon sens chronologique empêche de souscrire entièrement à cette explication. Elle n'est pas impossible, mais on pourrait dire, à l'inverse, que l'auteur des Actes, s'il connaissait le texte de l'épître, a pu profiter de son récit pour apporter de nouveaux détails.

Ennemis de tous les hommes

Après les avoir accusés d'avoir mis à mort Jésus le Seigneur et d'avoir maltraité ses envoyés, Paul poursuit, au verset 15, son réquisitoire contre les juifs qui « ne plaisent pas à Dieu ». Vu ce qui précède, cela paraît la moindre des choses… On notera que cette formule prend ici un caractère définitif, elle acquiert un statut intemporel : les juifs « ne plaisent pas à Dieu », ils ne lui ont jamais plu, ils ne lui plaisent pas et ne lui plairont jamais.

Paul, qui redouble ses coups, ajoute ensuite que les juifs sont « ennemis de tous les hommes ». Cette accusation de misanthropie est sans doute la plus archaïque des accusations contre eux. Déjà au IIIe siècle avant notre ère, Hécatée d'Abdère écrivait à propos de Moïse : « Il ne fabriqua aucune image des dieux, persuadé que la divinité n'a pas figure humaine ; il croyait que le ciel qui environne la terre est le seul dieu et maître de l'univers. Les sacrifices et les coutumes qu'il établit étaient entièrement différents de ceux des autres nations ; par un souvenir de l'exil de son peuple, il institua un genre de vie contraire à l'humanité et à l'hospitalité[1]. » À l'inverse, lorsque les conquérants grecs puis romains soumettaient une contrée, un peuple, une nation, ils ne remettaient pas en cause les croyances des populations vaincues. « C'est que le droit romain ne se préoccupe pas de la pensée et encore moins de la vie spirituelle, mais seulement de l'attitude matérielle à l'égard de la religion d'État et du culte public[2]. » Les dieux autochtones étaient conviés à rejoindre l'Olympe, à partager la même table et les mêmes nourritures célestes que Zeus ou Jupiter. Tant que les citoyens sacrifiaient et rendaient hommage à l'empereur ou au roi, chacun était libre d'adorer qui bon lui semblait. Pour les Grecs comme pour les Romains, les dieux étrangers n'étaient autres que leurs propres dieux connus sous d'autres noms.

Lorsque les mêmes conquérants s'emparent de la Palestine, ils se heurtent au monothéisme rigoriste des juifs. Le peuple, en proclamant que son dieu était unique, proclamait de ce fait qu'il ne pouvait y en avoir d'autres. « Je suis Yahvé ton Dieu, qui t'a fait sortir du pays d'Égypte, de la maison de servitude. Tu n'auras pas d'autres dieux devant moi » (Ex 20,2-3), disait le premier commandement de la Torah. Ce dieu unique et jaloux ne pouvait évidemment pas se joindre aux autres dieux (dont les juifs niaient l'existence) et encore moins partager leurs libations. C'est-à-dire qu'il obligeait les juifs à rompre peut-être avec les deux plus vieilles lois de l'humanité : la loi de l'hospitalité et celle de la commensalité.

Puisque les juifs ne reconnaissaient pas les autres dieux et puisque le leur n'avait même pas de visage, d'image à sa ressemblance, ils étaient aux yeux des hommes de l'Anti-

---

1. Cité par Georges Nataf, *Les Sources païennes de l'antisémitisme* (Berg international, 2001).

2. Maurice Goguel, *Naissance du christianisme* (Payot, 1955).

quité des « sans dieux », donc des athées… Cette accusation d'athéisme les mettait au ban de la société. Comme ils refusaient par ailleurs de se mêler aux autres et de partager leur nourriture, ils se faisaient « ennemis de tous les hommes », ils respiraient l'horreur du genre humain, *odium generis humani*. À la fin du Iᵉʳ siècle, Tacite dénigre leurs coutumes et leurs pratiques : « Ils ont entre eux un attachement obstiné, une commisération active, qui contraste avec la haine implacable qu'ils portent au reste des hommes. Jamais ils ne mangent, jamais ils ne couchent avec des étrangers, et cette race, quoique très portée sur la débauche, s'abstient de tout commerce avec les femmes étrangères. Entre eux, en revanche, rien d'illicite. Ils instituèrent la circoncision pour se reconnaître par ce signe distinctif. »

Mais au fait, comment Paul, en tant que juif, peut-il soutenir que les juifs sont « ennemis de tous les hommes » ? La formule dépasse ici largement la polémique antijudaïque. C'est une accusation contre les juifs, ontologiquement parlant. Elle peut donc être qualifiée d'« antisémite » au sens moderne du terme.

Après la Shoah, ce passage s'avère de ce fait un redoutable écueil pour les exégètes contemporains. Il est presque sidérant d'entendre aussi bien Simon Légasse, Schalom Ben-Shorin [1], Peter Tomson [2] ou Ekkehard W. Stegemann [3], pour ne citer que quelques noms d'obédiences très différentes parmi des centaines d'autres, soutenir globalement que « la phrase évoque Tacite, *Hist. V, 5,1* sur l'emprise des juifs qui sont liés les uns aux autres par un attachement invincible, une commisération

1. Schalom Ben-Chorin, *Paul. Un regard juif sur l'Apôtre des Gentils* (Desclée de Brouwer, 1999).

2. Peter Tomson, *Jésus et les auteurs du Nouveau Testament dans leur relation au judaïsme* (Éd. du Cerf, 2003).

3. Ekkehard W. Stegemann, « Remarques sur la polémique antijudaïque dans 1 Thessaloniciens 2,14-16 », *Le Déchirement. Juifs et chrétiens au premier siècle* (Labor et Fides, 1996).

très active, et n'ont pour le reste des hommes qu'une haine implacable »[1].

Il s'agirait en somme d'un « plagiat par anticipation ».

Paul (le juif) reproduirait ou recopierait dans le même style et avec le même vocabulaire une opinion que Tacite (le païen) formulera cinquante ans *après* lui ! À ce compte, Paul aurait pu tout aussi bien reprendre les charges contre les juifs que l'on trouve dans l'évangile de Matthieu voire dans celui de Jean, quoique largement postérieurs à lui...

Au nom du « religieusement correct », une autre manière de contourner la difficulté consiste, comme le fait la traduction de la Bible de Jérusalem, à créer un lien de causalité et de temporalité entre cette phrase et la suivante : « Ils sont ennemis de tous les hommes *quand* ils nous empêchent de prêcher aux païens pour leur salut. » L'introduction de la conjonction « quand » exprime une relation de concordance ou de simultanéité temporelle, elle vise à atténuer autant que possible la portée de la formule assassine.

On voudrait croire – et faire croire – que les juifs sont « ennemis de tous les hommes » uniquement et précisément au moment où ils empêchent les prédicateurs chrétiens de s'adresser aux païens. Sous-entendu : qu'ils cessent de le faire et l'accusation sera aussitôt levée. Ce choix de traduction est évidemment un choix théologique autant qu'idéologique. D'autres éditions de la Bible, la traduction œcuménique (la TOB), la traduction du chanoine Osty et du père Trinquet, celle de la Ligue catholique de l'Évangile sous la direction du cardinal Liénart et d'autres encore ne font pas ce lien et maintiennent ce que l'on peut lire en grec, c'est-à-dire une suite de propositions séparées.

En cinq subordonnées, Paul dresse en fait la liste exhaustive et accablante des griefs qu'il a contre les juifs, que les chrétiens doivent avoir contre les juifs :

– ils ont mis à mort Jésus et les prophètes ;

1. Simon Légasse, *op. cit.*

– ils nous ont persécutés ;
– ils ne plaisent pas à Dieu ;
– ils sont ennemis de tous les hommes ;
– ils nous empêchent de prêcher aux païens.

Cinq chefs d'accusation figurent dans le réquisitoire de Paul. Chacun d'entre eux mérite, à lui seul, un châtiment exemplaire.

Pas aux païens !

Le dernier chef d'accusation est tout de même le plus faible. On voit mal pourquoi des juifs interdiraient à Paul et à ses amis de prêcher aux païens. D'une part, le Temple ne disposait pas d'une police qui aurait pu contrôler non seulement la Judée, mais toute la diaspora jusqu'aux coins les plus reculés de l'empire. D'autre part, le sort des païens à la Fin des temps, sans être le dernier de leurs soucis, devait être à tout le moins une question subsidiaire.

On comprendrait mieux si le texte soutenait que des juifs empêchaient Paul de prêcher l'Évangile à d'autres juifs. Dans les Actes des Apôtres par exemple, on voit les juifs de Corinthe se saisir de Paul et le traîner devant le gouverneur Gallion : « Cet individu cherche à persuader les gens d'adorer Dieu d'une manière contraire à la Loi » (Ac 18,13). D'ailleurs le gouverneur romain ne s'y trompe pas, et il renvoie les juifs : « Puisqu'il s'agit de contestations sur des mots et des noms et sur votre propre Loi, à vous de voir ! Être juge, moi, en ces matières, je m'y refuse » (Ac 18,15).

Au contraire, dans l'épître aux Thessaloniciens, Paul prêche, au moins pour une large part, à des païens. Ce qui pour les juifs n'est pas un crime !

Une autre solution serait que ces juifs qui « empêchent de prêcher aux païens » soient d'autres partisans de Jésus, mais observant strictement la Loi et n'admettant pas que des non-circoncis puissent prendre part au mouvement des disciples.

Des juifs chrétiens, appartenant à un courant particulièrement rigoriste en somme. Paul s'en prendrait donc à des missionnaires concurrents qui voudraient l'empêcher d'exercer son apostolat dans les territoires qu'il revendique indûment comme siens. Mais aucun indice ne vient confirmer cette hypothèse.

Il est à remarquer qu'ici, comme dans tout ce passage, les termes utilisés sont aussi vagues que généraux : qui sont ces « ils » ? où empêchent-ils de prêcher ? à quels païens ?

La colère

Le réquisitoire de Paul s'achève. Par leurs crimes, par leur obstination à empêcher les païens de recevoir la parole qui leur donnerait le salut, par leur aveuglement, les juifs ont ainsi mis « en tout temps le comble à leur péché ». La sanction est sans appel : « Et elle est tombée sur eux, la colère, pour en finir », affirme la traduction française de la Bible de Jérusalem. Ce que la TOB corrige en : « Mais la colère est tombée sur eux, à la fin. » Quant au chanoine Osty et au père Trinquet, ils optent pour une autre version : « Mais la colère a fondu sur eux pour toujours. »

Ce dernier verset (1 Th 2,16) pose d'énormes problèmes au point que l'on trouve presque autant de solutions que de traductions. La dernière en date, la Bible des écrivains des éditions Bayard, atteint un sommet dans le style amphigourique : « Mais il fallait en finir, et elle s'est abattue sur eux la divine colère. »

Le premier point délicat concerne la « colère » elle-même, *orgè* en grec.

Paul invoque la colère de Dieu, telle qu'il la définit dans l'épître aux Romains : « La colère de Dieu se révèle du haut du ciel contre toute impiété et toute injustice des hommes, qui tiennent la vérité captive dans l'injustice ; car ce qu'on peut connaître de Dieu est pour eux manifeste : Dieu en effet le leur a manifesté » (Rm 1,18-19). Mais s'agit-il d'une colère temporaire, située dans le temps, d'un accès de colère de tel ou tel groupe contre les juifs, ou s'agit-il de la colère divine, de la colère eschatologique, la colère du Jugement dernier ?

En tout état de cause, Dieu a frappé les juifs de sa colère.

Le second point délicat est de savoir quand et comment ? Dieu les a-t-il frappés « à la fin », « pour en finir », « à jamais » ? C'est-à-dire, doit-on comprendre l'expression conclusive *eis telos* dans un sens chronologique (« enfin », « finalement ») ou dans un sens modal (« définitivement », « irrémédiablement », « irrévocablement ») ? Pour répondre à ces questions, il est déterminant de savoir selon quel mode est décliné le verbe *ephtasen*, « elle est tombée »... Doit-on comprendre l'aoriste du verbe grec comme un aoriste simple se référant à un passé récent et daté, comme un aoriste « complexif » (récapitulatif de différents passés), comme un aoriste « gnomique » (cernant des événements sans datation précise), ou encore comme un aoriste allégorique ou rhétorique... ?

Les explications grammaticales, pour éviter que le verbe ne soit simplement au passé, sont savamment alambiquées. Car si passé il y a bien, la réponse doit se trouver dans l'histoire d'Israël.

Quel événement peut porter la marque du châtiment divin qui se serait abattu sur les juifs ?

L'événement

Puisque l'épître de Paul est datée de l'année 50 ou 51, certains avancent qu'il pourrait s'agir de la famine de 46, sous Claude, ou de l'expulsion des juifs de Rome en 49, voire de la volonté de Caligula de faire installer sa statue dans le Temple de Jérusalem, ou encore des persécutions sous Tibère... À première vue, pas un de ces événements ne semble assez décisif pour mériter qu'on réquisitionne à son sujet la colère divine.

D'autres ont lu cette colère finale, selon la propre phraséologie du texte, comme une malédiction d'Israël, rompant son alliance avec Dieu en refusant de reconnaître que Jésus était le

Christ. Quelques chercheurs ont ainsi formulé l'hypothèse que le verbe *ephtasen* ne se référait à aucun événement précis et que, malgré l'emploi usuel de l'aoriste, il s'agissait d'une prédiction, d'un aoriste prophétique, d'une sorte de passé qui serait aussi un futur, un passé qui resterait à venir... Mais dans ce cas, comment expliquer qu'au verset 10 du chapitre 1 de cette même épître Paul évoque Jésus en ces termes : « Jésus qui nous délivre de la colère qui vient » (1 Th 1,10) ? La colère *qui vient* et dont délivre la foi au Christ Jésus serait-elle toute différente de celle qui *est tombée*, et qui est tombée sur les juifs ? Pourrait-il y avoir plusieurs formes concurrentes de la colère de Dieu ? Sa colère pourrait-elle tantôt venir et tantôt être déjà venue ? En tout cas, l'auteur fait ici clairement la différence entre l'usage du futur et celui du passé.

Il n'y a pas de raison autre que théologique de vouloir tordre ainsi la grammaire. Rien dans l'existence de Paul ne justifie cette « colère » qui serait tombée irrémédiablement sur les juifs. En réalité un seul événement y correspond, c'est la chute et la destruction du Temple de Jérusalem dans les flammes de la prise de la Ville sainte par l'armée romaine en 70.

Mais si cela était, comment attribuer à Paul, qui était mort quelques années plus tôt – même si l'on ne sait pas exactement quand –, la paternité des versets 14 à 16 de la première épître aux Thessaloniciens ? Une épître écrite en tout cas vingt ans avant la ruine du Temple...

Interpolation ?

Les versets 14 à 16 de l'épître aux Thessaloniciens seraient-ils une interpolation, c'est-à-dire l'introduction dans un texte, délibérément ou non, de mots ou de phrases n'appartenant pas à l'original ?

La discussion sur la probabilité d'une interpolation dans la première épître aux Thessaloniciens ne peut se mener que parce que le texte a un auteur identifiable, le seul du genre à vrai dire à l'intérieur du Nouveau Testament. Les autres textes, les quatre évangiles, les Actes des Apôtres, les épîtres catholiques, l'Apocalypse sont placés sous l'autorité d'une figure tutélaire, mais aucun d'entre eux ne peut être raisonnablement attribué à une personne connue. Ce sont des œuvres collectives dont les rédacteurs et les compilateurs demeurent anonymes.

Dans le cas de Paul, nous possédons suffisamment de textes considérés comme authentiques pour les mettre en regard de ceux que l'on peut suspecter.

Le passage des versets 14 à 16 est de ceux-là.

Sans reproduire la démonstration dans son intégralité, nous faisons modestement nôtres les objections scrupuleusement relevées par Simon Légasse dans son étude sur les épîtres aux Thessaloniciens.

1) Au verset 13 du chapitre 2, le début de la phrase (« Voici pourquoi de notre côté nous ne cessons de rendre grâce à Dieu de ce que, une fois reçue la parole de Dieu que nous vous faisions entendre, vous l'avez accueillie non comme une parole d'hommes, mais comme ce qu'elle est réellement, la parole de Dieu ») introduit en fait dans le texte une seconde action de grâce. Elle crée un doublet avec ce qu'on lit peu avant : « Nous rendons grâce à Dieu à tout moment pour vous tous, en faisant mention à vous sans cesse dans nos prières » (1 Th 1,2). Mais ce n'est pas un élément décisif.

2) La syntaxe du passage litigieux est plus troublante. Elle offre en effet des particularités qui sont très éloignées du style habituel de Paul :

– le *kai* du début n'est pas paulinien : Paul n'emploie jamais cette conjonction pour unir deux phrases indépendantes ;

– l'accumulation de subordonnées au verset 15 (l'inventaire des crimes des juifs) n'a rien qui lui corresponde dans le reste de l'épître ;

– jamais Paul ne sépare à l'aide d'un participe les mots « le Seigneur Jésus » comme on le trouve au verset 15 ;

– la phrase du verset 14, dans laquelle *tôn ekklesiôn tou theou* (« les Églises de Dieu ») est suivi de *tôn ousôn en Ioudaiai en Christo Iésou* (« dans le Christ Jésus qui sont en Judée ») tout en utilisant des éléments que l'on pourrait dire typiquement pauliniens, les combine d'une façon qui n'est pas habituelle chez Paul.

3) Le thème de l'imitation qui s'exprime au verset 14 – « vous vous êtes mis, frères, à imiter les Églises de Dieu » – tranche avec d'autres passages pauliniens où il s'agit d'imiter le Christ ou Paul lui-même, mais pas des communautés. Par exemple : « Et vous vous êtes mis à nous imiter, nous et le Seigneur, en accueillant la parole » (1 Th 1,6), ou « Devenez à l'envi mes imitateurs » (Ph 3,17).

À ces arguments purement grammaticaux et stylistiques, ajoutons quelques considérations sur le contenu même du texte.

1) Rien ni personne, surtout pas les autres juifs, ne pouvait empêcher Paul et ses compagnons de prêcher aux païens comme ils l'entendaient, d'autant que Paul revendique de parcourir des territoires que nul avant lui n'avait explorés.

2) Il serait douteux que Paul ait eu l'idée d'alléguer l'exemple des Églises de Judée, c'est-à-dire de communautés juives précisément à l'intention de communautés pagano-chrétiennes.

3) Il n'y a historiquement aucune trace de persécutions contre les partisans de Jésus dans les années 50.

4) Si, dans la première épître aux Corinthiens, il est question du meurtre des prophètes, il n'est jamais question de Jésus, l'association n'est pas faite entre la mort de Jésus et celle des prophètes.

5) L'utilisation du *topos* païen selon lequel les juifs sont « ennemis de tous les hommes » paraît impensable sous la plume de Paul à la moitié du Ier siècle. Dans l'épître aux Philippiens, Paul semble jouer sur les mots à propos d'un autre slogan païen, qui assimile la circoncision à une castration. Mais, dans ce cas, on peut dire qu'il cherche à atténuer la charge anti-

juive en parlant non pas de « châtrés » ou d'« eunuques », mais de « faux circoncis ».

6) La colère divine qui serait déjà tombée vient en contradiction avec un passage de l'épître aux Philippiens où les adversaires de Paul ne semblent avoir subi aucun châtiment, puisqu'il les menace encore : « Pour eux la ruine, pour vous le salut » (Ph 1,28).

7) Nulle part ailleurs dans ses épîtres, Paul n'accuse les juifs du meurtre de Jésus. Au contraire, l'apôtre accusera « les princes de ce monde », le diable s'exprimant à travers « les archontes », d'avoir « crucifié le Seigneur de la Gloire » (1 Co 2,8).

Cette accusation directe se retrouve dans le Nouveau Testament uniquement dans les Actes des Apôtres, c'est-à-dire à la fin du Ier siècle. Au chapitre 2, Pierre, s'adressant aux hommes de Judée et à tous les juifs qui résident à Jérusalem, leur dit en effet : « Que toute la maison d'Israël le sache donc avec certitude : Dieu l'a fait Seigneur et Christ, ce Jésus que vous avez crucifié » (Ac 2,36). Au chapitre 3, il réitère l'anathème : « Tandis que vous faisiez mourir le prince de la vie » (Ac 3,15) ; et encore un chapitre plus loin : « Jésus-Christ le nazôréen, celui que vous, vous avez crucifié » (Ac 4,10) ; et une dernière fois au chapitre 5 : « Le Dieu de nos pères a ressuscité Jésus que, vous, vous aviez fait mourir en le suspendant au gibet » (Ac 5,30).

On lit dans l'Apocalypse de Baruch, un écrit apocryphe de la fin du Ier siècle, après la chute du Temple en 70, un passage qui pourrait être le parallèle « juif » du texte « chrétien » de Paul : « Mes fils, supportez avec patience la colère de Dieu qui est venue sur vous. Votre ennemi vous a persécutés. Mais bientôt vous verrez sa ruine et mettrez le pied sur son cou [1]. » C'est un même mouvement de l'esprit, considéré sous un autre axe.

1. Apocalypse de Baruch (4, 25), cité par Pierre Grelot, *L'Espérance juive à l'heure de Jésus* (Desclée, 1994).

Tout y est : la persécution, la colère ultime qui est venue, la ruine des ennemis… mais cette fois-ci dans un cadre historique attesté et cohérent.

Objections

Examinons maintenant les arguments traditionnellement opposés à l'hypothèse de l'interpolation :

1) Les versets 14 à 16 peuvent très bien appartenir à l'épître sans être de la main de Paul puisque le texte porte la signature de trois personnes : Paul, Timothée et Silas. En effet, on lit en préambule de la missive : « Paul, Silvain et Timothée, à l'Église des Thessaloniciens qui est en Dieu le Père et dans le Seigneur Jésus-Christ » (1 Th 1,1). Dès lors, rien n'empêche de penser que cette charge contre les juifs a été l'œuvre de Timothée ou de Silas, deux païens craignant-Dieu. Mais comme nous ne connaissons aucune œuvre individuelle de Silas ou de Timothée, il est impossible d'étayer cette hypothèse pourtant séduisante. Cela étant, comment croire que Paul aurait laissé deux de ses compagnons s'exprimer à sa place en des termes aussi virulents sans s'en apercevoir ou sans y trouver rien à redire ?

2) Certains chercheurs ont également défendu l'idée que le vocabulaire (par exemple le motif de l'« imitation ») et les thèmes exprimés (l'empêchement de prêcher aux païens) étaient très pauliniens. Mais, là encore, c'est une position difficile à tenir. En effet, pour quiconque cherche à s'immiscer dans un texte, c'est l'abc du métier que de contrefaire le vocabulaire et la syntaxe d'un auteur pour écrire « à la manière de » (entre vingt exemples, on se souviendra longtemps de la fameuse *Chasse spirituelle*, mystification littéraire qui a trompé plus d'un connaisseur d'Arthur Rimbaud).

L'argument peut d'ailleurs être retourné sans mal. La source d'inspiration du faux pourrait être détectée dans l'épître elle-même et très précisément en amont, dans les chapitres 1 et 2. On pourrait, par exemple, y puiser :

– le thème de l'imitation ; « vous vous êtes mis à nous imiter, nous et le Seigneur » (1 Th 1,6) qui se rapproche de « vous vous êtes mis à imiter les Églises de Dieu » (1 Th 2,14) ;

– celui des persécutions au chapitre 2 ; « nous avions, vous le savez, enduré à Philippes des souffrances et des insultes » (v. 2) qui peut rappeler « vous avez souffert de vos compatriotes » (1 Th 2,14) ;

– celui de la colère au verset 10 du chapitre 1, « la colère qui vient », lequel peut devenir « la colère, pour en finir » (1 Th 2,16) ;

– et celui de la grâce qui se trouve dans le préambule de l'épître, etc.

S'il y a eu interpolation, le copiste qui l'a effectuée avait nécessairement bien en tête le texte de l'épître et, attrapant un mot par-ci, un autre par-là, il a pu presque sans peine inventer un discours qui n'existait pas tel quel dans l'original.

3) Plus solide est l'argument dit « documentaire », selon lequel tous les plus anciens manuscrits des épîtres de Paul contiennent ce passage contesté. Le plus ancien manuscrit remonte aux années 200, les autres grands codex qui conservent l'épître étant des IVe et Ve siècles. Tous attestent ce texte et, contrairement à d'autres passages, ne font pas état de variantes.

L'épître de Paul ayant été rédigée en 50 ou en 51, cela laisse tout de même cent cinquante ans avant que nous ayons trace de ses épîtres, et de celle-ci en particulier. Combien de personnes les ont eues entre les mains ? Combien de copies en ont été faites ? Par qui ont-elles été recopiées ? Où ? Dans quelles circonstances ? Dans quel but ? Nous l'ignorons.

L'ajout – s'il y a eu ajout – a pu être fait très tôt, peut-être dès les années 80-90, à la même époque que la mise en forme des Actes des Apôtres ou des premières versions de l'évangile selon Jean, textes qui expriment un discours polémique de la même violence, et qui participent du même « révisionnisme » de l'histoire. Voire un peu plus tard, entre 132 et 135, au moment de la seconde révolte juive menée par Bar Kochba.

Il aurait suffi d'une souche interpolée pour contaminer tous les manuscrits ultérieurs. L'argument de l'unanimité de la tradition manuscrite est donc sérieux sans être déterminant.

La bonne excuse

Traditionnellement, une objection d'une tout autre nature a été soulevée aussi bien par les partisans de la théorie de l'interpolation de l'épître aux Thessaloniciens que par les défenseurs de l'authenticité. Les versets contestés sont en totale contradiction avec les chapitres 9 et 11 de l'épître aux Romains, où Paul prononce un vigoureux plaidoyer en faveur des juifs. Il y exprime la souffrance que lui cause leur incrédulité, et affirme sa certitude qu'ils seront sauvés puisque leur « faux pas » a ouvert la voie au salut des païens, pour la plus grande gloire de Dieu.

L'épître aux Romains aurait été écrite six ou sept ans après la première aux Thessaloniciens. Ceux qui défendent l'authenticité des versets 14 à 16 considèrent donc que la pensée de Paul a nécessairement évolué au fil des ans. Il ne fait pas de doute en effet qu'elle s'est transformée, qu'elle s'est modelée selon les auditoires successifs, sans craindre les paradoxes, les incohérences, les retournements, « comme les poulpes changent de couleur selon celle de leurs rochers », ironisera l'empereur Julien au milieu du IVe siècle. Pour mesurer l'évolution de cette pensée entre la première épître aux Thessaloniciens et celle aux Romains, il faudrait prendre en compte plusieurs éléments liés au contexte.

Au moment où Paul écrit aux Thessaloniciens, c'est une situation de crise aiguë. Les circonstances expliquent sa violence rhétorique, et son sentiment de l'imminence du Jugement est si vif qu'il le dispense d'utiliser des précautions oratoires.

« Voici que vient le jour de Yahvé, implacable, l'emportement et l'ardente colère, pour réduire le pays en ruines et en exterminer les pécheurs », prophétisait Isaïe (Is 13,9). Le temps passant et la parousie espérée se faisant toujours attendre, Paul est contraint de réinterpréter la place des juifs et leur rôle dans le plan divin. Si, en premier lieu, il n'a vu, dans leur attitude à son égard et à celui de l'Évangile, qu'obstination et hostilité (épître aux Thessaloniciens), en second lieu il a compris qu'en réalité cet aveuglement, cette surdité d'Israël étaient voulus par Dieu pour ouvrir aux païens la voie du salut et leur laisser le temps d'accomplir le chemin nécessaire (épître aux Romains). Il n'y aurait donc qu'une apparente contradiction entre l'épître aux Thessaloniciens et celle aux Romains. L'écart entre l'une et l'autre témoignerait au contraire de l'approfondissement non seulement de la pensée mais de la foi de Paul. L'inquisiteur de l'an 50 ou 51 serait devenu le sage de l'an 56.

À ces arguments, on objectera que la chronologie rédactionnelle des épîtres pauliniennes demeure, en tout état de cause, hypothétique et qu'il y a autant d'indices pour lire l'épître aux Romains comme la dernière écrite par Paul que pour la situer à un autre rang. Ce qui, bien sûr, modifierait considérablement notre perception de l'« évolution » de la pensée de l'apôtre. Surtout, il n'y a pas de raison objective pour voir dans l'épître aux Romains l'expression authentique de l'opinion de Paul sur les juifs alors que celle aux Thessaloniciens n'exprimerait qu'un écart de sa pensée lié aux circonstances.

Mais l'enjeu est autre. Les chapitres 9 à 11 de l'épître aux Romains servent régulièrement de « bonne excuse » aux exégètes embarrassés par l'antisémitisme, et l'antisémitisme non pas latent mais aveuglant de la première épître aux Thessaloniciens – comme, pour les mêmes raisons, les commentateurs de l'évangile selon Jean ont toujours en réserve la formule « le salut vient des juifs » (Jn 4,22) pour répliquer à l'antijudaïsme militant du texte johannique.

Les textes du Nouveau Testament sont ainsi faits qu'il est enfantin d'y trouver tout et son contraire : un Jésus vengeur et sanguinaire et un Jésus doux et aimable, un Pierre lâche et veule et un Pierre sur lequel va se fonder une Église, un Jacques qui pense que son frère « est fou » et le même qui prend sa succession à la tête de la communauté, un Paul pour qui les juifs sont « ennemis de tous les hommes » et un Paul pour qui appartiennent à ceux de sa race « l'adoption filiale, la gloire, les alliances, la législation, le culte, les promesses et aussi les patriarches et de qui le Christ est issu selon la chair, lequel est au-dessus de tout » (Rm 9,4-5).

Une expérience

Procédons à une petite expérience : comment se lirait le chapitre 2 de l'épître aux Thessaloniciens si l'on passait directement du verset 13 au verset 17 ?

En soustrayant le passage incriminé, constitué d'une seule et même longue phrase, on lit alors ceci : « Voilà pourquoi, de notre côté nous ne cessons de rendre grâce à Dieu de ce que, une fois reçue la parole de Dieu que nous vous faisions entendre, vous l'avez accueillie, non comme une parole d'hommes, mais comme ce qu'elle est réellement, la parole de Dieu » (v. 13). Ce qui enchaînerait parfaitement avec : « Et nous, frères, privés de votre compagnie pour un moment, de visage mais non de cœur, nous nous sommes sentis extrêmement pressés de revoir votre visage, tant notre désir était vif » (v. 17). Comme le constate Simon Légasse, qui pourtant ne souscrit pas à l'idée d'une interpolation, le texte peut être « détaché sans dommage » et la succession s'effectue « tout naturellement »[1].

1. Simon Légasse, *op. cit.*

S'ils sont effectivement une interpolation, les versets 14 à 16 ne constituent pas un unique exemple dans la littérature paulinienne. Depuis longtemps la critique a constaté ce type d'ajout dans les épîtres. Dans la première aux Corinthiens, « le cantique de l'amour » (1 Co 13) passe pour en être un exemple manifeste, de même que l'obligation faite aux femmes de se taire dans les assemblées (1 Co 14,33-35). Dans l'épître aux Romains, l'authenticité du long passage sur le respect dû aux pouvoirs établis (Rm 13,1-7) est très discutée, comme la longue apologie au début du chapitre 2 (1 Th 2,1-12), voire, au chapitre 4 de la première aux Thessaloniciens, les recommandations à vivre dans le calme et à travailler de ses mains.

Le texte reçu

Les versets 14 à 16 – interpolés ou non – tels que nous les lisons aujourd'hui appartiennent à ce que les spécialistes nomment « le texte reçu ». Pour quelque raison que ce soit, il serait inadmissible de vouloir l'expurger des versets incriminés, même si l'on arrivait à prouver de manière irréfutable qu'ils ne sont pas de première main. Ce serait céder au mythe de la pureté du texte. Ce serait croire que l'on peut, à l'intérieur de chaque texte, procéder au tri entre ce qui est « authentique » et ce qui ne l'est pas.

Paradoxalement la présence de ce passage pour le moins discuté doit être une aubaine pour la recherche. C'est une des failles à travers lesquelles elle peut travailler. L'objectif n'est pas de gratter et de ravaler le corpus paulinien pour le rendre acceptable aux yeux de nos contemporains ou des autorités religieuses, mais au contraire de le considérer dans sa complexité, ses contradictions, ses ambivalences. Le texte, sa composition, sa structure nous parlent de Paul mais aussi de la réception de sa pensée, du rôle qu'il a été chargé d'assumer.

Au XXe siècle la figure historique de Jésus a été entièrement restituée au judaïsme. Il ne faut pas se lasser de le répéter : Jésus était juif, il est né et a vécu sous la Loi et est mort sans autre horizon qu'Israël. Pas un chercheur sérieux aujourd'hui n'oserait soutenir le contraire. Désormais le débat s'est déplacé de Jésus à Paul. La discussion à propos du passage problématique de l'épître aux Thessaloniciens est exemplaire des enjeux exégétiques et idéologiques liés à sa figure.

Paul est tiré à hue et à dia. D'une part, les chercheurs chrétiens s'arc-boutent sur les épîtres et revendiquent au nom de l'histoire les passages les plus contestables : l'antijudaïsme, la misogynie, la flagornerie, l'obséquiosité envers les puissants... Ils récusent par principe toute idée de manipulation, effrayés à l'idée de lâcher la moindre parcelle du texte paulinien, de peur sans doute que Paul et une grande part du Nouveau Testament filent avec elle. D'autre part, les chercheurs juifs, assumant Paul jusqu'à l'antisémitisme, veulent à toute force le réintégrer dans le judaïsme, récupérer après Jésus la seconde figure majeure du christianisme, fût-il un excentrique, un spécimen peu commun de juif détestant les juifs au nom de l'amour des païens. Les amateurs de psychanalyse y reconnaîtront sans peine ce qui s'appelle « la haine de soi ».

Il faut donc considérer ces textes, réunis sous une bannière que, par commodité, nous sommes habitués à appeler « Paul », comme l'expression non seulement d'une personne, à différentes étapes de sa carrière, mais parfois d'un groupe, et même de plusieurs courants de pensée.

Le Nouveau Testament reflète l'état des premières réunions des lettres de l'apôtre au début du IIe siècle, peut-être un peu avant, mais guère plus tôt. Elles sont le produit d'un travail d'édition. Elles portent donc nécessairement l'empreinte des compilateurs, quelles qu'aient été l'ampleur et la nature de leurs interventions. Le fait que le texte de Paul ait été probablement modifié vers la fin du Ier siècle ne saurait remettre en cause l'intégralité de l'épître. Cela devrait plutôt inciter à une lecture chaque fois plus attentive pour tenter de percevoir les différents niveaux de rédaction, de les situer dans leur cadre historique. Se poser la question de l'interpolation de la première épître aux Thessaloniciens, c'est toucher l'origine du christianisme, c'est mesurer l'épaisseur du temps.

8
Le roman des origines

Paul, dans les Actes des Apôtres, est d'abord connu – et longuement – comme un pharisien nommé Saul, persécuteur des disciples de Jésus. Puis Saul devient Paul et il oublie à tout jamais cette première identité et ses fonctions policières. Mais, contrairement à ce que l'on croit souvent, ce n'est pas sur le chemin de Damas, au chapitre 9, que Saul se mue en Paul. Ce n'est pas au moment de sa conversion qu'il reçoit, pour ainsi dire, ce nom de baptême. Il faut attendre quatre chapitres pour que le changement s'opère.

Au chapitre 13 des Actes, depuis Antioche, Barnabé et Saul partent en mission. Ils accostent à Chypre, d'où est originaire Barnabé. Après s'être adressé aux synagogues de Salamine, le duo d'évangélisateurs atteint Paphos. Là les attendent deux étranges comparses : le mage Bar-Jésus et le proconsul romain Sergius Paulus, honoré du qualificatif d'« homme avisé » (Ac 13,7), mais peu connu de l'histoire antique bien que Pline le Jeune le cite et qu'une inscription découverte à Chypre ait confirmé son nom et son rang. Quant au mage, plus fou du roi que jeteur de sorts, c'est un conseiller du prince dont l'influence néfaste est flagrante. Le nom de l'éminence grise laisse pensif : Bar-Jésus, c'est-à-dire « fils de Jésus »… Très vite, le texte nous fixe sur son compte : c'est un « faux prophète juif » (Ac 13,6). À demi-mots, cela signifie qu'il est une autre sorte de « chrétien », un rival de Saul et de Barnabé, un mauvais fils de Jésus en somme : Bar Jésus « leur faisait opposition, cherchant à détourner le proconsul de la foi » (Ac 13,8).

Deux clans religieux se disputent donc les faveurs du fonctionnaire romain.

Dès que la joute s'engage, Saul hypnotise Bar-Jésus. D'un seul regard il concentre sur lui tout le mal. C'est un exorcisme dont Bar-Jésus est la poupée percée d'aiguilles : « Être rempli de toutes les astuces et de toutes les scélératesses, fils du diable, ennemi de toute justice, ne cesseras-tu donc pas de rendre tortueuses les voies du Seigneur qui sont droites ? Voici à présent que la main du Seigneur est sur toi. Tu vas devenir aveugle, et pour un temps tu ne verras plus le soleil. À l'instant même obscurité et ténèbres s'abattirent sur lui » (Ac 13,10-11).

Sous l'emprise de Saul, le magicien est vaincu : « Et il tournait de tous côtés, cherchant quelqu'un pour le conduire » (Ac 13,11). Mais, contrairement à Paul sur le chemin de Damas, le faux prophète juif ne trouve pas d'Ananie pour l'arracher à son aveuglement. Dans cette réminiscence du chapitre 9 des Actes des Apôtres, ce n'est pas lui qui sortira converti, c'est le proconsul Sergius Paulus : « Il embrassa la foi, vivement frappé par la doctrine du Seigneur » (Ac 13,12).

Soudain tout se met à pivoter. Bar-Jésus disparaît au profit « d'Élymas le magicien – ainsi se traduit son nom » (Ac 13,8), le proconsul se fait chrétien, Saul devient Paul. Tour de magie ou tour de passe-passe, les personnages changent d'identité et enterrent l'ancienne à tout jamais. « Celui qui voit son double en face doit mourir », écrivait le poète Roger Gilbert-Lecomte.

Saul vient de réussir son premier « miracle » lorsque l'on découvre incidemment qu'il est aussi « appelé Paul » (Ac 13,9).

L'invention de Saul

En faisant la part de la rhétorique dont fourmillent les textes anciens, l'apparition du nom de Paul au moment de sa rencontre avec Sergius Paulus serait ce qu'on appelle joliment une « coïncidence ». Elle est si touchante que certains ont même supposé que Sergius Paulus ait pu donner à Paul son nom pour le remercier en quelque sorte de l'avoir converti, comme saint Martin donnera la moitié de sa tunique au malheureux qui mourait de froid. La traduction française marque d'ailleurs ici une distinction formelle qui n'a pas lieu d'être entre « Paul » (l'apôtre) et « Paulus » (le proconsul). Le texte original, en grec, confond les deux personnages sous le même nom : Paulos. Du fait même de son contact avec le romain Paulus (Paulos) qu'il convertit, Saul se convertit en Paul (Paulos). Paul abandonne Saul comme une dépouille.

Ne voyant pas malice à ce qu'il se soit d'abord appelé Saul, la plupart des spécialistes de Paul se réjouissent surtout de cette ligne supplémentaire dans le maigre *curriculum vitae* de leur héros. Ils rappellent avec bonheur que le double nom n'est pas exceptionnel chez les juifs de l'Antiquité, qui associent volontiers un nom latin ou grec à leur nom hébreu, comme en témoigne le Nouveau Testament : Barnabé et Barsabas ne s'appelaient-ils pas Joseph l'un et l'autre, Pierre (ou Céphas) n'était-il pas également Simon, Simon n'était-il pas Niger, et Jean n'était-il pas nommé Marc ?

Le problème est que, dans ses épîtres, jamais Paul ne fait allusion à cet éventuel premier nom, de même qu'il se garde de décliner davantage son identité. Lorsqu'il écrit, c'est toujours sous la signature de Paulos – sans que l'on puisse même déterminer s'il s'agit de son patronyme, de son prénom ou d'un surnom, voire d'un sobriquet, *paulus* signifiant « le petit ». Et de Paulus (en latin) à Paulos (en grec) la distance n'est pas grande, d'autant que Paul parle de lui comme d'un « avorton », « le moindre des apôtres », le plus petit issu de la plus petite tribu d'Israël, celle de Benjamin.

La question de l'historicité du nom de Saul dérange. Elle ne mérite pas pour autant d'être évacuée.

Premièrement, on pourrait justifier le silence de Paul d'un point de vue chronologique : l'événement de Chypre, évoqué par le livre des Actes, se situe au tout début de son activité missionnaire, par conséquent antérieurement à l'écriture des épîtres qu'il enverra par la suite à différentes communautés.

Deuxièmement, on peut avancer que Paul, se repentant des forfaits commis sous le nom de Saul, préférait les faire oublier en faisant oublier ce nom.

Troisièmement, rien n'interdit de penser que Paul, connu sous ce nom dans la diaspora, tenait à l'imposer au détriment de tout autre.

Mais, au bout du compte, l'argument qui l'emporte pour les partisans de l'authenticité du double nom Saul/Paul tient dans l'assurance que l'auteur des Actes connaissait, là comme ailleurs, des traditions auxquelles nous n'avons plus accès. Une fois encore, le chœur exégétique entonne son air favori : « On n'aurait pas pu l'inventer ! »

Supposer le contraire serait faire injure aux auteurs chrétiens dans leur ensemble, les soupçonner du pire : faire de la littérature. Ce serait leur prêter un dessein, et des arrière-pensées d'autant plus infondées qu'elles résulteraient d'infimes et anodins détails. Ces précieux détails que certains spécialistes passent leur vie à traquer à travers les écrits du Nouveau Testament comme s'il s'agissait nécessairement de miettes d'histoire, comme si l'histoire vraie et brute avait été réduite en poussières et répandue dans les textes, comme si ces « détails » supposés étaient indépendants de tout projet narratif, de tout mode de représentation de l'histoire elle-même.

Il y a tout de même de quoi s'étonner du silence de Paul sur ce « Saul » qui aurait dû lui coller à la peau. Lui qui manque si peu d'occasions de souligner sa judaïté, de marquer son appartenance à la tradition de ses ancêtres, n'aurait-il pas eu tout à gagner en donnant « Saul » en gage de son origine israélite plutôt qu'un nom d'origine grecque ou latine ? N'avait-il pas à s'honorer de porter le même nom que le premier roi d'Israël, le Saül biblique, « l'Oint de Yahvé » (1 S 24,11) ? N'a-t-il pas revendiqué au moins à deux reprises son appartenance à la tribu de Benjamin, dont Saül était la figure emblématique ?

C'est un lieu commun de rappeler que la première source d'un auteur est toujours son texte lui-même. Aussi l'auteur des Actes des Apôtres, amené à écrire le nom de Paul, à l'écrire de nouveau, à le copier, à le recopier encore, a peut-être fini par y lire celui de Saul.

D'où lui vient ce Saul ?

Certainement de la Bible hébraïque, du Saül du Livre de Samuel avec qui le Saul des Actes partage, outre l'homonymie et la filiation dans la tribu de Benjamin, le fait d'être un persécuteur. Le Saül biblique poursuivait David comme le Saul néotestamentaire poursuit les partisans d'un homme réputé être « le fils de David ». Où il y a Saül ou Saul, il y a toujours à proximité un David à persécuter et un pardon à obtenir au prix d'une conversion. Saül rend les armes devant David comme Saul devant Jésus.

L'auteur des Actes des Apôtres en propulsant Saul dans son récit agit en dramaturge. Sur le terrain du récit, les oppositions qu'il crée entre Saul et Paul sont théâtralement très efficaces : Saul est un persécuteur, Paul un prédicateur. Le premier est intégriste, le second est universaliste. L'un est ce qu'il faut abjurer (le judaïsme), l'autre ce qu'il faut embrasser (le christianisme). L'un ne respire que « menaces et carnages », l'autre guérit les impotents et exorcise les démons. L'un est à l'obscurité, l'autre à la lumière. L'un porte un nom juif (et quel nom !), et l'autre un nom romain. Quel auteur se priverait de tels effets ?

Prenons donc le risque de conclure que Paul (Paulos) ne s'est jamais appelé Saul, mais toujours Paul. Que son double malfaisant, son Saul, son Mr Hyde, est l'invention d'un écrivain passé maître dans l'art de saisir une figure pour la rallier à sa cause. Et c'est là son talent. Par le glissement d'une simple lettre, un S contre un P, l'auteur des Actes réussit, avant l'heure, le passage de l'Ancien au Nouveau Testament, du monde sémitique au monde occidental.

Du début à la fin du livre, c'est bien sur cette voie que les Actes des Apôtres emmènent leurs lecteurs. Partant de Jérusalem, ils les conduisent jusqu'à Rome, ils les amènent de Saul à Paul.

Romain de naissance

Un peu plus tard, une surprise de taille attend le lecteur des Actes. Il découvre que Paul est citoyen romain ! Ce signe particulier de l'apôtre, le texte l'a caché jusque-là. Jusqu'au chapitre 22 d'un livre qui en compte vingt-huit. Cette pièce essentielle de son état civil, Paul lui-même ne l'évoque jamais dans ses épîtres. Décidément…

Est-il citoyen romain, ne l'est-il pas ?

La chose est sans cesse remise sur le métier par les historiens, mais bien peu examinent le retard mis par le texte à apporter cette précision. Il n'en est question ni avec Sergius Paulus, ce qui aurait été une excellente introduction pour fréquenter son cercle et en chasser Bar-Jésus, ni surtout, un peu plus tard, à Lystre, quand, après avoir guéri un impotent, Barnabé et Paul sont acclamés par la foule, l'un étant gratifié du nom de Zeus et l'autre de celui d'Hermès ! Alors que les prêtres sont sur le point de sacrifier des taureaux en leur honneur, les deux missionnaires s'écrient : « Amis, que faites-vous là ? Nous aussi, nous sommes des hommes, soumis au même sort que vous, des hommes qui vous annoncent d'abandonner toutes ces vaines idoles pour vous tourner vers le Dieu vivant » (Ac 14,15). Dans cette petite colonie romaine, quel exemple ça aurait été de se reconnaître à la fois citoyen de Rome et adepte du monothéisme !

Avec Silas, Paul part en Macédoine à Philippes : c'est une autre colonie romaine qui bénéficie du *jus italicum*, c'est-à-dire des mêmes droits et des mêmes privilèges que les citoyens d'Italie. Pour une nouvelle affaire de guérison, Paul et son compagnon sont traînés sur l'agora devant les magistrats de la cité. Leurs accusateurs se plaignent : « Ces gens-là jettent le trouble dans notre village. Ce sont des juifs, et ils prêchent des usages qu'il ne nous est permis, à nous Romains, ni d'accepter ni de suivre. La foule s'ameuta contre eux, et les stratèges, après avoir fait arracher leurs vêtements ordonnèrent de les battre de verges. Quand ils les eurent bien roués de coups, ils les jetèrent en prison » (Ac 16,20-23).

Or, selon la *lex Porcia*, un citoyen romain ne peut pas subir ce châtiment humiliant. Il faut attendre que Paul et Silas soient emprisonnés, qu'un tremblement de terre se produise, que les captifs refusent de s'évader, que leur geôlier se convertisse à la foi chrétienne, que les licteurs envoyés par les magistrats de la cité veuillent libérer les deux prisonniers à la dérobée, pour que, enfin, Paul et Silas songent à exciper de leur qualité de citoyens. Entre-temps, ils auront montré par leur endurance et leur légalisme la loyauté des chrétiens. « Ils nous ont fait battre en public et sans jugement, nous des citoyens romains » (Ac 16,37), réplique Paul, accablé, aux licteurs. N'est-ce pas un peu tard pour s'en prévaloir ? À travers cet élément nouveau jeté dans la procédure, ne faut-il pas deviner un aveu : la citoyenneté romaine de Paul est, littéralement, un argument *a posteriori*, un argument venu au fil de l'écriture du récit.

Plus tard, c'est à Jérusalem que Paul, par ses discours, provoque une émeute. Aussitôt le tribun intervient et le fait mettre aux fers. Paul joue alors son va-tout, non sans ménager ses effets. Après avoir déclaré qu'il était citoyen de la ville grecque de Tarse, il se lance dans une grande péroraison destinée aux juifs de Jérusalem qui fait redoubler les vociférations à son encontre. Pour savoir de quoi il en retourne exactement, le fouet est promis au trublion. Ce n'est qu'*in extremis*, à nouveau, que Paul, faisant preuve d'un admirable sang-froid, ne se défend ni ne proteste mais s'inquiète de la légalité du châtiment qui lui est promis : « Quand on l'eut étendu avec les courroies, Paul dit au centurion de service : un citoyen romain, et qui n'a même pas été jugé, vous est-il permis de lui appliquer le fouet ? » (Ac 22,25). Le moins que l'on puisse dire c'est que Paul, avec un art consommé du suspense, choisit bien le moment et le lieu pour discuter du droit romain.

La question que lui pose Paul agit comme une révélation foudroyante sur le centurion : « Cet homme est citoyen romain. » Et quoiqu'elle paraisse abracadabrante, l'information remonte aussitôt par la voie hiérarchique. Le centurion se hâte d'aller consulter le tribun : « "Que vas-tu faire ?" Le tribun court aussitôt vers le prisonnier : "Dis-moi, tu es citoyen romain ?" – "Oui", répond Paul » (Ac 22,26-27), omettant cependant de se présenter sous le nom complet que lui attribue une tradition apocryphe : « Caius Julius Paulus »...

Le Paul des Actes a visiblement un problème avec l'identité. Confronté aux juifs, il ne donne jamais son nom israélite de Saul pour les amadouer. Malmené par les Romains, il tait son titre de citoyen qui lui épargnerait bien des tourments.

Il faut souligner qu'une fois encore, selon le procédé bien rodé du Nouveau Testament, le tribun s'adresse à Paul sous forme d'une affirmation travestie en question : « Tu es citoyen romain ? » Paul aurait mauvaise grâce de contredire un enquêteur si prévenant, au point de lui souffler la réponse qu'il attend. Paul, donc, confirme sa citoyenneté romaine. S'ensuit un crescendo qui permet de répéter l'extraordinaire nouvelle et d'y ajouter un ultime tour de vis : « "Moi, il m'a fallu une forte somme pour acheter ce droit de cité", avoue l'officier – "Et moi, dit Paul, je l'ai de naissance." Aussitôt donc ceux qui allaient le mettre à la question s'écartèrent de lui et le tribun lui-même eut peur, sachant que c'était un citoyen romain qu'il avait chargé de chaînes » (Ac 22,28-29). Non seulement Paul est citoyen romain, mais il l'est plus encore, et mieux, que le tribun romain chargé de faire régner le droit et l'ordre.

Voyages

Au chapitre 21 des Actes des Apôtres, Paul est arrêté à Jérusalem à l'instigation des juifs venus d'Asie. Pour le protéger contre ses coreligionnaires qui veulent le lyncher, le tribun ordonne qu'il soit incarcéré dans la forteresse Antonia. Et, peu après avoir déjoué un complot, il le fait emmener à Césarée sous escorte pour lui éviter de tomber dans le traquenard préparé contre lui par ses adversaires. À Césarée, le procurateur Félix se trouve « fort exactement informé de ce qui concerne la Voie » (Ac 24,22). Malgré cela, les propos du prisonnier l'inquiètent. Félix s'avère indécis, trop soucieux de lui-même, trop sensible aux influences. Il ne croit pas à la culpabilité de Paul mais, en même temps, il veut « faire plaisir aux juifs » (Ac 24,27) et il maintient l'apôtre en détention, préférant attendre pour statuer. Son successeur, Porcius Festus, ne voit pas davantage quoi reprocher à Paul. « Il me paraît absurde, en effet, d'entendre un prisonnier sans signifier en même temps les charges qui pèsent sur lui » (Ac 25,27). Mais comme l'accusé refuse obstinément d'être jugé par le Sanhédrin à Jérusalem, le nouveau gouverneur se voit, en quelque sorte, contraint d'envoyer Paul à Rome.

Les Romains temporisent, louvoient, usent d'expédients, mais on espère à chaque instant qu'ils seront des médiateurs. Du point de vue de l'auteur des Actes, il s'agit moins de les gagner à la cause de Paul que d'obtenir leur protection, en tout cas leur neutralité, et d'afficher une confiance inébranlable dans la justice impériale. C'est avant l'heure un *habeas corpus* qui est demandé aux Romains : le respect des formes, le respect du droit – et d'un droit universel qui s'appliquerait à tous les sujets de l'empire, notamment à cette catégorie particulière, à cette engeance singulière qu'on ne saura bientôt où situer sur l'échiquier politico-religieux, les chrétiens : ni juifs ni païens.

L'assassin

Mais nous n'en sommes pas encore là.

Paul, retenu captif à Césarée, y séjourne au moins deux années qui semblent des siècles, avant d'être transféré à Rome. Enfin, il embarque pour l'Italie malgré les plus mauvais augures : « Mes amis, leur disait-il, je vois que la navigation n'ira pas sans péril et sans grave dommage non seulement pour la cargaison et le navire mais même pour nos personnes » (Ac 27,10). Paul sait ce qui l'attend. Mais il ne se dérobe pas devant son destin. Fait exceptionnel, le voyage dure près de deux chapitres. Plutôt qu'un récit de la passion – qui serait celle de Paul, comme on l'a soutenu –, c'est une odyssée en miniature. Rien n'est épargné au lecteur de l'itinéraire suivi, des navires empruntés, des vents, des courants. Et, comme prévu, une tempête se lève et déchaîne les flots. Alors que la mer redouble d'assauts contre le navire, Paul rassure les autres passagers : « Je vous invite à avoir bon courage, car aucun de vous n'y laissera la vie et le navire seul sera perdu » (Ac 27,22). Dans une vision, un ange de Dieu lui a même certifié que son procès irait à son terme : « Sois sans crainte, Paul. Il faut que tu comparaisses devant César et voici que Dieu t'accorde la vie et à tous ceux qui sont avec toi » (Ac 27,24). Paul, promu pilote du navire par l'apparition céleste, n'hésite plus à donner le cap : « Nous devons échouer sur une île » (Ac 27,26).

Et c'est ce qu'ils font. Après leur naufrage, ils débarquent à Malte. Là, comme à l'ordinaire, Paul est plutôt mal accueilli, surtout qu'une vipère s'enroule à son bras alors qu'il ramasse du bois. Très mauvais présage. Les autochtones s'écrient : « Pour sûr, c'est un assassin que cet homme : il vient d'échapper à la mer et la vengeance divine ne lui permet pas de vivre » (Ac 28,4). Puis, voyant qu'il ne mourait pas sur-le-champ, « ils se mirent à dire que c'était un dieu » (Ac 28,6). Les deux assertions sont aussi étranges l'une que l'autre. Paul, l'assassin, serait-il un dieu ?

Curieusement Paul paraît très en retrait tout au long de l'épisode maritime. Il ne parle plus, il n'enseigne plus, il ne fait rien pour convertir qui que ce soit. Il est comme absent. Ce qui importe au narrateur, ce ne sont plus les faits et gestes de son héros c'est, exceptionnellement, de raconter l'extraordinaire difficulté de son périple final : il veut signifier l'importance extrême qu'il attache à ce voyage, à la destination de son personnage.

Trois mois plus tard, Paul atteint Rome. C'est le terme de la mission que le Christ lui avait confiée alors qu'il était encore emprisonné : « Courage ! De même que tu as rendu témoignage de moi à Jérusalem, ainsi faut-il encore que tu témoignes à Rome » (Ac 23,11).

Ainsi parvenu au centre de l'empire, aux « extrémités de la terre » (Ac 1,8) que visait le début des Actes, Paul met un point final au programme qui avait été assigné aux apôtres. Mine de rien, Paul est donc le seul à exaucer les vœux du Ressuscité. Lui l'avorton, le plus petit, le disciple tombé de nulle part, celui qui n'a pas connu Jésus, celui qui n'a pas été témoin de l'Ascension, l'apôtre auquel le livre des Actes n'accorde même jamais cette dignité, lui fait mieux que Pierre, Jacques ou Jean, les « colonnes » de l'Église.

Ave Caesar

Paul ne vient pas semer le trouble à Rome comme partout ailleurs lors de son exploration de la diaspora, il vient rendre compte devant les tribunaux romains. C'est Dieu lui-même qui l'a incité à comparaître.

Par l'entremise de la figure de Paul, ce sont clairement les chrétiens qui en appellent à l'Empire romain face aux accusations portées contre eux par leurs frères ennemis d'Israël. Les motifs des juifs de Judée sont à la fois religieux et politiques. Paul est accusé de transgresser la Loi (c'est le motif religieux), et, de ce fait même, de semer la discorde (c'est le motif politique). On reconnaîtra aisément dans ce plan celui qui sous-tend le procès de Jésus dans les récits de la Passion. Mais il faut constater un renversement complet de perspectives. Alors que l'accusation religieuse était difficilement tenable en ce qui concerne Jésus, elle l'est beaucoup plus en ce qui concerne Paul – même si l'auteur des Actes s'emploie activement à la minimiser et à faire de Paul un bon juif. Quant à l'atteinte à l'ordre public, il est évident que c'est le motif qui a conduit Jésus au supplice de la croix, mais l'argument est plus difficile à étayer en ce qui concerne Paul – au moins à travers les éléments qu'indique le récit. La querelle politique, doit-on comprendre, est une fausse querelle.

Sur tous les plans évidemment, Paul proteste de sa bonne foi. Ce qui est frappant, c'est qu'à bout d'arguments, au risque de sa vie, il ne se tourne ni vers Dieu, ni vers le Seigneur Jésus, mais toujours vers l'empire comme s'il n'y avait de salut que de ce côté-là. Paul insiste constamment pour être jugé par Rome (qui plus est par César, c'est-à-dire Néron, qui a succédé à Claude en 54). « Tu en appelles à César, tu iras devant César » (Ac 25,12), lui dit le gouverneur Festus. « On aurait pu relâcher cet homme s'il n'en avait appelé à César » (Ac 26,32), ajoutera plus tard Hérode Agrippa.

Sa montée vers Rome respecte l'ordre de préséance. Tandis que Pierre s'était arrêté à Césarée, tête de pont d'où l'on pouvait s'embarquer pour l'Italie, Paul atteindra la capitale. Pierre avait converti un centurion (Corneille), Paul un proconsul (Sergius Paulus), et c'est Hérode Agrippa lui-même, un roi vassal de l'empire, qui confesse à l'apôtre : « Encore un peu, et par tes raisons tu vas faire de moi un chrétien ! » (Ac 26,28). Il ne resterait plus que l'empereur à gagner à la foi au Christ pour que la victoire du christianisme soit totale. Peut-être est-ce pour cela que Paul s'obstine à être présenté devant lui ?

« Les frères de cette ville, informés de notre arrivée, vinrent à notre rencontre jusqu'au Forum d'Appius et aux Trois-Tavernes. Et les voyant, Paul rendit grâce à Dieu et reprit courage » (Ac 28,15). Non seulement Paul est entouré par ses frères chrétiens, mais les autres juifs de Rome se montrent d'une tolérance exemplaire, contrairement à ceux qu'il a rencontrés tout au long de son périple et qui se sont déchaînés contre lui. Eux refusent de céder aux rumeurs. « Pour notre compte, disent-ils, nous n'avons reçu à ton sujet aucune lettre de Judée, et aucun des frères arrivés ici ne nous a rien communiqué ni appris de fâcheux sur ton compte. Mais nous voudrions entendre de ta bouche ce que tu penses ; car pour ce qui est de ce parti-là, nous savons qu'il rencontre partout la contradiction » (Ac 28,21-22). Les notables juifs reviennent donc écouter Paul, mais en plus grand nombre. « Les uns se laissaient persuader par ses paroles, les autres restaient incrédules. Ils prenaient congé sans être d'accord entre eux » (Ac 28,24-25). Ce que Paul dit pour les persuader ressemble beaucoup plus à un dialogue entre gens de bonne compagnie qu'à une dispute féroce. La discussion, enfin, est menée à la loyale.

À Rome, tout est bien, apparemment, qui finit bien.

La fin de Paul

« Quand nous fûmes entrés dans Rome, on permit à Paul de loger en son particulier avec le soldat qui le gardait » (Ac 28,16). Au terme du livre des Actes, il n'est plus jamais question des autorités romaines, sauf dans cette incise.

Paul est parvenu là où le Ressuscité voulait le conduire, et le livre peut s'arrêter. S'arrêter en suspens, parce que le sort des chrétiens dans l'empire est en suspens. S'arrêter sur les dernières paroles de l'apôtre dans sa résidence romaine, d'où il

« proclamait le royaume de Dieu et enseignait ce qui concerne le Seigneur Jésus-Christ avec pleine assurance et sans obstacle » (Ac 28,31).

« Sans obstacle » sont les derniers mots du livre, comme si avec des siècles d'avance la hiérarchie vaticane y apposait son imprimatur : *nihil obstat.* « Il n'y a rien à objecter », il n'y a aucun obstacle. La voie doit demeurer libre pour l'avenir. Paul a vaincu tous ceux qui se dressaient sur sa route, il n'est donc pas nécessaire d'ajouter au texte d'autres expéditions, comme le voyage en Espagne annoncé dans l'épître aux Romains, ni même, et c'est plus problématique, d'expliquer comment a disparu l'apôtre.

L'auteur des Actes ignorait-il dans quelles circonstances Paul était mort ou se refusait-il à l'évoquer ? Après ce que Paul a subi tout au long du livre des Actes, cette absence d'obstacle est un vide qui s'ouvre sous les pas du lecteur. L'auteur n'a-t-il rien d'autre à offrir à ses lecteurs que ce « sans obstacle » d'une décourageante platitude ? Ne manque-t-il pas au récit quelque chose d'essentiel ? Une fin, une vraie fin qui nous dirait, par exemple, celle de Paul, quitte à répéter ce que tout le monde savait peut-être à l'époque ? Une fin qui reprenne en une image les tribulations, les douleurs et les plaies, salaire d'une foi proclamée envers et contre tous ?

Contrairement aux évangélistes qui pouvaient raconter la mort de Jésus, crucifié par les Romains mais ressuscité le troisième jour, l'auteur ne dispose de rien qui permette un tel rebondissement de l'histoire. Pas d'obstacle… Dès lors, il n'a d'autre solution, au moins narrativement, que de laisser Paul en vie, reclus moins comme un détenu que comme un ascète, de laisser entendre que son exemple doit rester intact.

La tradition chrétienne va pourtant redouter ce silence. Elle va unanimement assurer que Paul a subi le martyre. Que la gloire se paye au prix du sang. Paul aura suivi son maître jusqu'à l'échafaud, montrant par là même la voie royale qui mène aux cieux. Dans un texte qui remonterait à l'extrême fin du

Ier siècle, la première épître aux Corinthiens de Clément de Rome, on peut lire la plus ancienne attestation de la mort de Paul : « L'envie et la discorde montrèrent, en la personne de Paul, comment on remporte la palme du courage. Sept fois emprisonné, banni, lapidé, devenu un héraut à l'Orient et à l'Occident, il reçut pour prix de sa foi une gloire éclatante. Quand il eut annoncé la justice au monde entier et atteint les bornes de l'Occident, il rendit témoignage devant ceux qui gouvernaient ; il quitta alors ce monde et gagna alors le séjour sacré » (Ac 5,5-7). La notice ne nous aide pas complètement à y voir clair. Si « rendre témoignage » peut renvoyer au martyre, qui sont les autorités, les gouvernants à l'origine de la sentence ? Clément de Rome ne les nomme pas explicitement – peut-être comme l'auteur des Actes – pour ne pas se mettre en porte-à-faux vis-à-vis de l'empire. Il faudra attendre le début du IIIe siècle, et deux autres Pères de l'Église, pour que la réponse soit donnée ouvertement. Origène, aux dires d'Eusèbe de Césarée dans son *Histoire ecclésiastique*, et Tertullien assurent de concert que Paul est mort décapité à Rome, sous Néron – un empereur détesté même des Romains, que l'on pouvait donc mettre en cause sans trop courir de risques.

En associant la mort de Pierre à celle de Paul, la tradition chrétienne va magistralement lier entre elles les figures majeures de son histoire, en tout cas dans l'imaginaire. Elle va surtout diriger notre lecture des Actes, ce livre censé dire l'histoire en vérité.

Si nous lisons la fin de Paul, demeurant « deux années entières dans le logis qu'il avait loué » (Ac 28,30) à enseigner ceux qui voulaient le voir et à prêcher le royaume de Dieu, tout en sachant qu'il va subir le martyre, nous ne pouvons qu'admirer sa force d'âme. Dès lors, la scène du supplice transparaît sous chacune des phrases malgré son absence, et nous finissons par voir Paul se préparer à la mort. La fin interrompue du récit est une leçon. C'est la tranquille agonie d'un juste, Paul est un nouveau Socrate.

À vrai dire, l'historien est comme le lecteur des Actes, il ignore ce qu'est devenu Paul. La construction intellectuelle qui a permis aux chrétiens de se persuader qu'il était mort tel qu'ils l'imaginaient – ou tel qu'ils voulaient le croire – ressemble plus à un château de cartes qu'à un édifice dont les fondations seraient profondes. L'apologétique et le pouvoir de l'habitude y sont pour beaucoup. On peut penser qu'en se plaçant sous le patronage prestigieux de Pierre et de Paul, à un moment où la prépondérance des chrétiens non juifs assurait une éclatante victoire posthume à l'apôtre des nations, la communauté chrétienne de Rome visait essentiellement à détrôner les autres capitales du mouvement : Jérusalem, Antioche, Alexandrie par exemple. La basilique Saint-Paul-hors-les-Murs sur la via Ostiensis où Paul aurait été exécuté et inhumé, est un lieu de pèlerinage. C'est un lieu de culte, en aucun cas un site archéologique.

Tome II

Au début des Actes on lit : « J'ai consacré mon premier livre, ô Théophile, à tout ce que Jésus a fait et enseigné depuis le commencement jusqu'au jour où, après avoir donné ses instructions aux apôtres qu'il avait choisis sous l'action de l'Esprit-Saint, il fut enlevé au ciel » (Ac 1,1-2). D'emblée, le texte est présenté comme le second tome de l'un des évangiles, l'œuvre d'un même auteur. Cet évangile, l'évangile selon Luc, commence par un prologue très comparable à celui des Actes : « Puisque beaucoup ont entrepris de composer un récit des événements qui se sont accomplis parmi nous, d'après ce que nous ont transmis ceux qui furent dès le début témoins oculaires et serviteurs de la Parole, j'ai décidé, moi aussi, après m'être informé exactement de tout depuis les origines, d'en écrire pour toi l'exposé suivi, excellent Théophile, pour que tu te rendes bien compte de la sûreté des enseignements que tu as reçus » (Lc 1,1-4).

Comme Paul en appelle à César, par deux fois l'auteur des Actes et de l'évangile selon Luc en appelle donc à un certain Théophile, sans que nous sachions s'il s'agit d'une figure symbolique, effigie de celui qui, étymologiquement, « aime Dieu » ou « est aimé de Dieu », ou d'un personnage idéal auquel le lecteur devait s'identifier. Pour nous aujourd'hui, Théophile est inconnu, mais c'est à lui que l'auteur s'adresse pour le convaincre et nous convaincre. Lui qu'il invoque comme on invoque un protecteur voire un mécène, un intellectuel influent susceptible de faire connaître le livre, un homme assez riche pour financer sa diffusion et donc sa copie, les scribes, le papyrus des codex, l'encre et les calames. Acceptons comme plus probable qu'une personne réelle soit présente derrière ce nom.

Fait exceptionnel parmi les récits du Nouveau Testament, les auteurs de l'évangile de Luc et des Actes des Apôtres mettent en avant leur propre travail d'écriture. On trouve dans le champ lexical des deux prologues les verbes « composer », « écrire », « exposer », « enseigner ». L'écriture est inaugurale : écrire, d'abord écrire.

L'auteur de l'évangile de Jean produisait un effet voisin, mais c'était à la fin de son livre. Par deux fois, il concluait sur l'impossibilité de tout dire et sur la véracité de son témoignage : « Jésus a fait sous les yeux de ses disciples encore beaucoup d'autres signes, qui ne sont pas écrits dans ce livre. Ceux-là ont été écrits, pour que vous croyez que Jésus est le Christ, le Fils de Dieu, et pour qu'en croyant vous ayez la vie en son nom » (Jn 20,30). Et à l'extrême fin du texte, il ajoutait ces derniers mots qui le plaçaient dans la position privilégiée du disciple préféré, du « disciple que Jésus aimait » : « C'est ce disciple qui témoigne de ces faits et qui les a écrits, et nous savons que son témoignage est véridique. Il y a encore bien d'autres choses qu'a faites Jésus. Si on les mettait par écrit une à une, je pense que le monde lui-même ne suffirait pas à contenir les livres qu'on en écrirait » (Jn 21,24-25). C'est la parole du disciple bien-aimé qui garantit la vérité de son récit, qui confère à ce qu'il écrit valeur d'exemple.

Rien de cela dans l'évangile de Luc, mais un projet de nature historique, à tel point que le cadre de l'empire est donné comme le cadre général de la vie de Jésus : « un édit de César Auguste ordonnant le recensement du monde entier » (Lc 2,1) paraît en même temps que Jésus vient au monde, et la prédication de Jean le Baptiste qui annonce la venue de Jésus a lieu sous les auspices de « l'an quinze du principat de Tibère César, Ponce Pilate étant gouverneur de Judée, Hérode tétrarque de Galilée… » (Lc 3,1).

Les débuts de Jésus, à la différence des autres évangiles, sont ses débuts dans l'histoire, la grande histoire. Aussi le langage du prologue de l'évangile de Luc est-il étonnamment peu religieux. Il n'invoque pas même Dieu, ni le Christ, ni Jésus, tandis que tout son vocabulaire demeure très prosaïque. L'auteur se place à un autre niveau, au niveau de l'intelligence ou de la raison, et non de la croyance. Manifestement, il veut hausser le débat pour un public cultivé et proposer des fameux événements une vision – pour une fois, semble-t-il suggérer – exactement informée, complètement assurée. Une vision exhaustive et fiable. Des « événements », l'auteur veut proposer une vue autorisée, d'autant qu'il n'ignore pas que beaucoup de récits circulent : il faut penser autant aux évangiles qui sont devenus canoniques qu'à tous ceux qui seront, *a contrario*, classés comme apocryphes et dont, par la force des choses, nous ne connaissons au mieux que des bribes, du moins pour les plus anciens d'entre eux.

Sur le plan rhétorique, le prologue du livre des Actes est, à vrai dire, moins brillant que celui de l'évangile. En tout cas, les signes extérieurs de la doctrine chrétienne qu'il professe le marquent bien davantage, comme si on lui avait reproché un début insuffisamment nerveux, comme si l'auteur avait dû donner des gages de « la sûreté des enseignements » (Lc 1,4), qui lui avaient été transmis également (et l'on ne peut qu'être sensible à cette thématique qui est récurrente à travers tout le texte), comme si les temps avaient changé.

Luc/Actes

La double référence que fait le prologue des Actes des Apôtres à un « premier livre » et à un même destinataire, « Théophile », fonde au moins depuis 1927 et la publication de *The Making of Luke-Acts* par Henry Cadbury, la conviction unanime que le livre des Actes et l'évangile de Luc sont dus, au moins pour partie, au même auteur. Ces deux textes constitueraient en fait une œuvre en deux volets, un texte que les exégètes ont coutume d'appeler, depuis cette époque, « Luc/Actes ». Daniel Marguerat en souligne la nouveauté. « Le premier, il donne à entendre qu'une anamnèse de l'histoire fondatrice du christianisme doit englober Jésus et les apôtres. Le premier, il lie dans la tradition Jésus et Paul. Est-il besoin de dire que le canon du Nouveau Testament ratifiera ce choix théologique [1] ? » En tout cas, Luc/Actes constituerait avant la lettre « le premier Nouveau Testament », selon l'expression de C. K. Barrett.

Certains chercheurs vont même jusqu'à penser que ce livre artificiellement intitulé « Luc/Actes » était bel et bien un livre unique et qu'il aurait été ultérieurement partagé en deux tomes. Tous les livres les plus anciens du Nouveau Testament ayant, jusqu'à preuve du contraire, été retrouvés copiés sur de petits cahiers, des codex, et non sur des rouleaux comme les écrits bibliques, il est techniquement très difficile de soutenir que les deux textes auraient pu tenir dans un seul codex. En outre, la fin de l'évangile (le récit s'achève à l'Ascension) est pour le moins difficilement compatible avec le début des Actes, qui commence par un résumé préliminaire : d'autres apparitions de Jésus y sont évoquées et un autre récit de l'Ascension s'y déroule, qui ne se situe plus à Béthanie mais à Jérusalem.

Cette hypothèse a de plus contre elle l'absence totale de

1. Daniel Marguerat, *Le Premier Christianisme*, *op. cit.*

preuve documentaire. Aucun des manuscrits connus ne réunit l'évangile de Luc et les Actes des Apôtres. Aucune mention d'un tel ensemble n'apparaît dans les traditions anciennes. Mais à vrai dire, cet argument pourrait également aller plus loin, et se retourner contre le présupposé dominant selon lequel il s'agit d'une œuvre double. Rien, objectivement, ne saurait en effet nous apporter cette certitude.

En dehors des indices liés au prologue, la conviction des chercheurs s'appuie sur des critères internes au texte grec : vocabulaire et syntaxe laissent bien penser qu'il s'agit d'un auteur identique, dont l'arrière-plan intellectuel renvoie à une théologie très comparable et à une même culture grecque. Parenté que l'on ne peut pas discerner avec d'autres livres du Nouveau Testament. Si l'on dispose l'évangile de Luc et les Actes en miroir, on peut voir qu'aux pratiques libératrices de Jésus dans l'évangile répondent les mêmes pratiques de la part des apôtres dans les Actes, on peut mettre face à face leurs doctrines du salut et de son accomplissement et constater leur similitude, comparer leurs conclusions, offrant toutes deux le Royaume aux païens devant l'obstination des juifs.

Pour faire valoir ses grandes qualités littéraires, les connaisseurs aiment à signaler le talent dont l'auteur des Actes fait preuve. Ainsi le prologue de l'évangile est d'un rhéteur classique, le premier discours de Pierre après la Pentecôte est d'un style délibérément très hébraïsant tandis que celui prêté à Paul à Athènes est au contraire très académique, d'un grec néo-attique tissé de références philosophiques, le récit final du voyage en bateau est un épisode typique du roman antique, la référence aux proverbes populaires le dispute aux citations implicites de la Septante, la construction fonctionne de part et d'autre par parallélismes et par effets de répétition. Voilà donc un excellent littérateur qui, selon l'expression d'Aragon, connaît bien l'art du « mentir-vrai ».

Mais si l'auteur des Actes et de l'évangile de Luc excelle dans le maniement des styles, cela devrait, au moins à titre d'hypothèse de discussion, introduire un minimum de doute dans le concert critique. En un mot comme en cent, l'auteur sait l'art du pastiche et de la parodie, l'art de l'imitation. Alors pourquoi l'auteur des Actes n'aurait-il pas utilisé son savoir-faire pour écrire « comme l'auteur de l'évangile de Luc » ? Pourquoi cette question n'est-elle jamais posée ? parce que la théologie est trop sérieuse pour qu'on puisse admettre qu'elle en passe par les ruses littéraires ? parce que l'histoire dès lors qu'elle est histoire sainte ne saurait tolérer l'artifice, c'est-à-dire la fiction, l'invention ?

Il est un autre argument d'ordre stylistique, peu souligné lui aussi et qui reste très énigmatique. Contrairement aux évangiles et notamment à l'évangile de Luc, le style familier qui caractérise nombre de récits de guérison et de paraboles est très marginal dans les Actes. L'auteur y est beaucoup moins préoccupé de faire vivre les silhouettes et les personnages secondaires. Hormis quelques exceptions, un grand nombre de péripéties ne génèrent pas de récits particuliers mais reproduisent des stéréotypes. Les apôtres ou les disciples du Christ dans les Actes n'ont que très peu à voir, sur le plan dramatique et narratif, avec les disciples de Jésus dans les évangiles.

Malgré leur élection au premier rang, ils sont toujours présentés dans la tradition évangélique comme des personnages aveuglés, hésitants, incertains (même si leur portrait paraît moins dur chez Luc que dans les autres synoptiques). En substance, les personnages modèles de la communauté sont traités de manière triviale voire ironique, ce qui contribue beaucoup à la puissance littéraire des évangiles. Or cette transgression de la règle antique de la séparation des styles n'a plus, pour ainsi dire, aucune correspondance dans les Actes des Apôtres. Non seulement Pierre, si brutalisé d'ordinaire par la tradition évangélique, mais tous les protagonistes de premier ou de second plan sont, cette fois, des personnages forgés d'une pièce. Après avoir été un héros sombre et féroce, Paul devient un personnage édifiant. Son aveuglement disparaît complètement avec la vision du chemin de Damas, alors que c'est, au contraire, le doute qui structure les disciples dans les évangiles.

Admettons que cela ne suffise pas à détruire la présomption selon laquelle l'auteur de l'évangile de Luc est bien l'auteur des Actes des Apôtres. Mais cela devrait au moins amener à dissocier la datation des deux textes, peut-être plus fortement qu'on ne le fait d'habitude. Le rappel implicite de la destruction du Temple, les références multiples à l'état du judaïsme après 70 et au mouvement de réorganisation sous l'égide pharisienne permettent d'aboutir à une datation de l'évangile de Luc autour des années 80.

L'opinion générale qui voudrait que les Actes des Apôtres, essentiellement pour des raisons liées aux tensions résultant de la réorganisation pharisienne, datent de la même période, en allant jusqu'aux années 90, n'est pas plus incontestable. C'est probablement l'un des effets secondaires du couple « Luc/Actes » que d'associer les deux œuvres, y compris chronologiquement. Rien n'interdirait de penser qu'un laps de temps plus important a séparé les deux textes. Il suffit de constater que l'évangile est encore, au moins en partie, sous le signe de l'urgence et de la Fin des temps alors que les Actes exigent un engagement beaucoup moins radical des disciples et s'emploient à fédérer le mouvement, à organiser son expansion, à pacifier ses relations avec l'Empire romain. L'accusation criminelle dont le livre des Actes veut manifestement laver les chrétiens est une question qui préoccupe aussi les historiens romains. Mais elle n'apparaît chez Pline, chez Suétone, chez Tacite qu'autour des années 110-120, alors qu'ils se mettent, eux aussi, à faire référence au terme « chrétien » et aux partisans du *chrestos*.

Une datation plus tardive que la datation habituelle permettrait aussi d'expliquer un autre phénomène : la raison pour laquelle les Actes sont, à l'occasion, le texte le plus ouvertement antijudaïque de tout le Nouveau Testament. Par la bouche de Pierre, qui plus est, les juifs y sont nommément accusés de la mort de Jésus... Ce que même l'évangile de Jean, tout en le laissant sous-entendre, ne dit jamais, mais ce qu'affirme sans état d'âme l'évangile de Pierre, texte apocryphe que l'on ne situe pas avant le IIe siècle.

Faut-il en déduire que les Actes des Apôtres, au lieu d'avoir été écrits dans les années 80-90, datent du début de cette période, et que ce deuxième livre a été conçu non pas quelques années après l'évangile de Luc, mais bien plus tard, peut-être une quarantaine d'années après ? Cela permettrait de comprendre pourquoi, à côté des liens de parenté entre les deux textes, leurs contrastes sont tellement forts.

Luc le médecin

Si les deux livres ont eu – au moins en partie – le même auteur, est-il possible de retrouver cet auteur ?

Comme pour tous les textes de la littérature chrétienne primitive – à part les épîtres de Paul –, l'auteur est anonyme. L'attribution « selon Luc » n'apparaît sur les copies manuscrites de l'évangile que vers 150, quand les quatre évangiles canoniques (Marc, Matthieu, Luc et Jean) sont enfin édités ensemble et qu'il faut par conséquent les distinguer les uns des autres. À la fin du IIe siècle, le canon de Muratori – qui est la première recension des textes autorisés – et Irénée de Lyon, dans son traité *Contre les hérésies*, sont les premiers à formuler la jonction entre l'évangile et les Actes : « Et Luc, le compagnon de Paul, a consigné dans un livre l'Évangile que Paul prêchait », note Irénée, le canon de Muratori précisant quant à lui que Luc « a écrit sous son propre nom et selon ce qu'il jugeait bon ». L'auteur des Actes serait donc Luc, un compagnon de Paul.

Entre les chapitres 16 et 28 des Actes, le récit, jusqu'alors toujours énoncé de manière objective, change brusquement de point de vue. Le narrateur extérieur aux événements cède la place, à quatre reprises, à un narrateur qui semble partie prenante de l'action qu'il raconte. Le texte passe à la première personne du pluriel, au « nous », d'où un changement de statut. C'est un témoignage direct qui nous est livré, apparemment par un témoin des faits.

Les passages en « nous » interviennent au moment où Paul s'est séparé de Barnabé et part en mission. Par exemple : à Troas, « nous cherchâmes à partir pour la Macédoine, persuadés que Dieu nous appelait à y porter la Bonne Nouvelle » (Ac 16,10) ; ou, après Éphèse : « Lorsque nous étant arrachés à eux, nous eûmes gagné le large, nous cinglâmes droit sur Cos ; le lendemain nous atteignîmes Rhodes, et de là, Patara » (Ac 21,1), etc. D'où l'on en a déduit que ce *nous* abritait Paul lui-même et l'un de ses proches, qui n'ignorait aucun de ses faits et gestes, voire aucun de ses rêves. Ainsi quand Paul est transféré de Césarée à Rome, on peut lire : « Quand notre embarquement pour l'Italie eut été décidé, on remit Paul et quelques autres prisonniers à un centurion de la cohorte Augusta » (Ac 27,1). Le recours au style direct dure même plusieurs pages et accompagne tout le voyage en bateau et l'épisode du naufrage.

Si l'auteur des Actes était un proche de Paul, comme on peut le conclure des quatre passages en « nous », comment est-on parvenu à l'identifier à Luc ? On aurait pu, en suivant le texte, s'intéresser à ceux qui sont nommés par le récit lui-même, juste autour du début du chapitre 16 : Timothée, « fils d'une juive devenue croyante, mais d'un père grec » (Ac 16,1), ou Silas. L'un et l'autre apparaissent d'ailleurs comme cosignataires de certaines des épîtres pauliniennes. Silas a pour autre particularité d'être en grec l'équivalent du latin Silvain (Silvanus) et surtout de l'hébreu Saul, premier nom de Paul dans les Actes...

La tradition, cependant, a désigné le personnage de Luc, alors même que ce nom n'apparaît jamais parmi les personnages des Actes des Apôtres. Dans les épîtres attribuées à Paul, trois mentionnent « Luc, le cher médecin », par exemple l'épître aux Colossiens (Col 4,14). On en déduit que Luc était l'« auteur » et le « compagnon de Paul ». Le fait d'être quasiment inexistant offrait bien des avantages à ceux qui voulaient utiliser son nom.

Trompe-l'œil

Ce bel édifice, comme on le reconnaît généralement maintenant, est un trompe-l'œil.

Si l'épître aux Colossiens, l'épître à Philémon et la deuxième épître à Timothée signalent bien le nom de Luc, elles ont un autre point commun : leur authenticité est très largement discutée. Ces lettres figurent dans le Nouveau Testament parmi les épîtres de Paul, mais elles sont à peu près unanimement reconnues comme étant d'une autre main que celle de l'apôtre, et plus tardives. Ce qui distend beaucoup le lien d'intimité que certains se sont attachés à retrouver entre Paul et son ami « Luc ». Cependant, en dehors de la question du nom de l'auteur, reste alors le problème de fond. Quelle que soit son identité exacte, l'auteur des Actes peut-il avoir été un compagnon de Paul ?

À vrai dire, l'argument des passages en « nous » pour asseoir la thèse du compagnonnage de l'auteur ne résiste pas à l'examen. Chaque intervention, brève ou longue, paraît enchâssée dans le corps du récit, comme s'il s'agissait, du point de vue stylistique et narratif, d'un élément extérieur qui est venu s'additionner au texte. Aussi a-t-on défendu l'hypothèse qu'il s'agissait bien d'un journal de voyage mais d'un autre auteur, éventuellement dès lors d'un compagnon de Paul.

Certains soutiennent au contraire qu'il s'agirait non pas de pièces rapportées, mais d'un procédé d'écriture délibérément employé pour accroître la crédibilité du récit, d'un effet de réel en quelque sorte. Ce qui, d'ailleurs, attesterait une fois encore le grand savoir-faire de notre auteur… Mais alors, pourquoi ces interventions ne paraissent-elles pas obéir à une règle unique, et semblent à des ruptures de ton ? Et pourquoi ces ruptures de ton paraissent-elles si peu concertées, si hasardeuses, au point de n'être pas justifiées par le récit, de ne survenir – épisodiquement – qu'une fois passée la moitié du livre, sans que rien ne les ait préparées ?

Le mauvais disciple

Il y a encore plus grave, et plus déroutant.

Autant Paul paraît le héros de « Luc » – si, par convention et par commodité, on veut bien continuer à le nommer ainsi –, fût-ce un héros dont la statue est souvent égratignée (il n'est pas « apôtre », il n'est pas toujours le pionnier qu'il voudrait être, il échoue à évangéliser les juifs), autant Luc paraît vraiment très mal connaître Paul. Il connaît certes des détails biographiques essentiels pour reconstituer son portrait, y compris des détails que Paul ne donne pas ou qu'il ne sait pas, mais Luc ignore le signe peut-être le plus particulier de son modèle : Paul écrit.

Or, pour Luc, Paul n'est pas un écrivain, l'auteur des épîtres. C'est un grand voyageur, un grand missionnaire, un grand prédicateur, mais nulle part dans les Actes le personnage de Paul n'est montré en train d'écrire ou de dicter l'un de ces billets qui feront sa gloire ultérieure. Paul va à Thessalonique, à Corinthe, en Galatie, à Rome, mais jamais il n'écrit aux Thessaloniciens, aux Corinthiens, aux Galates, aux Romains. Et, tout aussi surprenant, on constate que les positions théologiques prêtées à Paul dans les Actes des Apôtres sont radicalement antagonistes de celles qu'exprime l'apôtre dans ses épîtres. Le Paul des Actes est un juif chrétien qui défend les mêmes thèses que Pierre et l'Église de Jérusalem. C'est un juif très orthodoxe, un fidèle observateur de la Loi qui n'a d'hérétique, si l'on veut, que sa foi au Christ et la croyance en sa résurrection. Les innovations qu'il met en pratique ne lui sont pas propres. Pour le reste, ce Paul s'inscrit parfaitement dans la tradition d'Israël. Il n'y a donc rien ou presque rien, dans son personnage, qui en ferait le réformateur radical ou le schismatique que l'on découvre à la lecture de ses lettres.

Pourquoi un tel hiatus ?

La première hypothèse n'est pas très sérieuse. Ce serait de supposer que le Paul des Actes, le Paul tourné vers l'extérieur, était réellement un personnage très différent du Paul des épîtres, et que ce dernier défendait en secret, en tête à tête avec lui-même, des positions beaucoup plus risquées. Ce serait oublier que les épîtres de Paul ne sont pas des traités, des sommes théologiques écrites par un penseur retiré du monde, mais des écrits de circonstance qui renvoient à des situations concrètes, à des problèmes d'intendance, d'organisation ou de discipline, et que ces lettres sont toujours adressées à des tiers, à des destinataires précis qui sont des groupes de disciples, des réunions de fidèles, des « églises ».

La deuxième hypothèse est beaucoup plus défendable. Elle consiste à penser, aussi étonnant que ce soit de prime abord, que Luc ne connaissait pas les lettres de Paul. Les arguments sont alors essentiellement des arguments a contrario. D'une part, si Luc avait eu au moins quelques lettres à sa disposition, comment imaginer qu'il n'ait jamais été tenté d'inclure dans son histoire des citations directement empruntées à Paul ? D'autre part, comment admettre que Luc n'ait pas utilisé son récit pour répondre aux propos de Paul, pour les dédramatiser s'ils choquaient tant ses contemporains ? On devrait ainsi retrouver cités dans le texte des Actes quelques-uns des propos les plus subversifs de Paul, de la même façon qu'on retrouve à travers les apologies du christianisme les thèses de ses adversaires. Ainsi lit-on Celse à travers Origène, Marcion et les gnostiques à travers Tertullien. De cette absence, on en arrive à conclure que Luc ne connaissait pas l'œuvre de Paul. Ce qui, malgré tout, reste insatisfaisant. Voilà un livre dont l'auteur pousse le raffinement jusqu'à se prétendre « informé exactement de tout depuis les origines » (Lc 1,3), pour reprendre le prologue de l'évangile de Luc, mais qui méconnaîtrait absolument un aspect essentiel du personnage principal de ses études ! La seule solution sur le plan de la vraisemblance serait d'admettre soit que les épîtres étaient restées cachées au moment où Luc écrivait ses Actes, soit qu'elles n'avaient pas encore été éditées et rassemblées.

Reste une troisième hypothèse. Et elle est tout aussi surprenante pour nous. Ce serait tout au contraire de supposer que Luc connaissait les lettres de Paul, du moins certaines d'entre elles, voire un certain état de la teneur de ces lettres, mais qu'il les aurait volontairement ignorées.

Mais pourquoi ? Parce que les Actes des Apôtres auraient été écrits alors que circulait déjà un corpus d'épîtres de Paul, et que Luc n'aurait pas voulu se référer à un corpus concurrent, diffusé parallèlement dans les mêmes communautés que celles auxquelles il désirait s'adresser. Hormis l'évangile de Luc et le livre des Actes, surnommés « l'œuvre à Théophile » en raison de leur destinataire commun, hormis une référence à « notre cher frère Paul » (2 P 3,15) dans la seconde épître de Pierre, les écrits du Nouveau Testament répugnent absolument à se citer expressément les uns les autres. Ils s'ignorent ou font table rase du passé : l'évangile de Marc est accaparé, transformé et développé par les deux autres synoptiques et par l'évangile de Jean, il peut être parfois littéralement recopié, mais jamais il n'est donné comme citation explicite. De la même façon, Luc aurait omis de se référer à la lettre des épîtres de Paul : il n'est ni archiviste ni compilateur. Il n'a pas de révérence particulière pour son modèle, ni de dette à son égard.

Luc aurait-il décidé de passer sous silence les épîtres de Paul parce qu'elles dérangeaient ses ambitions consensuelles et fédératrices ? Les épîtres auraient-elles fait tache dans l'histoire de l'Église, car elles donnaient de Paul l'image d'un chrétien trop à part ? Au moment où il s'agissait pour l'auteur des Actes d'exposer une sorte d'orthodoxie du mouvement chrétien naissant, il aurait été très malvenu de prendre pour héraut de cette orthodoxie, et héros de l'expansion chrétienne jusqu'en Occident, une figure marginale, une figure contestée et contestable. Il fallait au contraire montrer que Paul n'avait rien inventé, pas même l'ouverture du mouvement aux païens.

Il fallait que Paul fasse profil bas.

Cette décision, assez impensable à nos yeux, Luc l'a déjà prise plus d'une fois dans les Actes des Apôtres. À ses yeux, écrire l'histoire n'interdit jamais de la réécrire du moment que c'est pour la juste cause. Souvenons-nous de Pierre, qui paraît un tout autre homme que celui des évangiles, de Jacques le frère de Jésus, dont le rôle éminent est presque complètement gommé, des Hellénistes réduits à la portion congrue, de Barnabé dont on ne sait presque rien et d'Étienne sur qui on en sait trop... Luc aurait donc édulcoré, pour ne pas dire censuré, les lettres de Paul, ne divulguant de la théologie de son maître que les aspects les moins polémiques, les plus acceptables. Une diffusion « grand public ». Fin politique et narrateur de talent, Luc manie tout de même la langue de bois, car il sait ce qu'il ne faut pas dire, rectifiant ici un mot de trop, dissimulant là ce sur quoi il ne veut pas s'appesantir, niant s'il le faut jusqu'à l'évidence. Et l'on aurait vraiment tort de croire que Luc ne connaissait pas la théologie paulinienne.

La meilleure preuve en est les accusations portées contre Paul par le récit des Actes. Au chapitre 21, nous lisons qu'on lui reproche de pousser « les juifs qui vivent au milieu des païens à la défection vis-à-vis de Moïse, leur disant de ne plus circoncire leurs enfants et de ne plus suivre les coutumes » (Ac 21,21). Or, de semblables exhortations n'apparaissent jamais dans les discours que Luc prête à Paul, alors qu'elles sont monnaie courante dans les épîtres. C'est bien dire que les Actes se font l'écho de propos que le personnage de Paul ne tient pas dans le récit mais qu'il exprime dans ses lettres !

Luc offrira au personnage de Paul pas moins de six chapitres de son livre pour réfuter ces accusations (près de vingt pour cent de l'ensemble du texte !). Devant le gouverneur Félix – que cette question ne concerne nullement –, Paul se disculpe de trahir la Torah : « C'est suivant la Voie, qualifiée par eux de parti, que je sers le Dieu de mes pères, gardant ma foi à tout ce qu'il y a dans la Loi et à tout ce qui est écrit dans les Prophètes, ayant en Dieu l'espérance, comme ceux-ci l'ont eux-mêmes, qu'il y aura une résurrection des justes et des injustes. C'est pourquoi moi aussi je m'applique à avoir une conscience irréprochable devant Dieu et devant les hommes » (Ac 24,14-16). On ne saurait mieux faire acte d'allégeance au judaïsme « officiel » et démentir les propos virulents que Paul affichait lui-même, dans l'épître aux Galates, contre la Loi « qui fut ajoutée pour que se manifestent les transgressions » (Ga 3,19) ou dans l'épître aux Romains, accablant son frère : « Toi qui arbores le nom de juif, qui te reposes sur la Loi, qui te glorifies en Dieu, qui connais sa volonté, qui discernes le meilleur, instruit par la Loi, et ainsi te flattes d'être toi-même le guide des aveugles… » (Rm 2,17-19). Exécuteur testamentaire, Luc exerce sur l'œuvre de Paul le droit d'inventaire.

Si les arcanes et les paradoxes de la théologie paulinienne ne sont pas mis en valeur, si la croyance en la résurrection est simplifiée, si la doctrine du Salut ou l'approche de la Fin des temps semblent n'être évoquées que pour la forme, en revanche d'autres thèmes inspirent beaucoup plus profondément le travail de Luc. Ainsi, l'auteur des Actes, dans ses visées sur Rome, adopte, littérairement, le respect que les épîtres de Paul, si ce n'est Paul lui-même, aiment enseigner envers les pouvoirs établis : « Que chacun se soumette aux autorités en charge, écrit-il aux Romains. Car il n'y a point d'autorité qui ne vienne de Dieu, […]. Les magistrats ne sont pas à craindre quand on fait le bien, mais quand on fait le mal » (Rm 13,1,3). Les adieux de Paul à Milet, dans les Actes, sont l'occasion d'un grand discours que Luc tisse d'emprunts aux épîtres pastorales. Et Paul ne manque pas une occasion de démontrer par les Écritures, par son exégèse de la Torah, que Jésus est bien le Messie attendu, le Christ, comme il le fait dans ses épîtres.

Mais ce que, plus surprenant, Luc réussit surtout à opérer, ce sont d'incroyables permutations de rôles. Ainsi dépouille-t-il Paul pour habiller Pierre. À Jérusalem, Pierre résume dans ses discours l'interprétation paulinienne de la mort de Jésus comme messie crucifié. Pierre prononce contre les juifs des discours aussi virulents que les versets controversés de la première épître aux Thessaloniciens. Lors de l'épisode du concile de Jérusalem, au chapitre 15 des Actes des Apôtres, on l'a vu, Pierre va plus loin encore. Il s'exprime littéralement à la place de Paul : c'est lui qui expose le premier la conception de la justification par la foi que Paul, dans les Actes, reprendra à la fin du discours d'Antioche de Pisidie ; c'est Pierre encore qui va même jusqu'à employer la formule du « joug de la circoncision », si typique de l'épître aux Galates. La citation capitale du Deutéronome que mentionne Paul à deux reprises, dans l'épître aux Romains et dans l'épître aux Galates – « Dieu ne fait pas acception des personnes » (Rm 2,11 et Ga 2,6) –, est placée directement par Luc en morale de la conversion du centurion Corneille (Ac 10,34) et mise dans la bouche du même Pierre, toujours pour justifier l'ouverture aux païens.

Pierre se comporte comme Paul, et Paul, depuis l'expérience de Damas, avance comme le successeur de Pierre, mais ni Pierre ni Jacques n'interviendront pour venir en aide à Paul lors de son interminable détention provisoire. Quant à Étienne, il s'exprime, lui, à la place de Paul, parlant sans précautions contre le Temple et contre la Loi, disant bien tout ce que les faux témoins lui reprochent d'avoir dit, disant à voix haute et forte ce que le Paul des Actes ne dit même plus à voix basse.

Luc réalise le prodige de la légende yiddish du Dibbouk : il fait parler Pierre avec la voix de Paul. Il fait parler Jacques de la même voix. Le Paul des épîtres sert à faire du « doublage » comme on dit au cinéma : il prête sa voix dans les Actes à des personnages dont nous n'entendrons jamais la voix d'origine.

Leurres

« Les Actes des Apôtres » : le titre même du livre est un leurre. S'il ressemble beaucoup plus que les évangiles au genre codifié des actes et des chroniques que pratique la littérature de l'Antiquité, ce sont les « apôtres » qui ne manquent pas de surprendre. Plantés au début comme une allée de statues, dévisagés un à un comme si leur liste était capitale pour l'avenir, les apôtres tombent très vite en poussière. À vrai dire, il n'y en a qu'un seul qui compte : Pierre. C'est beaucoup pour lui, mais c'est peu. L'autre apôtre serait-il Paul, qui occupe plus de la moitié du livre ? Mais Paul n'est pas un apôtre. En tout cas, Luc se garde bien de prononcer ce mot à son propos. Il est pourtant, aux yeux du texte, un personnage essentiel, tout comme Étienne, qui n'est pas davantage un apôtre.

Qu'est-ce donc que ce livre, qui récrimine si souvent contre les faux apôtres, qui met en selle des apôtres qui ne sont pas de vrais apôtres et pourtant des apôtres plus vrais que les vrais apôtres ? Le livre des Actes est un livre sournois. Un livre qui parle à mots couverts et s'exprime souvent à contrecœur, un livre qui procède par lapsus, par actes manqués.

L'auteur, qui se veut l'historien des premiers temps, ne peut pas ne pas citer les personnages principaux. Alors il énumère les Douze (il remplace même le douzième, pour signifier l'importance qu'il faut reconnaître à ce groupe) puis il les dérobe aux yeux de ses lecteurs purement et simplement. Au début des Actes, Luc ne peut pas ne pas mentionner la famille de Jésus dans le tableau quasi harmonieux de l'Église de Jérusalem ; il cite donc « Marie, mère de Jésus » (dont on ne sait si elle a joué le moindre rôle après la crucifixion, et que le texte oublie ensuite complètement) et « ses frères » (Ac 1,14), mais il recule devant eux. Contrairement aux Douze, qui sont soigneusement identifiés, les frères n'ont pas de nom. Même Jacques, dont la place a dû être considérable, n'est jamais présenté comme « frère de Jésus » ou comme « frère du Seigneur ». C'est juste un nom, et il faut recourir aux évangiles de Marc et de Matthieu et surtout aux épîtres de Paul pour savoir quelle est son identité. Il n'est même nommé en tout et pour tout que trois fois dans le récit !

Géologie

Le concept de Luc/Actes, le nom même de « Luc » comme signataire, tout cela concourt de toute façon à accréditer l'idée que ce livre est une œuvre – au sens quasiment moderne du terme – et que ce livre est l'expression d'un auteur. La comparaison du texte alexandrin (le texte dit « reçu », lisible aujourd'hui dans toutes les éditions du Nouveau Testament) et du texte occidental (que l'on déduit essentiellement du codex de Bèze, comme on l'a vu à l'occasion du concile de Jérusalem et de ce qu'on appelle le « décret apostolique ») laisse bien entendre que, s'il y a eu indéniablement « auteur », c'est le singulier de ce mot qui est une fiction.

Les travaux de Marie-Émile Boismard et d'Arnaud Lamouille en particulier n'ont cessé de montrer, avec un raffinement parfois exacerbé mais toujours stimulant, que les Actes des Apôtres procédaient d'un assemblage de documents dont les sutures rhétoriques, les brusques changements de sujet, les ruptures de style, les bizarreries de toutes sortes, permettent de détecter sous le texte actuel deux grands ensembles : la geste de Pierre et la geste de Paul, agglomérées et réunies en un seul récit par étapes successives [1].

Sans entrer dans toutes les subtilités de leur démonstration, ajoutons qu'ils supposent plusieurs sources archaïques, un document pétrinien (lié aux disciples de Pierre), un document johan-

1. M.-É. Boismard et A. Lamouille, *Les Actes des deux apôtres* (Gabalda, 1990).

nite (lié aux disciples de Jean le Baptiste), un journal de voyage, plusieurs strates de rédaction pour chacun de ces ensembles et un croisement des textes à différents niveaux. C'est-à-dire que les Actes tels que nous les lisons seraient le produit de cet intense travail littéraire dont chaque anomalie serait l'indice. Il est donc légitime de parler des rédacteurs des Actes (au pluriel) et non pas de croire en un auteur unique. S'il y eut un Luc auteur des Actes, il ne le fut que de l'une des strates du texte.

Dès lors, les conclusions qui sont assez communément admises pour le « journal de voyage » (les passages en « nous ») doivent aussi permettre d'expliquer l'hétérogénéité des grandes masses du texte : le discours d'Étienne, la geste de Pierre, la geste de Paul. Le risque est d'en déduire que « Luc » n'est qu'un nom de plume. Un exemple : au chapitre 18, Paul fonde la communauté de Corinthe, avec l'aide d'Aquilas et de Priscille chassés d'Italie par l'édit de Claude contre les juifs. « Chaque sabbat, il discourait à la synagogue et s'efforçait de persuader juifs et Grecs » (Ac 18,4), est-il dit de Paul, qui « se consacra tout entier à la parole attestant aux juifs que Jésus est le Christ » (Ac 18,5). On reconnaît le schéma classique, et le travail d'interprétation auquel se livre le prédicateur pour convaincre ses frères. Puis le ton monte, la fièvre s'emballe : « Mais devant leur opposition et leurs paroles blasphématoires, il secoua ses vêtements et leur dit : "Que votre sang retombe sur votre tête ! Pour moi je suis pur, et désormais c'est aux païens que j'irai" » (Ac 18,6). Le divorce est consommé, le constat d'échec est sans appel. Aussi, quelle n'est pas notre surprise quand nous lisons *dès le verset suivant* que Paul semble avoir tout oublié de ce qu'il vient de dire : « Alors, se retirant de là, Paul se rendit chez un certain Justus, homme adorant Dieu dont la maison était contiguë à la synagogue. Crispus, le chef de la synagogue, crut au Seigneur avec tous les siens. Beaucoup de Corinthiens, en entendant Paul, devenaient croyants et se faisaient baptiser » (Ac 18,7-8). Ne jurerait-on pas que la malédiction des juifs au profit des païens appartient, dans le texte même, à une autre histoire ?

Autre exemple. Aux dernières lignes du livre des Actes, on comprend que Paul discute avec les juifs de Rome, comme lors de ses autres controverses de type rabbinique sur l'exégèse de la Torah. Les uns acceptent les interprétations de Paul, les autres non. Rien que de très usuel en somme. Et qui amènerait très bien l'épilogue, assurant quelques lignes plus loin que, pendant deux années, Paul continuait à proclamer ce qu'il considérait être la Bonne Nouvelle « avec pleine assurance et sans obstacle » (Ac 28,31). Le livre finit sur cette dernière note qui serait parfaitement confiante et pacifiée si, entre-temps, Paul ne ruinait ce traité de paix par un véritable coup de pied de l'âne pour les juifs : « Ils prenaient congé sans être d'accord entre eux, quand Paul dit ce simple mot : "Elles sont bien vraies les paroles que l'Esprit-Saint a dites à vos pères par la bouche du prophète Isaïe : Va trouver ce peuple et dis-lui : vous aurez beau écouter, vous ne comprendrez pas ; vous aurez beau regarder, vous ne verrez pas. C'est que le cœur de ce peuple s'est épaissi : ils se sont bouché les oreilles, ils ont fermé les yeux, de peur que leurs yeux ne voient, que leurs oreilles n'entendent, que leur cœur ne comprenne, qu'ils ne se convertissent. Et je les aurai guéris !" » (Ac 28,25-28). Il est à souligner que le personnage de Paul, censé être juif, dit aux juifs venus le visiter : « Elles sont bien vraies les paroles de que l'Esprit-Saint a dites à *vos* pères. » Un juif ne devrait-il pas dire « *nos* pères » à ses coreligionnaires ? Mais le Paul qui s'exprime ici sous la plume de Luc est un chrétien qui a déjà rompu avec le judaïsme et ne veut plus revenir sur cette rupture : « Sachez-le donc : c'est aux païens qu'a été envoyé le Salut de Dieu. Eux, au moins, ils écouteront » (Ac 28,28).

La force ambiguë du livre est de laisser croire qu'il s'achève sur cette parole d'exaspération.

Le projet de Luc

À qui s'adresse le livre des Actes des Apôtres ? à des juifs ? à des païens ? à des craignant-Dieu déjà gagnés par la foi au Christ ?

Le portrait des juifs, éternels adversaires de Paul et des missionnaires chrétiens, têtes dures, cœurs endurcis, est si peu flatteur qu'il est difficile d'imaginer que le livre puisse leur être destiné. Et dans quel but ? leur faire honte, les mettre face à leur aveuglement, à leur impiété ? La charge est si rude que rien dans le texte ne paraît de nature à les convertir. Ils jouent majoritairement le mauvais rôle, même si l'auteur en repêche toujours quelques-uns pour ne pas couper tous les ponts. Comme une dernière chance, un ultime regret. Aussi n'a-t-il jamais de mots assez durs contre les « juifs » ; mais en même temps il ne peut s'en séparer, continuant d'espérer leur adhésion. Ainsi le texte semble toujours maintenir deux fers au feu.

C'est probablement qu'il y a deux réalités sociologiques qui s'expriment derrière cette tension. Il y a ceux qui refusent obstinément l'interprétation chrétienne de l'histoire juive, les ennemis juifs symbolisés par le bloc d'hostilité de Jérusalem (que les discours de Pierre mettent violemment en cause dès le début des Actes), et ceux qu'il faudrait essayer de « convertir », les juifs de la diaspora et les pharisiens. Même si ce noyau juif ne concerne de plus en plus qu'une minorité – ce que le texte des Actes ne cache pas vraiment –, l'enjeu est grave. Il y va, à son point de vue, de la légitimité même de la composante non juive qui grandit à l'intérieur du mouvement chrétien et qui, bientôt, va totalement bouleverser l'équilibre des forces.

Si le livre des Actes n'est pas écrit en direction des juifs, l'est-il en direction des païens ? On peut également en douter, dans la mesure où l'inscription dans le judaïsme de la foi au Christ est sans cesse réaffirmée. D'où l'insistance des Actes, comme aucun autre écrit du Nouveau Testament, à mentionner le nom de Jérusalem, à se référer au Temple et à lui accorder une place capitale, à revendiquer l'héritage juif. Ce que marque le Paul des Actes dans chacun de ses discours, comme s'il était indispensable de le rappeler. Mis à part les autorités romaines, le texte n'offre pratiquement aucune figure d'identification au lecteur ou à l'auditeur non juif. Au contraire les rares païens du texte sont le plus souvent velléitaires si ce n'est corrompus. Il est donc très peu probable que les Actes aient été écrits pour eux.

De fait, il est très intéressant de pointer les échecs de Paul attaqué à Jérusalem par les juifs comme il le sera à Athènes par les épicuriens et les stoïciens qui s'exclament : « Que peut bien vouloir dire ce perroquet ? » (Ac 17,18). Pas plus que le Sanhédrin, l'Aréopage n'est son auditoire. Les philosophes athéniens ne sont pas plus enclins à entendre son éloge du monothéisme que les artisans d'Éphèse, qui comprennent aussitôt le tort que cela pourrait faire à leur commerce d'objets de piété.

Restent les craignant-Dieu, dont très probablement « Luc » faisait partie, ces païens, ces hommes et ces femmes à la fois inscrits dans la dimension monothéiste du judaïsme et réceptifs à l'expression nouvelle de ce monothéisme exempté des contraintes juives : le christianisme. Si dans les Actes, contrairement aux épîtres, Paul s'adresse prioritairement à la synagogue, systématiquement la proclamation de la foi chrétienne suscite des divisions parmi son auditoire : les juifs le chassent et le repoussent, les craignant-Dieu l'accueillent. Et l'accueillent avec de plus en plus d'enthousiasme. Les chiffres – évidemment fantaisistes – manifestent clairement le succès grandissant de cette nouvelle interprétation du judaïsme. Il suffit d'apprécier l'évolution des formules : « la multitude des croyants » (Ac 4,32) ; « des croyants de plus en plus nombreux s'adjoignaient au Seigneur, une multitude d'hommes et de femmes » (Ac 5,14) ; « le nombre des disciples augmentait considérablement » (Ac 6,7) ; « tous les habitants de Lydda et de la plaine de Saron [...] se convertirent au Seigneur » (Ac 9,35) ; « ainsi les Églises s'affermissaient dans la foi et croissaient en nombre de jour en jour » (Ac 16,5) ; à Bérée, « beaucoup d'entre eux devinrent ainsi croyants, de même que parmi les Grecs, des dames de qualité et bon nombre d'hommes » (Ac 17-12), etc.

Ce que veut absolument démontrer le récit des Actes, c'est que la singularité du mouvement réside dans cette mixité entre ce que l'auteur appelle les « juifs » et les « Grecs », c'est-à-dire les juifs devenus chrétiens (et qui ne sont plus juifs) et les grecs venus du paganisme pour rallier la foi au Christ. Cette mixité enracine le mouvement chrétien à l'intérieur du judaïsme et garantit son avenir. Avant terme, avant les Pères de l'Église du milieu du IIe siècle, l'auteur des Actes des Apôtres conçoit la foi chrétienne comme le « véritable Israël », mais c'est un Israël renouvelé et élargi, car pour lui il ne peut exister qu'un seul Israël.

Les Actes des Apôtres sont un livre destiné à ces craignant-Dieu. Non seulement l'auteur les conforte dans leurs choix et soutient leur engagement, mais plus encore il leur construit une mémoire. Il crée un lien quasi généalogique entre Moïse et César, entre le pasteur de la terre d'Israël et l'empereur de Rome. La création de cette mémoire, la mémoire officielle du christianisme fixée par le texte, est d'autant plus le projet du livre que les Actes portent en eux, de façon visible, la mémoire de ses rédactions successives. Cette mémoire est le capital, le viatique que les craignant-Dieu doivent précieusement conserver. C'est leur justification : ils doivent se souvenir qu'ils sont de l'un et de l'autre.

Histoire ou histoire sainte

Les Actes des Apôtres bénéficient d'une place très privilégiée dans les éditions du Nouveau Testament. Ils viennent immédiatement après les évangiles et avant les épîtres de Paul, ce qui ne reflète en rien la chronologie de la rédaction de ces textes. Les Actes sont comme le chaînon manquant entre la vie du Christ et les écrits du premier écrivain chrétien connu, entre l'œuvre de Jésus et l'œuvre de Paul. Les évangiles s'achèvent à Jérusalem, où les Actes commencent. Les Actes prennent fin à Rome et la première épître de Paul qui suit les Actes est évidemment l'épître aux Romains.

Cet ordre gouverne notre lecture.

Les Actes proposent un mode d'emploi, c'est un livret d'accompagnement pour les autres écrits du Nouveau Testament, le seul récit historique des années qui ont suivi la mort de Jésus. Certainement le livre ne raconte-t-il pas toute l'histoire des premiers temps, mais il a l'avantage extraordinaire d'offrir une galerie de personnages, une trame générale, une chronologie des voyages de Paul, une carte de l'expansion du christianisme – du christianisme occidental en tout cas, au détriment du christianisme oriental ; ainsi, l'expansion du mouvement à partir de l'Égypte, pourtant essentielle, est passée sous silence.

L'auteur des Actes n'a jamais prêté serment de dire la vérité, toute la vérité, rien que la vérité. Il écrit une apologie, prototype de ce genre littéraire qui fleurira au IIe et au IIIe siècle, dès les premiers Pères de l'Église. Mieux encore que dans les évangiles (malgré tous les efforts de ses adeptes, Jésus traînait la marque d'infamie de son exécution), le livre des Actes veut convaincre les autorités de l'innocuité de la foi chrétienne et de l'adhésion des chrétiens à l'ordre romain.

Comme Paul, les chrétiens doivent devenir romains « de naissance », c'est-à-dire par nature, et rejeter de plus en plus Israël comme un pays étrange, étranger. Le débat implicite se situe sur le plan idéologique et politique : si les chrétiens sont monothéistes (comme les juifs), leur loi n'est pas la Torah, c'est la loi de l'empire, la justice qu'ils reconnaissent n'est pas celle du Sanhédrin, c'est celle de César.

Si l'auteur des Actes est un historien à l'image de nombre de ses collègues de l'Antiquité, et comme tiennent ardemment à ce qu'il le soit ses admirateurs d'aujourd'hui, cela ne l'empêche pas d'être aussi un témoin engagé, un théologien qui enrôle les faits au secours de sa foi, qui interprète et développe ce qui le sert, qui dissimule ou minimise ce qui ne l'intéresse pas, qui glisse dans le texte ce qu'il ne peut ou ne veut pas dire ouvertement, un témoin préoccupé tout autant du passé que de l'avenir. C'est un historien, c'est un théologien. Et c'est aussi, sans cesse, un écrivain.

9
Rompre avec le judaïsme

Jésus n'a rien écrit.

Les évangiles reproduisent certainement des phrases qu'il a prononcées, des paraboles, des sentences, des exhortations, mais avant tout ils le font parler au nom de ses rédacteurs, sans craindre de lui prêter leurs opinions au mépris des siennes. Son existence et son message nous sont connus par des textes qui, deux ou trois générations après sa mort, ont amalgamé ce qu'il avait pu dire et faire avec l'interprétation de son identité. La profession de foi chrétienne voyait en lui non plus un prophète galiléen parmi d'autres mais le Christ, mort et ressuscité, qui allait revenir en gloire instaurer le royaume de Dieu et prononcer le Jugement dernier.

Tout cela est le cœur des épîtres de Paul, c'est ce à quoi Paul croit, ce pourquoi il écrit. Ses épîtres occupent une place considérable : en volume, près d'un quart du Nouveau Testament. Le rôle et l'importance de Paul en sortent fatalement disproportionnés, d'autant que ces épîtres sont les écrits chrétiens les plus anciens, et les seuls qui peuvent être attribués à un auteur identifiable. Quel contraste avec le « silence » de Jésus ! Quel contraste avec l'absence de textes de la main de Pierre, de Jacques ou de n'importe quel disciple, même si des épîtres (qu'ils n'ont pas écrites) leur ont été attribuées à la fin du Ier siècle. Quel contraste avec les grandes figures du judaïsme rabbinique de l'époque, de Gamaliel à Yohanan Ben Zacchaï, dont nous ne savons à peu près rien.

Dans ses écrits, Paul se révèle une personnalité extrêmement singulière et inventive, un véritable penseur, un philosophe et un théologien d'une grande audace intellectuelle. Paul y apparaît indéniablement comme le théoricien génial du christianisme – avec un siècle d'avance sur l'invention du concept.

Un étranger dans le Temple

Selon le récit des Actes des Apôtres, après avoir fait à Milet ses adieux, Paul revient à Jérusalem – comme Jésus était monté au Golgotha. À la différence de son maître, c'est en homme libre, conscient qu'un sort funeste l'attend, qu'il fait route depuis Éphèse : « les juifs le lieront à Jérusalem [...] et le livreront aux mains des païens » (Ac 21,11), prophétise le sage Agabus. Contrairement au tableau que brossent les évangiles de l'attitude des douze disciples, ne comprenant rien aux paroles de Jésus, n'anticipant rien de ce qui va advenir, effrayants d'insouciance, les compagnons de Paul, parfaitement lucides sur ce que risque l'apôtre, font tout pour le dissuader : « Nous nous mîmes, avec ceux de l'endroit, à supplier Paul de ne pas monter à Jérusalem » (Ac 21,12).

Mais Paul s'obstine. À Jérusalem, il est accueilli par Jacques et les anciens, c'est-à-dire par les Hébreux, et félicité de son action en des termes qu'il semble lui-même avoir inspirés : « Tu vois, frère, combien de milliers de juifs sont devenus croyants et tous se trouvent être de zélés partisans de la Loi » (Ac 21,20). Voilà pour le refrain de Luc, et voici maintenant, après les congratulations d'usage, un tout autre couplet : « Or à ton sujet ils ont entendu dire que, dans ton enseignement, tu pousses les juifs qui vivent au milieu des païens à la défection vis-à-vis de Moïse, leur disant de ne plus circoncire leurs enfants et de ne plus suivre les coutumes » (Ac 21,21). Pour prouver que cette accusation gravissime n'a aucun sens, les frères conseillent donc à Paul d'aller au Temple pratiquer les rites de purification pendant sept jours, sous le contrôle, semble-t-il, de quatre juifs très observants dont il prend les frais à sa charge. Cette manifestation d'obéissance et de piété n'a pas l'effet positif escompté. Une semaine plus tard, il n'échappera que de peu à la mort, sauvé des juifs par une cohorte romaine.

À Jérusalem, des juifs d'Asie ont ameuté la foule en criant contre Paul : « "Voilà encore qu'il a introduit des Grecs dans le Temple et profané ce Saint Lieu." Précédemment, en effet, ils avaient vu l'Éphésien Trophime avec lui dans la ville, et ils pensaient que Paul l'avait introduit dans le Temple » (Ac 21,28-29). Relevons que *trophimos* peut signifier en grec « le nourrisson », « le fils de la maison », « celui que l'on élève ». Dans cette perspective, Paul serait donc son tuteur, son mentor. Mais ce Trophime, qui n'a d'autre consistance que de mener Paul à sa perte, serait-il un ami imaginaire, un disciple de complaisance chargé de personnifier les chrétiens non circoncis, à l'image de Tite dans l'épître aux Galates ?

Juridiquement, l'accusation d'avoir introduit un païen dans l'enceinte sacrée était de nature à justifier la mise à mort du coupable, comme l'indique formellement une inscription gravée retrouvée par les archéologues : « Que nul étranger ne pénètre à l'intérieur de la barrière et de l'enceinte qui entourent le hiéron [l'ensemble du Sanctuaire]. Celui qui y serait pris [y pénétrant] serait responsable envers lui-même que mort s'ensuive. » Mais, à l'évidence, le coupable ne pouvait être que le non-juif qui avait violé la barrière infranchissable. Or, ce n'est pas l'asiate d'Éphèse, Trophime, mentionné si brièvement, qui est inquiété, mais Paul, le juif ! Ce qui est absurde.

Le récit des Actes demeure du reste très prudent : la transgression de l'interdit dont il serait question n'apparaît ni comme un fait avéré ni comme une pure calomnie, c'est clairement une rumeur. Un racontar ni vérifié ni démenti : « On pensait » que Paul avait introduit son complice dans le Temple. « On croyait » qu'il avait profané le Saint Lieu.

On pensait, on croyait, on supposait… La petite histoire de Trophime semble faite pour détourner l'attention du lecteur. Derrière filtre une très lourde accusation dont, manifestement, l'auteur des Actes voudrait à toute force se débarrasser, mais c'est une sentence qu'il répercute tout de même : « Hommes d'Israël, au secours ! Le voici l'individu qui prêche contre notre peuple, contre la Loi et contre ce Lieu ! » (Ac 21,28). Comment accepter que Paul soit traité de parjure, qu'il soit directement accusé d'inciter les juifs à renier leur propre Loi, alors que de semblables exhortations n'apparaissent jamais, d'une manière ou d'une autre, dans les discours que l'auteur des Actes lui prête ? N'est-ce donc pas qu'il fallait chercher à innocenter Paul ?

Le Paul « historique », celui des épîtres, le théologien qui se cache derrière le personnage des Actes, passait-il pour un traître, un renégat qu'il fallait défendre ?

Saint Paul

Paul canonisé en saint Paul, notre conception du personnage lie indissolublement l'acteur du livre des Actes et l'auteur des épîtres en une seule figure. L'éternité fait de lui le premier homme du christianisme à marcher sur la terre ; indiscutablement le premier chrétien, au sens qu'en étant chrétien Paul aurait cessé d'être juif.

À travers ses épîtres, Paul raisonne toujours dans les cadres de la culture juive et de la tradition biblique, il proclame sa judaïté, la revendique. C'est dire que pour lui, tellement marqué par l'expérience de la « conversion », l'adhésion à la foi chrétienne a été un revirement, une illumination. Ce n'est pas pour autant Claudel touché par la foi à Notre-Dame ! « De pharisien il est devenu chrétien », déclare Simon-Claude

Mimouni[1]. Mais la formule, évidemment exacte, prouve *a contrario* combien le vocabulaire peut être piégé. L'opposition pharisien/chrétien n'est pas tenable historiquement, si bien que Paul semble toujours un extraordinaire précurseur.

Sans vouloir jouer sur les mots, cette façon de voir est très anachronique, pour la simple raison que du temps de Paul, les années 40 à 60, la religion chrétienne n'existe pas, que les premiers chrétiens sont juifs et uniquement juifs, et que l'idée même d'une autre religion à l'intérieur du monothéisme d'Israël est littéralement impensable. Mais derrière l'idée toute faite, une part de vérité s'exprime. Sans vouloir s'écarter du judaïsme, Paul, par la force des choses, est le premier ou plutôt l'un des premiers – comme les Actes le soulignent – à s'intéresser aux païens. C'est-à-dire, de façon moins lapidaire, à ceux qui, sans nécessairement en passer par la circoncision, sans être des prosélytes, pourraient devenir des adeptes de la foi nouvelle. Paul est en tout cas le premier, et pendant un certain temps le seul, à écrire sur ce dilemme, à formuler les problèmes d'identité que cela pose, à concevoir à haute voix d'autres hypothèses, d'autres réponses face à l'arrivée des non-juifs à l'intérieur du mouvement. Il est le premier à se poser la question de l'avenir.

Même si l'on peut légitimement supposer que d'autres lettres de Paul que celles que nous connaissons n'ont pas été conservées ou se sont perdues, sept au moins de ses épîtres, considérées comme authentiques, n'ont pas disparu. Sans prétendre sonder le cœur et les reins de l'apôtre, c'est l'analyse de ces textes, heureusement sauvegardés, qui permet aujourd'hui de se demander en quoi ses positions contenaient ou non les germes d'une rupture avec le judaïsme.

---

1. Simon-Claude Mimouni, « Paul de Tarse. Éléments pour une réévaluation historique et doctrinale », *in* Simon-Claude Mimouni (sous la dir. de), *Le Judéo-christianisme dans tous ses états*, *op. cit.*

Paul aurait-il, réellement, miné les piliers sur lesquels repose le judaïsme ?

Les trois piliers que sont la terre, le sang, la Loi.

La terre d'Israël

D'abord Paul aurait considérablement atténué le lien fondamental entre l'appartenance au judaïsme et la terre d'Israël, la Terre sacrée, lien qu'il aurait mis en cause à travers sa conception extensive du Temple. Dans la première épître aux Corinthiens, il s'écrie en effet : « Ne savez-vous pas que vous êtes le Temple de Dieu, et que l'esprit de Dieu habite en vous ? Si quelqu'un détruit le temple de Dieu, celui-là, Dieu le détruira. Car le temple de Dieu est sacré, et ce temple, c'est vous » (1 Co 3,16-17). Mais cette conviction n'est pas accidentelle, il la répète un peu plus loin, ordonnant aux disciples de la communauté de Corinthe de ne pas céder à la débauche : « Ne savez-vous pas que votre corps est le temple du Saint-Esprit qui est en vous et que vous tenez de Dieu ? » (1 Co 6,19).

Le Temple est l'endroit où Dieu séjourne. Donc si Dieu vit parmi ceux qui croient en lui, ceux-ci constituent, en effet, le Temple. Avant que cette association ne devienne une ligne de force du christianisme, telle est la logique de Paul. Il la reformule encore dans la seconde épître aux Corinthiens en l'appuyant par la lecture du Lévitique et du livre d'Ézéchiel : « Or c'est nous qui sommes le temple du Dieu vivant, ainsi que Dieu l'a dit : "J'habiterai au milieu d'eux et j'y marcherai ; je serai leur Dieu et ils seront mon peuple" » (2 Co 6,16). Dès lors, le Temple comme lieu réel n'a plus lieu d'être.

Le sang

Le deuxième pilier auquel Paul s'en prend est la notion de « peuple juif », c'est-à-dire au fait d'être juif par la filiation, par le sang. Être juif, c'est être descendant d'Abraham. Cela permet d'expliquer qu'il y a beaucoup de juifs hors de Judée : les juifs de la diaspora ne sont pas rattachés directement à la terre d'Israël, mais ils sont juifs car ce sont des descendants d'Abraham.

Or, pour Paul, la référence à Abraham doit être complètement réinterprétée. « Comprenez-le donc, affirme-t-il dans l'épître aux Galates, ceux qui se réclament de la foi, ce sont eux les fils d'Abraham » (Ga 3,7). À travers l'invocation à Abraham, Paul substitue à la nécessité de la filiation charnelle une filiation spirituelle. Croire au Christ permet d'appartenir au peuple élu. Et l'Écriture, prévoyant que Dieu justifierait les païens par la foi, annonça d'avance à Abraham cette bonne nouvelle : « En toi seront bénies toutes les nations. Si bien que ceux qui se réclament de la foi sont bénis avec Abraham le croyant » (Ga 3,8-9).

Autour du Ier siècle, d'autres juifs (ainsi le philosophe Philon d'Alexandrie, contemporain de Paul) ont entrepris aussi de relativiser l'importance de la Terre sainte. Le judaïsme s'est ouvert également à des prosélytes, à ceux qui, sans être juifs par le sang, ont pu à certaines conditions le devenir. Cela permettra au judaïsme de survivre à la destruction du Temple de Jérusalem en 70, puis à l'écrasement de la nation juive en 135. Mais Paul franchit une étape supplémentaire.

La référence à Abraham devient la plaque tournante de son entreprise de réinterprétation. Paul ne manque pas de rappeler dans l'épître aux Galates puis dans l'épître aux Romains qu'Abraham eut deux fils selon la Genèse : Ismaël et Isaac. L'un était né de la servante Agar, l'autre de Sara, la femme libre. « Celui de la servante est né selon la chair, celui de la femme libre est né selon la promesse. Il y a là une allégorie, explique Paul : ces femmes représentent deux alliances » (Ga 4,23-24). Ceux qui croient au Christ sont les vrais héritiers, ils appartiennent à la Jérusalem libre, à la Jérusalem d'en haut. « Mais, comme alors l'enfant de la chair persécutait l'enfant de l'esprit, il en est encore ainsi maintenant » (Ga 4,29).

En se réclamant aussi fortement d'Abraham, Paul se situe en fait antérieurement à Moïse, c'est-à-dire avant l'obligation de la circoncision comme preuve d'alliance avec le Dieu d'Israël. « En effet, explique-t-il, dans le Christ Jésus, ni circoncision ni incirconcision ne comptent, mais seulement la foi opérant par la charité » (Ga 5,6).

Sa doctrine, la justification par la foi, il l'énonce calmement. Mais c'est clairement un cheval de Troie. « Car nous estimons que l'homme est justifié par la foi sans la pratique de la Loi. Ou alors Dieu est-il le Dieu des juifs seulement, et non point des nations ? Certes également des nations ; puisqu'il n'y a qu'un seul Dieu, qui justifiera les circoncis en vertu de la foi comme les incirconcis par le moyen de cette foi » (Rm 3,28-30).

Ainsi Paul ne cesse-t-il de s'en prendre au troisième pilier du judaïsme, la Loi juive.

La Loi

La Loi, *nomos* en grec : le terme apparaît massivement dans les épîtres. Sur plus de cent quatre-vingt-dix mentions à l'intérieur du Nouveau Testament, soixante-cinq pour cent d'entre elles appartiennent à Paul. De plus elles figurent presque exclusivement dans l'épître aux Galates (trente-deux fois) et dans l'épître aux Romains (soixante-douze fois), les deux textes les plus programmatiques de Paul, le premier écrit vers 54, destiné à une communauté essentiellement païenne, et le second datant des années 57-58, adressé à une communauté plus mélangée, en tout cas beaucoup plus marquée par l'enracinement dans le judaïsme.

« La Loi, elle, est donc sainte, et saint le précepte, juste et bon. Une chose bonne serait-elle devenue mort pour moi ? Certes non ! » (Rm 7,12-13). La Torah, pourtant, est chez Paul un exceptionnel nœud d'ambivalences.

Il suffit de l'entendre. « Est-ce pour avoir pratiqué la Loi que vous avez reçu l'Esprit, ou pour avoir cru à la prédication ? » (Ga 3,2), ironise-t-il à sa manière. La Loi serait devenue superflue car inadéquate : « Avant la venue de la foi, nous étions enfermés sous la garde de la Loi » (Ga 3,23). À ses propres questions, à ses provocations, le prêcheur répond lui-même, relance le débat, envenimant s'il le faut la situation, pour avoir la récompense d'y apporter la réplique. « Alors pourquoi la Loi ? Elle fut ajoutée pour que se manifestent les transgressions » (Ga 3,19). « Je n'ai connu le péché que par la Loi » (Rm 7,7). « C'est par la Loi que je suis mort à la Loi » (Ga 2,19). « Si nous avait été donnée une loi capable de communiquer la vie, alors vraiment la justice procéderait de la Loi » (Ga 3,21), assène-t-il. « La loi de l'Esprit qui donne la vie dans le Christ Jésus t'a affranchi de la loi du péché et de la mort » (Rm 8,2), va-t-il jusqu'à dire. L'affirmation est d'une brutalité inouïe : la Torah serait la loi du péché et de la mort !

De son point de vue, elle est aussi noire que maléfique : « Tous ceux qui se réclament de la pratique de la Loi encourent une malédiction. Car il est écrit : "Maudit soit quiconque ne s'attache pas à tous les préceptes écrits dans le livre de la Loi pour les pratiquer" » (Ga 3,10).

Paul ne se contente pas de relativiser la Loi comme on le dit souvent, de critiquer le légalisme des prescriptions et des obligations rituelles, qu'il juge dissuasives à l'égard des chrétiens d'origine païenne. Il la dénonce de façon radicale, délibérée, répétée. Il déclare la Loi non seulement caduque mais nocive. Pour lui, la Loi n'est pas la voie universelle d'accès au salut. « Que d'ailleurs la Loi ne puisse justifier personne devant Dieu, c'est l'évidence puisque "le juste vivra par la foi" ; or la Loi, elle, ne procède pas de la foi » (Ga 3,11-12). L'apôtre des nations écarte même toute idée de deux voies parallèles. « C'est pour que nous restions libres que le Christ nous a libérés. Donc tenez bon et ne vous remettez pas sous le joug de l'esclavage. C'est moi, Paul, qui vous le dis : si vous vous faites circoncire, le Christ ne vous servira de rien » (Ga 5,1-2 et 6).

La circoncision n'est pas seulement un signe d'alliance qui s'avérerait désormais superflu pour l'adhésion des croyants venus des milieux non juifs. C'est en outre, Paul l'affirme, un joug, un obstacle.

Le caméléon

Paul exprime ses critiques du judaïsme de l'intérieur, avec les modes d'argumentation d'un juif hellénisé et pieux, à travers d'incessantes citations bibliques : sur les quatre-vingt-trois citations directes qui apparaissent dans l'épître aux Galates, les deux épîtres aux Corinthiens et l'épître aux Romains, seules cinq mentions divergent de la Septante, la Bible grecque. Paul interprète les textes sacrés à la manière de l'exégèse typologique et de l'exégèse homélitique que vont pratiquer les rabbins : « Enlevons-nous par la foi toute valeur à la Loi ?, dément-il. Bien au contraire, se répond-il à lui-même, nous confirmons la Loi » (Rm 3,31).

Cela fait de Paul, partagé entre deux cultures, un bon témoin du judaïsme de son temps. Mais Paul caricature la compréhension de la Torah : « Alors, par la foi nous privons la Loi de sa valeur ? Certes non ! Nous la lui conférons » (Rm 3,31). Double langage qui ne manquera pas d'amuser le philosophe païen Porphyre : « Paul démolit sans pitié la Loi, lui qui de tant de manières exhorte à lui obéir et dit qu'il est louable de vivre en conformité avec elle », écrivait-il au IIIe siècle dans l'un des rares fragments connus des quinze livres de son *Discours contre les chrétiens*.

C'était faire table rase de la querelle des interprétations dont la Torah était naturellement l'enjeu et l'objet. Mais c'était, si l'on peut dire, de bonne guerre (et cela explique qu'au XVIe siècle Paul servira d'étendard dans les guerres de Religion entre protestants et catholiques, au risque d'obscurcir pendant des siècles l'analyse de sa pensée réelle et de recouvrir longtemps la diversité théologique du judaïsme du Second Temple). Paul, il est vrai, est un extraordinaire casuiste. Il peut soutenir devant différents auditoires une position et son contraire, poussant à l'extrême l'art du caméléon et admettant volontiers sa démagogie : « Oui, libre à l'égard de tous, je me suis fait l'esclave de tous, afin de gagner le plus grand nombre. Je me suis fait juif avec les juifs afin de gagner les juifs ; sujet de la Loi avec les sujets de la Loi – moi qui ne suis pas sujet de la Loi – afin de gagner les sujets de la Loi. Je me suis fait un sans-loi avec les sans-loi – moi qui ne suis pas sans une loi de Dieu, étant sous la loi du Christ – afin de gagner les sans-loi. Je me suis fait faible avec les faibles, afin de gagner les faibles. Je me suis fait tout à tous, afin d'en sauver à tout prix quelques-uns » (1 Co 9,19-22).

Accuser Israël du pire ne l'empêche pas de proclamer son alibi dans l'épître aux Romains – au grand soulagement de ses zélateurs à venir – avec les précautions oratoires d'un homme qui aime jurer qu'il ne ment pas. « Je dis la vérité dans le Christ, je ne mens point – ma conscience m'en rend témoignage dans l'Esprit-Saint – j'éprouve une grande tristesse et une douleur incessante dans mon cœur. Car je souhaiterais d'être moi-même anathème, séparé du Christ pour mes frères, ceux de ma race selon la chair, eux qui sont israélites, à qui appartiennent l'adoption, la gloire, les alliances, la loi, le culte, les promesses et aussi les patriarches, eux enfin de qui, selon la chair, et de qui le Christ est issu selon la chair, lequel est au-dessus de tout, Dieu béni éternellement. Amen » (Rm 9,1-5).

L'épître aux Romains est un recours pour compenser l'agressivité de l'épître aux Galates. Jacob Taubes, rappelant que c'était la seule épître de Paul adressée à une communauté qu'il n'avait pas fondée, ajoute : « Et il n'aurait pas toléré que d'autres apôtres se mêlent de ses communautés en leur adressant une épître. Il faut en tenir compte. C'est donc la raison pour laquelle il se pare, pour ainsi dire, d'un habit à gilet, comme quelqu'un de très distingué, et écrit d'une manière *extrêmement* diplomatique, parce qu'il pénètre sur un terrain glissant. Premièrement, il ne connaît pas cette communauté, il n'a connaissance que des conflits violents qui y opposent les chrétiens-païens aux judéo-chrétiens, et le fait qu'il n'adresse pas son épître à une communauté quelconque mais à celle de Rome, siège de l'empire mondial, constitue le génie politique de Paul. Il avait du flair pour repérer le pouvoir et où l'on pouvait établir un contre-pouvoir[1]. »

Sans le savoir et sans le vouloir, Paul préfigure ce qui fera l'idéologie du Nouveau Testament. Il est toujours capable d'avoir réponse à tout. En même temps, c'est dans sa passion de la controverse et son aptitude à endosser des points de vue opposés qu'il se montre peut-être le plus profondément juif.

La fin de la Loi

« Le Christ nous a rachetés de cette malédiction de la Loi » (Ga 3,10), dit Paul. C'est que pour lui la révélation du Christ annonce l'avènement du royaume de Dieu. Elle annonce que la Loi est accomplie ou qu'elle n'a plus lieu d'être. « Car la fin de la Loi, c'est le Christ pour la justification de tout croyant » (Rm 10,4). Derrière l'invitation à accomplir désormais « la Loi du Christ » (Ga 6,2), il faut entendre « la Torah du messie ». Le messie est devenu la nouvelle Torah, la nouvelle Loi. « La loi de la foi », comme on peut lire dans l'épître aux Romains (Rm 3,27). La foi doit se substituer à la Loi. La croyance que Jésus est le Christ fait de la foi en Christ le moyen exclusif de parvenir au salut.

1. Jacob Taubes, *La Théologie politique de Paul*, *op. cit.*

Selon Paul, Jésus est l'aboutissement de la révélation de Dieu à Israël telle qu'il la déchiffre à chaque verset de la Bible. C'est par Jésus que les promesses divines se réalisent. Pour lui, disait Albert Schweitzer, « le christianisme n'est pas une nouvelle religion, c'est toujours le judaïsme mais son centre de gravité s'est déplacé en raison de la nouvelle ère »[1]. Le baptême au nom du Christ doit résoudre les anciennes appartenances : « Il n'y a ni juif ni Grec, il n'y a ni esclave ni homme libre, il n'y a ni homme ni femme ; car tous vous ne faites qu'un dans le Christ Jésus » (Ga 3,28). « La circoncision n'est rien, ni l'incirconcision ; il s'agit d'être une créature nouvelle » (Ga 6,15).

Cette perspective d'une communauté unique était l'idéal de Paul. Aucune des deux parties pourtant ne la partageait, ni les juifs chrétiens ni les chrétiens d'origine païenne. La communauté unique ne se réalisa donc jamais, mais une nouvelle entité qui n'appartiendra pas plus au monde païen qu'au monde juif. Ultime paradoxe, comme le souligne Alan Segal, « ce dont Paul ne voulait à aucun prix – ce contre quoi il n'a cessé de se battre – est ce qui advint finalement : l'Église se transforma en une nouvelle et troisième entité »[2].

Les obstacles sur la voie

Sa recherche de la continuité dans la nouveauté s'est heurtée à deux obstacles majeurs. Quand Paul dénonce l'observance « des mois, des saisons, des années » (Ga 4, 10-11), ce sont les rites traditionnels du calendrier juif qu'il met en cause. Car pour lui, ces célébrations n'ont aucun sens dans la mesure où il est convaincu que la Fin des temps approche, que le Royaume

1. Albert Schweitzer, *La Mystique de l'apôtre Paul*, traduit de l'allemand par Marcelle Guéritot (Albin Michel, 1962).

2. Alan F. Segal, *Paul le converti. Apôtre ou apostat*, traduit de l'anglais par Anne Paumier, Patrice Ghirardi et Jean-François Sené (Bayard, 2003).

arrive. Il faut d'ailleurs comprendre que bien des innovations pour lesquelles il milite, les transgressions qu'il s'accorde, n'ont de sens que dans une situation d'urgence. Mais avec le temps qui passe sans que rien n'advienne, les solutions temporaires deviennent permanentes et sources de conflits, voire de déchirement.

Aux résistances de l'Église de Jérusalem, c'est-à-dire du socle juif du mouvement chrétien, s'ajoute le refus persistant des autres juifs auquel Paul se confronte, alors que le message s'adresse prioritairement à eux. « Frères, certes l'élan de mon cœur et ma prière à Dieu pour eux, c'est qu'ils soient sauvés. Car je leur rends témoignage qu'ils ont du zèle pour Dieu ; mais c'est un zèle mal éclairé. Méconnaissant la justice de Dieu et cherchant à établir la leur propre, ils ont refusé de se soumettre à la justice de Dieu » (Rm 10,1-3).

L'endurcissement d'Israël est un refus temporaire, mais l'aveuglement doit disparaître : « C'est quand on se convertit au Seigneur que le voile est enlevé » (2 Co 3,16). L'échec de l'évangélisation d'Israël est surtout un argument que Paul va retourner : « Je ne veux pas, frères, vous laisser ignorer ce mystère, de peur que vous ne vous complaisiez en votre propre sagesse : une partie d'Israël s'est endurcie jusqu'à ce que soit entrée la totalité des nations, et ainsi tout Israël sera sauvé » (Rm 11,25-26). La totalité d'Israël, dit Paul, parachèvera le plan de Dieu. Mais ce plan divin ne sera jamais intégralement rempli. Une partie seulement le sera, au-delà de toutes les espérances de Paul. « Leur faux pas a procuré le salut aux païens, afin que leur propre jalousie en fût excitée » (Rm 11,11).

Le refus des juifs est, du point de vue de Paul, un faux pas, mais un faux pas bienvenu… Pourtant le succès du mouvement auprès des craignant-Dieu n'a nullement provoqué l'envie et l'admiration des juifs. Au contraire, cet indéniable succès sera vécu comme une menace pour l'identité juive, et d'abord par ceux-là mêmes qui se considéraient comme l'avant-garde d'Israël, les juifs chrétiens.

Apostasie

« Pour la communauté juive, et pour la communauté chrétienne juive, qui n'accordaient aucune créance à sa vocation particulière ni à sa mission, Paul était un apostat », conclut Alan Segal dans son livre sur Paul[1], un apostat en raison de son attitude à l'égard de la Torah et tout particulièrement en raison de son hostilité à la circoncision, signe d'appartenance au peuple juif.

Mais de quand date cette accusation ? Sauf à prendre les Actes des Apôtres pour parole d'évangile, il est impossible d'affirmer ou d'infirmer que l'accusation d'apostasie a été, de manière explicite et formelle, portée du vivant de Paul. Peut-être, peut-être pas. On peut certes constater à travers les épîtres de Paul que ses positions théologiques ne lui ont pas valu que des admirateurs. Mais peut-on aller plus loin ? L'absence dans le judaïsme de prétention à l'orthodoxie jusqu'en 70 est un argument qui plaiderait en faveur de l'impunité de Paul.

Il ne faudrait pas non plus exagérer le climat de tolérance propre au judaïsme du second Temple. Les zélotes auxquels on peut rattacher le « zèle » initial de Paul d'avant la conversion avaient pour ennemis principaux ceux des juifs qui étaient à leurs yeux impurs et corrompus. Et Jacques, le frère de Jésus, est lapidé en 62 par des adversaires religieux malgré sa piété et son rigorisme. Si le terme de « persécution » mis à contribution par la littérature apologétique est disproportionné, les rapports entre les différents partis juifs, entre les juifs de Judée et ceux de la diaspora, entre ceux qui vivaient essentiellement en autarcie et ceux qui vivaient au contact quotidien des païens, entre les communautés juives chrétiennes et les autres, n'ont pas été nécessairement frappés du sceau de la tolérance.

Ce qui en revanche est certain, c'est que les accusations se sont exprimées ouvertement après la mort de Paul, ou plus vrai-

1. Alan F. Segal, *Paul le converti. Apôtre ou apostat*, *op. cit.*

semblablement après la destruction du Temple en 70, quand son ombre n'a cessé de grandir, quand le courant qui se reconnaissait dans certaines de ses idées ou dans son action a pris de plus en plus d'importance, au détriment de tous ceux qui se voyaient marginalisés.

Les ébionites contre Paul

Certains d'entre eux « n'acceptent pas les lettres de l'apôtre Paul », écrit Origène encore au IIIe siècle. Les ébionites sont de ceux-là, eux qui « n'utilisent que l'évangile selon Matthieu et répudient l'apôtre Paul, soutenant qu'il a apostasié la Loi », selon Irénée. Se montrant farouchement attachés à l'observance d'un judaïsme strict, ils ont ainsi accusé Paul de ne pas être un vrai juif, un juif de naissance. C'est Épiphane de Salamine, l'un des premiers spécialistes des hérésies chrétiennes, qui le rapporte au IVe siècle, écrivant dans son *Panarion :* « Ils [les ébionites] affirment que c'était un Grec... Selon eux, il vint à Jérusalem et, après y avoir vécu un certain temps, il se prit d'une passion inextinguible pour la fille du prêtre. C'est pour cette raison qu'il se fit prosélyte et se fit circoncire. Mais lorsqu'il fut éconduit par la jeune fille, il en conçut une telle rage qu'il se mit à commettre des libelles contre la circoncision, le sabbat et la Loi. »

Cette idée d'un Paul prosélyte déçu par sa conversion, se tournant par dépit vers les chrétiens, n'a pas les faveurs de la critique, qui la repousse du pied comme pure calomnie. Pourtant, à travers ces quelques lignes, c'est un portrait psychologique de l'apôtre aussi probant que celui qui nous est donné par les Actes des Apôtres. Dans le livre des Actes, l'auteur fait apparaître le Christ à son héros sur le chemin de Damas pour le retourner, pour faire d'un persécuteur un missionnaire de la foi nouvelle. Ce n'est pas plus réaliste ou moins romanesque que d'imaginer un Grec (Paulos), craignant-Dieu, se convertissant au judaïsme (par amour ou pour tout autre raison), adoptant la Loi au point d'en être le plus zélé défenseur, se faisant circoncire et ne recevant pas en retour la considération qu'il espérait. Amoureux ou croyant floué, Paulos le grec, avec la ferveur des apostats, se serait alors tourné vers ceux qui lui paraissaient les plus aptes à comprendre sa colère et son désir de vengeance, et à lui offrir la place que les juifs de sang lui refusaient.

Au fond, le récit des Actes et celui des ébionites racontent l'histoire de Paul selon le même canevas. Simplement, ils l'écrivent dans deux styles différents : le style mystique pour le premier, le style populaire pour le second. « Exercices de style », aurait dit Raymond Queneau…

Imaginons un instant que les deux versions soient interverties : comment lirait-on les Actes si, à la place du chemin de Damas, on trouvait le récit de l'épisode à la manière des ébionites ? Que dirait-on des ébionites si, à la place de l'amour de la fille du grand prêtre, une vision lumineuse convertissait Paul ? Ne louerait-on pas le réalisme et la vraisemblance du premier, pour mieux railler l'aspect fantasmagorique du second ?

À l'appui de la théorie des ébionites, notons deux traits assez curieux : d'une part, s'il se dit « Hébreu fils d'Hébreux », « israélite », s'il parle de « ceux de sa race », Paul, dans ses épîtres, ne se désigne jamais comme juif, sinon incidemment et de façon indirecte, et d'autre part, il ne se donne jamais comme fils de son père, ce qui aurait été la façon la plus simple de marquer sa judéité.

À titre d'hypothèse, aussi iconoclaste qu'elle puisse paraître, on peut envisager que Paul n'était pas un juif de naissance mais un prosélyte, état qui expliquerait la facilité avec laquelle il prend ses distances avec la Loi, sa détestation de la circoncision, cet amour/haine pour les juifs. Cette autre image de Paul ne change rien à ce qu'ont pu être son œuvre et son action mais, subrepticement, nous le fait soudain voir comme plus vrai, plus humain.

L'homme ennemi

Dans la « Lettre de Pierre à Jacques », document du IIe siècle qui sert d'envoi au texte judéo-chrétien plus tardif des *Homélies clémentines*, le chef des disciples est censé écrire au frère de Jésus. Il lui envoie de façon confidentielle le livre de ses prédications, dont il stipule qu'elles ne doivent être communiquées « à aucun homme originaire de la gentilité, ni à un homme de notre race, avant de l'avoir éprouvé ». L'expéditeur dénonce plus loin ceux qu'il vise à mots couverts : les chrétiens pauliniens, les disciples de Paul. Pourquoi se méfie-t-il d'eux comme de la peste ? « Car certains de ceux qui viennent de la gentilité, explique-t-il, ont repoussé ma prédication conforme à la Loi pour adopter l'enseignement, contraire à la Loi, de l'homme ennemi et ses bavardages frivoles. » « L'homme ennemi », celui qui n'a pas de nom, c'est évidemment Paul.

Parmi les évangiles, celui de Matthieu par exemple, vers 80, est le seul à « se souvenir » d'une phrase pourtant capitale de Jésus : « N'allez pas croire que je sois venu abolir la Loi ou les Prophètes. Je ne suis pas venu abolir, mais accomplir » (Mt 5,17). Si Matthieu éprouve le besoin de faire tenir par Jésus cette mise au point, ce n'est évidemment pas contre ses adversaires principaux qu'elle s'exprime, contre les pharisiens, puisqu'il s'agit de les surpasser, de faire preuve de plus de zèle encore qu'eux. Très nettement, c'est contre les idées de Paul ou contre les pratiques de ses disciples que la critique de Matthieu est dirigée. La conclusion du passage, toujours spécifique à son évangile, le prouve assez : « Celui donc qui violera l'un de ces moindres préceptes, et enseignera aux autres à faire de même, sera tenu pour le moindre dans le Royaume des cieux ; au contraire, celui qui les exécutera et les enseignera, celui-là sera tenu pour grand dans le Royaume des cieux » (Mt 5,19).

Au zèle s'oppose la violation de la Loi, mais la violation de l'un des préceptes ne vaut pas au coupable une condamnation exemplaire et définitive, comme on pourrait s'y attendre. Elle lui vaut seulement d'être rétrogradé, de passer à la dernière place : autrement dit une sanction qui, malgré la gravité de la faute, ne signifie pas l'exclusion du mouvement. C'est sans doute que le rapport de forces ne le permet déjà plus, qu'il faut compter avec les pauliniens.

La foi ou les œuvres

Dans l'épître de Jacques, texte aussi canonique que les épîtres de Paul, c'est à une charge en règle que l'on assiste contre les spéculations pauliniennes, bien que Paul ne soit jamais nommément cité. À la justification par la foi s'oppose expressément la justification par les œuvres, par les observances de la Loi : « À quoi cela sert-il, mes frères, que quelqu'un dise : "J'ai la foi", s'il n'a pas les œuvres ? La foi peut-elle le sauver ? Si un frère ou une sœur sont nus, s'ils manquent de leur nourriture quotidienne, et que l'un d'entre vous leur dise : "Allez en paix, chauffez-vous, rassasiez-vous", sans leur donner ce qui est nécessaire à leur corps, à quoi cela sert-il ? Ainsi en est-il de la foi : si elle n'a pas les œuvres, elle est tout à fait morte » (Jc 2,14-17). Que l'épître reflète l'attitude de Jacques le frère de Jésus ou, plutôt, qu'elle ait été écrite après coup, à la fin du premier Ier siècle, importe peu ici. Ce qui est essentiel, c'est de constater l'opposition diamétrale entre les positions internes au mouvement chrétien.

Le péril pour l'aile juive reste Paul, et à travers lui ses descendants, les pauliniens. Ce sont également certains des héritiers de Pierre taxés d'être contaminés par les idées pauliniennes qui seront soupçonnés de vouloir pactiser avec l'ennemi… Là encore, la « Lettre de Pierre à Jacques », dans les *Homélies clémentines,* est très révélatrice : « Et c'est de mon vivant même, continue l'auteur, que quelques-unes ont tenté, par des interprétations artificieuses, de dénaturer le sens de mes paroles en vue de l'abolition de la Loi. À les entendre, ce serait ma doctrine à moi aussi, mais je n'oserais la prêcher ouvertement. Loin de moi une telle conduite ! Car ce serait agir à l'encontre de la Loi de Dieu, qui a été promulguée par le ministère de Moïse et dont notre Seigneur a attesté la durée éternelle quand il a dit : "Le ciel et la terre passeront ; pas un iota ni un trait ne passeront de la Loi." Il a dit cela afin que tout s'accomplisse. »

Ce à quoi le personnage fictif de Pierre fait allusion, c'est à d'autres fictions de Pierre. À Simon-Pierre-Céphas, la figure tutélaire du chef des disciples de Jésus, quelques textes chrétiens ont en effet confié la charge de réconcilier les frères ennemis du christianisme primitif, Paul et Jacques, l'aile pagano-chrétienne et l'aile judéo-chrétienne.

Celui qui s'exprime au nom de l'apôtre dans la seconde épître de Pierre est de cette sorte. Il n'hésite même pas à faire cause commune avec Paul ! « Tenez la longanimité de notre Seigneur pour salutaire, dit-il, comme notre cher frère Paul vous l'a aussi écrit selon la sagesse qui lui a été donnée » (2 P 3,15).

L'union sacrée ne fait pas que des heureux, mais un autre événement de l'histoire littéraire en donne la mesure. Les Actes des Apôtres, là encore, mettent en scène la tutelle exercée par Pierre. Cela pour vanter l'unité de l'Église et pour y inscrire, massivement, la figure de Paul. S'agit-il alors de réhabiliter sa mémoire ? Certainement. Surtout, le récit prend acte du poids décisif des disciples de Paul à l'intérieur du mouvement naissant. Ironie du sort, il présente Paul comme le successeur de la génération des fondateurs historiques, de Pierre en particulier. L'auteur des Actes va jusqu'à se servir de la figure de Paul pour en faire le lien entre la composante juive et la composante non juive, entre les familles rivales du mouvement chrétien.

C'est dire le chemin parcouru en quelques années.

Le saint patron

Dans les Actes des Apôtres, Paul est présenté comme l'acteur principal de l'expansion chrétienne. À la fin du IIe siècle prendront forme des récits légendaires sur la vie et la mission de Paul à travers les *Actes de Paul et Thècle*, récits bien entendu apocryphes. Dans un cas comme dans l'autre, ce n'est pas du tout le théologien qui est mis en avant. L'auteur d'épîtres reste un auteur méconnu.

Or, parallèlement et très rapidement, des épîtres écrites par d'autres auteurs ont été attribuées à l'apôtre Paul. Épîtres dont la critique lui a très largement dénié la paternité, mais qui appartiennent au Nouveau Testament, si bien qu'on y lit, aujourd'hui comme hier, davantage de lettres que Paul n'est censé en avoir réellement écrit. Les lettres authentiques se trouvent mélangées aux « fausses » lettres. Il y a d'abord celles que l'on appelle couramment les épîtres deutéro-pauliniennes. L'épître aux Colossiens (due peut-être à un disciple direct de Paul) et l'épître aux Éphésiens, curieusement, se servent de la figure de Paul comme du héros de la mission chrétienne, mais c'est pour défendre d'autres conceptions théologiques. Elles s'inspirent de certains des thèmes pauliniens, particulièrement l'épître aux Éphésiens, pour les développer de manière très différente, insistant sur la notion du salut et introduisant des motifs complètement nouveaux. Elles partagent toutes deux une même vision cosmique.

Un autre phénomène se produit avec les épîtres dites pastorales. La première et la deuxième épître à Timothée, l'épître à Tite transmettent toutes trois des instructions à l'usage des chefs de communauté, des pasteurs. Il s'agit pour ces écrits de gérer l'héritage du maître, de définir des règles de discipline interne (jusqu'à la tenue des femmes), de veiller à l'organisation hiérarchique et doctrinale des communautés. Les faux maîtres, les faux enseignements et « les recherches vaines » sont particulièrement dénoncés : « Les folles recherches, les généalogies, les disputes, les polémiques au sujet de la Loi, évite-les. Elles sont sans utilité et sans profit » (Tt 3,9).

Dans les trois épîtres pastorales, il ne reste presque rien de la théologie paulinienne, hormis des références de style et de phraséologie. Mais Paul reste une autorité. C'est lui l'apôtre de Jésus-Christ qui, par exception, est censé s'adresser directement à des disciples. « En personne », comme s'il était toujours vivant, il confie à Timothée et à Tite ses volontés.

Entre la fin des années 70 et les années 90 pour les épîtres deutéro-pauliniennes, entre les années 90 et 120 pour les pastorales, la figure religieuse de Paul génère donc d'autres formes de réflexion théologique. Reste que « Paul a inventé une forme de lettre qui est devenue le genre littéraire de la littérature apostolique par excellence et qui a, par là même, pris une importance considérable dans la structure de pensée et de communication de la théologie chrétienne primitive, remarque François Vouga. De même que Jésus fait partie des présupposés du christianisme primitif et des débuts de la théologie chrétienne, de même la forme de l'épître apostolique paulinienne fait-elle partie des présupposés de la littérature (pseudépigraphe) des apôtres »[1].

Quelques années plus tard, dans la première moitié du IIe siècle, la seconde épître de Pierre évoque les lettres de Paul. Elles font partie du patrimoine commun, de même que « notre cher frère Paul » fait partie de l'Église. Mais ses lettres apparaissent manifestement difficiles à comprendre, nocives peut-être : « Il s'y rencontre des points obscurs, que les gens sans instruction et sans fermeté détournent de leur sens – comme d'ailleurs les autres Écritures – pour leur propre perdition » (2 P 16). Les épîtres de Paul sont un trésor, pourtant le trésor abrite la boîte de Pandore.

Les références aux épîtres de Paul vont circuler dans la tradition chrétienne ancienne, mais ce sont des éléments sortis de

1. François Vouga, *Les Premiers Pas du christianisme* (Labor et Fides, 1998).

leur contexte et intégrés à des réflexions dogmatiques complètement différentes. Il faudra attendre le IVe siècle et saint Augustin pour s'intéresser à la théologie de Paul elle-même, et aux méandres de sa pensée.

Paul le fondateur

Premier écrivain de la littérature chrétienne, Paul se mit à écrire des textes de circonstance – apparemment du moins, car ses épîtres sont l'occasion de réflexions théologiques, contradictoires peut-être mais extrêmement élaborées. Ses épîtres, en tout cas, ne doivent rien à l'improvisation, mais il est difficile de penser qu'elles étaient destinées, du point de vue de leur auteur, à devenir sinon des œuvres, du moins des documents de référence. Ces écrits avaient une valeur d'usage. Probablement ont-ils tout de même été conçus pour servir à d'autres communautés que celles qui étaient expressément mentionnées, les Thessaloniciens, les Corinthiens ou les Galates. Mais pour Paul le temps était compté.

Paul aura été, en tout cas, la victime de ses adeptes, de ceux qui ont gardé trace d'écrits finalement compromettants, qui n'étaient pas nécessairement destinés à être conservés, d'écrits qui n'étaient surtout pas conçus pour être un jour rassemblés et lus ensemble comme les pièces d'une machinerie complexe dont le sens profond n'apparaîtrait que bien plus tard. Ces écrits désordonnés, rapiécés souvent, compilés plus ou moins correctement, copiés et recopiés par on ne sait qui après avoir été dictés, n'étaient pas destinés à fonder un texte rival des Écritures saintes, un Nouveau Testament opposé à la Bible. Ces épîtres n'étaient pas faites pour durer puisque le monde tel qu'il était n'était pas fait pour durer.

« Cette confiance dans la proximité du Royaume, que Paul partagea avec les premiers apôtres et Jésus lui-même, se prête mal à l'institutionnalisation, écrit Paula Fredriksen. La tradition chrétienne sauva Paul d'une contrainte ultérieure en le plaçant, dans le canon, avec le Paul dé-eschatologisé des Actes, le Paul bureaucratique des épîtres pastorales, et le Paul philosophe des épîtres aux Éphésiens et aux Colossiens. Mais l'idée de la pertinence par-delà le temps et les cultures se trouvait déjà en germe dans les propres épîtres de Paul[1]. »

Personnage marginal durant toute sa vie, personnage contesté de divers côtés, Paul va réussir à devenir, en quelques dizaines d'années seulement, une figure maîtresse à laquelle le christianisme devra se référer. Sa chance fut d'avoir été reconnu comme le garant du pagano-christianisme, mais aussi d'avoir été une figure relativement malléable (alors qu' il était un doctrinaire) : il a permis à différentes sensibilités à l'intérieur du mouvement de s'exprimer en son nom, sans que ces particularismes s'excluent les uns les autres. La dispersion de ses composantes et la diversité de ses héritiers, au lieu de mener à l'implosion, ont servi d'éléments fédérateurs. C'est ainsi que Paul est devenu l'« apôtre des nations », c'est-à-dire le héros-fondateur du courant qui allait donner au christianisme sa pérennité et sa dimension universaliste.

Paul fut-il, comme on le prétend souvent, l'inventeur du christianisme ? D'un point de vue catholique, Jésus est le fondateur du christianisme – mais un fondateur qui n'aurait pas fondé de religion. Pourtant le christianisme n'est pas fondé sur Jésus, mais sur la croyance en Jésus-Christ. Or cette reconnaissance de Jésus comme Christ est postérieure à Jésus, elle remonte aux disciples, à Paul qui l'annonce dans ce qu'il appelle son évangile. Un évangile qui ignore le Jésus historique, le Jésus de chair (seules quatre paroles du Seigneur sont évoquées par Paul dans l'ensemble de ses épîtres !), mais un évangile qui met en pleine lumière le Jésus ressuscité, le Jésus envoyé des cieux, le Jésus surnaturel.

---

1. Paula Fredriksen, *De Jésus aux Christs. Les origines des représentations de Jésus dans le Nouveau Testament*, traduit de l'anglais par Marie-Odile Fortier-Masek (Éd. du Cerf, 1992).

Ou Paul fut-il l'invention du christianisme ?

Le christianisme n'a pas de fondateur. C'est après coup que l'on a inventé l'inventeur. Paul est devenu une figure fondatrice non plus seulement pour les communautés pauliniennes, mais pour le christianisme lui-même quand, au début du IIe siècle, on a rassemblé enfin ses épîtres.

Le trou paulinien

À la toute fin du Ier siècle, Clément de Rome évoque le personnage de Paul mais aussi certaines de ses épîtres, comme peut-être l'épître aux Romains ou la première épître aux Corinthiens : « Reprenez la lettre du bienheureux apôtre Paul, écrit-il à ses ouailles. Que vous a-t-il écrit en premier lieu, au commencement de son évangélisation ? À la vérité, c'est sous l'inspiration de l'Esprit qu'il vous a envoyé une lettre le concernant lui, Céphas et Apollos, parce que, dès cette époque, vous fomentiez des cabales. » Malgré cela, il ne paraît pas que Clément de Rome ait réellement connu toutes les épîtres de Paul.

Un autre Père de l'Église, Ignace d'Antioche, semble davantage les connaître. Dans sa lettre aux Éphésiens, il déclare : « Vous êtes le chemin de passage de ceux qui vont à Dieu par le martyre, vous les confidents des révélations de Paul, saint à qui on a rendu témoignage et digne d'être appelé bienheureux. Puissé-je marcher dans ses traces pour atteindre Dieu : dans toutes ses lettres, il fait mémoire de vous, dans le Christ Jésus. » À l'occasion de ses propres lettres, Ignace cite de manière assez littérale cinq passages de la première épître aux Corinthiens. On peut parvenir également à retrouver chez lui des allusions à l'épître aux Romains, à l'épître aux Galates et à celle aux Philippiens.

Mais les chercheurs, prudemment, préfèrent parler d'inspiration ou d'influence paulinienne, plutôt que d'une connaissance manifeste de l'œuvre de Paul. Nous sommes, avec Ignace d'Antioche, aux alentours des années 90-110. L'authenticité de ses propres lettres est, de plus, très discutée par certains.

Avec Polycarpe de Smyrne (mort vers 167), on tiendrait enfin un bon témoin des épîtres de Paul. Aux Philippiens, Polycarpe vante la mémoire de Paul en ces termes : « Ce n'est pas moi ni un homme comme moi qui peut atteindre la sagesse du bienheureux et glorieux Paul. Au temps où il séjourna parmi vous, il parla face à face aux hommes d'alors, en leur enseignant avec exactitude et avec force la parole de vérité. Après son départ, il vous écrivit une lettre ; si vous l'étudiez attentivement, vous pouvez vous élever dans la foi qui vous a été donnée. » On admet généralement que Polycarpe connaissait quasiment toutes les épîtres de Paul.

Mais cette connaissance apparaît somme toute assez vague. On parle souvent à cet égard de « trou paulinien », comme si, en réalité, Paul avait disparu du champ de la littérature chrétienne entre la fin des années 60 (date supposée de sa mort) et les alentours des années 130. Plus de soixante-dix ans d'absence. C'est sans doute une présentation excessive puisque, entre-temps, l'épître aux Colossiens, les épîtres pastorales, l'épître aux Éphésiens, les allusions de Clément de Rome, d'Ignace d'Antioche, de Polycarpe, les *Homélies clémentines*, les mentions de l'épître de Jacques et de la seconde épître de Pierre (si elle n'est pas postérieure), sans oublier le récit des Actes des Apôtres, tout cela atteste la survie indirecte de Paul. Paradoxalement, Paul devient un personnage de référence alors même que l'on ne se réfère plus à ses écrits.

Tout change avec Marcion, qui publie vers 140 une collection de dix épîtres de l'apôtre.

Marcion, fils d'évêque

Marcion est un personnage capital du christianisme primitif. Sans lui peut-être Paul n'aurait-il pas l'envergure qu'il a prise aujourd'hui. Mais Marcion est le premier « hérétique » du christianisme. Si son apport reste décisif, sa mémoire a été occultée. Ainsi tous ses écrits ont disparu, ils ont été perdus ou détruits. Nous ne les connaissons qu'à travers les citations qu'en donnent ceux qui le combattirent, comme Tertullien, qui lui a consacré tout un ouvrage en quatre volumes, *Contre Marcion,* pour le réfuter. La troisième rédaction, la seule qui ait été conservée, date de la période 207-212.

Sans aucune certitude, on conjecture que Marcion est mort vers 160 et qu'il était né vers 85. Originaire des bords de la mer Noire, intellectuel brillant et personnage très fortuné, il exerce l'activité d'armateur. Marcion est le fils de l'épiscope (l'évêque de la communauté locale) de la ville de Sinope. C'est un représentant typique des élites chrétiennes non juives. Banni, semblerait-il, par son père, il part en Asie Mineure, d'où il aurait également été chassé pour ses théories religieuses. C'est alors qu'il vient à Rome, vers 135-140, peut-être après avoir été l'élève de Cerdon, un maître de sagesse gnostique. Il entre dans la communauté chrétienne en faisant un don de deux cent mille sesterces, obole qui encouragea sans doute à ne pas trop s'interroger sur le nouveau venu. L'histoire veut que cette somme faramineuse a été rendue au généreux donateur quand il fut excommunié de l'Église romaine.

Mort et enterré, Marcion continue longtemps de déchaîner contre lui l'ire des Pères de l'Église, et au premier chef Tertullien, qui s'exalte rien qu'en pensant à lui : « Il n'y a rien d'aussi barbare et d'aussi funeste dans le Pont, écrit-il, que d'avoir donné naissance à Marcion : il est plus affreux qu'un Scythe, plus instable qu'un Hamaxobios, plus inhumain qu'un Massagète, plus impudent qu'une Amazone, plus ténébreux que le brouillard, plus glacial que l'hiver, plus friable que la glace, plus trompeur que l'Hister, plus abrupt que le Caucase. La preuve ? C'est chez lui que, par des blasphèmes, on déchire le vrai Prométhée, le Dieu tout-puissant. Même comparé aux bêtes de ce pays barbare, Marcion est plus odieux encore. Y a-t-il castor aussi mutilateur de lui-même que l'homme qui a supprimé le mariage ? Y a-t-il rat pontique aussi dévoreur que celui qui a grignoté les Évangiles ? Assurément, ô Pont-Euxin, tu as produit chez les philosophes une bête plus estimable que chez les chrétiens ; car cet aboyeur de Diogène désirait trouver un homme en promenant sa lanterne en plein midi ; Marcion, lui, a éteint la lumière de la foi et perdu Dieu qu'il avait trouvé ! »

Deux dieux

Marcion est d'abord un théologien. Selon lui, le dieu biblique, le dieu des Hébreux, le Créateur du monde est un dieu limité. Un dieu imparfait qui ne sait pas tout, qui ne peut pas tout, comme le montrent, d'après lui, beaucoup d'exemples de l'Ancien Testament, notamment dans la Genèse quand Dieu s'inquiète : « Où es-tu ? » (Gn 3,9) semblant ignorer où est Adam, sa créature. Comme s'il ne savait pas qu'il allait pécher et quel péché il allait commettre. Si Yahvé a choisi le peuple juif comme peuple élu, s'il lui a donné une Loi, c'est pour exercer sur lui son pouvoir. C'est un dieu de justice et d'intransigeance, un dieu tyrannique qui ne connaît que la menace et la rétribution, comme le plus vulgaire des humains.

Comment Jésus pourrait-il être le fils d'un tel dieu ? Marcion introduit deux clauses capitales dans la réflexion des chrétiens au IIe siècle.

Premièrement : si Jésus est bien le fils de Dieu, il n'est pas le fils du dieu d'Israël. C'est le fils d'un autre dieu, un dieu inconnu, parfait. Un dieu supérieur qui n'est pas le responsable de la création du monde, un dieu d'amour et de bonté destiné à ceux qui croient. Pour Marcion, le monde juif touche à sa fin, car le Christ n'est pas le messie d'Israël. Jésus n'est pas venu accomplir la Loi mais l'abolir. En défendant de mettre du vin nouveau dans de vieilles outres, Jésus n'a rien fait d'autre, selon lui, que d'interdire à ses proches de combiner le judaïsme et le christianisme.

Deuxièmement : s'il a pris forme humaine, Jésus n'est pas un homme de chair et de sang qui peut souffrir et mourir sur une croix. C'est une image de Dieu qui, au dernier moment, s'est dérobée. Selon Irénée, le gnostique Basilide, à peu près à la même époque que Marcion, défendait l'idée que Simon de Cyrène avait été substitué à Jésus sur la croix : « C'est ce Simon qui, par ignorance ou erreur, fut crucifié, après avoir été métamorphosé par lui pour qu'on le prît pour Jésus ; quant à Jésus lui-même, il prit les traits de Simon et, se tenant là, il se moquait des Archontes » (*Contre les hérésies*).

La doctrine des deux dieux (le démiurge et le dieu bon) et le docétisme (c'est-à-dire la conviction que Jésus est un être céleste descendu sur terre à l'image d'un homme mais qui, en aucun cas, ne pourrait être souillé par les contingences humaines) sont les fondations profondes de la théologie marcionite.

En lisant les épîtres de Paul et tout particulièrement l'épître aux Galates, Marcion discerne une incompatibilité totale entre l'assujettissement au dieu des Hébreux et la révélation du Dieu d'amour, entre la Loi et l'Évangile. Son traité théologique, les *Antithèses*, s'ouvre sur cette exclamation : « Ô merveille des merveilles, ravissement et sujet de stupeur, on ne peut absolument rien dire ni penser qui dépasse l'Évangile, il n'existe rien à quoi on puisse le comparer. »

Marcion tire deux conclusions essentielles de sa lecture de Paul.

Un : la Bible hébraïque est périmée, elle n'a plus de sens, plus d'utilité. Marcion la récuse tout entière. Il la laisse aux juifs, qu'il rejette avec le même mépris.

Deux : les écritures chrétiennes en circulation sont toutes frelatées, perverties de références à la Bible juive.

Purifier

Pour Marcion, le message totalement novateur du Christ n'a pas été compris de ses disciples, embrumés par leur judaïté. Il suffit, soutient-il, de lire dans les évangiles les nombreuses allusions à leur incompréhension et à leur bêtise pour s'en persuader. Après être remonté dans les cieux, le Christ a dû se manifester une seconde fois pour rétablir la vérité. Et c'est à Paul qu'il s'est manifesté. Lui seul a compris ce qu'était le message authentique de Jésus, l'Évangile qu'il annonçait. Mais les faux apôtres, les « faux frères » de l'épître aux Galates, ont occulté cet évangile de Paul. À la place du Dieu du Christ ils ont préféré le dieu d'Israël. Ils ont falsifié les textes en les rejudaïsant.

Le concile de Jérusalem et l'incident d'Antioche sont pour Marcion des événements essentiels. À travers la version qu'en donne Paul dans l'épître aux Galates, Marcion voit la justification de sa théorie. Si Paul s'est opposé si violemment à Pierre (à Céphas), c'est parce que ce dernier a changé de cap, qu'il s'est mis à refuser de pratiquer la communauté de table avec les chrétiens non circoncis.

Ainsi – ce sont les propres paroles de Paul que Marcion place en exergue – Pierre ne marchait-il « pas droit, selon la vérité de l'Évangile » (Ga 2,14). Paul s'est opposé non seulement à Pierre, mais aussi aux notables, aux colonnes de l'Église de Jérusalem, et, de proche en proche, à ses émissaires, ces « intrus, ces faux frères qui se sont glissés pour espionner la liberté que nous avons dans le Christ Jésus » (Ga 2,4), aux adversaires des Églises de Galatie, « des gens en train de jeter le trouble et qui veulent bouleverser l'Évangile du Christ » (Ga 1,7). Paul n'avait-il pas proféré cette mise en garde : « Si quelqu'un vous annonce un évangile différent de celui que nous avons prêché, qu'il soit anathème ! » (Ga 1,8) ?

De son exégèse assez paranoïaque – allant, s'indigne Tertullien, « jusqu'à flétrir les apôtres eux-mêmes » – Marcion déduit l'idée que l'évangile que prêchent les chrétiens de son temps est un évangile différent de celui de Paul. Un évangile irrecevable, un faux évangile. Le véritable évangile, celui que prêchait Paul, celui auquel il fait sans cesse référence dans ses épîtres, Marcion l'identifie au seul évangile de Luc, le prétendu disciple de Paul. Mais cet évangile de Luc a été infesté, selon lui, d'ajouts ultérieurs émanant des judéo-chrétiens, et Marcion considère que son rôle est de les éradiquer. Son travail de révision aboutira à la publication d'un texte vierge de toute influence juive, « L'Évangile ».

Parallèlement Marcion rassemble sous le titre « L'Apôtre », dix épîtres de Paul qu'il considère authentiques, et il place naturellement en tête l'épître aux Galates. Marcion n'opère sur les épîtres que des corrections mineures – quoique l'on soit certain aujourd'hui que sept des prologues d'épîtres ont été ajoutés, si ce n'est par Marcion, au moins par ses élèves, qui insistaient sur la qualité d'auteur de « Paul, apôtre et serviteur du Christ » : ce sont les incipit que nous lisons toujours dans les éditions du Nouveau Testament...

L'Évangile et L'Apôtre

En voulant réunir en un seul volume « L'Évangile » et « L'Apôtre », Marcion va être le premier à constituer un corpus de textes ayant seul autorité pour les chrétiens, et qui permettra, selon lui, de retrouver le vrai message de Jésus.

Marcion peut donc être considéré à la fois comme l'éditeur de Paul et l'inventeur du Nouveau Testament, pour reprendre les dires de Harnack, le savant allemand qui l'a exhumé vers 1920. « Il s'agit d'un penseur religieux *énergique*, écrivait-il

– l'énergie de Marcion consiste en ceci que son intention n'était pas d'améliorer quelques textes chrétiens, mais de *créer une nouvelle Bible pour la communauté du Christ*. Il a travaillé à une réélaboration de l'évangile de Luc et des lettres de Paul pour les *réunir et substituer ce corpus à l'Ancien Testament*. Aussi bien cette association au sens d'un canon unifié que l'idée de *supplanter* l'Ancien Testament par une nouvelle collection sont son œuvre et c'est elle qu'il a imposée à la Grande Église[1]. »

L'énergie de Marcion ne sera pas payée en retour. D'abord, parce que sa théorie des deux dieux et son docétisme ne seront jamais acceptés par la grande Église et lui donneront théologiquement tort. Ensuite, parce que sa volonté de se séparer des Écritures juives présentait un handicap insurmontable vis-à-vis de l'empire. En effet, pour être assimilée à une *religio licita* et jouir des privilèges liés à cette reconnaissance, une religion devait prouver son antiquité, prouver qu'elle avait des ancêtres. En se séparant de la Bible hébraïque comme Marcion le réclamait, les chrétiens se seraient coupés du passé qui garantissait leur place dans l'empire. Marcion avait donc politiquement tort. « Marcion a manqué, sur ce point, de clairvoyance : ce qu'il y avait de plus radical n'était pas l'élimination mais l'annexion, avec une exégèse adaptée[2]. »

Dès lors, puisqu'il avait théologiquement et politiquement tort, l'exclusion de la grande Église était inéluctable. L'église concurrente fondée par Marcion restera cependant une rivale puissante et organisée jusqu'au Vᵉ siècle à travers tout l'Orient, et ne disparaîtra qu'au IXᵉ siècle.

Si Paul avait pu voir en Marcion l'un de ses élèves, imaginait Harnack, « aucun doute, Paul se serait détourné avec hor-

1. Adolf von Harnack, *Marcion. L'évangile du Dieu étranger*, traduit de l'allemand par Bernard Lauret (Éd. du Cerf, 2003).

2. Christian-Bernard Amphoux, *La Parole qui devint Évangile. L'Évangile, ses rédacteurs, son auteur* (Éd. du Seuil, 1993).

reur de ce maître blasphémateur et l'aurait abandonné à Satan, et certainement jamais, même de loin, il ne se serait posé la question de savoir si lui-même était, par sa doctrine, responsable de ces erreurs qui ébranlent les fondements. Pourtant cette question est absolument nécessaire, et il n'est pas difficile de montrer que la doctrine extrême de Marcion, par laquelle il est devenu précisément le fondateur d'une nouvelle religion sur le sol de la tradition chrétienne, est née du paulinisme ou de son développement. Marcion, certes, n'a pas été le premier continuateur, mais il n'a fait que conduire ce développement à son terme. »

Le nom de Marcion n'est aujourd'hui connu que des spécialistes du Nouveau Testament. Paradoxalement, pourtant, l'influence de ce banni a été sans doute plus déterminante sur l'évolution de l'Église que celle de bien des saints vénérés sans raison. Ses idées imprègnent la pensée chrétienne, son dieu bon se retrouve sous la forme populaire du « bon Dieu », et son antijudaïsme militant a structuré toute la chrétienté jusqu'à nos jours. Quant à la canonisation des textes, qui commencera à se réaliser une vingtaine d'années après sa mort, il est certain qu'elle est venue en réaction contre ses choix draconiens. C'est ainsi que se constituera, sur le même principe, pour définir un ensemble de textes de référence, la deuxième partie de la Bible chrétienne : le Nouveau Testament – la « nouvelle alliance » comme il est dit dans Jérémie : « Voici venir les jours – oracle de Yahvé – où je conclurai avec la maison d'Israël (et la maison de Juda) une alliance nouvelle » (Je 31,31).

Enrico Norelli précise : « Il semble toutefois que l'on puisse préférer une perspective plus nuancée, qui situe Marcion et ses adversaires à l'intérieur d'un vaste processus dans lequel les chrétiens devaient affronter la question de l'authentique tradition sur Jésus et son œuvre ainsi que des critères nécessaires à la définir. [...] Diverses réponses furent fournies par Papias, par les gnostiques, par Irénée, par Clément – pour ne mentionner que quelques exemples. Un processus analogue caractérisait le judaïsme au cours des mêmes décennies, avec la consolidation de la troisième partie de la Bible juive, les écrits, et avec la codification des traditions de la Mishna[1]. »

Contrairement à Marcion, le concept « orthodoxe » de Nouveau Testament laissera s'exprimer un très large spectre des tendances du christianisme en formation : aux quatre évangiles s'ajouteront les épîtres de Paul, quelques autres dites « catholiques », le livre de l'Apocalypse. Et les Actes des Apôtres qui, souligne Harnack, « se révélèrent indispensables dans la lutte contre Marcion ».

Conjecture sur la datation des Actes

Serait-ce à dire que le livre des Actes, ou à tout le moins le stade final de sa rédaction, ne serait pas aussi ancien qu'on le prétend généralement ? La datation communément admise situe la rédaction des Actes des Apôtres au cours des années 80-90. Ce qui n'a rien d'invraisemblable et permet d'asseoir l'hypothèse d'une œuvre en deux volets (le fameux « Luc/Actes »).

Cependant la liste des premiers auteurs qui semblent ignorer complètement le livre des Actes n'est pas négligeable. Marcion, particulièrement, ne fait strictement aucune allusion à ce deuxième livre dit de Luc, pourtant son évangéliste préféré. Mais aussi Clément de Rome, Ignace d'Antioche, Justin martyr, pour lesquels l'exemple des apôtres était essentiel.

C'est approximativement à partir de l'an 150 que le livre des Actes est, enfin, évoqué par la tradition chrétienne. Le vieux Polycarpe de Smyrne avec sa *Lettre aux Philippiens* semble citer deux phrases précises extraites des discours de Pierre dans les Actes. Puis Irénée de Lyon atteste, avant 200, l'existence du

1. Claudio Moreschini et Enrico Norelli, *Histoire de la littérature chrétienne ancienne grecque et latine, vol. I, De Paul à l'ère de Constantin*, traduit de l'italien par Madeleine Rousset (Labor et Fides, 2000).

livre, tout comme le canon de Muratori, qui énumère la première liste des livres acceptés et stipule que « les actes de tous les apôtres ont été écrits en un seul livre ».

Les Actes, en tout cas dans leur ultime phase, pourraient-ils avoir été écrits en réaction directe à l'hérésie de Marcion, pour contrer son influence, c'est-à-dire après 140 (ce qui signifierait un demi-siècle après la date supposée...) ? Son but aurait été d'établir, d'une part, que le christianisme ne pouvait se concevoir sans le judaïsme, d'autre part que Paul, le pionnier de l'évangélisation pagano-chrétienne et le héros de Marcion, aspirait avant tout au salut d'Israël. L'auteur des Actes – celui de cette dernière mise en forme – serait alors, non pas un soi-disant disciple de Paul comme on s'est plu à le répéter, mais un disciple de « Luc », un chrétien représentant de la Grande Église – cette voix de l'orthodoxie qui revendique pour le christianisme, contrairement à Marcion, le bénéfice de l'héritage d'Israël.

Un indice, parmi d'autres, permet de supposer une rédaction aussi tardive. Au chapitre 17, quand Paul séjourne à Athènes, il déclare à ses auditeurs : « Parcourant votre ville et considérant vos monuments sacrés, j'ai trouvé jusqu'à un autel avec l'inscription : "Au dieu inconnu". Eh bien ce que vous adorez sans le connaître, je viens, moi, vous l'annoncer » (Ac 17,23). Le dieu inconnu – dont on n'a jamais retrouvé aucune inscription votive en Grèce – ressemble assez, à dire vrai, au Dieu inconnu de Marcion. Il serait séduisant intellectuellement de voir le Paul des Actes commis pour dire aux païens attirés par le christianisme : le « Dieu inconnu » que Marcion et ses disciples vous ont fait miroiter, le voici ! C'est le Dieu chrétien, et c'est aussi le Dieu juif – car le monothéisme ne saurait admettre, par définition, qu'il y ait plusieurs dieux uniques.

Autre indice, minuscule mais intriguant. Dans les vingt-sept livres du Nouveau Testament, Pierre n'est appelé « Syméon » qu'à deux reprises. Une fois dans les Actes des Apôtres, en préambule du discours de Jacques lors du concile de Jérusalem

(Ac 15,14). Une autre fois dans l'en-tête de la seconde épître de Pierre (2 P 1,1). C'est un archaïsme, dit-on, une manière de « faire ancien », une fausse patine. Or cette seconde épître de Pierre n'a été écrite, de l'avis général, que vers le milieu du IIe siècle…

Contre l'entreprise de déjudaïsation du christianisme, l'ultime auteur des Actes des Apôtres aurait retourné les figures d'élection de Marcion : Luc, l'auteur du seul évangile licite à ses yeux, et Paul, son mentor. Plus rusé encore, il aurait puisé dans la biographie de Marcion pour construire le Paul de son récit : Marcion, armateur, et Paul, grand voyageur ; Marcion comme Paul infatigable fondateur d'Église ; Marcion, donnant à l'Église de Rome une somme considérable, sosie du Paul voulant remettre le fruit de sa collecte à Jérusalem ; Marcion excommunié, Paul arrêté (une arrestation que l'on peut comprendre comme la conséquence d'une excommunication) ; Marcion arrivant à Rome pour la conquérir, comme Paul à la fin des Actes…

Marcion, les Actes, Paul : le triangle des Bermudes où disparaissent nos certitudes.

Échec et réussite de Paul

Paul, le Paul auteur des épîtres, n'a eu, en fait, d'autre choix que de se radicaliser. Il a dû laisser de plus en plus de côté les raisons circonstancielles, et notamment les conditions pratiques d'élargissement de la communauté aux sympathisants non juifs, pour durcir une théorie faite de bric et de broc, une construction empirique qui, objectivement, l'a amené loin, très loin du judaïsme, alors même qu'il continuait de raisonner dans ses catégories et dans son appréhension du divin. N'en déplaise à ses commentateurs ultérieurs, de ce point de vue, Paul a complètement échoué : les juifs l'ont repoussé comme apostat, et les païens n'ont pas adopté la forme de judaïsme qu'il défendait. Force est de constater qu'au regard de son ambition première, ses succès sont des succès empoisonnés.

Comme le disait Nietzsche, « sans cette histoire singulière, sans les troubles et les orages d'un tel esprit, d'une telle âme, il n'y aurait pas de monde chrétien ; à peine aurions-nous entendu parler d'une petite secte juive dont le maître mourut en croix » (*Aurore*). Maintenant, est-ce que Paul, personnellement, a voulu ou n'a pas voulu rompre avec le judaïsme ? Il est impossible de se prononcer de façon définitive. Remarquons simplement que, de fait, en se prononçant contre la Loi, en déniant toute valeur à la terre d'Israël et à la filiation juive, Paul a par avance fourni aux chrétiens les justifications nécessaires pour effectuer cette rupture, tous les arguments pour combattre le judaïsme comme l'ennemi par excellence des chrétiens.

Il est aujourd'hui un peu difficile de comprendre la nervosité des débats autour de Paul. Comme si envisager qu'il ait pu rompre avec la foi de ses ancêtres, ou même qu'il ait été un hérétique, était ressenti par la plupart des chercheurs chrétiens comme un jugement de valeur. D'un point de vue strictement historique, ce n'est ni un compliment ni une offense de le prétendre. Mais c'est comme si, pour ces spécialistes, on risquait ainsi de compromettre très gravement, à travers Paul, le lien de continuité indissoluble et chèrement reconquis entre judaïsme et christianisme. Comme si c'était faire sauter le pont entre les deux rives du monothéisme. Comme si une pareille conclusion risquait finalement de se retourner contre Paul et de nier son génie, d'anéantir une dernière fois l'entreprise qu'il a commencée il y a deux mille ans.

10

Le véritable Israël

Vers 960 avant notre ère, le premier Temple de Jérusalem construit par Salomon, fils de David, avec l'aide d'Hiram, le roi de Tyr, dépassait en richesses et en splendeurs toutes les autres constructions : l'or et l'argent y étaient partout, les pierres précieuses, les bois les plus coûteux avaient servi à son édification selon la demande de Dieu lui-même : « Pourquoi ne me bâtissez-vous pas une maison de cèdre ? » (2 S 7,7). Ce Temple sera détruit par les Babyloniens sous Nabuchodonosor, en 586 avant notre ère. Soixante-dix ans plus tard, vers 515, Cyrus autorise le retour des juifs exilés en Babylonie et, malgré l'hostilité farouche des populations non juives, décrète qu'ils peuvent reconstruire un nouveau temple.

Le second Temple…

En 66 la révolte juive éclate en Palestine, et Titus est appelé pour la mater. En 70 il assiège Jérusalem et, le 29 août, les légionnaires prennent d'assaut le Temple. Dans *La Guerre des juifs*, l'historien Flavius Josèphe raconte : « Et c'est là qu'un soldat, sans attendre les ordres, sans être effrayé par une telle initiative, mû par une sorte d'impulsion surnaturelle, arracha un brandon aux boiseries en feu et, soulevé par un de ses camarades, jeta le brandon par une petite porte d'or qui donnait accès, du côté nord, aux habitations entourant le sanctuaire. Les flammes jaillirent et provoquèrent chez les juifs une clameur digne de la catastrophe. Ils s'élancèrent à la rescousse sans souci d'épargner leurs vies ou de ménager leurs forces, maintenant qu'allait disparaître l'objet de leur vigilance passée. » Et plus loin : « Dieu certes avait depuis longtemps condamné le bâtiment à être brûlé, mais le jour fatal, du fait de la révolution des temps, était maintenant arrivé ce dixième jour du mois de Loüs où, déjà auparavant, il avait été incendié par le roi de Babylone. »

Flavius Josèphe recense quatre-vingt-dix-sept mille prisonniers et plus d'un million de morts dans le camp juif après la guerre de 70 ! Même si ces chiffres astronomiques sont à relativiser très largement, l'hyperbole signifie l'étendue du désastre. La Judée passe sous le contrôle exclusif de la 10e légion, tandis que Yohanan ben Zacchaï, par faveur spéciale de l'empereur Vespasien, est autorisé à s'établir à Yabné : il y fonde une école dont les travaux arrêtent le canon de la Bible hébraïque et centrent le judaïsme sur l'enseignement et la pratique de la Loi. Il n'y aura plus désormais ni rois, ni prêtres, ni sages, mais des savants : des rabbins. Le Temple détruit, une page de l'histoire du judaïsme est tournée pour toujours.

De cet embrasement vont naître, comme le dit Guy Stroumsa, « trois religions nouvelles » : le judaïsme rabbinique tel que nous le connaissons encore aujourd'hui, le christianisme et la gnose, qui se diluera dans les hérésies juives, chrétiennes et musulmanes. Sans la destruction du Temple, vraisemblablement n'y aurait-il jamais eu de christianisme. La chute du Temple de Jérusalem est donc une date capitale de l'histoire juive – et, par contrecoup, de l'histoire chrétienne – dans la mesure où disparaît en même temps que le monument voué à Yahvé tout le système cultuel placé sous l'autorité des grands prêtres, majoritairement de tendance sadducéenne.

Avant et après

Il y aura désormais un *avant* et un *après* 70 :

– un *avant 70* où l'on ne pouvait pas parler du judaïsme, mais *des* judaïsmes, le pèlerinage au Temple une fois l'an suffisant parfois à fédérer des pratiques très éloignées les unes des autres ;

– un *après 70* où, cette fois-ci sous l'autorité des rabbins pharisiens, le judaïsme va peu à peu définir une orthodoxie là où il n'y avait avant qu'orthopraxie, pratiques autorisées et régulées.

En réalité, au moment où il est détruit, le Temple était déjà condamné : outre la corruption des prêtres et des lévites, son inefficacité à rendre sa place à Israël en faisait un poids mort dans la société. Une charge que les juifs supportaient plus par habitude que par adhésion. Peut-être y avait-il parmi la population juive une passivité apparente, un fatalisme à supporter les brimades et les souffrances dues à l'occupation romaine, sans compter que la présence des impies pouvait à tout moment profaner le Saint Lieu et la Torah. Mais il y avait aussi un sentiment de révolte permanent, une haine des oppresseurs. C'est ce sentiment d'injustice, de malédiction, d'humiliation qui, lié à la certitude de l'imminence de la Fin des temps, va être une poudrière.

Prendre les armes, se dresser contre les Romains, paraît soudain la façon la plus juste, la plus pieuse, de montrer sa fidélité à Yahvé et de rejoindre les grands martyrs disparus pour la cause d'Israël, tels Judas le Galiléen ou les Maccabées. Et peut-être devrions-nous entendre comme un appel à la mobilisation les paroles que Jacques adresse à Paul au chapitre 21 des Actes des Apôtres : « Tu vois, frère, combien de milliers de juifs ont embrassé la foi, et sont tous partisans de la Loi » (Ac 21,20).

Y aurait-il eu dissensions profondes entre les pagano-chrétiens (figurés par Paul) et les judéo-chrétiens (figurés par

Jacques) non pas sur des questions théologiques, comme le raconte l'auteur des Actes, mais sur l'engagement des uns et des autres vis-à-vis des Romains ? En d'autre termes les judéo-chrétiens, alliés ou ralliés aux zélotes, ont-ils été des acteurs de la guerre contre les Romains ou de simples spectateurs ? Il paraît difficile d'admettre qu'ils aient pu rester totalement extérieurs aux événements et indifférents au sort de leurs coreligionnaires. N'y a-t-il pas un « Simon le zélote » dans la liste des disciples ? Comme les zélotes n'existaient pas du temps de Jésus, cela signifierait que ce Simon est un contemporain de la rédaction des évangiles, du moins un signe de connivence envoyé aux juifs chrétiens des années 70.

Quoi qu'il en soit et quelles que soient leurs motivations réelles, religieuses ou politiques, sous la pression des événements, tous les juifs de Palestine vont devoir, peu ou prou, faire cause commune contre l'occupant, sous peine de se renier. Cette « union sacrée » se fera au détriment du Temple. Dès lors, sa disparition sinon en tant que lieu symbolique, du moins en tant que système, était inéluctable. L'appel aux armes et l'entrée en guerre des juifs contre les Romains ne pouvait, à plus ou moins courte échéance, qu'entraîner une redéfinition du judaïsme, en cas de victoire mais aussi en cas de défaite.

Un pas était franchi.

Et il est très symptomatique de constater qu'après la destruction du Temple la question que les juifs se posent est moins celle de sa reconstruction immédiate que celle de la refondation du judaïsme lui-même. Les faits sont brutaux : si le judaïsme c'est le Temple, sans le Temple le judaïsme doit être autre. Dès lors, à l'instant même où le sanctuaire est physiquement détruit, le judaïsme du Temple, celui des grands prêtres, des sadducéens, disparaît dans les flammes de l'incendie, même s'il continue et continuera d'exister dans l'imaginaire religieux. « Au IIe siècle, rappelle Francis Schmidt, alors que le feu de l'autel est définitivement éteint et le Temple rasé, les rédacteurs de la Mishna jugent nécessaire de conserver ces traditions et ces lois cérémonielles désormais coupées de tout ancrage institutionnel[1]. »

En revanche, l'histoire oublie vite l'aristocratie sacerdotale. Elle l'oublie pour deux raisons très différentes :

– parce qu'en perdant le Temple les grands prêtres, les sadducéens, ont perdu à la fois leur centre national religieux, leur base théologique, leur forteresse, mais aussi le symbole de leur pouvoir et la source fondamentale de leurs richesses. Cette défaite est absolue : elle marque l'échec de l'aristocratie du Temple dans sa tentative de collaboration avec Rome. Elle marque de façon plus criante encore son incapacité à juguler le messianisme militant qui a entraîné les grands prêtres dans une guerre dont ils sont les victimes directes ;

– parce qu'il y a toujours eu, des prophètes bibliques aux rédacteurs des évangiles en passant par la secte de Qumrân, un courant d'hostilité aux milieux sacerdotaux et à la piété officielle. Ce courant trouve dans la ruine du Temple son aboutissement. Et si les pharisiens, les baptistes, les judéo-chrétiens, les zélotes peuvent se lamenter sur la perte du Temple, sur ce qu'elle représente de reniements, de douleurs, d'abandon de toute idée de souveraineté nationale, ils peuvent aussi se réjouir de voir leurs adversaires, sinon leurs ennemis, réduits à néant.

Dans le Nouveau Testament, par exemple, à de nombreuses reprises, on dit ou on fait dire à Jésus, à Étienne, à Paul et aux autres porteurs de l'Évangile leur opposition au Temple et aux grands prêtres. On sent bien la jubilation de l'évangile de Marc lorsqu'il rapporte : « Comme Jésus s'en allait au Temple, un de ses disciples lui dit : Maître regarde : quelles pierres, quelles constructions ! Jésus lui dit : Tu vois ces grandes constructions ! Il ne restera pas pierre sur pierre, tout sera détruit » (Mc 13,1-2).

Marc prophétise à bon compte.

---

1. Francis Schmidt, *La Pensée du Temple de Jérusalem à Qoumrân* (Éd. du Seuil, 1994).

À la lecture de ce verset, il est difficile de contester que son récit ait été écrit après 70 ! Mais c'est de bonne guerre, peut-on dire, puisque les grands prêtres sont à l'origine de la condamnation de Jésus et que le Temple a été le théâtre de son intervention sinon la plus spectaculaire, du moins la plus symbolique.

Au IIIe siècle, Eusèbe de Césarée franchira un pas supplémentaire en interprétant clairement la ruine du Temple comme le châtiment des juifs : « La justice de Dieu poursuivit donc alors les juifs parce qu'ils avaient accompli de telles iniquités contre le Christ et ses apôtres, faisant complètement disparaître d'entre les hommes cette race d'impies » (*Histoire ecclésiastique*). Cette interprétation historique, bien qu'étrangère au Nouveau Testament, fera florès chez les premiers Pères de l'Église.

La disparition du Temple en tant qu'incarnation politique de la caste sacerdotale ne pouvait donc qu'apparaître favorablement aux partisans de Jésus. Ils devaient y voir un signe divin, une confirmation de la justesse de leurs vues.

Après 70

Ils n'étaient pas les seuls à faire cette analyse.

Aussi après 70, les pharisiens, les partisans de Jésus, ceux de Jean le Baptiste et sans doute d'autres groupes dont la trace s'est perdue, vont rapidement entrer en conflit afin d'imposer au peuple leur interprétation de la Torah et se désigner comme les plus aptes parmi les juifs à guider Israël. De façon paradoxale, on peut avancer que la ruine du Temple désavantage plus les Romains, pour qui il était un facteur de paix civile et une source constante de revenus, que les partis juifs, qui se voient débarrassés d'une caste qui accaparait tous les pouvoirs et pactisait avec les occupants. Allons plus loin : n'aurait-il pas été de l'intérêt politique des Romains de lancer un plan de reconstruction du Temple (il faut noter, d'ailleurs, que Titus, dans un premier temps, était opposé à son attaque) ?

Un second paradoxe est que cette défaite, la destruction du Saint Lieu, la domination d'une puissance étrangère, c'est-à-dire la répétition cruelle de ce qui avait été vécu du temps de Nabuchodonosor, loin d'abattre les juifs, semble au contraire avoir donné un nouvel élan au judaïsme, comme si la piété juive puisait ses plus grandes forces dans ses plus grands malheurs. Le Temple réduit en cendres, la place est libre pour réinventer le judaïsme : désormais il ne s'appuiera plus sur un lieu – par nature destructible – mais sur la Torah, sur la lecture incessante de la Loi, sur une pensée et une spiritualité inaliénables. Les partisans de Jésus vont se situer au cœur même de cette effervescence religieuse et politique. Le face-à-face entre les pharisiens et les communautés représentées par les évangiles de Marc, de Luc et surtout de Matthieu témoigne de la virulence des débats. Oubliant ses préceptes de pardon et d'amour de l'ennemi, la communauté de l'évangile de Matthieu multiplie les injures et les anathèmes. Les pharisiens sont « engeance de vipère » (Mt 23,33), « des aveugles qui guident des aveugles » (Mt 15,14), « les fils de ceux qui ont assassiné les prophètes » (Mt 23,31), des « hypocrites » sept fois maudits (Mt 23,13)...

La fin justifie les moyens, tous les coups sont permis.

Il y va de la direction du peuple et de la restauration de la gloire perdue d'Israël. Dans cette perspective, l'ouverture aux païens est comme un moyen « politique » de faire nombre, de peser sur le débat en suppléant au manque d'enthousiasme des juifs du cru par un apport de « juifs du troisième type », de chrétiens. Jésus lui-même n'avait-il pas montré la voie en recrutant ses disciples parmi tous ceux que les autres courants rejetaient ?

Judéo-chrétiens

En 70 on ne peut pas encore parler de « chrétienté », le mot lui-même est inconnu. Disons que les communautés qui manifestent leur foi en Jésus le Christ se divisent en trois groupes : d'une part des païens (les « pagano-chrétiens »), essentiellement hors de Palestine, d'autre part des communautés mixtes à travers la diaspora, enfin des juifs des communautés fermées (les « judéo-chrétiens ») qui sont en Judée, en Galilée, en Samarie.

Définir le terme de « judéo-chrétien », apparu au XIXe siècle sous la plume du grand exégète allemand F. C. Baur, est une tâche énorme, dans la mesure où aucun groupe, jamais, ne se revendiqua comme tel et que, pour les juifs messianistes partisans de Jésus, l'adjonction du terme « chrétien » à leur judaïsme militant aurait vraisemblablement été très mal reçu. Les judéo-chrétiens étaient juifs, ils n'étaient pas chrétiens.

Dès lors qu'est-ce que le judéo-christianisme ? Pour les uns, il faut le voir comme un christianisme qui s'exprime dans les formes et les catégories juives, pour les autres, c'est l'origine ethnique qui est à privilégier ; pour d'autres encore, c'est le degré d'observance de la Loi qui doit servir d'indicateur.

Aucune de ces définitions n'est totalement satisfaisante, et il est impossible de les synthétiser toutes en une seule. S'il faut cependant en distinguer une, nous pouvons reprendre celle que Marcel Simon donnait en se référant au décret apostolique du chapitre 15 des Actes des Apôtres. Rappelons qu'il était enjoint aux païens de s'abstenir de la consommation du sang, des viandes sacrifiées aux idoles, des viandes étouffées, de certaines formes de mariage et d'union sexuelle. Donc « sera judéo-chrétien celui qui ira au-delà de ce minimum indispensable et se pliera à d'autres prescriptions de la Loi rituelle juive »[1].

1. Marcel Simon, *Verus Israël* (1948 ; De Boccard, 1983).

Un judéo-chrétien serait donc un juif ne renonçant à rien du judaïsme tout en adhérant à Jésus comme Messie, comme Christ. Définition sans doute restrictive. Convenons qu'elle « doit être complétée par une autre caractéristique : l'anti-paulinisme. Une partie importante du judéo-christianisme a affirmé son identité en réaction contre Paul »[1].

Il est patent que les judéo-chrétiens, incarnés par les figures de Pierre et de Jacques, se sont affrontés avec Paul, qui les désigne, eux ou leurs partisans, comme des « faux frères » dans les épîtres aux Galates et aux Philippiens. Des faux frères qui exigent la circoncision des païens et l'observance de la Loi, et mettent en cause son apostolat fondé sur une « vision » du Ressuscité et non sur une connaissance de Jésus « dans la chair ».

Le christianisme va se constituer de rupture en rupture, de la première, presque invisible, entre la famille de Jésus et les apôtres, à celle entre les Hellénistes et les Hébreux, plus spectaculaire, puis celle entre Jacques et Paul, c'est-à-dire entre deux conceptions antagonistes de la foi en Jésus (« Messie d'Israël » ou « Christ universel »), enfin celle entre les judéo-chrétiens, fidèles à Israël, et les pagano-chrétiens, pour qui Israël n'est plus qu'une allégorie.

La ligne de partage est constante. Une fois entamée, la déchirure s'élargira sans cesse.

Nazôréens

Les hérésiologues anciens et modernes désignent les groupes judéo-chrétiens sous différents noms. Bien qu'il soit ignoré des épîtres de Paul, le terme « nazôréen » (ou « nazaréen ») est, selon Tertullien, l'une des plus anciennes – sinon la plus ancienne – dénominations des partisans de Jésus. On la trouve

1. Daniel Kaestli, *in* Daniel Marguerat (sous la dir. de), *Le Déchirement. Juifs et chrétiens au Ier siècle* (Labor et Fides, 1996).

six fois dans les évangiles (chez Matthieu, Luc et Jean), six ou sept fois dans les Actes des Apôtres ainsi que dans la littérature rabbinique ultérieure (*ha-Notzrim*). Dans l'évangile selon Jean, Jésus est crucifié sous le titre « Jésus le nazôréen, roi des juifs » (Jn 19,19), et, dans les Actes des Apôtres, on accuse Paul d'être « le chef du parti des nazôréens » (Ac 24,5), sans que l'on puisse déterminer si cette appellation dérive du nom de « Nazareth », d'où Jésus serait originaire, ou – au contraire – si la localité de Nazareth a été inventée par les évangélistes, comprenant à tort le terme « nazôréen » comme un adjectif renvoyant à une provenance géographique. Dans son *Histoire du peuple d'Israël*, Ernest Renan a cette remarque désabusée : « Quelques-uns des raisonnements messianiques qui ont converti le monde viennent des bévues du texte alexandrin, mal lues, mal comprises, mal combinées à d'autres bévues. L'histoire religieuse du monde est l'histoire des contresens redoublés. »

En tout état de cause, l'étymologie de « nazôréen » demeure très incertaine. Translittéré de l'hébreu, ce mot n'a rien à voir, cela est pratiquement sûr, avec une ville de Nazareth fictive ou réelle. Cela proviendrait soit du terme *nazir* (« sanctifié », « consacré par un vœu spécial », comme Samson, Jean le Baptiste voire Jacques le frère de Jésus), soit de *natzar* (« garder », « observer » dans le sens d'une observation très rigoureuse de la Loi), soit encore de *netzer* (« rejeton ») à partir d'une citation d'Isaïe chargée d'un sens messianique très fort : « Un rejeton [*netzer*] sortira de la souche de Jessé, un surgeon poussera de ses racines. Sur lui reposera l'Esprit de Yahvé » (1 Is 11,1-2).

Dans *Contre les hérésies*, Épiphane soutient qu'« il y eut des nazôréens avant le Christ, c'est l'évidence même ». Malgré cela, la question demeure ouverte entre les chercheurs pour savoir si la secte des nazôréens existait avant Jésus ou si son émergence est liée à son activité.

Dans les Actes se retrouvent en concurrence deux appellations pour désigner les fidèles de Jésus : ici, ce sont des nazôréens (Ac 24,5), là des chrétiens (Ac 11,26). Selon un ouvrage lexicographique byzantin du Xe siècle, la *Suda* : « Sous Claude, empereur des Romains, ceux que l'on appelait antérieurement Nazaréens ou Galiléens furent dénommés Chrétiens[1]. » On peut donc considérer qu'il y a eu forte concurrence entre le terme « nazôréen » (aujourd'hui encore dans les langues sémitiques les chrétiens sont des *notzri*) et le terme « chrétien », appellation que l'histoire va conserver.

Peut-être cela recouvre-t-il simplement des groupes différents, les chrétiens étant ce que nous appelons les pagano-chrétiens, les Grecs, tandis que les nazôréens (ou nazaréens) étaient les judéo-chrétiens, les Hébreux. Même si cette classification ne répond pas à tous les cas de figure présents dans le Nouveau Testament, elle ouvre une perspective sur la disparition des nazôréens dans la tradition chrétienne.

C'est dans un pays sinistré que le judéo-christianisme va survivre, revendiquant une ascèse, une pauvreté volontaire, qui vaudront à ses adeptes un nouveau surnom, les « ébionites », c'est-à-dire « les pauvres ». Ceux qu'Origène dans son *Contre Celse* brocarde allègrement, leur déniant toute grandeur spirituelle : « Ils doivent leur appellation à la pauvreté de leur interprétation de la Loi. » Origène les divise en deux groupes selon leur christologie : « Ceux qui admettent comme nous que Jésus est né d'une vierge, ceux qui ne le croient pas né de cette manière, mais comme le reste des hommes. »

De son côté, vers 180, Irénée écrit à propos des ébionites : « Ceux qu'on appelle ébionites admettent que le monde a été fait par le vrai Dieu, mais pour ce qui concerne le Seigneur ils ont la même opinion que Cérinthe et Carpocrate. Ils n'utilisent que l'évangile de Matthieu, rejettent l'apôtre Paul qu'ils accusent d'apostasie à l'égard de la Loi. Ils s'appliquent à commenter les prophéties de manière excessive. Ils pratiquent la circoncision et persévèrent dans les coutumes légales et dans

1. Cité par François Blanchetière, *Enquête sur les racines juives du mouvement chrétien (30-35)* (Éd. du Cerf, 2001).

les pratiques juives, au point d'aller jusqu'à adorer Jérusalem comme étant la maison de Dieu. » Sous le langage chrétien du Père de l'Église il faut bien comprendre que les ébionites sont avant tout des juifs fidèles qui croient, contrairement aux autres, que Jésus est le messie d'Israël.

Exclus

De même qu'il y a un avant et un après 70 pour le judaïsme, de même il y a un avant et un après 70 pour les judéo-chrétiens. Avant 70, les judéo-chrétiens, qui incarnent la postérité historique de Jésus, dominent le mouvement – on le voit à travers la personne de Jacques, qui, même sous-estimé par la tradition chrétienne, a été une figure majeure du mouvement primitif. L'Église de Jérusalem gouverne ou, en tout cas (si l'on considère l'exemple de Paul), nul ne peut agir sans avoir au moins reçu sa bénédiction faute d'avoir son accord. Après la mort de Jacques (lapidé en 62) et la chute du Temple (incendié en 70), ce courant des partisans de Jésus profondément inscrits dans le judaïsme va éclater. Ne resteront que de petits groupes ici ou là, fidèles à la Loi, fidèles à Jésus, mais incapables de prendre le pas sur les rabbins pharisiens, incapables d'imposer leur autorité à leur coreligionnaires de la diaspora.

Les judéo-chrétiens seront les grands perdants de l'histoire, parce qu'à l'intérieur d'Israël les pharisiens, forts de la confiance du peuple, vont rebâtir le judaïsme et repousser hors des synagogues tous ceux qui ne partageront pas leur interprétation de la Loi. Dans l'évangile selon Jean on lit : « les juifs étaient convenus que, si quelqu'un reconnaissait Jésus comme le Christ, il serait exclu de la synagogue » (Jn 9,22) ; « ils ne se déclaraient pas de peur d'être exclus de la synagogue » (Jn 12,42) ; « on vous exclura des synagogues » (Jn 16,2). La prière juive du *chemoneh-esré* qui est complétée à la fin du Ier siècle est l'écho de la malédiction des *minim*, des déviants, des perdants.

Perdants, parce qu'à l'extérieur d'Israël le christianisme, qui va prospérer dans la diaspora et dans le monde païen, se développera sans eux et, pis, contre eux : ils deviendront à la fois anachroniques et hérétiques. Mauvais juifs et mauvais chrétiens, ils sont accusés – suprême injure ! –, comme le répètent les textes du Nouveau Testament, de vouloir « judaïser ». D'un côté leur observance de la Loi mosaïque fera que les chrétiens les rejetteront comme « juifs » ; de l'autre, leur foi en Jésus-Christ poussera les juifs à les condamner comme « chrétiens ». Ils n'auront leur place ni dans le judaïsme qui se reconstruit ni dans le christianisme qui se développe. Ils resteront dans les limbes.

Bar Kochba, « fils de l'Étoile »

En 132, l'empereur Hadrien décrète l'interdiction générale de la circoncision, considérée comme une castration ; il proscrit le respect du sabbat et rebaptise la Jérusalem romaine Aelia Capitolina. La *lex Cornelia de sicariis et veneficis* a pour ambition de forcer l'assimilation des juifs dans l'Empire romain. Aussitôt, les même causes produisant les mêmes effets, comme du temps d'Antiochus Épiphane et des Maccabées, l'insurrection est générale. Une fois encore les juifs prennent les armes. Leur chef s'appelle Bar Kochba, nommé par rabbi Akiva « fils de l'Étoile ». On voit en lui le messie attendu et la réalisation de l'oracle : « Un astre issu de Jacob devient chef, un sceptre se lève, issu d'Israël » (Nb 24,17).

Contrairement à ce qui s'est passé en 70, les juifs s'organisent pour mener une guerre de longue durée. Bar Kochba nomme des gouverneurs militaires, des administrateurs civils, fait battre monnaie et appliquer la Loi mosaïque dans tous les domaines, préfigurant peu à peu un futur État judéen qui restaurerait enfin « le Royaume d'Israël ». Sur les pièces de bronze qu'il fait frapper, on peut lire : « An I de la rédemption d'Israël »,

« An II de la liberté d'Israël » et même « Liberté pour Jérusalem »... Mais, soit à cause du souvenir cuisant de la catastrophe de 70, soit à cause des prétentions messianiques de Bar Kochba, les judéo-chrétiens, les nazôréens, les Galiléens (selon les diverses appellations) n'acceptent pas de prendre part à la révolte. Ils doivent considérer que Bar Kochba est un faux messie, puisque le Christ Jésus est à leurs yeux le messie d'Israël et qu'il doit bientôt revenir en gloire.

Les juifs chrétiens sont persécutés par leurs compatriotes insurgés. Selon Justin, contemporain des faits, « durant la dernière guerre, Bar Kochba, le chef de la révolte, faisait subir aux seuls chrétiens les derniers supplices s'ils ne reniaient pas Jésus-Christ » (*Grande Apologie*). Quant à saint Jérôme, il écrit en 133 : « Le chef de la rébellion infligea divers types de punitions à différentes personnes, dont les chrétiens, pour leur refus de prendre part au combat contre les Romains. »

À travers ces citations on mesure combien le religieux et le politique, ou le spirituel et le national, sont indissociablement liés dans le messianisme, que ce soit celui de Bar Kochba ou celui de Jésus. L'intransigeance de Simon Bar Kochba, sa dureté vis-à-vis des judéo-chrétiens qui refusent de le suivre, ne sont pas plus surprenantes que l'attitude de Jésus qui transparaît dans les évangiles. Pour mémoire : « Quant à mes ennemis, ceux qui n'ont pas voulu que je règne sur eux, amenez-les ici, et égorgez-les en ma présence » (Lc 19,27). Soit dit en passant, il est plaisant de constater que cette vision d'un Jésus luttant pour libérer sa patrie de l'occupation étrangère est d'ordinaire repoussée avec la plus grande énergie par une majorité d'exégètes qui, par ailleurs – et pour ne parler que de la France – glorifient volontiers Vercingétorix, Jeanne d'Arc ou Jean Moulin, ces héros qui ont donné leur vie en luttant contre l'envahisseur...

À la différence de la première guerre juive (66-72), où le soulèvement paraît avoir été général, la révolte de Bar Kochba en 132 ne mobilise qu'une part plus réduite de la population, essentiellement en Judée. Mais c'est une minorité particulièrement déterminée et vaillante au combat, poussée par un idéal de restauration nationale et de libération du territoire. Cependant, cela ne suffira pas à vaincre les troupes romaines. Au terme d'affrontements sans merci, le 9 avril 135, le général Iulus Severus écrase dans le sang les derniers résistants juifs réfugiés dans la forteresse de Béthar, à une dizaine de kilomètres de Jérusalem. Bar Kochba et rabbi Akiva y trouvent la mort parmi des milliers d'autres.

Désormais, Jérusalem est interdite aux juifs.

Les judéo-chrétiens, considérés comme des juifs par les Romains et comme des traîtres par leurs compatriotes, vont être frappés indistinctement par les mesures d'expulsion décrétées par Hadrien. Ils quittent Jérusalem et entament leur grande migration vers le sud, où, quelques siècles plus tard, quelques-uns d'entre eux disparaîtront dans l'islam.

Aux sources de l'islam

Dans sa préface d'*Harmonia abramica*, Henri Corbin formule cette idée provocatrice : « Le Coran n'est lui-même anti-juif ou anti-chrétien que précisément parce qu'il est judéo-chrétien[1]. »

Et ce n'est pas le moindre paradoxe de l'histoire chrétienne que de constater que c'est le courant le plus fidèle au judaïsme à l'intérieur des partisans de Jésus qui, chassé de Palestine après 135, va trouver refuge en Arabie, et y survivre suffisamment longtemps pour être une des composantes importantes de la naissance de l'islam.

De nombreux personnages de la Bible hébraïque et du Nouveau Testament apparaissent dans le Coran : Abraham, Isaac, Ismaël, Jacob, Jonas, Joseph, Marie, Jean le Baptiste, Jésus…

1. Cité par Christian Jeambet, préface aux *Homélies clémentines* (Verdier, 1991).

C'est « l'évêque de La Mecque », l'oncle de sa riche épouse, qui affermira Mahomet dans sa vocation prophétique et lui révélera le sens de la vision qui avait failli lui faire perdre la raison. Une vision angélique en bien des points comparable à celle de Marie dans les évangiles de Matthieu et Luc. La sourate III du Coran est ainsi une reprise de la scène de l'Annonciation : « Les anges dirent : "Marie, Dieu te fait l'annonce d'une Parole de Lui venue. Son nom est le Messie Jésus fils de Marie, prodigieux dans cette vie et dans l'autre, et du petit nombre des rapprochés [de Dieu]. Il parlera aux hommes du berceau comme à l'âge adulte, et sera du nombre des justifiés." "Mon Seigneur, dit-elle, comment enfanterais-je sans qu'un homme m'ait touchée ?" "C'est ainsi, dit-Il. Dieu crée ce qu'Il veut. S'il décrète une chose, il Lui suffit de dire : 'Sois' et elle est." »

La sourate IV donne, quant à elle, une vision de la crucifixion de Jésus très comparable à celle de l'évangile apocryphe de Pierre : « Ils ne l'ont pas tué, ils ne l'ont pas crucifié, mais l'illusion les en a possédés. Ceux-là qui là-dessus controversent ne font qu'en douter sans savoir en l'espèce d'autre science que de suivre la conjecture. [...] Ils ne l'ont pas tué en certitude[1]. »

Jésus, cité par le Coran, est objet de respect, il est considéré en bien. Seulement, les musulmans lui dénient la qualité de Fils de Dieu, d'Unique engendré. Ils le considèrent comme un prophète inspiré, et même comme celui qui ouvre la voie de l'ultime et véritable révélation par Mahomet. Jésus joue pour l'islam le rôle que Jean le Baptiste a joué pour le christianisme. Et, cependant, bien qu'il s'y rattache profondément, le texte fondateur de l'islam marque cependant une rupture fondamentale avec les traditions juive et chrétienne dans sa volonté de récuser toutes les écritures qui le précèdent.

Contrairement au christianisme, l'islam fait table rase du passé. Les personnages cités dans la Bible ou dans le Nouveau Testament portent bien les mêmes noms que ceux qui intervien-

1. Le Coran, traduction de Jacques Berque (Albin Michel, 2002).

nent dans le Coran mais, du point de vue musulman, les récits juifs et chrétiens sont erronés, fautifs, mensongers. L'unique vérité au sujet d'Abraham, Jacob, Jésus et consorts se lit dans le Coran, le reste doit être effacé des textes comme des mémoires.

C'est vers 634 (après la mort de Mahomet) que seront réunis les premiers textes du Coran, une collecte et une mise en forme qui se prolongeront jusqu'au Xe siècle, tandis que le califat abbasside imposera la recension définitive du texte. Aujourd'hui, comme le souligne Guy Stroumsa, « nombre d'indices nous laissent voir des traditions judéo-chrétiennes, araméennes, hérétiques chrétiennes et peut-être même manichéennes à l'origine du texte que nous appelons le Coran. Mais comme de moins en moins de chercheurs musulmans savent l'hébreu et l'araméen, leur réflexion sur le Coran ne se fait plus qu'à l'intérieur de l'islam, dans un cadre islamique orthodoxe. Il me semble pourtant essentiel de se rendre compte à quel point nous devons relire le Coran dans son substrat juif et chrétien ».

Quel prophète aurait pu annoncer que non seulement le judéo-christianisme rejoindrait la révélation mahométane, qu'il prendrait part à l'émergence de l'islam, mais plus encore qu'en traversant et le judaïsme et le christianisme il serait l'un des facteurs qui l'ont rendu possible ?

Une sorte d'avant-garde ?

Comme le souligne Jacob Taubes : « Aujourd'hui, grâce à des manuscrits arabes, nous possédons des documents qui attestent l'existence de juifs chrétiens jusqu'au Xe siècle. Ce qui révolutionne d'ailleurs la préhistoire de l'islam, dans la mesure où Mahomet n'a pas mélangé dans sa tête échauffée des traditions chrétiennes et juives, ni inventé quoi que ce soit sur cette base, mais il a très exactement absorbé la tradition judéo-chrétienne et l'a reproduite dans le Coran [1]. »

1. Jacob Taubes, *La Théologie politique de Paul*, *op. cit.*

Chrétiens ou messianistes

En 1906, Mgr Duchesne prononce cette oraison funèbre sans aménité : « Le judéo-christianisme a fini obscurément et misérablement. » Ce à quoi H. Lietzmann ajoute : « L'Église qui représentait le christianisme universel et s'efforçait de conquérir le monde ne s'aperçut pas de cette disparition[1]. »

Si avec la chute du Temple en 70 une page de l'histoire du judaïsme était définitivement tournée, avec la défaite de 135, c'est une page du christianisme qui se ferme pour toujours. Sa dernière page juive. Entre les païens et les juifs, on parlera désormais à propos des chrétiens de *tertium genus*, le « troisième genre ».

La situation des pagano-chrétiens hors de Palestine, sans être aussi désastreuse que celle des judéo-chrétiens, n'a pas été pour autant très confortable. Aux yeux des autorités romaines, ce sont peu ou prou des juifs messianisants – même s'ils ne sont pas juifs mais simplement craignant-Dieu, et même s'ils n'ont pris aucune part directe dans la guerre de Judée. À ce titre, ce sont des suspects, des sujets dangereux. Le livre des Actes indique, au chapitre 11, au moment même où Barnabé recrute Paul pour le seconder : « C'est à Antioche, pour la première fois, que les disciples reçurent le nom de chrétiens » (Ac 11,26).

C'est une appellation venue des Romains. Le terme *christianoi* (« chrétien ») est un néologisme qui présente la particularité d'associer au latin *christiani* le suffixe grec *oi* qui indique une relation particulière, une sujétion ; ainsi les *Herodianoi* sont, dans les évangiles synoptiques, les partisans ou les fidèles du roi Hérode. Autre particularité remarquable, la désignation des disciples de Jésus ne se fait pas en fonction du nom de ce dernier mais de son titre, *christos*.

---

1. Cité par François Blanchetière, *op. cit.*

La désignation des chrétiens est doublement extérieure au mouvement, d'une part parce qu'elle émane d'une ville d'Asie Mineure et non de son berceau palestinien, d'autre part parce que tout laisse à penser qu'il s'agit, à l'origine, d'un sobriquet jouant sur la traduction de l'hébreu *massiah*, « oint » (celui qui a reçu l'onction d'huile l'élevant au titre royal). Ce qui, en grec, permet autant de jeux de mots plus dépréciatifs les uns que les autres : « le huileux », « le pommadé », le « gominé ». À leur tour, les chrétiens glisseront de ce *christos* à un *chrestos* moins ambigu : « le bon », « le meilleur ». Justin, par exemple, écrira dans sa *Grande Apologie* : « Un nom n'est ni bon ni mauvais : il faut juger les actes qui s'y rattachent. À ne considérer que ce nom qui nous accuse, nous sommes les meilleurs des hommes. »

Comme le résume bien Alfred Loisy, « bien que les chrétiens prétendissent avoir le même dieu que les juifs, ils n'étaient pas juifs, ils ne voulaient pas l'être, et les juifs leur refusaient cette qualité, pour la bonne raison que les chrétiens s'étaient mis en dehors de la Loi et de ses observances. Quoi qu'il en fût du dieu, la religion n'était pas la même. D'ailleurs, si les chrétiens n'étaient pas juifs, ils n'étaient pas davantage une nation particulière à côté des juifs. Ils n'étaient que les fidèles d'un dieu très jaloux, aussi absolu que celui des juifs, mais n'ayant que des prétentions, sans nation qui aurait été à son service héréditairement. Il aspirait à l'empire du monde, et il refusait d'être inscrit au catalogue des divinités nationales, qu'il entendait bien déposséder toutes, sans délai ni rémission. Car ce n'était pas une divinité abstraite et lointaine, avec des droits théoriques dont l'échéance d'application aurait été indéterminée. Il était là, pressant les hommes de se soumettre à lui, au plus tôt, c'est-à-dire de renier comme faux et mauvais tous les dieux de l'institution impériale »[1].

Le moins que l'on puisse dire, c'est que les « chrétiens », sectateurs d'un hors-la-loi mis à mort de façon infamante,

1. Alfred Loisy, *La Naissance du christianisme* (Librairie Émile Nourry, 1933).

n'avaient pas bonne presse parmi les écrivains romains. Pline le Jeune (vers 110), le plus mesuré, exprime sa perplexité à l'empereur Trajan dans une lettre où il relate comment ils ont « l'habitude de se réunir à jour fixe avant le lever du soleil et de chanter entre eux alternativement un hymne au Christ comme à un dieu ». Ne sachant qu'en faire lorsqu'ils sont soumis à son jugement, il fait exécuter ceux qui persévèrent dans cette « superstition déraisonnable et sans mesure ». Tacite (vers 115, dans *les Annales*) s'en prend à eux à l'occasion de l'incendie de Rome et rappelle, à propos du qualificatif de « chrétiens » que leur a donné la foule, que « ce nom leur vient de Christ que, sous le principat de Tibère, le procurateur Ponce Pilate avait livré au supplice ». Quant à Suétone, dans les *Vies des douze Césars* (vers 120), il se contente de signaler que « les juifs se soulevaient continuellement à l'instigation de Chrestos ».

En tout état de cause tous les textes s'accordent sur une perception criminelle des chrétiens, considérés comme une secte juive rebelle et menaçante pour la paix publique. Et c'est le problème majeur que doivent affronter les pagano-chrétiens. Ils doivent à la fois proclamer Jésus comme « Christ » et « Seigneur », alors qu'il a été exécuté sous le titre de « roi des juifs », et en même temps se distinguer radicalement du judaïsme insurgé. Mais ce n'est pas tout. Comment s'inscrire dans la tradition du judaïsme, dans ses modes de pensée, dans ses références, dans ses livres, sans être juifs ?

Jaroslav Pelikan a cette formule : « Pour les chrétiens juifs, la question de la continuité (avec le judaïsme) était la question de leurs relations avec leur mère ; pour les gentils, c'était la question de leurs relations avec leur belle-mère[1]. »

Qu'ils le veuillent ou non, les pagano-chrétiens héritent de cette culture religieuse. Parallèlement, sous peine de dispa-

1. Jaroslav Pelikan, *La Tradition chrétienne*, t. I, *L'Émergence de la tradition catholique* (PUF, 1995).

raître, ils doivent conserver le quasi-statut de *religio licita*, les privilèges qui sont reconnus et garantis au judaïsme. Il leur faut donc prouver qu'ils ont des titres d'ancienneté, des droits locaux, qu'ils ne sont pas une simple secte, qu'ils appartiennent toujours au judaïsme.

En récusant les écritures juives, Marcion conduisait le christianisme dans une impasse, d'autant plus que la dimension ascétique et ésotérique de son mouvement l'écartait des réalités terrestres, l'excluait du champ de la cité. Les philosophes chrétiens d'origine païenne combattent les partisans de la rupture totale et entreprennent en même temps d'apprivoiser les élites intellectuelles romaines.

Le cercle rouge

Dans les années 50, Paul ne se soucie guère des Romains ; ses épîtres les ignorent comme s'ils n'existaient pas, comme s'ils étaient des adversaires abstraits. À partir de 70, les évangélistes vont entamer un long travail d'encerclement de l'empire, mené parallèlement à celui de Flavius Josèphe, qui écrit pour les Romains l'histoire de la nation juive. Dans les évangiles, les centurions deviennent les témoins de la divinité de Jésus et Jésus trouve en eux une foi qu'il n'a rencontrée nulle part ailleurs en Israël ; Pilate se fait l'avocat de l'accusé qu'il est censé devoir condamner, mais son obligé lui renvoie la politesse en renonçant à toute royauté terrestre. Quant au héros des Actes des Apôtres, Paul, il ne doit son salut qu'à l'aveu de sa citoyenneté romaine.

La négociation avec Rome va requérir de l'endurance et de la persévérance car tous ces signes de bonne volonté, cette neutralité affirmée, cette reddition sans conditions aux volontés de l'empire, ne vont pas faire fléchir rapidement les autorités romaines. Longtemps, elles vont continuer à faire la sourde oreille et combattre plus ou moins brutalement ce qui est pour elles un marigot où juifs et païens se plaisent dans une même folie.

L'antichristianisme est alors le jumeau de l'antijudaïsme païen.

Pour Tacite, les chrétiens sont, à l'instar des juifs, « ennemis de tous les hommes ». Et pour Celse, juifs et chrétiens « ressemblent à une troupe de chauves-souris, à des fourmis qui sortent de leurs trous, à des grenouilles qui tiennent séance autour du marais, à des vers formant assemblée dans un coin de bourbier [...] qui diraient les uns aux autres : "Nous sommes ceux à qui Dieu révèle d'avance et prédit tout." [...] Plus supportables seraient ces sottises de la part des vers et des grenouilles que de la part des juifs et des chrétiens dans leurs discussions ».

Néanmoins, malgré les persécutions de Trajan, de Dèce, de Valérien, de Dioclétien, malgré les châtiments et les règlements de comptes sommaires – à Lyon, rapporte Eusèbe de Césarée, « les chrétiens furent insultés, battus, traînés, pillés, lapidés, enfermés ensemble ; ils endurèrent tout ce qu'une populace enragée aime faire subir à ses adversaires » –, malgré le sang, la mort, l'injustice, les auteurs chrétiens, livre après livre, vont continuer leur conquête de Rome, comme si chaque coup qu'ils recevaient ajoutait à leurs mérites.

Dans la grande *Apologie* de Justin, on trouve ce passage éclairant sur leur état d'esprit : « Moi-même, lorsque j'étais encore un disciple de Platon, j'entendais les accusations portées contre les chrétiens, mais en les voyant intrépides face à la mort et à ce que les hommes redoutent, je compris qu'il était impossible qu'ils vécussent dans le vice et les plaisirs. Quel homme adonné au plaisir et à la débauche, aimant se repaître de la chair humaine, pourrait courir au-devant de la mort qui le prive de tous ses biens ? Ne chercherait-il pas à tout prix à jouir toujours de la vie présente, à échapper aux magistrats, bien loin de s'exposer à la mort en se dénonçant lui-même ? »

Déjà, aux alentours de 152, dans sa première *Apologie*, dédiée à l'empereur Antonin, Justin avait présenté une défense éloquente de la cause chrétienne : « Mais, dira-t-on, des chrétiens ont été arrêtés et convaincus de crime. Sans doute, lorsque vous examinez la conduite des accusés, il vous arrive souvent d'en condamner beaucoup, mais non pas parce que d'autres ont été cités avant eux. Voici un fait général que nous reconnaissons : de même que chez les Grecs, tout le monde appelle philosophes ceux qui exposent les doctrines qui leur plaisent, quelque contradictoires qu'elles puissent être, ainsi, chez les barbares, ceux qui sont ou passent pour sages ont reçu une dénomination commune : on les appelle tous chrétiens. Si donc on les accuse devant vous, nous vous demandons qu'on examine leur conduite et que celui qui sera convaincu soit condamné comme coupable, mais pas comme chrétien. »

Pour soutenir son plaidoyer, Justin, fils d'une famille non juive de Naplouse, élevé à la lumière du stoïcisme, de l'aristotélisme, du pythagorisme, du platonisme, doit jeter un pont entre la philosophie grecque et la foi nouvelle issue du judaïsme. C'est la formule secrète qui doit permettre au christianisme de se cristalliser, au sens chimique du terme. Celle qui va gagner l'empire, celle qui va faire du christianisme une religion gréco-romaine, et non plus juive et orientale comme elle l'était à l'origine.

Ce changement fondamental d'orientation sera la première victoire des apologètes du IIe siècle, dont Justin est la personnalité la plus forte. La deuxième victoire du christianisme va être parallèlement de s'arracher peu à peu aux couches populaires, à la plèbe d'où il est issu, pour gagner aussi les couches plus élevées de la société païenne, jusqu'à ses sphères intellectuelles et aux cercles dirigeants. « Le christianisme primitif connaît une évolution étonnante, écrit Gerd Theissen. Quand le mouvement commence dans l'arrière-pays palestinien, il regroupe des marginaux déracinés. Bientôt il pénètre dans les villes hellénistiques de la Méditerranée où il réunit des membres des couches sociales inférieures et de l'élite locale. L'auteur de l'évangile selon Luc et des Actes des Apôtres, qui souligne comme nul autre, avec sa "théologie de la pauvreté", le caractère paupériste du christianisme primitif décrit ingénument son "ascension sociale". Dans les Actes des Apôtres vient d'abord au christianisme un centurion (Ac 10,1 *sq*) ; ensuite arrive le confident d'un roi juif (Ac 13, 1 *sq*) puis c'est un proconsul romain qui est gagné par la foi (Ac 13,4-12) et enfin le roi Agrippa II lui-même »[1], sans parler, parmi les Grecs, des nombreuses « dames de qualité » énumérées par le récit.

C'est d'ailleurs peut-être au regard de cette évolution – et non pas dans l'unique perspective de l'Apocalypse – qu'il faut comprendre les passages visiblement interpolés dans les épîtres de Paul où il est ordonné aux esclaves de ne pas remettre en cause leur condition, aux femmes de se taire dans les assemblées et à tous de se soumettre aux autorités en place. Quant à la première épître à Timothée, qui a été attribuée à Paul *a posteriori*, son message est sans ambiguïté : « Je recommande donc, avant tout, qu'on fasse des demandes, des prières, des supplications, des actions de grâces pour tous les hommes, pour les rois et tous les dépositaires de l'autorité, afin que nous puissions mener une vie calme et paisible en toute piété et dignité » (1 Tm 2,1-2).

Il n'est plus question de restauration du royaume d'Israël ni de Fin des temps, mais de loyalisme envers le pouvoir politique. Dès la fin du Ier siècle, dans la diaspora, l'empire est reconnu comme une institution durable voulue par Dieu lui-même. Clément de Rome écrira sans états d'âme : « Rends-nous soumis à ton nom tout-puissant et très excellent ainsi qu'à nos princes et à nos chefs sur la terre. C'est toi, maître, qui leur a donné le pouvoir de l'empire par ta magnifique et indicible puissance afin que, connaissant la gloire et l'honneur que tu leur as accordés, nous leur soyons soumis afin de ne pas nous opposer à ta volonté. »

1. Gerd Theissen, *Histoire sociale du christianisme primitif* (Labor et Fides, 1996).

Verus Israël

Flavius Josèphe, à travers son histoire des juifs, avait voulu prouver aux Romains que la Loi de Moïse devait devenir la loi morale universelle, donc s'imposer à l'empire. Son discours qui s'adressait à la cour et aux lettrés n'atteignit jamais les couches populaires. En empruntant le chemin inverse, le christianisme va réussir à acclimater le christianisme à l'empire, mais au prix d'un sacrifice : celui des juifs.

Les pagano-chrétiens et la Rome païenne et impériale s'accordent sur ce point : les juifs sont l'obstacle permanent dont il faut se défaire. Selon Marcel Simon, « montrer que le juif éternellement insurgé contre Rome est aussi l'ennemi du christianisme, et que ses menées atteignent au même titre le vieil État que l'Église naissante, c'est fournir à l'entente désirée un motif de plus »[1].

Les Romains les ont combattus par les armes, les chrétiens vont les combattre par les textes. La manœuvre est savante : il s'agit tout à la fois de conserver les écritures juives comme précieux héritage du passé et d'en déposséder les juifs sous prétexte qu'ils n'ont pas su les lire. Ils ne savent pas voir que chaque ligne de la Bible hébraïque, depuis la Genèse jusqu'au dernier des Prophètes, tout annonce la venue et la manifestation du Christ Jésus. Le Christ « est le trésor caché dans les Écritures », dit Irénée.

La lecture allégorique des textes sacrés devient une forme privilégiée de l'exégèse chrétienne. Par exemple, selon Tertullien, les paroles de Moïse étaient déjà celles de Jésus. Dans sa *Grande Apologie*, Justin appuie sans détour cette interprétation : « Comment croirions-nous qu'un crucifié est le premier-né du Dieu non engendré, et qu'il jugera le genre humain, si nous ne voyions réalisées de point en point toutes les pro-

1. Marcel Simon, *Verus Israël*, *op. cit.*

phéties faites à son sujet avant son incarnation, la dévastation de la Judée, les hommes de toutes les nations embrassant la doctrine des apôtres, renonçant aux anciennes coutumes dans lesquelles ils s'étaient égarés. »

Plus tard, dans le *Dialogue avec Tryphon*, son œuvre la plus célèbre, Justin assènera au rabbin qu'il a inventé pour mieux dialoguer avec lui un argument définitif : puisqu'il est prouvé – selon lui – que les juifs méconnaissent leurs propres textes, il faut en conclure qu'ils ne sont pas le véritable Israël ! Pour preuve il rappelle ceci : « Lorsque l'Écriture dit "Je suis le Seigneur Dieu, le Saint d'Israël, celui qui a montré Israël à votre roi" (Is 43,15), n'entendez-vous point qu'on parle en réalité du Christ, le roi éternel ? » ; et plus loin : « De même donc que le verbe appelle le Christ, Israël et Jacob, de même nous aussi qui avons été comme taillés du sein du Christ, nous sommes la véritable race israélite. » D'un trait de plume les chrétiens effacent l'histoire et deviennent *Verus Israël*, le « véritable Israël ».

La Bible hébraïque – qui est le livre des juifs, y compris des juifs chrétiens – change de mains. Rebaptisée « Ancien Testament » par opposition au « Nouveau Testament », la Bible va de plus être confisquée par les chrétiens : « Vos Écritures, ou plutôt, non pas les vôtres, mais les nôtres car nous nous laissons persuader par elles, tandis que vous les lisez sans comprendre l'esprit qui est en elles », explique Justin à Tryphon.

Mieux, les auteurs chrétiens ne se contentent pas d'opérer le rapt des ancêtres, ils accaparent l'identité des juifs, rejetés dans leur ignorance de la Loi, dans leur infidélité, comme s'ils étaient l'essence même du mal. Une idée que l'épître de Barnabé théorisera savamment et que tous les premiers écrivains chrétiens reprendront à sa suite, tel Grégoire de Nysse, qui dénonce les juifs : « Meurtriers du Seigneur, assassins des prophètes, rebelles et haineux envers Dieu, ils outragent la Loi, résistent à la grâce, répudient la foi de leurs pères. Comparses du diable, race de vipères, délateurs, calomniateurs, obscurcis du cerveau, levain pharisaïque… »

Acta est fabula

En 150 le christianisme est loin de s'être imposé à l'empire, mais en prononçant le rejet absolu des juifs, ce qui n'est affirmé nulle part dans le Nouveau Testament, en revendiquant le rôle d'Israël, le bénéfice des promesses divines, en captant tout l'héritage de la tradition juive, les chrétiens se donnent les moyens de la victoire. Justin, et comme lui tous les Pères de l'Église, les hérésiologues de la Grande Église, Tatien, Ignace, le vieux Polycarpe, Athénagore, Théophile, Tertullien, Irénée et tant d'autres vont devoir batailler encore deux siècles contre les derniers soubresauts d'un judéo-christianisme qui n'en finit pas de mourir, mais aussi contre Marcion et les marcionites, contre les hérétiques de tout poil, toutes les espèces de gnostiques, en même temps qu'il leur faut ferrailler contre les philosophes païens qui taillent en pièces la pensée et les textes chrétiens. Sur le plan des idées, il est certain que l'affirmation du « véritable Israël » marque une coupure définitive, un point de non-retour.

Sur le plan historique, il n'y a pas synchronisme. Le divorce entre les juifs (y compris les derniers judéo-chrétiens) et les chrétiens (c'est-à-dire les pagano-chrétiens) est un long processus. Il a commencé bien avant 150 et se poursuit bien après la conversion de l'empereur Constantin au christianisme, en 312, qui entérine le statut légal de la nouvelle religion, voire après 380 quand elle devient religion d'État et que, dans la foulée, vont être interdits les cultes païens et, sous peine de mort, la conversion au judaïsme.

Rappelons que, dans les années 50, Paul – qui n'est l'interprète que de l'une des tendances du mouvement – n'a pas pour objectif de se couper de la foi juive, mais de l'exprimer dans d'autres termes, quitte à faire scandale chez les juifs et à passer pour fou chez les Grecs. Qu'après 70, lorsque la lutte entre les différents courants juifs s'exaspère, c'est encore un débat d'autorité à l'intérieur du judaïsme. Que si l'évangile selon

Matthieu vilipende « les pharisiens hypocrites » et que celui de Jean fustige « les juifs » après avoir proclamé que « le salut vient des juifs », c'est dans l'idée que les communautés qu'ils représentent sont porteuses d'une vérité plus haute à propos de la foi de Moïse. Que leurs paroles assassines doivent être entendues comme les excès d'une querelle fratricide. Que les Actes des Apôtres – tentant peut-être une ultime conciliation – proclament l'enracinement du christianisme dans le judaïsme. Que la foi en Jésus comme Christ est, pour eux, l'expression la plus juste de la foi en Yahvé, en Dieu. Alfred Loisy remarquait avec son sens habituel du paradoxe : « On ne doit pas conclure que le christianisme soit une religion hostile au judaïsme ou même antijuive. C'est, si l'on ose dire, la vraie religion juive [1]. »

L'Église, et spécifiquement l'église catholique, n'acceptera jamais une telle idée. Au contraire, l'apologétique chrétienne n'hésitera pas à proclamer que la rupture entre les deux religions s'opère dès l'apparition de Jésus dans l'histoire, dès sa « résurrection » en tout cas. Ce qui est évidemment insoutenable. D'un point de vue sociologique, c'est même exactement le contraire qui s'est produit.

Pendant longtemps, pour les croyants, l'église et la synagogue sont complémentaires. Ce sont des lieux de culte qui semblent même interchangeables. En 386 ou 387, à Antioche encore, Jean Chrysostome, le chef de la communauté chrétienne, prononce contre les juifs huit sermons d'une virulence extrême. Mais ces textes prouvent, *a contrario*, qu'au IVe siècle nombreux étaient ceux qui confondaient encore les deux institutions. Ils fréquentaient tour à tour l'église et la synagogue, tantôt l'une, tantôt l'autre, et cette indistinction devait cesser.

Dans sa première homélie, le grand imprécateur brûle de colère lorsqu'il relate en détail une anecdote très significative. Il raconte : « Il y a deux jours, croyez-moi je ne mens pas, je

1. Alfred Loisy, *Les Actes des Apôtres* (Librairie Émile Nourry, 1920).

vis une matrone honnête, naïve, vertueuse et fidèle qu'un homme impur, grossier, soi-disant chrétien (je n'oserais dire qu'un chrétien sincère puisse oser de tels actes) contraignait à entrer chez les Hébreux pour y prêter serment sur des affaires controversées. Comme elle implorait du secours et désirait éloigner cette violence illégale (en effet, il ne lui était pas permis de prendre part aux mystères divins, d'entrer dans ce lieu), je me dressai enflammé d'un zèle ardent ; je ne la laissai pas être entraînée à la transgression et l'arrachai à cet injuste rapt. Ensuite je demandai au ravisseur s'il était chrétien. Il en convint. Je le pressai rudement, l'accusant d'inconscience et d'extrême folie ; je niai qu'il fût supérieur en rien à un âne si, prétendant adorer le Christ, il entraînait quelqu'un vers les antres des juifs qui l'avaient crucifié. » Et plus loin, poursuivant sa diatribe, Chrysostome pousse son interlocuteur à avouer pourquoi « délaissant l'église, il l'avait entraînée [la matrone] dans une assemblée de juifs. Il me dit que beaucoup lui avaient affirmé que les serments qu'on y faisait étaient beaucoup plus redoutables ».

Dans la quatrième homélie, il reviendra sur ce point : « Mais puisque, aux yeux de certains, la synagogue est un lieu vénérable, je dois tenir contre ces gens-là quelques propos. » Ces « gens-là » sont des chrétiens – et certainement pas des judéo-chrétiens ! – qui vivent leur chrétienté en communion avec le judaïsme. Chrysostome les condamne sans appel : « Avant de lutter contre les juifs, je parlerais volontiers des membres de notre communauté, qui du moins semblent lui appartenir mais qui honorent leur culte et renoncent à lutter contre eux ; ceux-là me semblent mériter une condamnation plus accablante que tous les juifs [1]. »

S'il y a eu rupture avec le judaïsme de façon ponctuelle, locale, partielle à partir de la fin du Ier siècle, la véritable sépa-

1. *Aux racines de l'antisémitisme chrétien*, *op. cit.*

ration entre le judaïsme et le christianisme se prolongera pendant plusieurs siècles. Elle ne sera effective qu'au tout début du Moyen Âge.

L'Église et l'empire

Quand Constantin se fait baptiser sur son lit de mort, quelques années après avoir convoqué le premier concile, et quand Théodose, à la fin du IVe siècle, entérine le mouvement et fait du christianisme la religion officielle de l'Empire romain, l'alliance entre l'Église et Rome libère les chrétiens d'un conflit entre païens (entre pagano-chrétiens et polythéistes romains). Elle leur laisse le champ libre pour affronter les juifs, dont la concurrence est forte sur le terrain du monothéisme. Dès lors, au gré des fluctuations politiques, on verra les empereurs tantôt considérer les juifs avec bienveillance et les laisser vivre en paix, tantôt déchaîner contre eux des persécutions selon qu'ils céderont ou non aux pressions des autorités chrétiennes. Défaits sur le plan militaire, écrasés en tant que nation, les juifs ne représentent plus un danger tel que l'empire doive être constamment en alerte à leur sujet.

Cette sainte alliance entre l'empire et l'Église scelle la fin du christianisme comme religion de l'amour du prochain. Elle inaugure un système religieux qui servira de caution spirituelle à la puissance impériale et, au cours de l'histoire, à tous les pouvoirs qui s'en revendiqueront, aussi tyranniques soient-ils. Paradoxalement l'Église, en se confondant avec le pouvoir séculier, va apparaître comme l'instrument par excellence des classes dominantes tout en prétendant défendre, au nom de l'Évangile, la cause des pauvres, des déshérités, des purs, des intègres et des justes. D'un côté, il y a donc une organisation puissamment hiérarchisée, fondamentalement conservatrice et coercitive qui tient le discours de l'ordre dominant, et de l'autre un message de liberté, de justice et de miséricorde. Les textes du Nouveau Testament offrent suffisamment d'arguments pour étayer l'une ou l'autre interprétation.

De prosélyte, le christianisme va devenir impérialiste. Son ambition ne sera plus de gagner des consciences mais de conquérir des territoires, de mener une guerre sainte pour imposer, de gré ou de force, la foi en Jésus-Christ. L'Église, qui revendiquait sa liberté de pensée lorsqu'elle était persécutée, ne cessera de peser sur l'appareil du pouvoir pour bâillonner tous ceux qui n'acceptent pas les dogmes qu'elle édicte au nom de la vérité révélée, se montrant d'une intolérance féroce à l'égard de toute autre forme de spiritualité. La persécution prend alors le masque de la charité puisque, dans le sillage de Paul, on peut en toute conscience livrer un individu à Satan « pour la perte de sa chair, afin que l'esprit soit sauvé au Jour du Seigneur » (1 Co 5,5).

« C'est de la rhétorique à bon marché que de souligner la part des Églises dans la haine, les massacres, l'intolérance, regrette George Steiner. Mais ne m'en voulez pas. Après 1945, la chrétienté aurait pu affronter honnêtement, humainement son rôle dans l'horreur de notre histoire moderne. Elle aurait pu essayer de penser la continuité qui remonte aux massacres du XIIIe et du XIVe siècle en Rhénanie – on tue hommes, femmes et enfants juifs aux cris de "Peuple de Judas, assassins de Dieu", et ce cri ne s'est jamais éteint. L'Église n'a rien fait, hormis les cas individuels, pour repenser ses racines dans le judaïsme, et l'accusation capitale du crime impardonnable de déicide[1]. » L'histoire de l'expansion du christianisme est une histoire pleine de bruit et de fureur qui, de ghettos en tueries, de conversions forcées en tortures au nom du Christ et au cri de « Dieu le veut ! », laissera tant de victimes que toutes les déclarations de repentance du clergé n'arriveront jamais à effacer leur nombre.

1. George Steiner, « À l'ombre des Lumières », *in* Cyrille Michon, *Christianisme : héritages et destins* (Le Livre de poche, 2002).

Il faudra être chrétien ou ne pas être. « Hors de l'Église, point de salut. » L'Occident – le monde entier – deviendra chrétien à ce prix et l'Église s'établira catholique et romaine.

Ironie de l'histoire, c'est à Thessalonique que le christianisme sera proclamé religion d'État, religion de l'empire, peu avant que l'empire ne soit définitivement partagé entre Empire d'Occident et Empire d'Orient. Ceux qui n'adhèrent pas à la nouvelle religion sont littéralement maudits dans l'édit qui l'institue : « Nous voulons que tous les peuples placés sous la douce autorité de Notre clémence vivent dans la foi que le saint apôtre Pierre a transmise aux Romains, qui est prêchée jusqu'à ce jour présent, comme il l'avait prêchée lui-même. [...] Nous décrétons que seuls auront le droit de se dire chrétiens catholiques ceux qui se soumettent à cette loi et que tous les autres sont des fous ou des insensés sur qui pèsera la honte de l'hérésie. Ils devront s'attendre à être d'abord l'objet de la vengeance divine, à être ensuite châtiés par nous aussi, selon la décision que nous a inspirée le ciel » (Code théodosien, 16, 1-2).

Le juif imaginaire

Dans la seconde épître aux Corinthiens, Paul se plaint qu'il a reçu « une écharde en la chair » (2 Co 12,7). De façon métaphorique on peut dire que le judaïsme est cette écharde plantée dans la chair du christianisme. Car le christianisme n'a pu que s'interroger : pourquoi y a-t-il des juifs ? comment peut-il y en avoir encore alors que l'histoire confirme jour après jour que les chrétiens ont le soutien de Dieu puisqu'ils ont le soutien de l'empire ? pourquoi s'obstinent-ils à observer la Loi alors que la grâce pourrait les en libérer et leur apporter le salut ? quel rôle Dieu leur assigne-t-il dans l'histoire ? et surtout pourquoi les juifs refusent-ils toujours de reconnaître Jésus comme le Messie alors que les chrétiens, qui ne sont pas juifs, affirment qu'il est bien celui que Moïse avait annoncé ?

Marcion voulait débarrasser le christianisme de la Bible hébraïque et envoyer les juifs au diable. S'il l'avait emporté, la question juive aurait été réglée une fois pour toutes. La coupure aurait été nette, franche et sans ambiguïté : les chrétiens n'auraient rien eu à voir avec les juifs. Ils les ignoreraient physiquement et intellectuellement. Mais Marcion ne l'a pas emporté et l'histoire chrétienne a conservé les juifs dans ses textes et dans son imaginaire. On lit dans l'Apocalypse, le dernier livre du Nouveau Testament : « Voici, je forcerai ceux de la synagogue de Satan – ils usurpent la qualité de juifs, les menteurs – oui, je les forcerai à venir se prosterner devant tes pieds, à reconnaître que je t'aime » (Ap 3,9).

Saint Augustin, lui, les voyait comme les esclaves destinés à porter les Écritures. Mais à mesure que le temps a passé, que l'Occident chrétien n'a plus vécu sa foi au contact de l'Orient, les juifs sont devenus pour les croyants une abstraction, une figure de style, une image mentale de ce qui, selon l'Église, était haïssable. Jésus lui-même a été baptisé : victime des juifs, il est devenu catholique et romain et toute l'imagerie a popularisé cette vision lénifiante du « bon pasteur » aux cheveux d'or, au regard clair, à la peau d'ange. Loin de la Palestine, loin du judaïsme, loin de la fréquentation des populations juives, loin de l'Ancien Testament, s'est peu à peu construit un juif imaginaire, « le juif » des chrétiens, un juif coupable.

La canonisation des textes du Nouveau Testament va donner force de loi à l'antijudaïsme qu'ils professent. Et de l'antijudaïsme théologique on glissera à l'antisémitisme, au sens moderne du terme, au sens ontologique, puisque les juifs, loin de toute réalité, seront englobés dans la répulsion unanime qu'inspire à la chrétienté « le peuple déicide ».

L'origine

Le christianisme a aujourd'hui près de vingt siècles d'existence.

On peut dire que sans Jésus il n'y aurait pas eu de christianisme, mais c'est une affirmation paradoxale puisque Jésus lui-même, au témoignage des évangiles, **n'a** jamais pensé créer une nouvelle religion et encore moins rompre avec le judaïsme. On peut dire alors que sans Paul il n'y aurait pas eu de christianisme, qu'il en est sinon l'authentique fondateur, en tout cas l'inspirateur, car c'est le corpus de ses épîtres qui a fourni à l'Église une part immense de son matériel idéologique et doctrinal : sa position à l'égard de la conversion des païens a en effet bouleversé la donne. Mais Paul, en son temps, n'était rien ni personne, sauf pour quelques-uns.

On peut dire aussi que, sans la chute du Temple en 70, le christianisme serait resté une forme de judaïsme et qu'à terme il se serait fondu avec le pharisaïsme, avec lequel il semblait avoir tant d'affinités – mais il est sans doute trop facile de réécrire ainsi l'histoire. On peut dire que sans la rédaction et la publication des textes du Nouveau Testament en grec, la langue du commerce et de la circulation des idées, la croyance en la résurrection de Jésus après sa mort serait restée lettre morte de même que ses paroles et ses actes, et qu'il n'y aurait pas eu de christianisme. On peut dire que sans la multiplicité de doctrines et de pratiques le christianisme, au lieu de se ramifier, aurait implosé. On peut dire que sans les décisions politiques de Constantin et de Théodose, le christianisme se serait peu à peu dilué parmi les mille croyances des premiers siècles et que jamais un pape ne se serait assis sur le trône de Pierre, au Vatican – sur un trône que jamais Pierre n'a dû occuper.

On peut dire que sans...

Question d'optique : le christianisme est une aberration historique, comme on qualifie en physique un phénomène qui, logiquement, ne devait pas se produire.

On peut tout dire pour tenter de déterminer le point de départ, la date de naissance, mais c'est une chimère. Chaque fois que l'on croit saisir l'origine du christianisme, on se retrouve au centre d'un jeu de miroirs où chaque image démultipliée interdit d'en choisir une seule.

Chronologies

Les grandes dates

env. – 1000	Royaume d'Israël fondé par David
env. – 930	Séparation du royaume du Sud (Juda) et du royaume du Nord (Israël)
– 720	Invasion par les Assyriens du royaume d'Israël
– 590	Prise de Jérusalem et de Juda par les Babyloniens
– 166	Soulèvement des Macchabées
– 63	Prise de Jérusalem par Pompée
– 4	Mort d'Hérode le Grand, roi des Juifs, et division de son royaume
0	**Point théorique du début de l'ère chrétienne**
4	Hérode Antipas devient le tétrarque de Galilée (jusqu'en 39)
6	La Judée et la Samarie deviennent provinces romaines sous administration directe Soulèvement de Judas le Galiléen
14	Tibère, empereur jusqu'en 37
18	Caïphe, grand prêtre du Temple de Jérusalem jusqu'en 36
26	Ponce Pilate, préfet de Judée jusqu'en 36
vers 30	**Crucifixion de Jésus**
37	Caligula, empereur
41 ou 49	Décret de Claude expulsant les Juifs de Rome
54	Néron, empereur
62	Lapidation de Jacques, frère de Jésus

vers 65	Mort de Pierre et de Paul
66-70	Première révolte juive
	Prise de Jérusalem par les Romains
70	**Destruction du Temple**
73	Chute de Massada
132-135	Seconde révolte juive sous la conduite de Simon Bar Kochba.
135	Jérusalem devient Aelia Capitolina et est interdite aux juifs
161	Marc Aurèle empereur
202	Édit impérial contre le prosélytisme juif et chrétien
312	L'empereur Constantin se convertit au christianisme
380	**Le christianisme, religion officielle de l'empire**

Les textes chrétiens*

50-51	1re épître de Paul aux Thessaloniciens
55	1re épître de Paul aux Corinthiens
v. 70	évangile selon Marc
v. 80/85	évangile selon Matthieu et selon Luc
80-90	Actes des apôtres
v. 90/100	évangile selon Jean
v. 140	édition des épîtres de Paul par Marcion
v. 135	papyrus Ryland (Manchester), plus ancien fragment connu d'une copie d'évangile
v. 175	papyrus Bodmer (Genève), plus ancienne copie presque complète de l'évangile selon Jean
v. 200	papyri Cheaster Beatty (Dublin), plus anciennes copies des épîtres de Paul
Fin IVe-début Ve	Codex du Nouveau Testament : Vaticanus (Rome), Sinaïticus, Alexandrinus (Londres)

* Cette chronologie reflète les hypothèses de datation majoritairement acceptées parmi les chercheurs.

Abréviation des références bibliques

Ac	Actes des Apôtres
Am	Amos
Ap	Apocalypse
1 Co	1re épître aux Corinthiens
2 Co	2e épître aux Corinthiens
Dt	Deutéronome
Es	Esther
Ex	Exode
Ga	Épître aux Galates
Gn	Genèse
Is	Isaïe
Jc	Épître de Jacques
Je	Jérémie
Jn	Évangile selon Jean
Jos	Josué
Lc	Évangile selon Luc
Mc	Évangile selon Marc
Mi	Michée
Mt	Évangile selon Matthieu
Nb	Nombres
1 P	1re épître de Pierre
2 P	2e épître de Pierre
Ph	Épître aux Philippiens
Rm	Épître aux Romains
1 S	1er livre de Samuel
2 S	2e livre de Samuel
1 Th	1re épître aux Thessaloniciens
1 Tm	1re épître à Timothée
Tt	Épître à Tite

Glossaire

Apocryphe
Du grec *apokryphos* (soustrait au regard, caché, secret). Le terme qualifie les écrits religieux non reconnus par les canons de l'Ancien et du Nouveau Testament. Il existe des évangiles apocryphes, des actes apocryphes par opposition aux textes canoniques.

Baptistes
Disciples de Jean le Baptiste.

Canon
Quasiment fixé à la fin du IIe siècle, le canon est la liste officiellement admise des Écritures chrétiennes. Le Nouveau Testament est constitué de vingt-sept livres canoniques qui seront réunis à partir du IVe siècle.

Confession de foi
Résumé de la foi chrétienne. Le Credo, par exemple.

Craignant-Dieu
Païens attirés par la religion juive, les hommes n'étant pas circoncis.

Chrétiens
Terme inventé probablement par les Romains vers les années 40 pour désigner certains groupes de disciples de Jésus hors de Judée.

Christ
Du grec *Christos*. Traduction du terme hébraïque « Massiah », le Messie, celui qui a reçu l'onction d'huile sacrée.

Deutéronome
De l'hébreu « seconde loi », il est le dernier livre du Pentateuque, c'est-à-dire de la loi hébraïque, la Torah. C'est un code religieux.

Diaspora
Dispersion des juifs qui vivent hors de Palestine.

Docète
Du grec *dokéo* (sembler). Les docètes défendaient l'idée que Jésus n'était qu'un être spirituel, qu'il n'avait été crucifié qu'en apparence.

Ébionites
Groupe judéo-chrétien resté fidèle à la loi de Moïse tout en reconnaissant Jésus comme le Messie.

Écriture
On appelle « Écriture », d'un point de vue chrétien, les textes de la Bible hébraïque ; dans le Nouveau Testament, l'Écriture, « ce qui est écrit » constitue la référence fondamentale.

Église
Du grec *ekklesia*, c'est une assemblée, au départ, sans connotation religieuse.

Épîtres
Lettres à des communautés chrétiennes. Exemple : les épîtres de Paul.

Eschatologie
Ce qui concerne la Fin des temps.

Esséniens
Secte juive ascétique.

Évangile
Du mot grec *eu-aggelion* (bonne nouvelle), il devient après le IIe siècle la façon de désigner le genre littéraire qui met en scène sous la forme d'un récit l'annonce de cette « bonne nouvelle », c'est-à-dire la vie et la mort de Jésus.

Exégèse
Du mot grec signifiant *exègeomai* (explication), il indique le recherche du sens d'un texte. Les exégètes sont ceux qui se consacrent à ce travail. L'usage du mot est quasiment limité à l'étude de l'Ancien et du Nouveau Testament.

Gentils
Non juifs, païens.

Gnose
Du grec *gnosis*. Doctrine philosophico-religieuse, née avant notre ère chrétienne, proposant une « connaissance révélée » supérieure et ésotérique des mystères de Dieu, de l'homme et du monde. Les gnostiques seront un courant de pensée très puissant, y compris dans certains courants du christianisme primitif qui refusent la réalité de l'incarnation de Jésus.

Hellénistes
Juifs-chrétiens de langue et de culture grecques.

Hébreux
Juifs-chrétiens de langue et de culture sémitiques.

Kérygme
Du grec *kérygma*. Proclamation de la mort et de la résurrection de Jésus.

Logion
Parole attribuée à Jésus (*logia* au pluriel).

Loi
Voir Torah.

Mishna
Du mot hébreux « répétition », il désigne la partie la plus ancienne du Talmud, mise par écrit au IIe siècle de notre ère.

Nation
Les nations désignent les peuples non-juifs dans le Nouveau Testament.

Pagano-chrétien
Chrétien d'origine païenne.

Parousie
Seconde venue de Jésus en tant que Christ ressuscité.

Pères de l'Église
Écrivains chrétiens de langue grecque ou latine qui, de la fin du Ier au IVe siècle, ont explicité la doctrine chrétienne. La « patristique » est l'ensemble de leurs œuvres.

Pharisiens
Secte juive. Étymologiquement : les séparés. Le judaïsme contemporain est l'héritier de l'œuvre des rabbins pharisiens.

Q
En allemand abréviation de *Quelle*, la source. Source archaïque de paroles attribuées à Jésus.

Sadducéens
Secte juive liée au Temple et aux grands prêtres.

Sanhédrin
Assemblée juive de soixante et onze membres, il fonctionne jusqu'à la destruction du Temple en 70 comme l'autorité suprême en matière religieuse et politique. Le Sanhédrin siège à Jérusalem.

Septante
Nom donné à la traduction grecque de la Bible hébraïque (IIIe-IIe siècle avant J.-C.) que la légende attribuait à soixante-dix (ou soixante-douze) juifs d'Alexandrie.

Shabbat ou sabbat
Repos hebdomadaire (du vendredi soir au samedi soir) que la Loi impose aux Juifs pour se consacrer à Dieu.

Synoptiques
Qualificatif des évangiles de Matthieu, Marc et Luc, qui se prêtent, par leurs nombreuses similitudes, à la mise en parallèle des textes traitant du même thème, et qui permettent leur comparaison « d'un seul

regard » (en grec *synoptikos*). De ce fait, les synoptiques diffèrent du quatrième évangile, l'évangile de Jean, dont le récit est composé très différemment.

Talmud
Ensemble de la Loi juive orale, mise par écrit par les rabbins. On distingue le Talmud de Jérusalem siècle (IVe siècle de notre ère) et le Talmud de Babylone (Ve siècle de notre ère), plus complet.

Torah
Codification écrite de la Loi juive, attribuée à Moïse et transmise par le Pentateuque, c'est-à-dire les livres de la Bible suivants : la Genèse, l'Exode, le Lévitique, les Nombres et le Deutéronome.

Tradition
Histoire d'un texte depuis les matériaux primitifs jusqu'à la forme littéraire connue aujourd'hui.

Zélotes
Secte juive radicale, résistants contre les Romains.

Bibliographie

Textes anciens cités

EUSÈBE de CÉSARÉE, *Histoire ecclésiastique*, t. I, livres I-IV, trad. et annotations de Gustave Bardy (Éd. du Cerf, coll. « Sources chrétiennes », 1952 ; nouvelle éd., 2001).

FLAVIUS JOSÈPHE, *La Guerre des juifs*, présentation de Pierre Vidal-Naquet et trad. de Pierre Savinel (Éd. de Minuit, 1977).

—, *Les Antiquités juives*, 3 vol., trad. et notes d'Étienne Nodet (Éd. du Cerf, 1992-2001).

IRÉNÉE de LYON, *Contre les hérésies. Dénonciation et réfutation de la gnose au nom menteur*, éd. et trad. d'Adelin Rousseau (Éd. du Cerf, coll. « Sources chrétiennes », 1984 ; nouvelle éd., 2001).

JUSTIN, *Dialogue avec Tryphon*, présenté par Jean-Daniel Dubois, trad. de G. Archambault et L. Pautigny (Migne, 1994).

ORIGÈNE, *Contre Celse*, trad. et notes de Marcel Borret (Éd. du Cerf, coll. « Sources chrétiennes », 1967).

TERTULLIEN, *Contre Marcion*, 4 vol., introduction, trad. et notes de René Braun (Éd. du Cerf, coll. « Sources chrétiennes », 1990-2001).

A la naissance de la parole chrétienne. Tradition et écriture au IIe siècle (Éd. du Cerf, coll. « Suppléments aux Cahiers Évangile », n° 77, 1991).

Écrits apocryphes chrétiens, vol. I, éd. dirigée et présentée par François Bovon et Pierre Geoltrain (Gallimard, coll. « Bibliothèque de la Pléiade », 1998.

Homélies clémentines, trad. d'André Siouville, préface de Christian Jeambet (Verdier, 1991).

Les Évêques apostoliques : Clément de Rome, Ignace d'Antioche, Polycarpe de Smyrne, trad. et présentation de A. G. Hammam (Migne, 2000).

Les Pères apostoliques. Écrits de la primitive Église, trad. et introduction de France Queré (Éd. du Seuil, 1980 ; rééd., coll. « Points Sagesse »).

Rome face à Jérusalem. Regard des auteurs grecs et latins, textes réunis et présentés par Jean Comby et Jean-Pierre Lémonon (Éd. du Cerf, 1992).

Paul de Tarse, congrès de l'ACFEB, sous la dir. de Jacques Schlosser (Éd. du Cerf, coll. « Lectio divina », 1996).

Le Judaïsme à l'aube de l'ère chrétienne, congrès de l'ACFEB, sous la dir. de Philippe Labadie et Jean-Pierre Lémonon (Éd. du Cerf, coll. « Lectio divina », 2001).

Aux origines du christianisme, collectif, présenté par Pierre Geoltrain (Gallimard-Le Monde de la Bible, coll. « Folio histoire », 2000).

Dictionnaire encyclopédique du christianisme ancien (Éd. du Cerf, 1983).

Recherches de science religieuse : dossier saint Paul (n° 3, 2002).

AGAMBEN Giorgio, *Le temps qui reste. Sur l'épître aux Romains* (Rivages, 2000).

AMPHOUX Christian-Bernard, *La Parole qui devint Évangile. L'Évangile, ses rédacteurs, son auteur* (Éd. du Seuil, 1993).

—, *L'Évangile selon Matthieu-Codex de Bèze* (Le Bois d'Orion, 1996).

AMSLER Frédéric, *L'Évangile inconnu* (Labor et Fides, 2001).

BEN-CHORIN Schalom, *Paul. Un regard juif sur l'Apôtre des Gentils*, traduit de l'allemand par Paul Kessler (Desclée de Brouwer, coll. « Midrash », 1999).

—, *Marie. Un regard juif sur la mère de Jésus* (1971), traduit de l'allemand par Paul Kessler (Desclée de Brouwer, coll. « Midrash », 2001).

BERNHEIM Pierre-Antoine, *Jacques, frère de Jésus* (Noésis, 1996 ; rééd. Albin Michel, 2003).

BLANCHARD Yves-Marie, *Aux sources du canon, le témoignage d'Irénée* (Éd. du Cerf, 1993).

BLANCHETIÈRE François, *Enquête sur les racines juives du mouvement chrétien (30-35)* (Éd. du Cerf, 2001).

—, *Les premiers chrétiens étaient-ils missionnaires ? (90-135)* (Éd. du Cerf, 2002).

BLANCHETIÈRE François et HERR Moshe-David (sous la dir. de), *Aux origines juives du christianisme* (Cahiers du Centre français de Jérusalem-Peeters, 1993).

BOISMARD Marie-Émile, *À l'aube du christianisme. Avant la naissance des dogmes* (Éd. du Cerf, 1998 ; nouvelle éd., 1999).

BOISMARD Marie-Émile et LAMOUILLE Arnaud, *Les Actes des deux apôtres* I-II-III (Gabalda, 1990).

BOVON François, *Révélations et Écritures* (Labor et Fides, 1993).

BRANDON S. G. F., *Jésus et les Zélotes. Recherche sur le facteur politique dans le christianisme primitif* (Flammarion, coll. « Idées et recherches », 1976).

BROWN Raymond E., *L'Église héritée des apôtres* (Éd. du Cerf, 1987 ; nouvelle éd., 1996).

BROWN Raymond E. et MEIER John P., *Antioche et Rome. Berceaux du christianisme* (Éd. du Cerf, coll. « Lectio divina », 1988).

BROWN Raymond E., DONFRIED Karl P. et REUMANN John (sous la dir. de), *Saint Pierre dans le Nouveau Testament* (Éd. du Cerf, coll. « Lectio divina », 1974).

CAMPENHAUSEN Hans von, *Les Pères grecs* (Éd. du Seuil, 1963 ; coll. « Livre de vie », 1969).

COUSIN Hugues (sous la dir. de), *Le monde où vivait Jésus*, avec la collaboration de Jean-Pierre Lémonon, Jean Massonet, Philippe Abadie, Jean Comby, Anita Méasson, François Richard (Éd. du Cerf, 1998 ; nouvelle éd., 2004).

CULLMANN Oscar, *Des sources de l'évangile à la formation de la théologie chrétienne* (Delachaux et Niestlé, 1969).

—, *Jésus et les révolutionnaires de son temps* (Delachaux et Niestlé, 1973).

DANIÉLOU Jean, *L'Église des premiers temps. Des origines à la fin du IIIe siècle* (Éd. du Seuil, 1963 ; coll. « Points Histoire », 1985).
DUBOURG Bernard, *L'Invention de Jésus*, 2 vol. (Gallimard, coll. « L'infini », 1987 et 1989)
DUBUISSON Daniel, *L'Occident et la Religion* (Complexe, 1998).
DUPONT Jacques, *Nouvelles Études sur les Actes des Apôtres* (Éd. du Cerf, coll. « Lectio divina », 1984).
FLICHY Odile, *L'Œuvre de Luc* (Éd. du Cerf, coll. « Cahiers Évangile », n° 114, 2000).
FLORIS Ennio, *Sous le Christ Jésus* (Flammarion, 1987).
FREDRIKSEN Paula, *De Jésus aux Christs Les origines des représentations de Jésus dans le Nouveau Testament* (Éd. du Cerf, 1992).
FUSCO Vittorio, *Les Premières Communautés chrétiennes. Traditions et tendances dans le christianisme des origines* (Éd. du Cerf, coll. « Lectio divina », 2001).
GIBERT Pierre, *Simon Pierre. Apôtre et compagnon* (Bayard, coll. « Sources bibliques », 2001).
GIBERT Pierre et THEOBALD Christoph (sous la dir. de), *Le Cas Jésus Christ. Exégèse et théologie* (Bayard, coll. « Rencontre », 2002).
GOGUEL Maurice, *Naissance du christianisme* (Payot, 1955).
GRANT Robert, *La Gnose et les origines chrétiennes* (Éd. du Seuil, 1964).
—, *La Formation du Nouveau Testament* (Éd. du Seuil, 1969).
GRAPPE Christian, *D'un Temple à l'autre. Pierre et l'Église primitive de Jérusalem* (PUF, 1992).
—, *Images de Pierre aux deux premiers siècles* (PUF, 1995).
GRELOT Pierre, *L'Espérance juive à l'heure de Jésus* (Desclée, 1994).
GUIGNEBERT Charles, *Le Christ* (1943 ; Albin Michel, coll. « Sciences humaines », 1969).
HARNACK Adolf von, *Marcion. L'évangile du Dieu étranger* (Éd. du Cerf, 2003).
HENGEL Martin, *Jésus et la violence révolutionnaire* (Éd. du Cerf, 1973).
—, *The Zealots* (T & T Clark, 1989).
JEREMIAS Joachim, *Jérusalem au temps de Jésus* (Éd. du Cerf, 1967).
— *Théologie du Nouveau Testament. La prédication de Jésus* (Éd. du Cerf, 1973 ; nouvelle éd., 1996).

JUEL Donald, *Luc-Actes. La promesse de l'histoire* (Éd. du Cerf, 1988).

KELBER Werner, *Tradition orale et Écriture* (Éd. du Cerf, 1991).

KELLY John F., *Dictionnaire du christianisme ancien* (Brepols, 1994).

KŒSTER Helmut et BOVON François, *Genèse de l'écriture chrétienne* (Brepols, 1991).

LABRIOLLE Pierre de, *La Réaction païenne au christianisme* (Choureau et Cie, 1934).

LÉGASSE Simon, *Stephanos. Histoire et discours d'Étienne dans les Actes des Apôtres* (Éd. du Cerf, 1992).

—, *Les Épitres de Paul aux Thessaloniciens* (Éd. du Cerf, coll. « Lectio divina », 1999).

—, *Paul apôtre. Essai de biographie critique* (Éd. du Cerf-Fides, 1991 ; nouvelle éd., 2000).

LEGRAND Lucien, *L'Apôtre des nations ? Paul et la stratégie missionnaire des Églises apostoliques* (Éd. du Cerf, coll. « Lectio divina », 2001).

LEISEGANG H., *La Gnose* (Payot, 1951).

LÉMONON Jean-Pierre, *Les Débuts du christianisme...* (Éd. de l'Atelier, 2003).

LOISY Alfred, *L'Évangile et l'Église*, suivi de *Autour d'un petit livre* et de *Jésus et la tradition évangélique*, présenté par Gérard Mordillat et Jérôme Prieur (Noésis, 2001).

—, *La Naissance du christianisme* (Librairie Émile Nourry, 1933).

—, *Remarques sur la littérature épistolaire du Nouveau Testament* (Librairie Émile Nourry, 1935).

—, *Les Origines du Nouveau Testament* (Librairie Émile Nourry, 1936).

MACCOBY Hyam, *Paul et l'invention du christianisme* (Lieu commun, 1987).

MARGUERAT Daniel (sous la dir. de), *Le Déchirement. Juifs et chrétiens au premier siècle* (Labor et Fides, 1996).

MARGUERAT Daniel, *La Première Histoire du christianisme* (Éd. du Cerf-Labor et Fides, coll. « Lectio divina », 1999).

—, *Introduction au Nouveau Testament* (Labor et Fides, coll. « Le monde de la Bible », 2000).

MARGUERAT Daniel, NORELLI Enrico et POFFET Jean-Michel (sous la dir. de), *Jésus de Nazareth. Nouvelles approches d'une énigme* (Labor et Fides, coll. « Le monde de la Bible », 1998).

MIMOUNI Simon-Claude, *Le Judéo-christianisme ancien. Essais historiques* (Éd. du Cerf, coll. « Patrimoines », 1998).

— (sous la dir. de), *Le Judéo-christianisme dans tous ses états* (Éd. du Cerf, coll. « Lectio divina », 2001).

MORESCHINI Claudio et NORELLI Enrico, *Histoire de la littérature chrétienne ancienne grecque et latine*, vol. I, *De Paul à l'ère de Constantin* (Labor et Fides, 2000).

NATAF Georges, *Les Sources païennes de l'antisémitisme*, suivi de *L'Antijudaïsme d'un Père de l'Église : Jean Chrysostome*, par Patrick Sultan (Berg international, 2001).

NODET Étienne et TAYLOR Justin, *Essai sur les origines du christianisme* (Éd. du Cerf, 1998 ; nouvelle éd., 2002).

OSIER Jean-Pierre, *L'Évangile du ghetto* (Berg international, 1984).

PELIKAN Jaroslav, *La Tradition chrétienne*, t. I, *L'Émergence de la tradition catholique* (PUF, coll. « Théologiques », 1995).

PERROT Charles, *Jésus et l'Histoire* (Desclée, 1993).

— *Jésus, Christ et Seigneur des premiers chrétiens* (Desclée de Brouwer, coll. « Jésus et Jésus-Christ », 1998).

— *Après Jésus. Le ministère chez les premiers chrétiens* (Éd. de l'Atelier, 2000).

QUESNEL Michel, *Paul et les commencements du christianisme* (Desclée de Brouwer, 2001).

QUESNEL Michel et GRUSON Philippe (sous la dir. de), *La Bible et sa culture*, 2 vol. (Desclée de Brouwer, 2000).

ROUGIER Louis, *La Genèse des dogmes chrétiens* (Albin Michel, 1972).

SARTRE Maurice, *L'Orient romain. Provinces et sociétés provinciales en Méditerranée orientale...* (Éd. du Seuil, coll. « L'univers historique », 1991).

SCHLOSSER Jacques, *Le Dieu de Jésus. Étude exégétique* (Éd. du Cerf, coll. « Lectio divina », 1987).

—, *Jésus de Nazareth* (Noésis, 1999).

SCHMIDT Francis, *La Pensée du Temple. De Jérusalem à Qoumrân. Identité et lien social dans le judaïsme ancien* (Éd. du Seuil, coll. « La librairie du XXe siècle », 1994).

SCHWARTZ Daniel, *Studies in the Jewish Background of Christianity* (J. C. B. Mohr, 1992).

SCHWEITZER Albert, *La Mystique de l'apôtre Paul* (Albin Michel, 1962).

SEGAL Alan F., *Paul le converti. Apôtre ou apostat* (Bayard, 2003).
SIMON Marcel, *Verus Israël* (De Boccard, 1983).
—, *La Civilisation de l'Antiquité et le christianisme* (Arthaud, 1972).
STANTON Graham, *Parole d'Évangile ?* (Éd. du Cerf-Novalis, 1997).
STROUMSA Gedaliahu Guy, *Savoir et Salut. Traditions juives et tensions dualistes dans le christianisme ancien* (Éd. du Cerf, 1992).
TAUBES Jacob, *La Théologie politique de Paul* (Éd. du Seuil, 1999).
THEISSEN Gerd, *Histoire sociale du christianisme primitif* (Labor et Fides, 1996).
TOMSON Peter, *Jésus et les auteurs du Nouveau Testament dans leur relation au judaïsme* (Éd. du Cerf, coll. « Initiations bibliques », 2003).
TROCMÉ Étienne, *La Formation de l'évangile selon Marc* (PUF, 1968).
VERMES Geza, *Jésus le juif* (Desclée, 1978).
VOUGA François, *Les Premiers Pas du christianisme* (Labor et Fides, 1998).

Index

Remerciements

Les auteurs tiennent à exprimer toute leur reconnaissance aux chercheurs qu'ils ont interrogés lors de la réalisation des dix épisodes de leur série *L'Origine du christianisme* :
Christian-Bernard Amphoux, Pier Franco Beatice, Pierre-Antoine Bernheim, François Blanchetière, François Bovon, Paula Fredriksen, Pierre Geoltrain, Christian Grappe, Martin Hengel, Moshe-David Herr, Simon Légasse, Jean-Pierre Lémonon, Emmanuelle Main, Daniel Marguerat, Étienne Nodet, Enrico Norelli, Serge Ruzer, Daniel Schwartz, Graham Stanton, Ekkehard Stegemann, Guy Stroumsa, David Trobisch, François Vouga.

Ils remercient tout particulièrement :
Denis Freyd, Jérôme Clément, Victor Rocaries.

Ils disent leur gratitude à Jean-Louis Schlegel.

Table

Des mêmes auteurs

Édition critique de
« En compagnie d'Antonin Artaud »
(journal et poésies complètes de Jacques Prevel)
Flammarion, 1994

Corpus Christi : enquête sur l'écriture des Évangiles
Mille et Une Nuits/Arte éditions, 1997-1998

Jésus contre Jésus
Seuil, 1999 et « Points », 2000

Jésus, illustre et inconnu
Desclée De Brouwer, 2001 et « Poches Albin Michel », 2004

Édition et présentation de
« L'évangile et l'Église »,
suivi de « Autour d'un petit livre »
et « Jésus et la tradition évangélique »
par Alfred Loisy
(Noésis-Agnès Viénot éditions, 2001)

DE GÉRARD MORDILLAT

Vive la Sociale ! revu et corrigé...
Mazarine, 1981
et Seuil, « Points Virgule », n°55, 1987

À quoi pense Walter ?
Calmann-Lévy, 1987
et Seuil, « Points Virgule », n°66, 1988

L'Attraction universelle
Calmann-Lévy, 1990
et « Le Livre de poche », n°9721, 1993

Béthanie
Calmann-Lévy, 1996
et « Le Livre de poche », n°14538, 1998

Le Retour du permissionnaire
Éditions La Pionnière, 1999

Madame Gore
Eden, 2001

Rue des Rigoles
Calmann-Lévy, 2002

Yorick
Eden, 2003

Comment calmer M. Bracke
Calmann-Lévy, 2003

DE JÉRÔME PRIEUR

Nuits blanches : essais sur le cinéma
Gallimard, « Le Chemin », 1980

Séance de lanterne magique
Gallimard, « Le Chemin », 1985

Le Spectateur nocturne
Éditions des Cahiers du cinéma, 1993

Guerre Éclair
Éditions La Pionnière, 1997

Petit Tombeau de Marcel Proust
Éditions La Pionnière, 2000

Proust fantôme
Gallimard/Le Promeneur, 2001

Tous les objets sont des sphinx
Éditions La Pionnière, 2002

RÉALISATION : CURSIVES A PARIS
IMPRESSION : S.N. FIRMIN-DIDOT AU MESNIL-SUR-L'ESTRÉE
DÉPÔT LÉGAL : MARS 2004. N° 51249-2 (67882)
IMPRIMÉ EN FRANCE